제3판

NEW

마케팅관리

MARKETING MANAGEMENT

정기한 / 신재익 / 오재신 / 김원종 / 정지희

pnc publishing and culture
피앤씨미디어

제3판 머리말

2008년 세계 금융위기 이후 기업들은 IMF보다 더 어려운 경영환경에 직면해 있다. 인구의 고령화, 세계경제 불확실성 증가, 실업률 증가, 주가와 유가 그리고 환율의 불안정으로 인해 기업의 경영환경은 예측이 어렵고 복잡해지고 있다. 최근에 이슈화되고 있는 지구온난화 문제와 재생에너지 개발은 기업에게 기회이자 위협이 되고 있다. 스마트폰 보급 확대와 SNS의 활성화로 소비자들의 파워가 강화되면서 고객관계관리(CRM)의 초점도 선택적 관계관리, 장기적 관계관리, 온라인 관계관리 등의 형태로 바뀌고 있다. 또한 기업의 사회적 책임(Corporate Social Responsibility)과 윤리경영이 주요 이슈로 등장하고 있다. 산업은 IT기술을 통해 세계화(globalizing), 집중화(converging), 융합(fusion) 등의 형태로 바뀌고 있다. 또한 4차산업혁명으로 인공지능(AI) 가전제품, 로봇, 무인자동차, 무인항공기, 사물인터넷, 빅데이터, 스마트공장, 스마트팜 등과 같은 ICT기술과 전통 제품들과의 커넥팅(connecting) 제품들이 출현하고 있다.

2019년~2023년 이른바 'COVID-19' 사태로, 전염병의 위험으로 인해 전 세계의 상점소비가 마비될 정도로 소비가 위축되었고, 이에 따라 온라인 마케팅, 플랫폼서비스, 비대면마케팅, 기업의 사회적 책임(CSR) 등이 마케팅에서 중요한 이슈로 부상하였다.

이렇듯 급변하는 환경에서 기업이 생존하고 지속적인 경쟁우위를 제고하기 위해서는 기업 스스로 급변하는 변화에 대한 창조적인 적응과 유연성을 갖출 수 있는 시장 지향적 마케팅 전략을 적절히 개발하고 활용해야 할 것이나.

본 교재는 학부생들로 하여금 마케팅 사고와 기본적 이론, 그리고 실제 활용기법에 대한 이해와 탐구를 증진시킬 수 있는 내용으로 3부 15장으로 구성되었다. 그리고 그동안 학부 및 대학원 강의에 이용된 많은 국내외 문헌들이 참조되었다. 특히, Philip Kotler, Kevin Lane Keller, Alexander Chernev의 *Marketing Management*는 본서의 기본 체계를 확립하는 데 참조되었고, 각 세부주제는

Assael의 *Consumer Behavior*, Deshpande의 *Developing a Market Orientation*, Ferrel 등의 *Marketing Strategy*, Lehmann 등의 *Product Management*, Nagle 등의 *The Strategy and Tactics of Pricing*, Rosenbloom 등의 *Marketing Channels*, Belch 등의 *Advertising and Promotion*, Keegan의 *Global Marketing Management*, Keller의 *Strategic Brand Management* 등이 참조되었다. 그리고 국내 교수님들의 전공 관련서적 역시 본서의 내용을 구성하는 데 많은 도움이 되었다.

본서를 집필함에 있어서 여러 선생님들의 도움과 본서의 출간을 허락해 주시고 발간되기까지 수고하여 주신 피앤씨미디어 박노일 대표님과 편집디자이너, 그리고 관계자 분께 지면을 빌어 심심한 감사의 마음을 전한다. 여러 면에서 아직 보완되어야 할 부분이 많을 것으로 생각되며 독자님들의 건설적 충고와 지적을 통해 보다 나은 교재가 될 수 있도록 지속적인 노력을 할 것이다.

2024년 5월

저자 일동

차례

PART 01 마케팅에 대한 이해

CHAPTER 01 새로운 시대의 마케팅

CHAPTER 02 고객가치, 고객만족, 고객유지

CHAPTER 03 마케팅 전략과 계획

PART 02 마케팅 기회의 분석 및 전략수립

MARKETING

PART 1

마케팅에 대한 이해

제1장 새로운 시대의 마케팅
제2장 고객가치, 고객만족, 고객유지
제3장 마케팅 전략과 계획

MARKETING

1 새로운 시대의 마케팅

제1절 마케팅의 적용범위 및 정의
제2절 마케팅 개념
제3절 시장에 대한 기업의 지향성

학습목표

- 마케팅 과업은 무엇인가
- 마케팅의 주요 개념은 무엇인가
- 기업은 어떤 사업지향성을 추구하는가
- 변화하는 환경에 기업은 어떻게 대응하는가

기업이 이윤을 창출할 수 있을 만큼 제품과 서비스에 대한 수요가 없다면, 재무, 생산운영, 회계 및 기타 비즈니스 기능은 정말 중요하지 않게 될 것이다. 따라서 재무적 성공은 종종 마케팅 능력에 달려 있다. 마케팅의 가치는 사회 전체로 확대된다. 마케팅은 사람들의 삶을 편하게 해주 거나 풍요롭게 만드는 신제품 또는 개선 제품을 출시하는 것을 돕고 있다. 성공한 마케팅은 제품과 서비스에 대한 수요를 구축하고, 나아가 직업을 창출 한다. 또한 성공한 마케팅은 기업들로 하여금 사회적 책임 활동에 더 많이 참여하도록 유도한다.

CEO들은 마케팅이 기업의 가치에 상당하게 공헌하는 강력한 브랜드와 충성스런 고객 기반, 무형자산 등을 구축한다고 인식하고 있다. 오늘날 심지어 서비스와 비영리 조직뿐만 아니라 많은 기업들이 마케팅담당 임원을 재무담당 임원 혹은 정보담당 임원과 동등한 위치를 부여하고 있다.

소비자, 경쟁, 기술 및 경제력이 빠르게 변화하고 그 결과가 빠르게 번식하는 인터넷 환경에서 마케팅 담당자는 기능, 가격 및 시장을 선택하고 광고, 영업 및 온라인 및 모바일 마케팅에 지출 할 금액을 결정해야 한다. 한편, 기업들은 2008년 전 세계적으로 시작된 경기 침체와 그 이후의 부진으로 인해 예산 삭감과 모든 마케팅 비용을 절감해야 한다는 강력한 압력에 직면해 있다.

마케팅 오류가 발생하면 이윤은 거의 없다는 것이다. 얼마 전만 하더라도 MySpace, Yahoo!, Blockbuster 및 Barnes & Noble은 업계에서 존경 받는 선도자였다. 페이스북, 구글, 넷플릭스, 아마존 등의 신생 도전자들이 이 브랜드들을 완전히 추월했으며, 이제 그들은 때로는 성공적이지 못한 단순한 생존을 위해 고군분투하고 있다. 기업은 끊임없이 전진해야 한다. 가장 위험한 것은 고객과 경쟁업체를 신중하게 모니터링하지 않고 지속적으로 가치 제공 및 마케팅 전략을 개선하거나 프로세스에서 종업원, 주주, 공급 업체 및 채널 파트너를 만족시키는 것에서 발생된다.

성공적인 마케팅은 우연이 아니다. 그것은 기술이고 과학이며 최고의 틀과 테크닉을 사용하는 꼼꼼한 계획수립과 실행의 결과이다. 숙련된 마케터들은 새로운 마케팅 현실에 적응하는 창의적이고 실용적인 방법들을 찾기 위해 고전적 마케팅 관행을 지속적으로 업데이트하고 새로운 마케팅 관행을 창출하고 있다.

1장에서는 마케팅을 이해하기 위한 기본적인 개념들에 대해 학습한다. 구체적으로, 마케팅의 정의는 무엇이며, 어디에 적용될 수 있는가? 그리고 수요에 따라 어떻게 대처해야 하는지에 대해 학습한다.

제1절 마케팅의 적용범위 및 정의

마케팅 관리자는 마케팅이 무엇인지, 마케팅이 어떻게 작동하는지, 누가 마케팅을 실행하는지, 시장은 무엇인지를 이해해야 한다. 또한 소비자들 간의 그리고 기업과의 가치 공유 및 가치 창출과 공유의 중요성이 현대 마케팅 사고의 발전에 있어서 중요한 주제가 되고 있다.

1-1. 마케팅의 적용범위

적용대상

마케팅은 인간 및 사회적 욕구를 확인하고 충족시키는 것이다. 마케팅의 가장 짧은 정의는 욕구를 수익성 있게 충족시키는 것이다. 마케팅 활동의 적용대상은 제품, 서비스, 경험, 행사, 사람, 장소, 소유권, 조직체, 정보 및 아이디어 등의 열 가지 유형이 있다.

오늘날 선진국 경제는 7:3의 비율로 서비스와 제품이 구성될 만큼 경제활동 중 서비스 비중이 점차 증가함에 따라 유형적인 물리적 제품과 더불어 무형적인 서비스 역시 주목을 받고 있다. 동물원, 스키장, 테마파크 등과 같이 기업은 여러 가지 서비스와 제품을 적절히 구성하여 소비자들에게 경험을 제공할 수 있으며, 올림픽, 기업경축행사, 무역박람회, 스포츠행사 및 예술제 등과 같은 행사를 제공할 수 있다. 그리고 유명인사에 대한 마케팅이 점차 중요한 사업이 되고 있으며, 국가나 자치단체 역시 발전을 위해 관광객, 공장, 기업체 및 새로운 입주자들을 끌어들이기 위해 적극적으로 경쟁하고 있다. 부동산, 금융자산 등에 대한 무형적인 소유권 및 정보 역시 구매와 판매의 대상이 되기 때문에 각 분야마다 마케팅 노력이 요구된다.

조직과 아이디어에도 마케팅 활동이 필요하다. 영리조직 및 비영리조직은 대중에게 강하고 우호적인 이미지를 심어 주기 위해 자선단체에 대한 기부, 환경운동 참여, 예술공연 참여 등의 활동을 한다. 기업이 시장에 내놓는 모든 제공물은 아이디어로부터 시작한다. 예를 들어, Revlon社는 "공장에서는 화장품을 제조하지만 점포에서는 희망을 판매한다"고 하였다. 즉, 제품과 서비스는 어떠한 아이디어나 이점을 소비자들에게 전달하기 위해 창출된다는 것을 의미한다.

관리자들은 때때로 마케팅을 "제품 판매의 기술(art)"이라고 생각하지만 판매가 마케팅의 가장 중요한 부분이 아니라는 말을 듣고 많은 사람들이 놀라곤 한다. 판매는 마케팅의 빙산의 일각에 불과하다.

시장

전통적으로 시장(market)은 구매자와 판매자 사이에 교환과 거래가 이루어지는 물리적인 장소를 말한다. 경제학에서는 시장을 교환을 하려는 구매자와 판매자의 집합으로 본다. 그러나 마케팅에서는 공급자를 산업, 즉 판매자들의 집합으로, 시장은 구매자의 집합으로 본다([그림 1-1]). 오늘날의 시장은 marketplace와 marketspace로 구별될 필요가 있다. Marketplace는 상점에서 구매를 하는 것과 같이 전통적인 물리적 시장과 같은 의미이다. Marketspace는 인터넷상의 구매가 이루어지는 비물리적인 장소로 디지털의 의미를 가진다.

다섯 가지 기본 시장은 제조업자시장, 자원시장, 중간상시장, 소비자시장, 정부시장으로 분류될 수 있으며, 교환의 흐름이 서로 연계되어 있다. 제조업체는 자원시장(원료시장, 노동시장, 금융시장)에 가서 자원을 구매하고, 자원을 재화와 서비스로 전환시키고, 소비자들에게 제품을 판매하는 중간상에게 완제품을 판매한다. 소비자들은 자신들의 노동력을 판매하여 재화와 서비스에 지불하는 임금을 받는다. 정부는 자원, 제조업자, 중간상 시장으로부터 재화를 구매하기 위해 세수입을 징수하고, 공공 서비스를 제공하기 위해 이들 재화와 서비스를 사용한다. 각국의 경제와 글로벌 경제는 교환 프로세스를 통해 연결된 상호작용하는 시장으로 구성되어 있다.

그림 1-1 시장 개념에 대한 관점

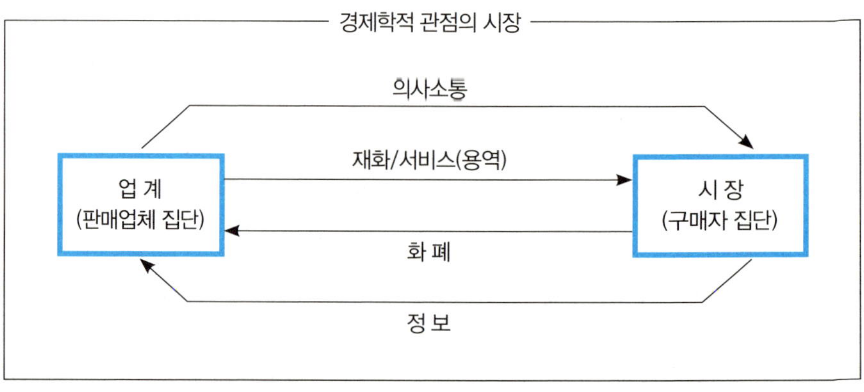

마케터들은 판매자들을 산업으로 간주하고 고객 그룹들을 설명하기 위해 시장이라는 용어를 사용한다. 그들은 욕구시장(식이요법시장), 제품시장(구두시장), 인구통계적 시장(밀레니엄 청소년시장), 지리적 시장(중국시장), 또는 유권자시장, 노동시장, 기부시장 등을 말하기도 한다.

주요 고객시장은 소비자시장, 산업시장, 세계시장, 비영리 및 정부시장으로 설명될 수 있다.

소비자시장

일반적으로 욕구충족을 목적으로 하는 최종소비자들에게 식품, 의류, 생활용품, 금융서비스, 여객서비스 등의 소비재와 서비스를 판매하는 기업들이 경쟁기업보다 우월한 상표이미지를 수립하기 위해서는 표적고객들의 특성과 그들이 충족시키고자 하는 욕구가 무엇인지를 분명하게 이해해야 하고, 이것을 바탕으로 강력하고 창의적인 방법을 통해 상표의 포지셔닝, 즉 자사의 제품이 욕구충족에 적합하다는 의미를 표적고객들의 마음속에 심어주어야 한다. 상표의 가치를 높이기 위해서는 우수한 성능의 제품과 포장의 개발, 지속적인 광고와 믿을 만한 서비스를 제공해야 한다. 소비재 마케팅 기업은 자사의 상표가 표적시장에서 우위를 차지할 수 있도록 제품의 특성, 품질수준, 유통범위 및 촉진내용을 결정해야 한다.

산업시장

개인의 욕구충족을 위해 제품을 구매하는 최종소비자와는 달리 재판매를 위해 구매하는 유통업체의 경우 또는 제조업체와 같이 최종제품의 생산을 위해 원재료나 부품, 장치품 등을 구매하는 경우, 그리고 특정 조직이 업무수행을 위해 종이, 복사기 등을 구입하는 경우 등은 산업시장에 해당한다. 유통업체, 제조업체, 기관구매자는 욕구충족이 아닌 자사의 경영목적을 위해 구매하게 된다. 산업재 마케팅 기업은 자사의 제품이 고객들의 이익 목표를 성취하는데 어떻게 도움을 줄 수 있는가를 제시해야 한다. 한편 광고의 역할이 소비재시장에서는 중요한 반면에 산업재시장에서는 신뢰성과 품질에 대한 자사의 평판, 판매원의 역할 및 가격이 보다 중요하다.

세계시장

세계시장에 제품과 서비스를 마케팅하는 기업은 국내 시장 또는 특정 지역 국가에서 경영활동을 수행하는 기업보다 더 많은 추가적인 결정사항과 도전적인 문제에 직면하고 있다. 기업이 어느 나라에 진출하는가, 각 국가에 진출하는 방법(수출, 라이선싱, 합작투자, 직접투자 등)과 각 국가에 자사의 제품과 서비스를 적용하는 방법, 국가별로 자사 제품에 대한 상이한 가격을 정하는 방법 그리고 각 국가의 문화적 관행에 적합하도록 커뮤니케이션을 적용하는 방법 등에 대해 결정해야 한다. 이러한 결정은 각 국가마다 상이한 법률 시스템과 협상 스타일, 소유 · 처분하는 데 요구되는 상이한 조건, 수시로 변화하는 환율, 부패와 정치적 우선주의 등에 대한 여러 가지 조건 등에 따라 신중히 결정해야 한다.

비영리 및 정부시장

교회, 대학, 자선단체, 정부기관 등과 같은 비영리조직에 재화를 판매하는 기업들은 신중하게 가격을 결정해야 하는데, 그 이유는 이러한 비영리조직들은 구매력이 한정되어 있기 때문이다. 저가격은 판매업자가 제품에 부여할 수 있는 특성과 품질에 영향을 미친다. 즉, 정부 · 공공기관에 판매를 하기 위해서는 다양하고 많은 서류가 요구된다. 대부분의 정부기관의 구매는 입찰로 이루어지는데, 입찰은 다른 조건들이 다 충족된 상태에서 최저가격에 의해 결정된다.

1-2. 마케팅의 정의

마케팅에 대해 지금까지 제시되어 온 여러 정의들은 크게 사회적 정의와 관리적 정의로 구분할 수 있다. 사회적 정의를 통해서는 사회에서 마케팅이 수행하는 역할을 알 수 있다. 마케팅의 역할은 '높은 생활수준을 전달하는 것'이라고 하는 관점에서의 사회적 정의는 다음과 같다.

> Marketing is a societal process by which individuals and groups obtain what they need and want through creating, offering, and freely exchanging products and services of value with others.

이보다 좁은 의미의 관리적 관점에서의 마케팅은 '제품을 판매하는 기술'로 묘사되어 왔다. 그러나 판매는 마케팅의 일부분이다. 유명한 경영학자인 Peter Drucker는 "마케팅의 목표는 고객에 대해 잘 알고 이해하여 제품이나 서비스가 고객에게 적합하도록 하는 것이다. 그 결과 고객은 기꺼이 구매할 수 있는 상태가 되어야 한다. 이러한 조건이 충족되면 이용가능한 제품과 서비스를 생산하는 것이다"라고 언급하였다. Sony의

Walkman, Nintendo의 비디오 게임기, Toyota의 Lexus 등은 고객을 이해하고 이들의 욕구를 제품으로 구현하였기 때문에 성공적인 성과를 달성할 수 있었다.

미국마케팅학회(American Marketing Association: AMA)는 1960년에 마케팅의 정의를 "(Marketing is) the performance of business activities that direct the flow of goods and services from producers to consumers or users(제품과 서비스를 생산자로부터 소비자 또는 사용자에게 흐르도록 하는 경영활동의 수행)"라고 하였다. 미국마케팅학회의 이러한 정의는 생산 이전의 활동을 고려하지 않고 있고, 유통만을 강조하고 있으며, 마케팅의 주체를 기업에만 국한하고 있다는 문제점을 내포하고 있다. 이러한 문제점을 보완하고 변화하는 마케팅 환경에 따라 마케팅 정의의 변천을 살펴볼 수 있다.

특히 1985년 마케팅 정의에 비해 2004년의 정의는 고객관계관리(CRM: Customer Relationship Management)가 추가됨으로써 관계 마케팅을 강조하는 특징을 가지는데, 이것은 마케팅의 목표를 고객가치를 창출하고, 수익성이 있으면서 강력한 고객관계를 구축하는 것으로 보는 것이다. 그리고 2007년의 마케팅 정의에서는 가치제공과 교환의 대상이 개인과 조직의 범주를 포괄하는 일반 사회구성원으로 확장하는 것이 주요 특징이며, 마케팅의 기능적 측면보다는 활동적 측면을 강조한다. 즉, 마케팅이 어느 특정 부서에 한정된 기능 또는 활동에 한정된 것이 아니라 기업 차원의 광범위한 활동을 의미한다.

1985년 AMA의 정의

"Marketing is the process of planning and executing the conception, pricing, promotion and distribution of ideas, goods and services to create exchanges that satisfy individual and organizational objectives(마케팅은 개인과 조직의 목표를 충족시키는 교환을 창출하기 위하여 아이디어, 재화, 서비스의 개념, 가격, 촉진, 유통을 계획하고 실행하는 과정이다)."

2004년 AMA의 정의

"Marketing is an organization function and a set of processes for creating, communicating and delivering value to customers and for managing customer relationship in ways that benefit the organization and its stakeholders(마케팅은 고객들에게 가치를 창출하고, 소통하고, 전달하며, 또한 조직과 조직의 이해자집단에게 혜택을 주는 방법으로 고객관계를 관리하는 조직의 기능 및 일련의 프로세스이다)."

2007년 AMA의 정의

“Marketing is the activity, set of institutions, and processes for creating, communicating, delivering, and exchanging offerings that have value for customers, clients, partners, and society at large(마케팅은 고객, 클라이언트, 파트너, 사회전반을 위한 가치 있는 제공물을 창출하고, 소통하고, 전달하며, 교환하는 일련의 기관들의 활동과 프로세스이다).”

이들 교환프로세스를 다루는 데 상당한 양의 일과 능력이 요구된다. 따라서 마케팅 관리는 표적시장을 선정하며, 우수한 고객가치를 창조하고 전달하고 소통하여 고객들을 획득하고 유지하고 성장시키는 기술(art) 및 과학(science)이다.

제2절 새로운 마케팅 현실

시장은 10년 전에 비해 새로운 마케팅 행동, 기회, 도전 등으로 극적으로 다르다. 새로운 시장 현실은 3개 주요 범주로 나눌 수 있는데, 서로 다른 시장의 실재(entity)들 간의 관계를 형성하는 시장 포스, 이들 포스의 상호작용으로 유래한 시장 결과, 급속하게 진화하는 시장에서 성공의 근본적인 접근으로서 홀리스틱(holistic) 마케팅이다.

2-1. 네 가지 주요 시장 포스

오늘날 비즈니스 환경은 4가지 주요 포스(기술, 세계화, 물리적 환경, 사회적 책임)에 의해 깊은 영향을 받고 있다. 이들 4가지 변형적 포스를 더 자세하게 살펴보면 다음과 같다.

| 기술 |

기술적 성과의 변화 속도와 규모는 충격적일 수도 있다. 전자상거래, 온라인과 모바일 커뮤니케이션, 인공지능의 급속한 성장이 마케터들의 역량을 향상시키고 있다. 소비자들과 마케터들은 모든 것에 관한 많은 정보와 데이터를 사용할 수 있다.

기술발전이 이들 기술로부터 유래한 새로운 능력을 활용하는 새로운 비즈니스모델을 탄생시킨다. 새로운 기술을 기꺼이 받아들이는 넷플릭스, 아마존, 에어비앤비, 우버 등과 같은 기업들은 시장을 붕괴시키고 그들이 경쟁하는 산업에서 주요 플레이어가 되었다.

데이터분석, 머신러닝, 인공지능 등에서의 진보가 기업들로 하여금 자신들의 고객들을 더 잘 이해하게 하고 소비자들의 욕구에 자신들의 제공물을 맞춤화할 수 있게 하였다. 자연어 처리, 물체 인식, 정서적 컴퓨팅 등으로 포함하는 복잡한 데이터 분석 알고리즘와 결합된 기하급수적으로 증가하는 컴퓨팅 성능이 마케터들에게 자신들의 고객들에 관한 전례 없는 지식을 제공하고 일대일로 이들 고객들과 상호작용을 할 수 있게 해준다. 데이터 분석과 인공지능 플랫폼의 성장이 중소기업들에게 이들 기술을 이용할 수 있도록 해줌으로써 이들 기술의 민주화를 이끌고 있다.

심지어 전통적인 마케팅 활동도 기술에 의해 깊은 영향을 받아왔다. 영업력 효과를 개선하기 위해 제약업체인 Roche는 전체 영업팀에게 아이패드를 배급하였다. 정교한 고객관리 소프트웨어 시스템을 예전에 사용하였음에도 불구하고, 여전히 데이터를 정확하고 시기적절하게 입력하는 영업 담당자들에게 의존하고 있다. 그러나 아이패드를 가진 영업팀들은 실시간 데이터 입력을 할 수 있으며 이는 다른 업무를 위한 시간을 확보하면서 입력된 데이터의 품질을 개선할 수 있다는 것이다.

세계화

세계는 전 세계 경쟁자들에게 성공할 수 있는 동등한 기회를 제공하는 공정한 경쟁의 장이다. 지리적·정치적 장벽이 무너지고 있는데, 이는 컴퓨터의 모든 유형들이 함께 작동되도록 하는 진화된 텔레커뮤니케이션 기술과 워크플로우 플랫폼이 커뮤니케이션, 협업, 데이터마이닝을 위한 거의 무한한 기회를 지속적으로 창출하기 때문이다. 세계는 비즈니스와 고객을 연결하는 더 작은 장소가 되고 있다.

미주리에 있는 맥도날드에서 주문을 받는 사람은 900마일 떨어진 콜로라도 스프링스에 있는 콜 센터에서 일하고 있을 수 있다. 그런 다음 그녀는 당신의 주문을 다시 맥도날드로 보내서 당신이 픽업 창구로 차를 몰고 갈 때 몇 분 후에 준비되도록 해준다. Friedman은 더 적은 임금으로 일할 숙련된 직원에게 미국 일자리를 잃는 것을 포함하여 기업이 비즈니스를 수행하는 방식의 변화를 필요로 하는 글로벌 발전의 빠른 속도를 무시한 결과에 대해 경고하였다. 이 단조로운 세계에서 성공하기 위해 미국 인력은 지속적으로 세분화된 기술을 업데이트하고 우수한 제품을 만들어야 한다.

세계화는 국가들을 점점 더 다문화적으로 만들고 있다. 미국 소수 민족은 일반 인구보다 구매력이 빠르게 증가하면서 경제적 영향력이 확대하고 있다. 인구통계학적 추세는 인구의 중앙값이 25세 미만인 개발도상국 시장을 선호한다. 중산층의 성장 측면에서 중산층에 합류할 다음 10억 명의 인구 중 대다수는 아시아인일 가능성이 높다.

기업들이 한 국가에서 아이디어와 교훈을 얻어 다른 국가에 적용함에 따라 세계화는 혁신과 제품 개발을 변화시킨다. 중국 시장에서 프리미엄 초음파 스캐너로 몇 년 동안 거의 성공하지 못한 후 GE는 중국 고유의 시장 요구를 충족하는 휴대용 초저가 버전을 성공적으로 개발하였다. 이후 너무 큰 기존 모델이 구급차와 수술실에서 사용될 수 있도록 선진국 전역에서 제품을 성공적으로 판매하기 시작하였다.

물리적 환경

기업이 운영하는 물리적 환경이 지난 10년 동안 극적으로 변하였다. 물리적 환경에서 특히 광범위한 두 가지 변화에 특별히 주의를 기울일 필요가 있다. 바로 기후 변화와 글로벌 건강 상태(health conditions)의 변화이다.

기후변화란 지구 기후의 지속적인 변화와 지역적 기후의 변화를 일컫는 용어로서 기업의 경영활동에 중대한 영향을 미칠 수 있다. 기후 변화는 지구 온난화에만 국한되지 않으며 그것은 또한 상승하는 온도보다는 더 낮은 온도(글로벌 냉각)를 포함할 수 있다. 또한 기후 변화의 영향은 온도의 지속적인 변화를 넘어 더 빈번하고 더 극단적인 기상 현상, 습도 및 강우량의 변동, 바닷물의 열팽창으로 인한 해수면 상승, 빙하와 극지방의 전례 없는 해빙을 유발한다.

기후 변화는 규모나 운영하는 산업에 관계없이 거의 모든 기업의 비즈니스 모델에 중대한 영향을 미칠 수 있다. 예를 들어, 연평균 기온의 증가는 서늘한 온도에 익숙한 과일과 채소의 수확량 감소와 따뜻한 기후 식물의 수확량 증가로 이어질 수 있다. 따뜻한 계절이 길어지면서 따뜻한 날씨 활동이 증가하는 경향이 있는 반면 겨울 스포츠는 어려움을 겪는 경향이 있다. 해수면 상승은 사람들의 일상 생활뿐만 아니라 글로벌 상거래에 큰 혼란을 일으키고 있습니다. 해수면 상승과 기후 변화로 인한 기상 이변으로 인해 인도네시아 정부는 위험에 처한 수도를 자카르타에서 보르네오 섬의 새로운 로케이션으로 이전할 계획을 발표하였다. 해수면 상승의 영향은 빈번한 홍수를 수반할 뿐만 아니라 더 높은 침식률, 폭풍으로 인한 더 큰 피해, 식수의 염수 오염을 의미한다.

건강 상태는 특정 지리적 영역에 국한된 단기 질병에서 전 세계적으로 확산되는 전염병에 이르기까지 다양하다. 건강 상태의 변화는 제약, 생명 공학 및 건강 회사의 운영

뿐만 아니라 건강 관리와 직접 관련이 없는 회사에도 영향을 미칠 수 있다. 조류인플루엔자, 돼지독감 등 팬데믹은 식품, 관광, 접객, 운송 등 비즈니스 전 분야에 지대한 영향을 미칠 수 있다. COVID-19와 같은 글로벌 팬데믹은 전부는 아니더라도 대부분의 비즈니스 거래를 효과적으로 마비시켜 글로벌 상거래를 사실상 정지시킬 수 있다. 세계화 과정과 이와 관련된 세계 여행의 증가로 국지적 질병이 대유행이 될 가능성이 커졌기 때문에 관리자는 고객, 직원 및 회사의 수익을 위협하는 변화하는 건강 상태를 대비하여 비즈니스 모델을 조정할 준비가 되어 있어야 한다.

사회적 책임

빈곤, 오염, 물 부족, 기후 변화, 사회적 불의, 부의 집중은 우리의 관심을 요구한다. 민간 부문은 생활 환경 개선에 대한 책임을 어느 정도 떠맡고 있으며, 전 세계 기업들의 사회적 책임의 역할이 높아졌다.

마케팅의 효과는 사회 전체로 확장되기 때문에 마케팅 담당자는 자신의 활동에 대한 윤리적, 환경적, 법적, 사회적 맥락을 고려해야 한다. 따라서 조직의 과업은 목표 시장의 욕구, 요구 및 관심을 결정하고 경쟁자보다 더 효과적이고 효율적으로 만족시키는 동시에 소비자와 사회의 장기적인 복지를 유지하거나 향상시키는 것이다.

재화가 더욱 상품화되고 소비자가 사회적으로 더 많이 의식하게 됨에 따라 더바디샵, 팀버랜드, 파타고니아를 비롯한 일부 기업은 사회적 책임을 경쟁사와 차별화하고 소비자 선호도를 구축하며 눈에 띄는 판매 및 수익을 달성하는 방법으로 통합하였다.

마케팅 및 비즈니스 관행에 이러한 변화를 가져오는 과정에서 기업은 윤리적 딜레마와 당혹스러운 트레이드 오프에 직면하게 된다. 소비자는 편리함을 중시할 수 있지만 폐기물을 최소화하려는 세상에서 일회용 제품이나 정교한 포장을 합리화하기는 어렵다. 증가하는 물질적 열망은 지속 가능성의 필요성을 무시할 수 있다. 스마트한 회사는 에너지 효율성, 탄소 발생, 독성 및 일회용성을 염두에 두고 창의적으로 디자인하고 있다.

그 어느 때보다 마케터는 상충되는 요구의 균형을 맞추기 위해 전체적으로 생각하고 창의적인 상생 솔루션을 만들어야 한다. 그들은 완전히 통합된 마케팅 프로그램과 다양한 구성 요소와의 의미 있는 관계를 개발해야 한다. 회사 내에서 모든 올바른 일을 하는 것 외에도 시장에서 더 광범위한 결과를 고려해야 한다.

2-2. 세 가지 마케팅 결과

오늘날의 시장을 형성하는 네 가지 주요 요인인 기술, 세계화, 물리적 환경 및 사회적 책임은 소비자와 기업이 상호 작용하는 방식을 근본적으로 변화시키고 있다. 이러한 힘은 소비자와 회사 모두에게 새로운 기능을 제공하는 동시에 경쟁적인 시장 환경을 촉진한다.

| 새로운 소비자 능력 |

오늘날의 소비자는 과거보다 더 많은 파워를 손끝에서 사용할 수 있다. 확장된 정보, 통신 및 이동성은 고객이 더 나은 선택을 하고 전 세계 사람들과 자신의 취향과 의견을 공유할 수 있도록 해준다. 첫째, 소비자는 온라인 리소스를 강력한 정보 및 구매 지원 도구로 사용할 수 있다. 둘째, 소비자는 이동 중에 모바일 연결을 사용하여 검색, 통신 및 구매를 할 수 있다. 셋째, 소비자는 소셜 미디어에 갇혀 의견을 공유하고 충성도를 표현할 수 있다. 넷째, 소비자는 기업과 적극적으로 상호 작용할 수 있다. 다섯째, 소비자는 부적절하거나 성가신 마케팅을 거부할 수 있다. 여섯째, 소비자는 이미 소유하고 있는 것에서 더 많은 가치를 추출할 수 있다.

| 새로운 기업 능력 |

세계화, 사회적 책임 및 기술은 기업이 고객, 협력자 및 이해 관계자를 위한 가치를 창출하는 데 도움이 되는 새로운 능력 세트를 제공한다. 첫째, 기업은 개별적으로 차별화된 상품을 포함하여 강력한 정보 및 판매 채널로 인터넷을 사용할 수 있다. 둘째, 기업은 시장, 고객, 잠재 고객 및 경쟁자에 대한 보다 완전하고 풍부한 정보를 수집할 수 있다. 셋째, 기업은 소셜 미디어 및 모바일 마케팅을 통해 빠르고 효율적으로 소비자에게 접근하여 타겟 광고, 쿠폰 및 정보를 보낼 수 있다. 넷째, 기업은 구매, 채용, 훈련, 내부 및 외부 커뮤니케이션을 개선할 수 있다. 다섯째, 기업은 비용 효율성을 향상시킬 수 있다.

| 새로운 경쟁 환경 |

새로운 시장의 힘은 소비자와 회사의 역량만 바꾼 것이 아니라 그들은 또한 경쟁의 역학과 경쟁 구도의 본질을 극적으로 변화시켰다. 경쟁 환경의 주요 변화 중 일부는 다음과 같다. 규제 환화, 민영화, 소매 변혁, 탈중개화, 유통업체 브랜드, 메가 브랜드 등이 있다.

제3절 시장에 대한 기업의 지향성

역사적으로 기업의 시장에 대한 지향성은 변천되어 왔다. 이것은 다섯 가지 개념으로 생산 개념, 제품 개념, 판매 개념, 마케팅 개념, 홀리스틱(holistic) 마케팅 개념이다. 이러한 개념들은 각 산업 및 시장의 특성에 따라 각기 달리 적용된다. 또한 마케팅을 수용한 기업에 있어서 마케팅 활동의 역할은 다음 다섯 단계([그림 1-2])를 거쳐 변화되었다.

3-1. 생산 개념

생산 개념(production concept)이란 소비자들은 이용 가능성이 많고, 낮은 원가의 제품을 선호한다는 의미로서, 생산지향적 조직은 생산효율성을 높이고 유통범위를 넓히는데 집중한다. 주로 개발도상국의 소비자들은 제품의 특성이 아닌 제품 획득에 보다 관심이 있다. 생산에 대한 시장지향은 주로 기업이 시장을 확대하고자 할 때 나타난다.

3-2. 제품 개념

제품 개념(product concept)은 소비자들은 최고의 품질, 성능, 또는 혁신적인 특성이 포함된 제품을 선호한다는 의미이다. 제품지향적 조직은 좋은 제품을 생산하고 개선하는데 집중하는데, 너무 지나치게 되면 수익창출로 이어지지 않고 제품 그 자체에 머무를 수 있다는 점에 주의해야 한다. 즉, 관리자들이 제품의 완결성에 도취되어 그 제품이 시장에 필요한지, 수요가 있는지 등을 인식하지 못할 수 있다. 이러한 것을 마케팅 근시안(marketing myopia)이라고 한다. 예를 들어, 철도회사의 관리자는 승객들이 기차여행을 선호한다고 생각했기 때문에 다른 교통수단, 즉 비행기, 버스, 승용차 등의 발달 및 이용에 대해 간과하였다. 그러나 이후 다른 운송 수단과는 다른 기차 특유의 승차 경험과 명소 등을 절충한 여행상품을 제공하거나 운송의 안전성 등을 강조함으로써 새로운 변모를 위해 노력하고 있다.

3-3. 판매 개념

판매 개념(selling concept)은 소비자들은 능동적으로 제품 구매를 하지 않기 때문에 기

그림 1-2 마케팅 개념과 판매 개념의 차이

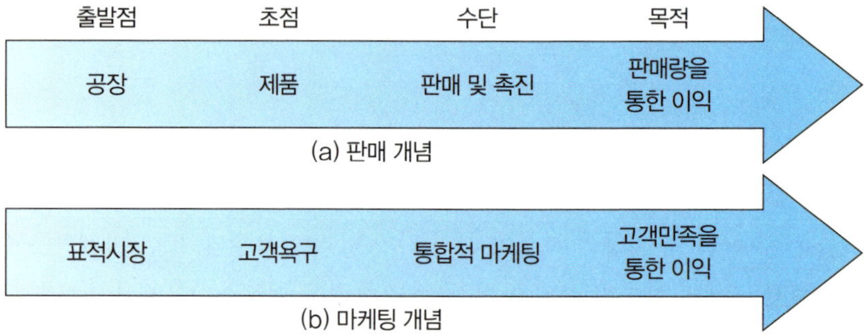

업이 적극적인 판매 및 촉진 노력을 해야 한다는 의미이다. 이러한 기업의 노력은 소비자들로 하여금 타성에 의한 구매나 어쩔 수 없이 구매를 하도록 조장할 수 있다. 따라서 온갖 효과적인 판매방법과 촉진도구를 활용해야 한다는 점을 강조한다. 특히 판매 개념은 비탐색품에 가장 잘 적용될 수 있는데, 비탐색품에는 구매자가 일반적으로 잘 구매하지 않을 것이라 여겨지는 보험, 백과사전 등이 있다. 또한 기금모금단체, 대학입학부서, 정당 등의 비영리부문에도 적용된다.

그러나 강매적인 성격을 지닌 판매는 위험을 초래한다. 구매자들이 해당 제품을 좋아하지 않는다면 주위 사람들에게 부정적인 구전을 하거나 소비자 단체에 불평을 토로할 수 있기 때문이다. 한 연구결과에서는 불만족한 고객들이 10명 이상의 친구들에게 그 제품에 대한 불평을 전한다고 밝히고 있다.

3-4. 마케팅 개념

마케팅 개념(marketing concept)은 앞서 제시한 세 가지 기업지향성에 대응하여 나타난 기업철학으로 미국의 경우 1950년대 중반에 구체화되었다. 마케팅 개념이란 조직의 목표를 성취하는 열쇠는 기업이 선정한 표적시장에 고객가치를 창조 · 전달하고, 커뮤니케이션하는 데 있어 경쟁사보다 더 효과적으로 하는 것을 말한다.

판매 개념과 마케팅 개념은 차이가 있다. [그림 1-2]과 같이 판매는 판매자의 욕구에 초점이, 마케팅 개념은 구매자의 욕구에 초점이 맞추어진다. 즉, 마케팅 개념은 판매를 통한 수익이 아닌 제품의 생산, 전달 및 최종적인 소비를 통하여 고객을 만족시키는 것에 따른 수익에 초점을 두는 것이다.

3-5. 홀리스틱 마케팅 개념

홀리스틱(holistic) 마케팅 개념은 그 폭과 상호의존성을 인정하는 마케팅 프로그램, 프로세스와 활동들의 개발, 디자인 그리고 실행에 기반을 둔다. 총체적 마케팅은 마케팅과 관련해서는 '모든 것이 중요하다'는 것을 인식하는 것이다. 그리고 폭넓고, 통합적 관점이 자주 필요하다는 것을 인식하는 것이다. 총체적 마케팅의 네 가지 구성요소는 관계 마케팅, 통합적 마케팅, 내부 마케팅과 사회적 책임 마케팅이다(다음 [그림 1-3]). 그런 의미에서 홀리스틱 마케팅은 활동들의 범위와 복잡성을 인식하고 조율하는 마케팅 접근이다.

| 관계 마케팅 |

관계 마케팅(relationship marketing)은 사업 이익을 내고 유지하기 위해 핵심 당사자들(고객, 공급업자, 유통업자 그리고 다른 마케팅 파트너들)과 장기적이고 우호적인 관계를 구축하는 것을 목표로 한다. 관계 마케팅은 당사자들 사이에 강력한 경제적, 기술적 그리고 사회적 결속을 구축한다. 이것은 올바른 구성집단들 간에 올바른 유형의 관계를 구축하는 것을 의미한다. 마케팅에 있어서 핵심 구성요소들은 고객, 종업원, 마케팅 파트너들(채널, 공급업자, 유통업자, 딜러, 대리점)과 금융공동체(주주, 투자자, 애널리스트) 등이 있다.

관계 마케팅의 궁극적 결과물은 마케팅 네트워크라고 일컬어지는 유일한 기업 자산을 구축하는 것이다. 마케팅 네트워크는 기업과 상호 이익이 되는 비즈니스 관계를 조성해야 하는 기업을 지원하는 이해관계자들(고객, 종업원, 공급업자, 유통업자, 광고대행사, 대학 학자, 그리고 다른 사람들)로 구성된다. 점점 더 경쟁은 기업들 사이에서 벌어지는 것이 아니라 마케팅 네트워크 사이에서 벌어지며, 이 중에서 가장 우수한 네트워크를 가진 기업에 이익이 돌아가게 된다. 작동원리는 간단하다. 즉, 핵심 이해관계자들과의 효과적인 관계 네트워크를 구축하게 된다면 이익은 뒤이어 올 것이다.

| 통합적 마케팅 |

통합적 마케팅(integrated marketing)에서 마케팅 관리자의 과업은 마케팅 활동들을 고안하고, 고객가치를 만들고, 의사소통하고, 전달하는 능력을 극대화하는 마케팅 프로그램을 통합하는 것이다. 마케팅 활동들은 여러 형태로 구성되지만 전통적인 표현은 마3

그림 1-3 총체적 마케팅 개념

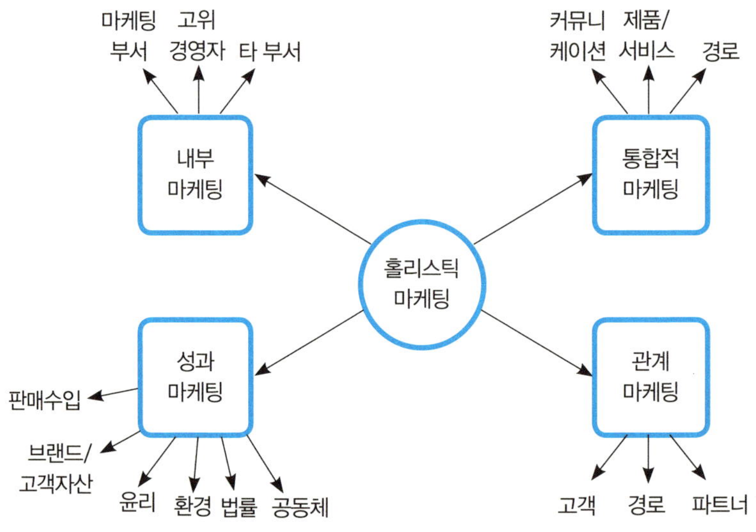

케팅 믹스에 의한 활동이다. 이것은 기업이 마케팅 목적을 달성하기 위해 사용하는 마케팅 수단의 집합을 말한다. McCarthy는 이 수단들을 네 가지 큰 그룹으로 분류하였으며, 제품(product), 가격(price), 장소(place) 그리고 촉진(promotion) 등을 마케팅의 4Ps로 명명하였다.

통합적 마케팅의 두 가지 핵심은 첫째, 많은 여러 마케팅 활동들이 고객 가치를 의사소통하고 전달하기 위해 수행된다. 둘째, 모든 마케팅 활동들은 그들의 결합효과가 극대화되도록 조합된다는 점이다. 다시 말해 어떤 마케팅 활동의 설계와 실행은 모든 여러 활동들과 함께 고려되어야 한다는 것을 의미하며, 이를 위해 기업은 수요관리, 자원 관리 그리고 네트워크 관리를 위한 시스템을 통합해야만 한다.

내부 마케팅

총체적 마케팅은 조직의 모든 구성원, 특히 고위 관리자가 적절한 마케팅 원칙을 포용하는 내부 마케팅을 포함한다. 내부 마케팅(internal marketing)은 고객들에게 더 잘 봉사하기를 원하는 유능한 종업원들을 고용, 훈련, 그리고 동기부여시키는 과업을 말한다. 현명한 마케팅 관리자는 기업 내부의 마케팅 활동이 기업 외부에서 행해지는 마케팅 활동만큼 중요하거나 혹은 심지어 그보다 더 중요하다는 것으로 인식하고 있다. 기업의 직원들이 최상의 서비스를 제공할 준비가 되어 있지 않은 상황에서 최상의 서비스를 제공하겠다고 고객과 약속하는 것은 의미가 없다.

내부 마케팅은 두 가지 차원에서 전개되어야만 한다. 한 차원에서는 많은 마케팅 기능들(판매원, 광고, 고객 서비스, 제품 관리, 마케팅 조사)은 고객의 관점에서 작동되어야 하고 각 기능들은 서로 조화를 이루어야 한다. 또 다른 차원에서 마케팅은 '고객을 생각해야 하는' 기업 내부의 다른 부문(생산, 설계, 연구개발 등)에 의해서도 조정되어야 하는데, 사실상 기업 전반에 걸쳐 내부의 모든 구성원들에게 마케팅 사고의 인식이 필요하다는 것이다.

성과 마케팅

성과 마케팅(performance marketing)은 마케팅 활동과 프로그램으로부터 기업과 사회에 재무적 · 비재무적 이익을 요구한다. 최고(top) 마케터들은 점차적으로 판매수입 외에 마케팅 성적표를 조사하고 시장점유율, 고객이탈률, 고객만족, 제품품질, 그리고 다른 조치 등에 무슨 일이 일어나고 있는지를 해석하려고 한다. 또한 그들은 마케팅 활동과 프로그램의 법률적 · 윤리적 · 사회적, 그리고 환경적 영향들을 고려하고 있다.

마케터들은 점차적으로 재무와 수익성 관점뿐만 아니라 브랜드 구축과 고객 기반의 확대 측면에서 자신들의 투자가 타당하다는 것을 증명해야 한다. 그들은 자신들의 마케팅 노력이 창출하는 직 · 간접적 가치를 평가하기 위해 다양한 재무적 측정을 사용하며, 기업들의 시장가치의 많은 부분이 무형자산들, 특히 브랜드, 고객 기반, 종업원, 유통업자와 공급업자의 관계, 그리고 지적 자본 등으로부터 나온다는 것을 인식하고 있다. 마케팅 지표가 기업들이 폭넓은 차원들을 가지고 자신들의 마케팅 성과를 계량화하고 비교할 수 있도록 도움을 준다. 마케팅 조사와 통계분석이 다른 마케팅 활동의 재무적 효율성과 효과성을 평가한다. 마지막으로 기업들은 이들 다른 지표들을 분석함으로써 시장가치를 최대화하는 것을 확신시키는 프로세스와 시스템을 사용할 수 있다.

사회적 책임은 마케터가 사회복지라는 관점에서 일하고 있고 또한 일할 수 있는 역할을 생각하는 것을 필요로 한다. 오늘날 마케팅 환경의 변화에 따라 마케팅 개념을 확대하는 새로운 용어의 탄생을 필요로 하게 되었고, 이른바 사회적 마케팅 개념(societal marketing concept)이 등장하였다. 이러한 개념에서 기업의 마케팅 과업은 목표시장의 필요, 욕구 그리고 이익을 결정하는 것이고, 소비자와 사회 모두의 복리를 보존하고 증진하는 한 방법으로서 경쟁자들보다 더 효과적이고 효율적으로 바람직한 만족을 제공하는 것이다. 사회활동적 마케팅 개념은 마케팅 관리자가 마케팅 활동을 수행함에 있어서 사회적 · 윤리적인 문제를 고려하는 것이다. 나아가 기업의 이익과 소비자들의 욕구 충족, 그리고 공공의 이익을 두고 상충하는 판단기준들 간에 균형을 맞추고 세심하게 조율해야 한다.

Ben & Jerry's 등 많은 기업들은 대의명분 마케팅(cause-related marketing)이라고 불리는 사회활동적인 마케팅 개념의 한 형태를 채택하고 실행하여 놀랄 만한 매출과 이익을 실현하였다. Pringle and Thompson은 대의명분 마케팅을 이미지, 제품과 시장, 서비스를 가진 기업이 '대의명분(causes)'을 상호 이익을 위해서 관계 또는 파트너십을 형성하는 활동이라고 규정한다. 이러한 기업들은 대의명분과 관련된 마케팅을 통하여 기업의 명성을 향상, 브랜드 인지도 및 고객충성도 제고, 매출 증대, 그리고 미디어 커버리지(media coverage)를 높일 수 있는 기회로 간주하고 있고, 점차적으로 소비자들 역시 호의적인 기업의 시민정신을 보여주는 상징을 찾는 경향이 있다고 믿고 있다.

3-6. 마케팅 믹스와 현대적 마케팅 관리 4Ps

마케팅 믹스의 정의는 '기업이 표적시장에서 마케팅 목표를 추구하기 위해 사용하는 마케팅 도구들의 집합'이다. 여기서 분명한 것은 기업이 통제 가능한 부분과 통제 불가능한 부분이 있다는 것이다. 경제의 호황과 불황, 예측하지 못한 특정 제품의 유행, 가치관의 변화와 같은 환경적인 것에 대해서는 기업이 의도적으로 변화를 시도할 수 없다. 그러나 기업은 마케팅에서 제품(product)을 제조할 수 있으며, 가격(price)을 책정하고, 자사 제품이 유통(place)되는 경로 및 유통기관들을 선정할 수 있으며, 제품의 판매신장을 위해 촉진(promotion) 노력을 할 수 있다. 즉, 기업의 의지에 따라 임의적으로 변경시킬 수 있는 것이다. 따라서 이 네 가지의 이니셜로 만들어진 4Ps는 마케팅 믹스를 의미한다.

전통적으로 4Ps는 판매자 관점의 개념이며, Lauterborn은 고객 개념인 4Cs로 수정해야 한다고 주장한다. 즉, product는 customer solution으로, price는 customer cost로, place는 convenience로, promotion은 communication으로 제안하였다.

홀리스틱 마케팅(holistic marketing)에서 제시된 것처럼 마케팅의 폭, 복잡성, 그리고 풍부함 때문에 전통적인 마케팅 4Ps만으로는 더 이상 충분하지 않다. 총체적 마케팅 콘셉트를 반영하려면 사람, 프로세스, 프로그램, 그리고 성과를 포함하는 현대적 마케팅 관리 4Ps로 확대되어야 한다.

사람은 내부 마케팅과 종업원이 마케팅 성공에 매우 중요하다는 사실을 부분적으로 반영한다. 마케팅은 조직 내부의 사람들 그 자체이다. 또한 마케터들은 소비자들이 제품과 서비스를 쇼핑하고 소비하는 사람으로 생각하지 말고, 소비자들의 삶을 폭넓게 이해하기 위해 그들을 사람으로 생각해야 한다는 사실을 마케팅이 반영한다.

프로세스는 마케팅 관리로 이어지는 모든 창의성, 규율, 그리고 구조 등을 반영한다. 마케터들은 즉석 계획수립과 의사결정을 피하고 최상의 마케팅 아이디어와 개념이 적절한 역할을 할 수 있도록 보장해 주어야 한다. 마케팅 활동과 프로그램을 안내하는 프로세스의 올바른 세트를 도입함으로써 기업은 상호 유익한 장기적 관계에 관여할 수 있다. 프로세스의 또 다른 중요한 세트는 통찰력과 돌파구의 제품, 서비스, 그리고 마케팅 활동 등을 상상력이 풍부하게 생성할 수 있도록 기업을 안내한다.

프로그램은 기업의 소비자 중심의 활동들을 반영한다. 그것은 오래된 4Ps뿐만 아니라 마케팅의 오래된 견해와 맞지 않는 다른 마케팅 활동들의 범위를 포함한다. 이들 활동들이 온라인이든 오프라인이든, 전통적이든 비전통적이든 관계없이 부분의 합보다 큰 전체로서 통합되어야 하며, 그들은 기업의 다수 목표를 달성해야 한다.

홀리스틱 마케팅에서 성과는 재무적 · 비재무적 시사점(수익성뿐만 아니라 브랜드와 고객 자산), 그리고 기업 그 자체를 벗어난 시사점(사회적 책임, 법률적 · 윤리적 그리고 커뮤니티 관련)을 가지는 가능성 있는 결과 측정의 범위를 포함한다.

마지막으로 이들 새로운 4Ps는 기업 내의 모든 규율에 실질적으로 적용되고, 그리고 이 방법을 생각함으로써 관리자들은 기업의 다른 부서들과 더욱더 긴밀하게 조율하게 된다.

3-7 마케팅의 기업가 정신 모델

기업가정신의 기회 추구자, 위험 감수자, 네트워크 협력자 이 개념을 마케팅에 적용하는 쪽으로 논의의 방향을 전환할 수 있다. 기회를 보는 안목과 식견에서 마케팅이 시작되고 이후 창의적이고 혁신적인 프로세스가 가동되어 고객에게 제공될 솔루션이 도출된다. 브랜드화된 솔루션은 적절한 고객 세그먼트에 눈에 띄게 배치되어야 한다. 이에 더해 여러 경쟁우위를 토대로 차별화 포인트와 해법이 믿을만한 이유가 제시됨으로써 솔루션이 구소화되어야 한다.

마케터는 솔루션을 다양한 유형의 가치로 전환할 줄 알아야 한다. 기업에게 있어서 가치는 높은 수익을 의미한다. 투자자들은 배당금이 증가하는 것은 물론 회사의 시장 가치가 높아지길 기대하기 마련이다. 고객들은 자신들의 문제를 해결해줄 상품에서 가치를 찾을 것이다.

위험을 감수하는 태도, 우리 또는 남들이 절대로 가지 않는 길을 선택하는 자세는 마케터가 주류가 아닌 남다름을 지향한다는 점을 보여준다. 차별화가 반드시 필요하다고 하더라도 그 선택이 시장에서 인식되도록 해야 한다는 것이다. 이 활동이 마케팅 캠페인에서 일관되게 실현되어야 하는 것은 물론 오프라인뿐만 아니라 온라인에서도 판매활동으로 뒷받침되어야 한다.

영업 부서는 타깃 시장 세그먼트의 특성을 파악하고 어떻게 경쟁자들에 대비해 제공물(브랜드 포함)을 배치할지 알아야 한다. 제품 차별화와 지원 서비스에 대해서도 파악해야 한다. 여기서 더 나아가 주의 깊게 브랜드의 특성을 유지하기 위해 노력해야 한다.

견고한 협업은 어려운 상황을 기회로 전환하는 방법이다. 좋은 예로, 대형 할인마트 타깃과 커피 전문점 스타벅스는 완벽한 쇼핑 경험을 전달하기 위해 서로 연결됐다. 그때부터 타깃은 스타벅스 제품을 팔기 시작했으며, 스타벅스는 타깃 매장 안에 점포를 개설했다. 그 덕분에 고객들은 매장을 오고 가며 커피를 마실 수 있게 됐다. 결과적으로 타깃은 충성도 높은 스타벅스 고객들을 통해 브랜드 인지도를 강화하였다.

3-8 마켓 5.0

마켓 5.0은 '고객 여정 내내 가치를 창출, 전달, 제공, 강화하기 위해 인간을 모방한 기술을 적용하는 것'이라고 정의할 수 있다. 마켓 5.0의 중요한 주제 중 하나는 인간 마케터의 능력을 모방하는 것을 목표로 하는 차세대 기술이다. AI, NLP, 센서, 로봇공학, 증강현실, 가상현실, IoT, 블록체인 등이 모두 차세대 기술에 해당한다. 이런 기술의 조합이 마켓 5.0을 가능하게 해준다.

AI는 지난 수년간 인간의 인지 능력을 본떠 특히 비정형 고객 데이터를 갖고 학습하면서 마케터에게 유익한 통찰력을 제공하도록 발전해왔다. AI는 다른 가용 기술과 합쳐져서 적절한 고객에게 적절한 제안을 하는 데에도 이용할 수 있다. 마케터는 빅데이터 분석을 통해 '세그먼츠 오브 원(segments of one)' 마케팅이라고 하는 1:1 고객 맞춤형 마케팅 전략을 구사할 수 있다. 오늘날 그런 전략은 어느 때보다 더 주류로 부상했다.

기업은 AI 기계학습을 통해 예측 알고리즘의 도움을 받아 특정 기능을 갖춘 신제품의 성공 여부를 예측해볼 수 있다. 그러면 마케터는 신제품 개발 과정에서 많은 단계를 건너뛸 수 있다. 예를 들어 펩시는 소셜 미디어상에서 나눈 고객과의 대화를 심층 분석하여 정기적으로 신제품 음료를 출시한다. AI는 또 고객 프로필을 토대로 쇼핑패턴을 파악하여 온라인 소매업체들이 적절한 제품이나 콘텐츠를 추천하게 해준다. 추천 엔진은 아마존, 넷플릭스, 유튜브 같은 전자상거래업체들이 다른 디지털 기업들과 차별화를 이뤄낼 수 있는 결정적 수단이다. 고객에 대한 역동적 세분화와 자료 수집을 가능하게 해주며, 과거의 구매이력을 끊임없이 분석해서 고객에게 같은 카테고리 내 고가 제품을 사도록 유도하는 상향판매(up-sell)와 다른 카테고리 내 다른 상품군도 구매하도록 유도하는 교차판매(cross-sell)를 할 수 있도록 서로 무관해 보이는 제품들 사이의 숨겨진 관계를 찾아준다.

AI는 NLP, 센서, 로봇공학과 결합해서 마케터가 고객 대면 활동을 수행하는데 도움을 줄 수 있다. 예를 들어, 커피 서빙 AI 로봇, 로봇 안내원, 안면인식 카메라 등이 있다. 또한 소매업체는 센서와 IoT를 이용해서 오프라인 공간에서 디지털 경험을 재현할 수도 있다. AI는 데이터 더미 속에서 이전에 알려지지 않았던 고객의 행동패턴을 발견하는 능력을 갖추고 있다. 그러나 AI가 뛰어난 컴퓨팅 능력을 갖추고 있긴 하지만, 오직 인간만이 다른 인간을 이해할 수 있다.

MARKETING

2 고객가치, 고객만족, 고객유지

학습목표

- ▶ 고객가치와 만족을 어떻게 창출하고 전달할 것인가
- ▶ 우수한 기업의 특성은 무엇인가
- ▶ 기업은 어떻게 고객을 유인하고 유지할 것인가
- ▶ 기업은 어떻게 고객의 이익을 증진시킬 것인가

오늘날 기업들은 급속하게 변화하는 환경과 치열한 경쟁상황에 직면해 있다. 1장에서 살펴본 바와 같이 기업들은 제품 개념과 판매 개념으로부터 마케팅 개념으로 전환함으로써 경쟁사들에 대해 보다 월등하게 대응할 수 있게 된다. 이 장에서는 마케팅 개념을 고객 측면에서 보다 상세히 다루게 된다. 기업들이 어떠한 방법으로 경쟁사에 비해 보다 많은 고객들을 유인 · 확보 · 유지하는가에 대해서 살펴보고자 한다. 이러한 방법들의 핵심은 고객들이 원하는 것, 즉 고객욕구를 충족시키며 이를 바탕으로 고객들과 장기적인 거래관계를 구축하고 유지하는 것이다.

제1절 고객가치와 고객만족

Peter Drucker는 기업의 첫 번째 과업을 '고객을 창조하는 것'이라고 주장하였다. 그러나 오늘날의 고객들은 수많은 제품과 상표에 노출되어 있고, 전통적인 점포를 떠나 온라인 시장에서의 구매를 고려할 수도 있다. 이러한 경쟁적인 상황에서 기업이 신규고객을 창조하는 것은 과거 어느 때보다 어려워진 것이 현실이다.

고객들은 구매 전 시장제공물이 가지고 있는 가치를 예측한다. 즉, 고객들은 그들이 원하는 제품 및 서비스를 탐색하는데 소요되는 비용, 제한된 지식, 이동성 및 소득의 범위 내에서 가치를 극대화하고자 한다. 그들은 가치에 대한 기대수준에 따라 구매행동을 하게 되고, 구매 후 시장제공물에 대한 평가가 구매 전 자신의 기대를 얼마나 충족시켜 주었는지에 따라 고객만족이 결정되며, 해당 제품 및 서비스에 대한 재구매 행동에 따라 기업의 수익성은 영향을 받게 된다. 무엇보다 마케팅 관리자는 고객지향적인 기업으로서의 변화를 추구해야 한다.

1-1. 고객가치

고객들은 그들의 기대를 충족시켜 줄 수 있는 가치를 제공하는 기업을 선택한다. 고객이전가치(customer delivered value)란 총고객 혜택(total customer benefit)과 총고객 비용(total customer cost) 간의 차이로 설명된다. 총고객 혜택이란 어떤 특정한 제품과 서비스로부터 고객들이 기대하고 있는 혜택(이점)들의 집합체이며, 총고객 비용이란 고객들

그림 2-1 고객이전가치의 구성요인

이 해당 제품 및 서비스를 평가하고 획득하여 사용하는데 발생할 수 있는 예상되는 비용의 총액이다([그림 2-1]). 이와 같이 마케팅 관리자는 경제적 · 기능적 · 정서적 혜택을 높이거나 비용을 줄임으로써 고객의 가치를 증가시킬 수 있는데, 경쟁기업에 비해 자사가 보유하고 있는 강점과 약점을 살펴봄으로써 고객가치 분석을 수행한다. 이러한 분석 단계는 다음과 같다.

① 제품의 주요 속성과 고객들의 핵심 혜택을 확인한다. 특정 제품에 대해 고객들이 원하는 속성은 무엇인지, 그 속성으로부터 그들이 원하는 혜택은 무엇인지를 확인하는 것이다. 이때 속성과 혜택은 고객의 관점에서 정의되어야 한다.

② 차별적 속성과 혜택의 양적 중요성을 평가한다. 고객들이 원하는 속성과 혜택의 중요성을 비교하여 지나치게 분산되어 있다면 또 다른 세분시장에서 군집화해야 한다.

③ 자사와 경쟁자의 성과를 평가한다. 자사와 경쟁자의 여러 가지 속성과 혜택 중에서 고객들이 원하는 개별 속성과 혜택이 어느 기업에 속해 있는지를 확인해야 한다.

④ 특정 주요 경쟁자에 비해 자사의 속성과 혜택을 고객들이 어떻게 평가하고 있는지를 조사한다. 만약 모든 중요 속성과 혜택들이 경쟁자에 비해 월등하다면, 해당 기업

은 보다 높은 가격을 책정하거나 동일한 가격을 책정하여 시장점유율을 확대할 수 있다.

⑤ 지속적인 고객가치를 모니터링한다. 기업들은 경제와 기술, 그리고 여러 마케팅 환경의 변화에 따라 고객이 지각하는 가치와 경쟁자의 위치 등을 정기적으로 조사해야 한다.

소비자 창출 가치: 소셜 네트워킹

마케팅 세계에서 가장 흥미로운 변화 중의 하나가 매일 사람들은 단지 구매만 하는 것이 아니라 가치를 실질적으로 창출한다는 것이다. 소비자들은 유튜브 같은 사이트를 이용하여 광고 감독자, 소매상, 신제품개발 컨설턴트가 될 수 있다. 그들은 유튜브에 제품들을 게시하면서 자신들의 광고를 창조하고, 이베이에서 비틀즈 기념품부터 세탁기까지 구매하고 판매도 한다. 또한 그들은 웹사이트에서 패션 디자이너들과 함께 새로운 스타일의 아이디어들을 공유하고, 새로운 광고를 디자인하며, 제품들에 대한 자신들의 독특한 버전(version)으로 맞춤화하기도 한다. 따라서 마케터들은 구매자들을 더 이상 수동적인 청중으로 생각하지 않아야 하며, 소비자들을 생산과 소비 모두에 참여하도록 동기를 부여받는 커뮤니티로서 바라보아야 한다는 것이다.

1-2. 고객만족

일반적으로 만족이란 제품 구매 전 가지고 있던 기대와 제품 구매 후 지각된 제품의 성과를 비교하여 소비자가 느끼게 되는 즐거움이나 실망감으로 정의된다. 만약 제품 구매 후의 성과가 기대에 미치지 못하면 고객들은 불만족하게 되고, 기대와 동일한 수준이라면 만족하게 되며, 그 이상이라고 한다면 매우 만족스러움을 느끼게 된다. 제품 성과에 대한 고객들의 평가는 여러 가지 요인들에 의해 이루어진다. 예를 들어, 특정 상표에 보다 높은 충성도를 가진 고객이라면 해당 제품의 구매 후 만족도는 보다 높게 나타나게 된다. 고객들이 갖는 구매 전 기대는 그들의 과거 구매경험, 해당 기업과 상표에 대한 평판, 주변인의 구전, 해당 기업과 경쟁기업이 시장에 제공하는 정보와 약속사항 등에 의해서 영향을 받는다.

한편, 높은 고객만족을 추구하는 고객중심 기업일지라도 고객만족의 추구가 그들 기업의 궁극적인 목표는 아니다. 저가격이나 고품질의 서비스를 제공함으로써 고객만족을 증가시키는 것은 낮은 수익을 산출하게 된다. 이러한 이유로 기업들은 고객만족을 통해 수익을 추구하는데 중점을 두기보다는 제조과정의 개선이나 연구개발에 대한 투자 등과 같은 수단을 통해 수익을 실현하는 것이 바람직하다. 또한 기업은 구성원, 판매상, 공급업자 및 주주 등을 포함하는 여러 이해관계자를 가지고 있다. 고객만족을 증대하기 위해서 지출된 많은 자금을 다른 동반자들의 만족을 증대시키는 데로 전환할 수도 있다. 결론적으로, 기업은 보유하고 있는 전체 자원의 제약하에서 고객 외의 다른 이해관계자들에게 최소한으로 용인될 수 있는 수준의 만족을 제공하면서 고객만족을 높이려는 철학으로 운영되어야 한다.

제2절 고객지향 조직

우수한 고객 경험을 창출하는 것은 거의 모든 산업 분야의 기업에서 우선 순위가 되었다. 제품, 서비스 및 브랜드의 확산, 시장 제공물에 대한 소비자 지식 증가, 기업과 기업이 제공하는 제품에 대한 여론에 영향을 미치는 소비자의 능력 등이 고객지향 조직 구축의 중요성을 강조하고 있다. 이제 대부분의 기업은 이해관계자 가치를 창출하는 길이 장기적인 고객가치 창출에 초점을 둔 조직을 재구상하는 데서 시작된다는 것을 알고 있다.

고객이 회사의 진정한 "수익 센터"라고 믿는 관리자는 그림 2-2(a)의 전통적인 조직도를 고려한다. 즉, 최고경영진이 맨 위에 있고, 서비스관리자는 그 다음에 있고, 일선 직원과 고객이 맨 아래에 있는 피라미드인데 이는 구식이라 할 수 있다.

성공적인 마케팅 회사는 전통적인 조직 계층 차트를 그림 2-2(b)의 차트와 같이 변환한다. 회사의 최우선 순위는 고객이다. 다음으로 중요한 것은 이러한 고객을 만나고 서비스를 제공하고 만족시키는 일선 직원이다. 그런 다음 일선 직원을 지원하여 고객에게 좋은 서비스를 제공할 수 있도록 하는 서비스 관리자가 있다. 마지막으로 훌륭한 서비스 관리자를 고용하고 지원하는 일을 하는 최고 경영진이 있다. 고객 중심의 회사를 성장시키는 열쇠는 모든 수준의 관리자가 고객을 이해하고 만나고 봉사하는데 개인적으로 참여해야 한다는 것이다. 표 2-1은 고객 중심 조직의 주요 특성을 보여준다.

그림 2-2 전통적인 기업과 고객지향적 기업

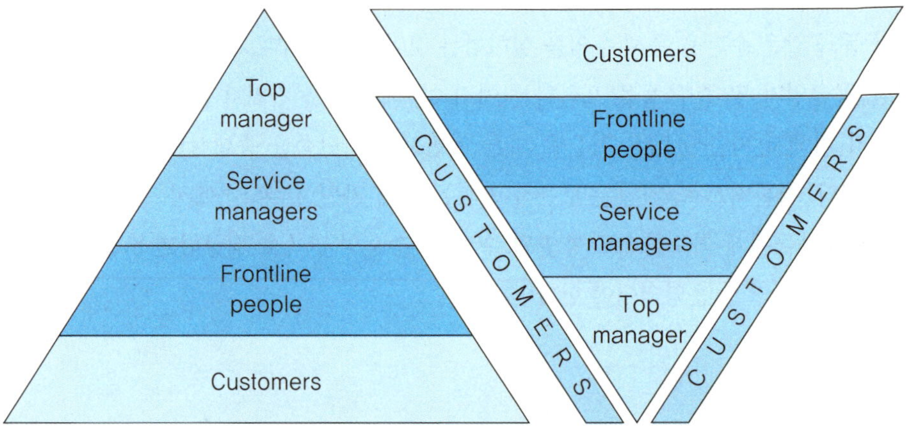

(a) 전통적인 기업 (b) 고객지향적 기업

일부 회사는 고객 중심의 비즈니스 모델을 기반으로 설립되었으며 고객 옹호는 그들의 전략이자 경쟁 우위이다. 디지털 기술의 부상으로 점점 더 많은 정보를 얻은 소비자는 기업이 자신을 연결하고 만족시키고 심지어 기쁘게 하는 것 이상을 기대한다. 그들은 기업이 그들의 말을 경청하고 응답하기를 기대한다.

전통적으로 마케터는 고객의 요구를 이해하고 회사의 다양한 기능 영역에 고객의 목소리를 전달하는 중개자 역할을 하였다. 그러나 네트워크로 연결된 기업에서는 모든 기능 영역이 고객과 직접 상호 작용할 수 있다. 마케팅은 더 이상 고객 상호작용에 대한 단독 소유권을 갖지 않는다. 이제 고객이 회사와 상호작용할 때 단일 얼굴을 보고 단일 음성을 들을 수 있도록 모든 고객 관련 프로세스를 통합해야 한다.

표 2-1 **고객중심 조직의 특성**

낮은 고객중심	높은 고객중심
제품지향	시장지향
대중시장중심	고객중심
프로세스지향	성과지향
경쟁자에 대한 반응	경쟁자를 무의미하게 만듦
가격지향	가치지향
위계적 조직	팀워크

많은 기업들이 아직은 시장과 고객중심이 아니라는 사실을 깨닫고 있으며, 오히려 그들은 제품과 판매 중심이다. 진정한 시장지향 기업으로 변모하려면 고객에 대한 전사적인 열정을 개발하고, 제품 대신 고객 세그먼트를 중심으로 구성하고, 정성적 및 정량적 연구를 통해 고객을 이해해야 한다.

고객 지향적이어야 하지만 그것만으로는 충분하지 않다. 조직도 창의적이어야 한다. 오늘날 기업들은 점점 더 빠른 속도로 서로의 장점과 전략을 복사하여 차별화를 달성하기 어렵게 만들고 기업이 비슷해짐에 따라 마진이 더 낮아지고 있다. 이 딜레마에 대한 최선의 답은 전략적 혁신과 상상력의 역량을 키우는 것이다. 이 능력은 회사가 경쟁사보다 더 많고 더 나은 새로운 아이디어를 생성할 수 있도록 하는 툴, 프로세스, 기술 및 전략을 조합하는 데서 나온다. 이러한 역량을 장려하기 위해 기업은 새로운 아이디어를 자극하고 상상력을 키우는 데 도움이 되는 영감을 주는 작업 공간을 마련하기 위해 노력해야 한다.

기업은 트렌드에 주의를 기울이고 이를 활용할 준비가 되어 있어야 한다. 네슬레는 스타벅스와 같은 체인점의 길을 닦은 커피하우스에 대한 트렌드를 뒤늦게 알아차렸다. 코카콜라는 Snapple과 같은 과일 맛 음료, Gatorade와 같은 에너지 음료, 디자이너 워터 브랜드에 대한 음료 트렌드를 더디게 받아들였다. 시장 리더가 위험을 회피하고 기존 시장과 물리적 자원을 보호하는 데 집착하고 혁신보다 효율성과 이익에 더 관심이 있을 때 트렌드를 놓칠 수 있다.

제3절 고객유인과 유지

오늘날 대다수의 기업들은 공급체인 내에서 상호 연결된 동반자들과의 관계를 향상하는 것과 아울러 최종고객들과 보다 강력한 유대와 충성심을 조성하는 데 전념하고 있다. 과거에 많은 기업들은 자사가 고객을 보유하고 있는 것을 당연하다고 생각하였다. 과거의 기업들은 생산 개념, 제품 개념의 수준에서 머물고 있었기 때문이다. 즉, 생산만 하면 판매되던 시대, 적어도 좋은 제품만 만들면 판매된다는 품질 개념의 시대인 까닭에 기업들은 고객만족에 대한 고민을 할 필요가 없었다. 하지만 현대는 마케팅 또는 고객지향 개념이 요구되는 상황하에서 고객들의 욕구충족과 이를 통한 고객만족의 달성이 무엇보다 중요하게 되었다.

3-1. 고객유인

기업들은 새로운 고객을 탐색하는 데 상당한 시간과 자원을 필요로 한다. 고객을 유인하기 위해서는 세 가지 활동인 고객창출(lead generation), 고객선별(lead qualification), 경쟁사 및 타 기업에서 자사 고객으로 전환(account conversion)시키는 활동이 요구된다.

선도적 유인활동은 기업이 광고를 개발하여 새로운 예상 잠재고객에게 접근할 수 있는 매체를 통해 개발된 광고를 보내거나, 우편물 또는 전화의 사용, 그리고 선도적인 고객을 찾기 위하여 업계 전시회 등에 참여하는 활동을 말한다. 이와 같은 선도적 유인 활동을 통해 예상되는 고객명부가 만들어지게 된다. 다음으로, 예상되는 고객들 중 양호한 잠재고객을 확인하기 위해 자격을 검토하는데, 이를 고객선별이라고 하며 고객들과의 직접적인 면담이나 재무상태를 확인한다. 마지막으로 검토된 예상 잠재고객들은 열정적 고객, 보통 고객, 냉담한 고객 등으로 분류된다. 판매원은 우선적으로 열정적인 예상 잠재고객과 접촉하여 자사의 고객으로 전환되도록 노력해야 한다. 한편 고객전환을 위해서는 제안을 하고 이의제기에 대해 응답하며 또한 최종 거래조건을 협상하는 것 등이 포함된다.

3-2. 고객이탈에 따른 비용

기업은 새로운 고객을 확보하는 것 못지않게 기존의 고객을 유지해야 한다. 기업들은 새로운 고객을 획득하고 있지만, 그들 중 상당수를 상실하고 있다. 심한 경우 자사를 이탈한 고객이 타사의 고객이 될 수 있다. 따라서 기업은 고객이탈률(customer defection rate)에 대해 세심한 주의를 기울여야 하며, 고객이탈률을 줄이기 위해서는 4단계 조치를 취해야 한다.

첫째, 기업은 고객유지율을 정의하고 측정해야 한다. 예를 들어 잡지의 경우, 유지율은 재구독률에 해당되며, 대학의 경우에는 매학기 등록률 또는 학위취득률이 여기에 해당된다. 둘째, 기업은 고객 감소의 원인을 규명하고 관리해야 한다. 기업이 제공한 그릇된 서비스, 조잡한 제품품질, 과다한 가격 등으로 인해 떠나가 버린 고객들에 대해서는 여러 사항들이 검토되어야 한다. 셋째, 기업은 자사가 헛되이 고객을 상실하였을 때 얼마만큼의 이익을 상실할 것인가를 예측해야 한다. 어떤 개별 고객의 경우, 상실된 이윤은 고객의 평생가치와도 같은 것이다. 고객평생가치(CLV: Customer Lifetime Value)란 고객이 특정 기업과 평생 거래를 할 경우, 그 기업이 고객으로부터 실현할 수 있는 총이익의 현재가치이다. 넷째, 기업은 이탈률을 줄이기 위해 얼마만큼의 비용이 소요되는가를 예측해야 한다. 소요비용이 상실되는 이익보다 작다면 자사는 이탈률을 줄이는 데 비용을 지출해야 한다. 무엇보다 중요한 것은 고객의 말을 진지하고 세심하게 경청하는 기업의 태도가 이탈률을 줄이는 가장 중요한 요인이라는 점이다.

3-3. 고객유지의 필요성

과거의 마케팅 이론과 실천방법들은 기존의 고객들을 유지하는 것보다는 새로운 고객을 끌어들이는 기술에 집중하였다. 장기적인 관계 구축보다는 단기적 거래의 조성인 판매 전 행동과 판매행동 중심으로 논의되어 왔다. 하지만 기업의 철학이 생산 개념에서 마케팅 개념으로 바뀌면서 고객만족의 중요성이 대두되게 되었다. 고객유지의 열쇠는 고객만족인데, 만족도가 높은 고객들은 보다 더 오랫동안 충성심을 가지게 된다. 일상적인 거래의 경우, 새로운 고객의 확보보다 기존 고객을 유지 · 관리하는 데 보다 적은 비용이 소요된다. 따라서 기업은 정기적으로 기존 고객들의 만족 수준을 측정해야 한다.

어떤 기업들은 고객불평을 확인함으로써 고객만족을 파악할 수 있다고 생각한다. 그러나 불만족한 고객들 중 95%는 불평을 표현하지 않을 뿐만 아니라 그들 대부분이 구매를 중지한다. 기업이 할 수 있는 최선의 방법은 고객들이 쉽게 불만을 표현하도록 하는 것이다. 불만에 제안에 관한 서식, 기업의 수신자부담 전화번호 및 전자우편 주소 등이 이러한 목적에 이용된다. 3M은 고객들이 제안, 요청 및 불평을 표현해 줄 것을 권장하고 있으며 이를 바탕으로 제품개선 아이디어 중 2/3 이상을 확보하고 있다. 그러나 경청하는 것만으로는 충분하지 않고, 불평에 대해 신속하고도 구체적인 대응이 필요하다.

새로운 고객을 획득하는 것은 현재의 고객을 만족시키고 유지하는 데 소요되는 비용보다 5배 이상의 비용이 소요된다고 한다. 그 이유는 새로운 고객을 현재의 공급자로부터 변경하도록 하기 위해서 많은 노력이 필요하기 때문이다. 평균적으로 기업들은 고객들 중 10%를 매년 상실하고 있다. 고객이탈률 5% 감소로 산업에 따라서 25%에서부터 85%까지 이익이 증가할 수 있지만, 많은 기업들이 이러한 사실을 간과하고 있다.

고객에 의한 이익률은 기존 고객이 특정 기업과 거래하는 기간이 길어질수록 증가한다는 사실을 직시해야 한다.

고객을 유지시킬 수 있는 기본적인 방법은 보다 높은 고객만족을 전달하는 것이다. 그렇게 된다면 경쟁사가 저가격을 제공하거나 유인방법을 변경하더라도 자사의 고객을 이탈시키기 어려울 것이다. 이와 같이 자사에 대한 강력한 고객충성도를 창출하는 과업을 관계 마케팅이라고 한다.

3-4. 관계 마케팅

관계 마케팅(relationship marketing)을 이해하기 위해서 고객을 유인하고 유지하는 데 관련되는 과정을 살펴보자. [그림 2-6]은 고객과의 관계가 발전되는 과정을 보여 주고 있다. 출발점은 예상고객(suspect)으로서 그 제품이나 서비스를 구입할 가능성이 있는 사람이다. 기업은 가장 가능성이 있는 예상 잠재고객(prospects), 즉 그 제품에 대해 강한 잠재적인 관심을 가지고 있으며, 또한 그것에 대해 지급할 수 있는 능력을 가진 사람이 누구인가를 결정하기 위해 예상 잠재고객을 탐색한다. 이와 함께 자격미달의 예상 잠재고객(disqualified prospect), 즉 신용이 없거나 이익을 전혀 창출하지 못하는 고객을 선별한다. 기업은 상당수 자격을 갖춘 예상 잠재고객(qualified prospect)을 첫 번째 고객(first-time customer)으로 전환시키고 다시 반복고객(repeat customer)으로 전환시키고자 한다. 첫 번째 고객과 반복고객 모두는 경쟁사로부터 계속 구입할 수도 있기 때문에 기업은 반복고객을 단골고객(client)으로 전환시켜야 한다. 그 다음으로 해결해야 할 문제는 회원제 프로그램을 활용하여 단골고객을 옹호자(advocates)로 변환시키는 것으로, 그 옹호자들은 다른 사람에게 해당 기업의 제품 및 서비스를 열정적으로 권한다. 최종적으로 도전해야 할 것은 옹호자를 동반자(partner)로 변환시키는 것인데, 동반자는 기업과 고객이 능동적으로 협동하는 경우에 이루어진다.

고객과의 유대 강화와 만족도를 제고하기 위해 Berry와 Parasuraman은 금전적 혜택, 사회적 유대관계 강화, 그리고 구조적 결속이라는 세 가지 고객가치의 구축 방법을 제시하였다.

금전적 혜택의 추가

기업들이 제공할 수 있는 두 가지 금전적 혜택은 빈도 마케팅 프로그램과 클럽 마케팅 프로그램이다. 빈도 마케팅 프로그램(FMP: Frequency Marketing Program)은 빈번하게 구입하거나, 또는 상당량을 구입하는 고객들에게 보상을 제공하기 위해 만들어진 것이다. 현재 많은 기업들이 거래금액에 따른 마일리지 적립, 거래빈도에 따른 포인트 적립 등 장기적 거래관계를 유지하고 있는 고객들에게 금전적인 혜택을 부여하고 있다.

사회적 유대관계 강화

여기에서 기업의 구성원들은 고객들의 관련성을 개별화 내지 개성화함으로써 고객들과 사회적인 유대관계를 증진시키는 데 심혈을 기울인다. 기업은 고객을 단골고객으로 변화시켜야 한다. 이는 흔히 음식점의 단골고객을 생각하면 쉽게 이해할 수 있다. 단골고객은 일반적인 고객보다 개별적으로 서비스를 받을 수 있으며 기업과 보다 원활하게 의사소통할 수 있다. 기업과 고객 간의 사회적 관계뿐만 아니라, 고객과 고객 간의 사회적 관계를 강화시키기 위해 문화공간이나 정보교류의 장을 제공하기도 한다.

구조적 결속의 추가

기업은 고객들이 주문, 지불, 재고 등을 관리하는 데 도움이 되는 특별한 설비나 컴퓨터 연결망을 통해 거래정보를 고객들에게 공급할 수 있다. 인터넷이나 모바일 통해 고객에게 과거의 주문정보, 지불내용, 재고수량 등의 다양한 거래정보를 제공하여 고객과의 장기적 관계 구축의 토대를 마련하고 있다. 또한 회원제 프로그램을 활용하여 그들에게 보다 많은 정보와 우수한 서비스를 제공하기도 한다.

3-5. 고객수익성

최상의 고객들은 다른 일반고객에 비해 소매업에서는 16:1의 비율로, 식당업에서는 13:1의 비율로, 항공업에서는 12:1의 비율로 그리고 숙박업에서는 5:1의 비율로 더 많이 지출한다고 알려지고 있다. 보다 구체적으로 살펴보면 20/80 법칙과 20/80/30 법칙이 있다. 이것은 고객들 중 상위 20%가 자사 이익의 80%를 창출한다는 것이다. 또한 80%의 수익 중 절반 가량이 이익을 기여도가 낮은 하위 30%의 고객에게 지출된다는 것이다. 따라서 기업은 이익기여도가 낮은 최악의 고객들을 제외함으로써 자사의 이익을 향상시킬 수 있음을 의미한다([그림 2-3]).

그림 2-3 고객-제품 수익성 분석

		고 객			
		C1	C2	C3	
제 품	P1	+	+	+	고수익적 제품
	P2	+			수익적 제품
	P3		−	−	비수익적 제품
	P4			−	고 · 비수익적 제품
		고 수익성	중 수익성	저 수익성	

기업은 모든 고객들의 만족을 추구하지 말아야 한다. 전술한 바와 같이 모든 고객의 만족을 실현하기 위해서는 불필요한 비용의 발생이 불가피하다. 이러한 비용을 줄임으로써 상위 고객의 만족도를 개선할 수 있고, 기업 측면에서는 비용감소만큼의 이익창출이 가능하게 된다. 수익적인 고객(profitable customer)이란 특정 기업이 고객을 유인하고, 그 고객과 거래하는데 소요되는 비용보다 지속적인 거래관계를 가짐으로써 더 많은 수익을 가져다 주는 고객을 말한다. 여기서 중요한 것은 단속적인 거래관계가 아닌 지속적인 거래관계, 즉 고객 평생가치를 고려하는 것이다. 따라서 신규고객의 유인과 함께 거래관계를 지속적으로 유지하는 활동은 기업의 장기적 수익의 원천으로서 매우 중요하다.

3 마케팅 전략과 계획

제1절 전략계획의 영역과 수준
제2절 기업과 사업부의 전략계획
제3절 사업부 전략계획
제4절 마케팅 관리과정

학습목표

▶ 기업과 사업부 수준에서의 전략적 계획과정이란
▶ 전략적 사업단위에서 어떻게 전략계획이 수행되는가
▶ 마케팅 관리과정의 주요 단계는 무엇인가

1장에서는 마케팅의 전반적인 개념과 2장에서는 좀 더 세부적인 고객 측면에 대해 살펴보았다. 이 장에서는 기업이 수익을 창출하기 위해서 어떻게 마케팅 전략을 세우는지를 살펴보기로 한다.

기본적으로 기업은 만족한 고객을 창출하고 또한 유지하는 데 힘써야 한다. 성공적인 기업은 계속해서 변화하는 시장에 적응하고, 또한 대응하는 방법을 알아야 하고, 시장 지향적인 전략계획의 기법을 실천해야 한다.

전통적으로 기업들은 자신들의 사업에 투입되는 노동력, 자재, 기계, 정보, 그리고 에너지 등의 대부분의 자원을 소유하고 통제했지만, 오늘날 많은 기업들은 보다 나은 품질 혹은 보다 저렴한 비용을 획득할 수 있다면 덜 중요한 자원을 아웃소싱한다.

중요한 것은 사업의 본질을 구성하는 자원과 역량을 소유하고 육성하는 데 있다. 많은 직물, 화학, 그리고 컴퓨터/전자 제품의 기업들은 제품들을 직접 생산하지 않는데, 이는 역외(offshore) 제조업자가 이 과업에서 더 많은 역량을 갖고 있기 때문이다. 대신에 그들은 제품 디자인, 개발과 마케팅, 자신들의 핵심역량(core competencies) 등에 초점을 둔다. 핵심역량은 3가지 특성을 가진다. ① 핵심역량은 경쟁우위의 원천이며 지각된 고객 편익에 상당한 공헌을 한다. ② 핵심역량은 광범위하고 다양한 시장에 적용된다. ③ 핵심역량은 경쟁사를 모방하기가 어렵다.

사업의 재편성은 핵심역량을 최대화하는 데 필요할 수도 있다. 그것은 3단계를 갖는데, 즉 ① 사업의 개념 혹은 계획을 (재)정의하고, ② 사업의 범위를 (재)형성하고, ③ 기업의 브랜드 정체성(identity)을 (재)포지셔닝한다.

한편 홀리스틱 마케팅의 한 가지 견해는 고객가치를 주요 이해자집단(stakeholder) 간에 장기적 관계와 번영을 공동으로 구축하고 충족시키는 목적으로 가치 탐구, 가치 창출, 그리고 가치 전달 활동들을 통합하는 것으로 보고 있다. 따라서 홀리스틱 마케터들은 높은 수준의 제품품질, 서비스, 그리고 스피드를 전달하는 탁월한 가치사슬을 관리함으로써 성공한다. 그들은 고객점유율을 확대하고, 고객충성도를 구축하고, 그리고 고객 평생가치를 획득함으로써 수익성 있는 성장을 달성한다.

제1절 전략계획의 영역과 수준

성공한 마케팅은 고객가치를 이해하고, 창출하고, 전달하고, 유지하는 역량을 요구한다. 일부 선택된 그룹의 기업들이 역사적으로 마스터 마케터들로서 눈에 띈다(〈표 3-1〉 참조). 이들 기업들은 고객에게 초점을 두며 변화하는 고객의 욕구에 효과적으로 대응하도록 조직화되어 있다. 그들 모두는 잘 훈련된 마케팅 부서를 갖고 있으며, 다른 부서들도 '고객은 왕이다'라는 개념을 수용한다.

올바른 활동을 실행하기 위해 마케팅 담당자는 회사의 비즈니스를 투자 포트폴리오로 관리하고, 시장성장률과 해당 시장에서의 회사 포지션을 평가하고, 실행 가능한 비즈니스모델을 개발하는 세 가지 핵심 영역에서 전략적 계획의 우선순위를 정해야 한다.

전략계획은 세 가지 주요 실천부분으로 구성되어 있다. 첫째, 기업의 각 사업단위의 투자 포트폴리오를 관리하는 것이고, 둘째, 시장성장률과 시장 내에서 해당 기업의 위치와 적합성을 고려하여 각 사업단위의 강점을 평가하는 것이며, 셋째, 각 사업단위들은 기업의 장기목표 달성을 위한 세부적인 전략을 수립하는 것이다.

전략계획의 네 가지 수준에는 기업수준(corporate level), 사업부 수준(division level), 사업단위 수준(business unit level), 시장제공물(market offering)이 있다. 기업본부는 전체

표 3-1 마스터 마케터의 일부 사례

Amazon.com	Electrolux	Progressive Insurance
Bang & Olufsen	Enterprise Rent-A-Car	Ritz-Carlton
Barnes & Noble	Google	Samsung
Best Buy	Harley-Davidson	Sony
BMW	Honda	Southwest Airlines
Borders	IKEA	Starbucks
Canon	LEGO	Target
Caterpillar	McDonald's	Tesco
Club Med	Nike	Toyota
Costco	Nokia	Virgin
Disney	Nordstrom	Walmart
eBay	Procter & Gamble	Whole Foods

그림 3-1 전략계획, 실행 및 통제 과정

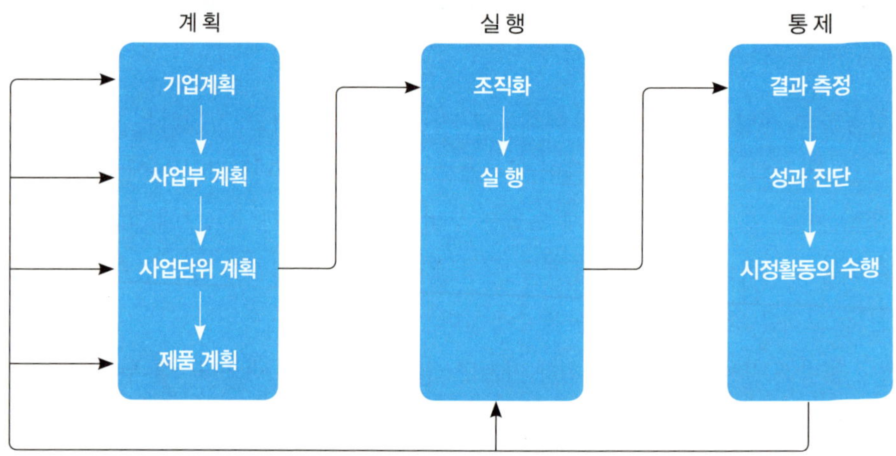

많은 자원을 각 사업부에 할당할 것인가, 뿐만 아니라 어떠한 사업단위를 시작하고 제외할 것인가를 결정한다. 그리고 각 사업부는 사업부 내에 속한 각 사업단위에 자금을 할당하는 사업부 계획을 수립한다. 그 다음으로 각 사업단위는 단위전략계획을 수립해야 한다. 마지막으로, 각 사업단위 내의 각 제품 수준(제품계열, 상표)에서는 제품시장에서 목표를 성취하기 위한 마케팅 계획이 수립된다([그림 3-1]).

전략적 마케팅 계획은 현재 시장의 상황과 기회를 분석한 것에 근거하여 광범위한 마케팅 목표와 전략을 수립하는 것을 말한다. 전술적 마케팅 계획은 광고, 상품화, 가격결정, 유통경로, 서비스 등을 포함하여 마케팅 전술의 개요를 뜻한다.

제2절 기업(Coporate)과 사업부(Division)의 전략계획

기업본부는 사명, 방침, 전략 및 목표명세서를 마련함으로써 개별 사업부와 사업단위가 계획을 수립하는 데 기초가 되는 틀을 설정한다. 어떤 기업은 개별 사업단위로 하여금 그 사업단위의 판매액, 이익목표 및 전략을 수립할 수 있는 재량권을 주기도 하지만

그림 3-2 기업수준의 전략계획 과정

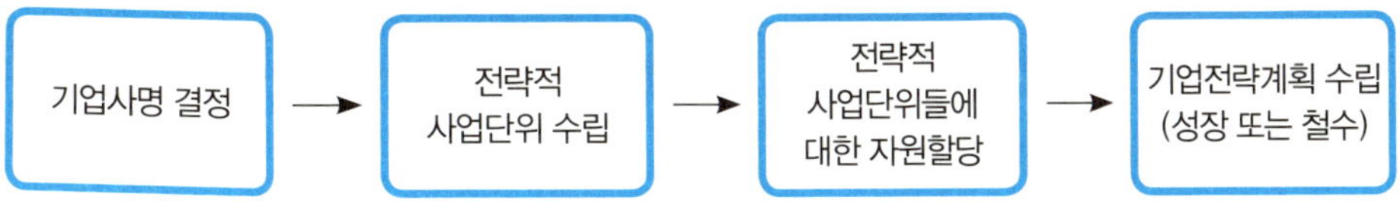

또 다른 기업본부는 사업단위에 대한 목표를 수립하고 그에 따라 각 사업단위가 필요한 전략을 수립하도록 일임한다. 또한 다른 기업본부는 목표를 정할 뿐만 아니라, 각 개별사업단위의 전략에까지 깊이 관여한다.

기업의 전략계획은 네 가지 단계를 거친다([그림 3-2] 참조). 먼저 목표가 되는 기업사명을 정한 후, 전략적 사업단위를 확인하고, 기업이 보유하고 있는 전략적 사업단위(SBU: Strategic Business Unit)들의 평가를 통해 각 SBU에 효율적으로 자원을 배분하게 된다. 자원이 많이 투자된 SBU는 성장지향, 자원이 적게 투자된 SBU는 유지 또는 철수를 지향하게 된다. 따라서 각 SBU들의 이러한 계획들은 기업 전체 차원, 즉 기업전략계획이 되는 것이다.

2-1. 기업사명 결정

기업의 특이한 사명 또는 목표가 처음에는 분명하다. 그러나 시간이 지남에 따라 그 사명이 시장의 변화된 조건에 더 이상 적합하지 않을 수도 있다. 또는 기업이 변화하는 시장환경에 맞춰 신제품과 신시장을 추가함으로써 사명이 불분명해질 수도 있다.

조직이 사명에서 이탈하여 표류하고 있다는 사실을 경영자가 알았을 때에는 목적을 다시 결정해야 한다. Peter Drucker에 의하면, 이 경우가 바로 어떤 근본적인 질문을 해야 할 때인 것이다. 즉, 우리의 사업은 어떤 것인가? 고객은 누구인가? 고객에게 가치가 있는 것은 무엇인가? 우리 사업은 어떻게 될 것인가? 우리 사업이 어떻게 되어야 하나? 간단해 보이는 이러한 질문은 항상 대답하기 어려운 문제들이다. 기업들은 지속적으로 이러한 문제들을 제기하고, 또한 신중하고도 정확하게 정의를 내려야 한다.

기업사명은 경영자, 종업원 그리고 고객들과 공유할 수 있도록 작성되어야 한다. 잘 만들어진 기업사명은 기업 구성원들에게 공유된 목표, 기회, 방향 등을 제공해 줄 수 있다. 또한 기업사명은 지역적으로 분산된 구성원들이 조직의 목표를 실현하는 데 있어 독립적으로 결속하여 실천할 수 있는 지침이다.

다음 사명 선언문의 예를 들어보자.

- Google의 사명은 전 세계의 정보를 체계화하여 보편적으로 액세스하고 유용하게 만드는 것이다.
- IKEA의 비전은 많은 사람들을 위한 더 나은 일상을 만드는 것이다. 우리의 사업 아이디어는 가능한 한 많은 사람들이 구입할 수 있을 정도로 저렴한 가격에 잘 디자인되고 기능적인 다양한 홈 퍼니싱 제품을 제공함으로써 이러한 비전을 지원한다.
- Facebook의 사명은 사람들에게 커뮤니티를 구축하고 세상을 더 가깝게 만드는 힘을 제공하는 것이다.
- Tesla의 사명은 전 세계가 지속 가능한 에너지로의 전환을 가속화하는 것이다.
- Starbucks의 사명은 한 번에 한 사람, 한 컵, 한 동네에 인간 정신을 고취하고 양육하는 것이다.
- Microsoft의 사명은 우리의 사명은 지구상의 모든 사람과 모든 조직이 더 많은 것을 성취할 수 있도록 힘을 실어주는 것이다.

좋은 기업사명은 몇 가지의 특징을 구체화해야 한다. 첫째, 한정된 몇 개의 목표에 집중되어야 한다는 것이다. 예를 들어, 우리는 최고품질의 제품을 생산하며 최고의 서비스를 제공하고, 가장 폭넓은 유통경로를 달성하며 또한 최저가격으로 판매한다는 사명문은 너무 많은 것을 목표로 하고 있다.

둘째, 기업사명은 자사가 준수하고자 하는 주요 방침과 가치를 강조해야 한다. 정책(policies)은 기업이 주주, 종업원, 고객, 공급업자, 유통업자 및 기타 주요한 집단 등 이해관계자에 대해 어떻게 관계를 가지는가의 방법을 정의한다. 즉, 정책을 통하여 어떠한 문제에 대해 대처하는 기업 구성원들의 개별적인 자유재량권의 범위가 규정된다.

셋째, 기업사명은 기업이 활동할 주요한 경쟁영역, 즉 산업범위, 제품 및 적용범위, 역량의 범위, 세분시장의 범위, 수직적 범위 및 지리적 범위 등을 규정해야 한다. 산업범위는 기업이 운영하고자 하는 산업의 범위로, 기업에 따라 산업재만, 소비재만, 서비스만, 또는 어떤 산업에서든 사업을 하고자 한다. DuPont의 경우는 산업재 시장에서 사업을 하지만 Dow는 산업재와 소비재 시장에서 사업을 하며, 3M은 조금이라도 이익이 된다면 어떤 산업에라도 진출하고자 한다. 제품 및 적용범위는 기업이 공급하고자 하는 제품과 그 응용의 범위를 말한다. 역량의 범위는 기업이 가진 핵심역량의 범위를 말한다. 수직적 범위는 기업이 원재료부터 최종제품 및 유통경로에 이르는 사업 전반

표 3-2 사업에 대한 제품 및 시장지향적 관점

기 업	제품지향적 사업 정의	시장지향적 사업 정의
Missouri-Pacific Railroad	우리는 철도회사를 운영한다	우리는 사람과 물건을 수송한다
Xerox	우리는 복사장비를 만든다	우리는 사무생산성을 개선시킨다
Standard Oil	우리는 휘발유를 판매한다	우리는 에너지를 공급한다
Columbia Pictures	우리는 영화를 만든다	우리는 엔터테인먼트를 공급한다
Encyclopaedia Britannica	우리는 백과사전을 판매한다	우리는 정보를 유통시킨다
Carrier	우리는 에어컨과 난로를 제조한다	우리는 온도조절기를 제공한다

의 범위를 말한다. 자동차 제조업체의 경우 철강 및 기타 재료부터 시작하여 부품 제조, 조립 및 완성, 자동차 판매까지의 모든 수직적 범위를 다 포괄할 수 없기 때문에 기본적인 조립 외에 역량 있는 부분의 수직적 범위에 한정시켜야 한다. 세분시장의 범위는 기업이 충족시킬 수 있는 시장이나 고객의 범위를 말하는 것이다. 지역적 범위는 기업이 사업을 영위하고자 하는 지리적인 범위로서 지역, 국가, 경제블럭, 또는 전 세계 등을 말한다.

넷째, 기업사명을 자주 변경하면 안된다. 그러나 기존 기업사명의 신뢰성이 상실되었거나, 변화하는 환경에 뒤쳐질 경우에는 기업은 사명을 다시 정의해야 한다. Kodak은 자사가 디지털 영상(imaging)을 추가할 수 있도록 필름기업으로부터 이미지 기업으로 재정의하였으며, IBM은 소프트웨어와 하드웨어 제조로부터 네트워크 구축자로 자신을 재정의하였다.

다섯째, 기업사명문은 가능한 짧고, 기억하기 쉬우며, 의미가 있어야 한다.

2-2. 기업문화 구축

전략적 계획은 조직의 맥락에서 발생한다. 기업의 조직은 구조, 정책 및 문화로 구성되며 급변하는 비즈니스환경에서 모두 제 기능을 발휘하지 못할 수 있다. 관리자는 구조와 정책을 변경할 수 있지만(어렵긴 하지만) 기업의 문화는 변경하기가 매우 어렵다. 그러나 실행 가능한 기업문화를 만드는 것이 종종 성공을 위한 열쇠이다.

기업문화란 정확히 무엇인가? 일부는 이를 "조직을 특징짓는 공유된 경험, 이야기, 신념 및 규범"으로 정의한다. 어떤 회사에 들어가든 가장 먼저 눈에 띄는 것은 기업문화이다. 사람들이 옷을 입는 방식, 서로 대화하는 방식, 고객을 맞이하는 방식이다.

고객중심 문화는 조직의 모든 측면에 영향을 미칠 수 있다. Enterprise Rent-A-Car는 최신 "The Enterprise Way" 광고 캠페인에 자체 직원을 등장시킨다. Enterprise는 "Make It Right" 교육 프로그램을 통해 모든 직원이 스스로 결정을 내릴 수 있도록 권한을 부여한다. 캠페인의 한 광고는 "문제해결"이라는 주제로 지역 기업 매장이 고객 만족도를 극대화하는 조치를 취할 수 있는 권한이 있음을 강조한다.

사우스웨스트 항공사

1967년에 설립된 Southwest Airlines는 뛰어난 고객서비스로 다른 항공사와 계속 차별화하고 있다. 이 서비스의 핵심에는 58,000명 이상의 직원이 항공사 승객을 기쁘게 하도록 영감을 주는 기업문화가 있다. Southwest는 모든 팀원이 회사의 성공에 대한 책임감을 느끼는 포용적이고 재미있는 문화를 조성함으로써 직원들이 자신의 업무에 자부심을 갖도록 동기를 부여하며 이는 종종 탁월한 고객경험으로 이어진다. 실제로 Southwest는 직원을 중요도에서 가장 먼저 평가하고 고객과 회사 주주를 그 다음으로 평가한다. 항공사는 기업문화를 다음과 같이 설명한다. "우리는 직원을 올바르게 대우하면 직원도 고객을 올바르게 대우할 것이며 결과적으로 모든 사람을 행복하게 만드는 비즈니스와 수익이 증가할 것이라고 믿는다." 이러한 지원 환경은 Southwest가 충성도 높은 고객기반을 구축하고 미국 최대의 국내 항공사가 되는데 도움이 되었으며, 이 순위는 2003년부터 유지되었다.

2-3. 전략적 사업단위 수립

기업들은 여러 사업단위를 운영할 수 있다. 보통 제품에 따라 사업단위를 정하게 되는데, Levitt은 한 사업을 정의할 때 제품기준으로 정의하기에 앞서 시장기준으로 먼저 정의해야 한다고 주장하였다. 즉, 어떤 사업은 재화의 생산과정이 아니라 고객만족 과정으로 인식되어야 하며, 일시적인 제품이 아닌 보다 근본적으로 고객과 이들의 기본적인 욕구, 즉 시장을 바탕으로 해야 한다(〈표 3-2〉 참조).

표적시장 정의는 기존 시장에 제품 혹은 서비스를 판매하는 데 초점을 두는 경향이 있다. 그러나 전략적 시장 정의는 잠재시장에 초점을 둔다. 만일 Pepsi가 갈증을 해소하기 위해 어떤 것을 마시려는 사람들 고려한다면, 그 회사의 경쟁은 비탄산음료, 병에 든 생수, 과일 주스, 차, 그리고 커피 등이 포함된다. 경쟁에서 이기기 위해 Pepsi는 성장률을 약속하는 추가적인 음료의 판매를 결정할 수 있다.

사업은 세 가지 차원, 즉 고객집단, 고객욕구 및 기술의 관점에서 정의할 수 있다. 예를 들어, TV 스튜디오용 백열등 조명 시스템의 설계를 사업 정의로 채택한 기업의 경우, 고객은 TV 스튜디오, 고객의 욕구는 조명, 기술은 백열등의 조명이다. 추가로 사업을 확장하고자 할 때 가정, 공장 내지 사무실과 같은 상이한 고객집단의 조명기구를 생산하기로 결정할 수 있다. 또는 난방, 환기, 온도조절과 같이 TV 스튜디오에 필요한 서비스를 공급할 수 있고 적외선/자외선 조명과 같이 TV 스튜디오 용도의 다른 조명기술을 설계할 수도 있다.

전략적 사업단위는 세 가지 특징을 가지고 있다. 첫째, SBU는 단일사업부 또는 다른 사업단위와 분리되어 개별적으로 계획할 수 있는 관련 사업들이 합쳐진 것이고, 둘째, 자체적으로 경쟁사를 가지고 있으며, 셋째, SBU의 전략계획과 이익달성에 책임지는 경영자를 가지고 있다.

기업이 SBU를 추구하는 목적은 분리된 전략을 개발하고 적절한 자금을 지원하는데 있다. 최고 경영층은 사업의 포트폴리오가 일반적으로 다수의 어제의 성공기업과 내일의 성공기업을 포함하고 있다는 것을 알고 있다. Campbell는 가치, 영양, 그리고 편의성을 매우 강조하는 간단한 식사, 구운 스낵, 그리고 채식 중심의 음료 등의 시장 카테고리에서 1위 혹은 2위에 해당하는 제품들만 개발하거나 유지함으로써 거의 10년 동안 주식시장을 앞서 나갔다.

2-4. 전략적 사업단위에 자원할당

SBU가 정의되고 나면, 경영층은 각 SBU에게 기업의 자원을 어떻게 할당할지를 결정해야 한다. 몇몇의 포트폴리오-계획수립 모델들은 투자 결정 방법들을 제시한다.

BCG Model

Boston Consulting Group은 [그림 3-3]과 같이 성장-점유율 매트릭스(growth-share matrix)를 개발하여 일반화하였다. 8개의 원은 기업의 사업위치와 각각의 규모를 나타낸다. 각 사업단위의 판매액 규모는 원의 면적으로 표현된다.

그림 3-3 BCG 매트릭스

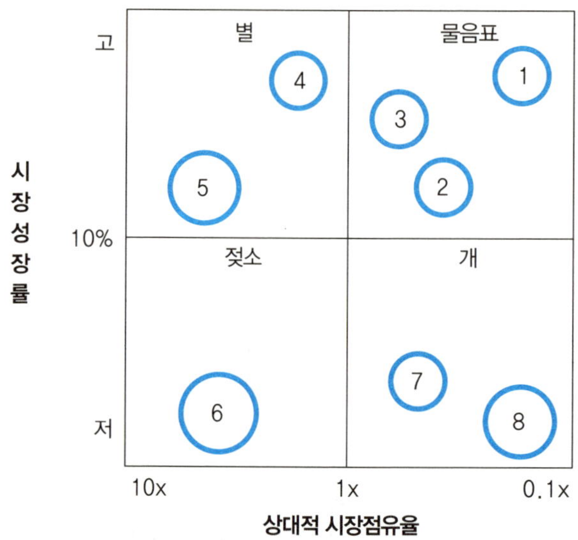

물음표(Question marks)는 고성장시장과 저점유율의 사업이다. 대개의 사업단위들은 물음표 영역에서 출발한다. 물음표의 SBU는 빠르게 성장하는 시장에 보조를 맞추기 위해 공장 설비 및 인력을 추가해야 하고, 선도기업을 따라 잡기 위해서 많은 현금이 필요하다. 그 기업이 그 사업단위에 현금을 투입해야 할 것인가, 또는 철수해야 할 것인가를 신중하게 생각해야 하기 때문에 물음표란 지칭이 사용된 것이다.

물음표 영역의 사업이 성공하게 되면 별(Star) 영역으로 이동하게 되는데, 별 영역의 사업단위에서 수익이 꼭 창출된다는 보장은 없다. 왜냐하면 고성장시장인 만큼 시설 확충에 자금이 투자되고 경쟁도 강화되기 때문이다.

자금젖소(Cash cows) 영역은 상대적으로 고성장시장인 별 영역에서 시장성장률이 10% 미만으로 하락된 영역이다. 시장성장률이 하락하였기 때문에 특별히 대규모의 시설투자가 필요 없고, 사업단위가 경쟁상황에서 견뎌내어 선도자로서의 기반이 충분히 튼튼한 상태이기 때문이다. 따라서 규모의 경제와 높은 수익을 올리게 된다.

개(Dogs) 영역은 저시장점유율과 저성장시장의 영역으로 여기에 속한 사업단위들은 이익이 아주 적거나 손실을 내게 된다. 여기에 속한 사업단위는 시장성장률이 높아질 것이 예상되어서 계속적으로 유지하거나 또는 가능성이 없을 경우 철수해야 한다.

BCG 매트릭스에 따른 시장상황 분석 후 최고경영자는 각 SBU에 부과할 목표, 전략, 예산을 결정해야 하며 여기에는 네 가지 대안적인 목표가 있다.

- 구축(build): 이 목표는 비록 단기적인 이윤을 희생하더라도 SBU의 시장점유율을 높이는 것으로, 물음표 영역의 사업단위에 적합하다.
- 유지(hold): 이 목표는 SBU의 시장점유율을 계속 유지하는 것으로, 이 전략은 계속적으로 많은 현금흐름을 창출하고자 하는 강한 자금젖소 영역의 사업단위에 적절한 것이다.
- 수확(harvest): 이 목표는 장기적인 효과에 관계없이 단기적인 현금흐름을 증가시키는 것이다. 즉, 수확전략은 지속적인 비용절감 프로그램을 시행함으로써 마지막에는 사업을 철수한다는 결정이 포함된다. 판매 감소분보다 비용절감분을 더 크게 하여 긍정적인 현금흐름을 발생시켜야 한다. 이 전략은 시장성장률도 둔화된 상태이고 후발주자들에 의해 시장에서의 선도적 위치 역시 위태로운 상황이나, 보다 더 많은 수익창출이 필요한 약한 자금젖소 영역에 적합하다. 또한 물음표와 개의 영역에도 사용될 수 있다.
- 철수(divest): 이 목표는 재원이 다른 곳에서 더 유용하게 활용될 수 있기 때문에 특정사업을 청산하는 것이다. 이는 기업의 이익을 감소시키는 개나 물음표 등에 적합하다. 기업들은 수확전략이나 철수전략이 적용시킬 사업단위에 대해 좋은 전략인가를 신중하게 결정해야 한다.

기업의 중대한 실수 중 하나는 모든 SBU에 대해 동일한 성장률 또는 수익률 수준에 따라 목표를 수립하는 것이다. 그러나 SBU 분석의 요점은 각 사업단위들의 상이한 성장 및 수익 잠재력을 평가하는 것이며, 이에 따라 자체적인 목표가 필요하다는 것이다.

GE Model

BCG 모델의 경우, 상대적 시장점유율과 시장성장률의 두 가지 지표로 각각의 SBU를 평가하는데, 평가기준이 포괄적이고 단순하다는 지적이 있다. 어떤 하나의 SBU에 부과하는 적절한 목표는 성장-점유율 매트릭스에서의 위치만을 기초로 하여 개별적으로 결정하기란 쉽지 않다. 이러한 경우 GE가 개발한 다요인 포트폴리오 매트릭스를 사용할 수 있다([그림 3-4] 참조).

그림 3-4 GE 매트릭스

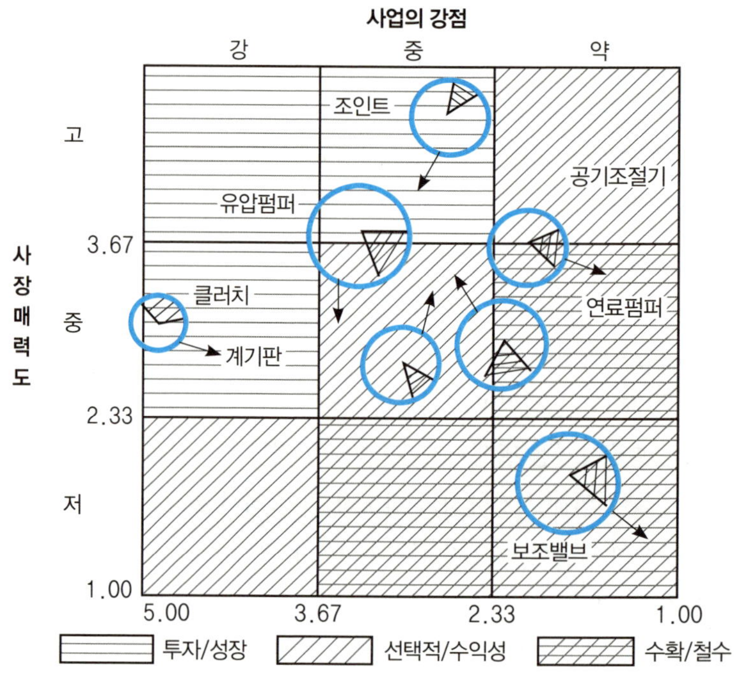

GE 매트릭스는 시장매력도(market attractiveness)와 사업강점(business strength) 두 가지 차원으로 이루어져 있다. 시장매력도는 고 · 중 · 저 세 단계로, 사업 강점 역시 강 · 중 · 약 세 단계로 구분된다. 하나의 원의 면적은 관련 시장의 크기를 나타내며, 부채꼴 부분의 면적은 그 사업에 대한 자사 사업단위의 시장점유율을 나타낸다.

GE 매트릭스의 두 차원은 다음과 같이 측정된다. 각 차원의 구성요인을 먼저 선정해야 한다. 〈표 3-3〉에는 시장매력도 8가지 요인과 제약적인 조건, 사업강점은 12개 요인으로 구성되어 있다. 이러한 구성요인들은 각 기업이 처한 환경, 진출한 사업의 특성 등에 따라 달라질 수 있다.

GE 매트릭스는 구성요인들을 확인한 후, 구성요인들에 대한 가중치를 적용한다. 가중치는 각 구성요인들의 상대적 중요도를 말하는 것으로, 가중치의 합은 1이 되어야 한다. 예를 들어, 총 시장규모와 연간 시장성장률 두 가지의 중요도는 같고 그 크기는 0.20이다. 가중치 적용이 끝나면 각 구성요인에 대한 점수를 매기게 된다. 이 때 1점은 가장 매력적이지 못함, 5점은 가장 매력적임을 뜻한다. 그 다음 각 요인별로 가중치와

표 3-3 GE 매트릭스의 두 가지 차원의 계산

시장매력도				사업 강점			
구성요인	가중치	평점 (1-5)	가치	구성요인	가중치	평점 (1-5)	가치
총 시장규모	0.20	4	0.80	시장점유율	0.10	4	0.40
연간 시장성장률	0.20	5	1.00	시장점유율의 성장률	0.15	2	0.30
과거 이익추세	0.15	4	0.60	제품 품질	0.10	4	0.40
경쟁 강도	0.15	2	0.30	브랜드 명성	0.10	5	0.50
기술 요구 정도	0.15	4	0.60	유통망	0.05	4	0.20
인플레이션의 영향	0.05	3	0.15	촉진효과성	0.05	3	0.15
에너지 요구 정도	0.05	2	0.10	생산능력	0.05	3	0.15
환경적 영향	0.05	3	0.15	생산능률성	0.05	2	0.10
사회 · 정치 · 법률적 제약	수용 가능			단위원가	0.15	3	0.45
				원재료 공급	0.05	5	0.25
				연구개발 성과	0.10	3	0.30
				관리인력	0.05	4	0.20
합 계	1.00		3.70	합 계	1.00		3.40

점수를 곱하고 산출된 값의 합이 바로 차원의 점수가 되는 것이다.

GE 매트릭스는 9개의 영역으로 상위 왼쪽의 3칸( )에 속한 SBU는 기업이 투자 및 성장시켜야 할 강력한 SBU를 말한다. 하위 오른쪽 3칸( )은 수확/철수를 해야 하는 영역이다. 나머지 대각선상의 3칸은 선택적으로 결정을 해야 하고 수익을 관리해야 한다. 경영자는 현재의 전략하에서 향후 3~5년 동안 각 SBU의 예상되는 위치를 예측해야 한다. 즉, 각 제품이 제품수명주기상 어디에 위치하며, 경쟁사 전략, 새로운 기술 및 경제적 상황 등이 어디에 위치하는가를 분석해야 한다. 이러한 부분은 화살표로 나타낼 수 있다.

포트폴리오 모델에 대한 비판

이와 같은 포트폴리오-계획수립 모델은 너무 단순하고 주관적이어서 인기가 떨어지고 있다. 보다 새로운 방법들은 주주가치 분석, 그리고 기업의 시장가치가 SBU를 갖고 있을 때와 그렇지 않을 때 어느 쪽이 가치가 더 높은지에 초점을 둔다. 이들 가치분석이 글로벌 확장, 재포지셔닝 혹은 재표적화, 그리고 전략적 아웃소싱 등으로부터 오는 성장기회에 토대를 둔 사업의 잠재력을 평가한다.

2-5. 기업전략계획의 수립

기업사명을 결정하고, SBU들을 평가하여 자원을 배분하고 나면, 이에 따른 기업의 전략계획을 수립해야 한다. 앞의 세 단계를 거친 기업은 이미 현존하는 사업의 판매액과 이익을 예측할 수 있다. 미래에 기대하는 판매액과 계획된 판매액 간의 차이를 전략적 계획격차(strategic-planning gap)라고 한다. 쉽게 말해, 다음 [그림 3-5]와 같이 기업이 어떠한 성장방법을 택하느냐에 따라 판매액이 달라질 수 있다는 것을 말한다.

기업은 세 가지 방법으로 그 차이를 메울 수 있다. 첫째는 그 기업의 기존 사업 내에서 성장할 수 있는 추가적 기회를 확인하는 것이다(집중적 성장기회). 둘째는 기업의 기존 사업과 관련되는 사업을 시작하거나, 획득할 수 있는 기회를 확인하는 것(통합적 성장기회)이다. 셋째는 기업의 기존 사업과는 전혀 관계가 없는 매력적인 사업을 추가하기 위한 기회를 확인하는 것(다각화 성장기회)이다(다음 [그림 3-6] 참조).

그림 3-5 전략적 계획격차

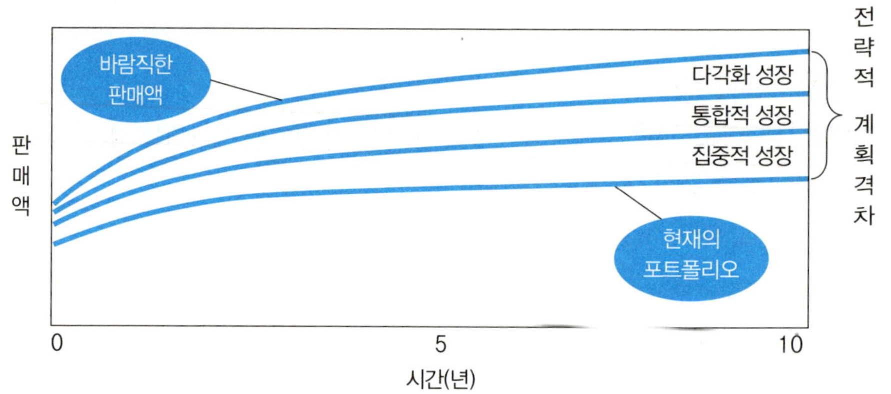

그림 3-6 제품-시장 매트릭스

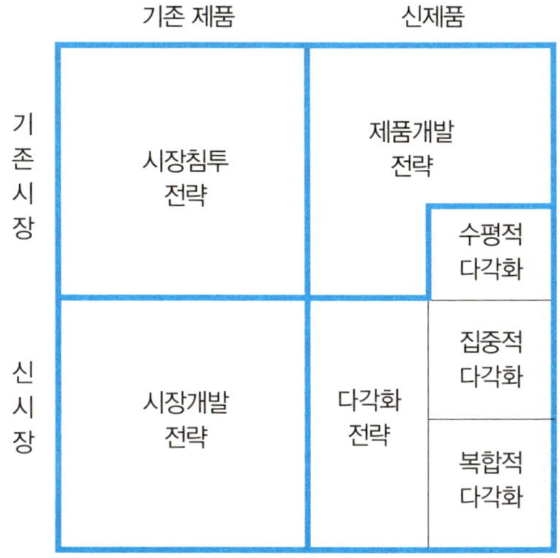

집중적 성장(intensive growth)

우선 기업본부 경영자는 현존 사업단위들의 성과를 향상시킬 수 있는 추가적 기회가 있는가를 검토해야 한다. 우선, 기업은 현재 시장에서 현 제품의 시장점유율을 높일 것인가를 고려할 수 있다(시장침투전략). 그 다음 기업은 현 제품에 대한 새로운 시장을 발견 및 개발할 수 있는가를 고려하고(시장개발전략), 그 후 현존 시장에 대해 잠재적으로 관심이 되는 신제품을 개발할 수 있는가를 고려한다(제품개발전략).

시장침투전략은 기존 시장에서 기존 제품의 시장점유율을 높이는 것으로서, 기존 고객들에게 더 많은 제품을 구매하도록 촉진할 수 있고, 경쟁사의 고객들에게 자사의 상표를 구매하도록 유인할 수 있으며, 자사 제품을 사용하지 않았던 소비자들에게 사용하도록 유도할 수 있다.

시장개발전략은 기존 제품으로 충족시킬 수 있는 새로운 시장을 발견 또는 개발하는 것이다. 기존 시장에서 미사용 소비자들을 발견하거나, 거래하는 소매기관들을 늘리는 등의 유통경로를 확장시키거나, 해외 수출하는 등의 방법이 있다.

제품개발전략은 기존 고객을 대상으로 신제품을 개발하는 전략이다. 따라서 기존 고객의 잠재적 욕구를 바탕으로 해야 한다. 주로 기존 제품에 새로운 기능을 추가하거나 디자인 변경 또는 제품계열의 확장 등이 있다.

통합적 성장(integrative growth)

통합적 성장전략에는 크게 수직적 통합과 수평적 통합이 있다. 수직적 통합은 자사 제품의 유통경로에서 전 · 후방을 통합하는 것으로, 제조업체를 중심으로 볼 때, 제조업체가 공급업체를 통합할 경우 후방통합, 유통업체를 통합할 경우 전방통합이다. 수평적 통합은 자사와 동일한 수준의 기업을 통합하는 것으로, 제조업체가 같은 제조업체를 통합하는 경우나 도매상이 도매상을 통합하는 경우 등이 이에 속한다.

다각화 성장(diversification growth)

기존 사업 분야와는 별개의 분야에서 좋은 기회가 발견될 때 다각화 성장을 할 수 있다. 좋은 기회는 그 산업이 매력적이고, 또한 그 기업이 성공하는 데 필요한 사업 장점을 가지고 있을 경우인데, 다각화는 집중적 다각화(concentric diversification), 수평적 다각화(horizontal diversification), 복합적 다각화(conglomerate diversification)의 세 가지 형태로 가능할 수 있다. 첫째, 기업은 기존 고객들과 상이한 고객계층을 대상으로 신제품을 개발하여 사업을 할 수 있다(집중적 다각화 전략). 이때의 신제품은 기존 제품계열과 기술적 또는 마케팅 시너지를 갖는다. 예를 들어, TV 제조업체가 모니터를 생산할 경우 기술적 시너지를 가지고, 커피 제조업체가 녹차를 제조하면 마케팅 시너지를 가지게 된다. 둘째, 기존 고객을 대상으로 기존 제품계열이나 기술적으로는 관련이 없는 신제품을 개발할 수 있다(수평적 다각화 전략). 예를 들어, 음반 제조회사가 음반 케이스를 생산할 수 있다. 마지막으로, 기업은 현재의 기술, 제품 및 시장과 관련이 전혀 없는 새로운 사업을 추구할 수도 있다(복합적 다각화 전략).

오래된 사업의 축소 및 철수

기업은 환경 변화로 인한 새로운 사업을 시작하는 것뿐만 아니라 또한 다른 성장 가능성이 있는 사업에 대한 지원을 강화하기 위해, 그리고 원가를 절감시키기 위해 가망성이 없는 사업을 축소 또는 철수해야 한다.

제3절 사업부 단위(Business Unit) 전략계획

기업수준(corporate level)의 전략계획이 수립되고 나면 사업부 전략계획(business strategic planning)의 단계로 넘어간다. 앞서 전략계획 수준에는 네 가지 수준, 즉 기업, 사업부, SBU, 제품수준이 있음을 제시하였다. 여기서 말하는 사업부전략계획의 사업부는 사업부 수준(division level)과 사업단위 수준(business unit level)을 함께 또는 각각 지칭하는 것으로 사용된다. 사업단위에 전략적인 권한이 부여되면 SBU이며, 단일 SBU 또는 두 개 이상의 SBU들이 모여 특정 사업부를 구성하기 때문이다. 사업부의 전략계획 과정은 [그림 3-7]과 같이 여덟 단계로 구성되어 있다.

3-1. 사업부(Business)의 사명

각 사업부들은 기업사명의 범위 내에서 자신만의 독특한 사명을 정의해야 한다. 예를 들어, TV 스튜디오용 백열등, 조명설비의 제조기업은 자사의 사명을 정의해야 한다. "주요 TV 스튜디오를 표적화하는 것을 목표로 하며, 또한 가장 진보적 · 신뢰적인 조명기술을 보유하여 선택된 공급업자가 되는 것이다"라고 사업부 사명이 설정됐다면 여기에는 소규모 TV 스튜디오를 대상으로 한 사업, 가격면에서 최저가를 달성하는 것, 비

그림 3-7 사업부 전략계획 과정

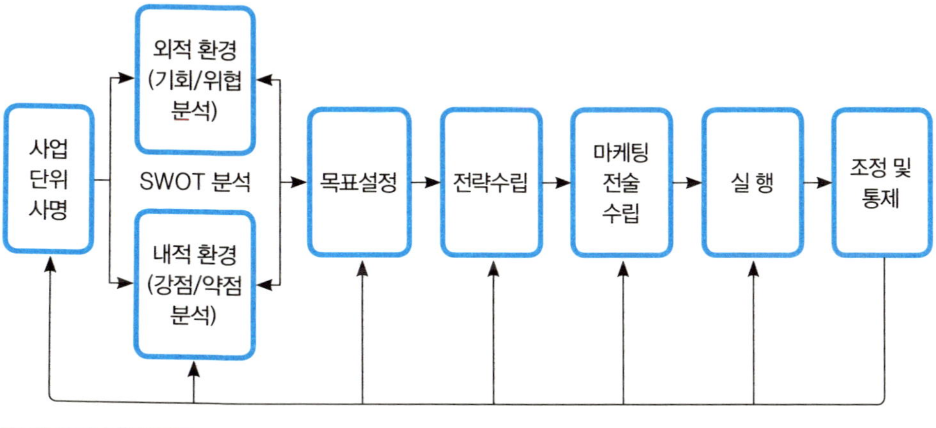

조명 제품으로의 진출 등은 포함되지 않는다.

3-2. SWOT 분석

기업이 사업을 하는 데 있어, 자사의 외부적인 요소인 사업에 대한 기회 및 현재 사업에 대한 위협에 주의를 기울여야 한다. 또한 이러한 외부적인 요소에 대응하기 위해서는 내부적인 요소, 즉 자사가 가지고 있는 강점은 무엇인지, 약점은 무엇인지를 파악해야 한다. 이렇게 기업의 강점(strength), 약점(weakness), 기회(opportunity), 위협(threat)에 대한 전반적인 평가의 이니셜을 따서 SWOT 분석이라고 한다.

외부환경 분석(기회와 위협 분석)

일반적으로 외부환경은 거시적 환경과 미시적 환경으로 구분된다. 거시적 환경요인에는 인구통계적, 경제 · 기술 · 정치 · 법률 · 사회 · 문화적 환경 등이 있다. 미시적 환경요인에는 경쟁사, 고객, 유통업자, 공급업자 등이 있다. 호출기가 한창 대중화되었던 1990년대 중반을 예로 들어보자. 고객들이 호출기라는 특정 제품을 원하는 대중적인 욕구(미시적)가 있지만, 이 시기는 기술적 환경(거시적)에서 볼 때 셀룰러폰이 부각되어 가는 시기였다. 특정 제품이 대중화의 단계에 있다 하더라도 거시적인 환경을 제대로 파악하지 못하면 기업은 장기적인 관점에서 수익창출이 어려워지게 된다.

환경분석의 첫 번째 목적은 새로운 마케팅 기회를 인식하는 것이다. 마케팅 기회(marketing opportunity)는 기업이 수익을 창출할 수 있는 고객들의 욕구로부터 발견된다. 이러한 고객욕구가 자사의 목표와 일치하는지, 고객욕구가 수익이 날 수 있을 만큼 충분한지, 고객욕구를 충족시킬 수 있는 역량을 가지고 있는지, 자사의 역량이 경쟁사의 역량에 비해 상대적 우위가 있는지를 확인해야 한다. 따라서 마케팅 기회는 매력성과 성공 가능성으로 분류된다([그림 3-8] (a)).

환경분석의 두 번째 목적은 외부적 위협을 인식하고 대비하는 것이다. 환경적 위협(environmental threats)이란 기업이 방어적인 마케팅 활동을 실시하고 있지 않은 상태에서 판매나 이익을 저하시키는 바람직하지 못한 추세나 변화에 의해 생기는 도전적인 문제이다. 환경적 위협은 위협의 심각성과 발생 가능성에 따라 분류된다([그림 3-8] (b) 참조). 기업은 위협을 처리하기 위해서 위협의 발생 전 또는 발생하는 동안 그 기업이 어떠한 변화를 취할 수 있는가를 미리 제시하는 상황계획을 마련해야 한다.

그림 3-8 조명설비 기업의 기회 및 위협 매트릭스

매력성 \ 성공 가능성	고	저
고	1	2
저	3	4

(a) 기회 매트릭스

1. 기업은 보다 높은 수준의 조명 시스템을 개발한다.
2. 기업은 조명 시스템의 에너지 효율성을 측정하기 위한 방법을 개발한다.
3. 기업은 조명수준을 측정하기 위한 방법을 개발한다.
4. 기업은 TV스튜디오의 담당자에게 조명의 기초와 기본이 되는 것을 알려주기 위해 소프트웨어 프로그램을 개발한다.

심각성 \ 발생 가능성	고	저
고	1	2
저	3	4

(b) 위협 매트릭스

1. 경쟁사들이 보다 월등한 조명 시스템을 개발한다.
2. 심각하고도 장기적인 경기침체
3. 원가의 상승
4. TV스튜디오 허가를 억제하는 법규

내부환경 분석(강점과 약점 분석)

환경 내에서 매력적인 기회를 발견하는 것과 성공할 수 있는 역량을 보유하고 있는 것은 별개의 것이다. 각 사업부는 주기적으로 강점과 약점을 평가해야 한다. 다음 〈표 3-4〉와 같이 사업의 마케팅, 재무, 제조 및 조직 능력을 검토하며, 또한 각 요인들을 아주 강함, 강함, 중간수준, 약함, 아주 약함 등에 따라서 평가한다.

표 3-4 강점 및 약점 분석을 위한 검사표

	실적					중요성		
마케팅	아주 강함	강함	중 간	약함	아주 약함	고	중	저
1. 지명도와 명성								
2. 시장점유율								
3. 제품 품질								
4. 서비스 품질								
5. 가격 효율성								
6. 유통 효율성								
7. 촉진 효율성								
8. 판매원 효율성								
9. 혁신 효율성								
10. 지리적 범위								
재무								
11. 자본비용/자본조달력								
12. 수익성(현금 흐름)								
13. 재무적 안전성								
제조								
14. 최신설비								
15. 규모의 경제								
16. 수용 · 대응 능력								
17. 유능하고 헌신적인 노동력								
18. 적시생산능력								
19. 기술적 제조기술								
조직								
20. 현대적이고 비전 있는 리더십								
21. 헌신적인 종업원								
22. 기업가적 지향성								
23. 유연성과 적응성								

3-3. 목표 설정

자사의 SWOT 분석을 수행한 후, 기업은 계획기간에 대한 구체적인 목표와 목적을 수립해야 한다. 이 단계가 목표 설정이다. 목표는 목적을 측정 가능한 것으로 전환한 것으로, 이를 통해 계획 · 집행 · 통제가 원활하게 수행될 수 있다.

대개의 경우 사업부는 단지 하나의 목표만을 추구하지 않는다. 거의 대부분의 사업부는 수익성, 판매성장, 시장점유율 향상, 위험감수, 혁신성 및 명성 등을 포함한 목표들을 추구한다. 사업단위는 이러한 목표를 계층적으로 구분하여 설정하고 그 목표에 의해서 관리를 한다. 주요 목표가 투자수익률의 증대라면 이는 이익수준이 높아지거나 투자자본의 양을 감소시킴으로써 달성될 수 있다. 이익은 비용을 감소시키거나 판매를 증대시킴으로써 발생된다. 판매증대는 시장점유율을 증가시키거나 가격 인상 등을 통해 가능하다. 이렇게 계층적으로 구분된 목표들을 통해 처음의 주요 목표는 보다 원활히 달성될 수 있다.

모든 목표는 정량적으로 표시되어야 한다. 추상적인 투자수익률 증대보다는 3년 이내에 30%까지의 투자수익률 향상이 더 명확하다. 또한 현실적인 수준을 감안해서 목표 설정이 되어야 하며, 목표는 일관성이 있어야 한다.

3-4. 전략 수립

마케팅전략은 기업이 경쟁할 목표시장과 관련 시장 주체(기업, 목표고객, 협력자)에 대한 가치제안이라는 두 가지 주요 구성 요소를 통합한다. 신중하게 선택한 목표시장과 잘 만들어진 가치제안은 기업의 비즈니스모델의 기초를 제공하고 기업의 제안을 정의하는 전술적 결정을 정하기 위한 지침 원칙 역할을 한다.

표적시장 확인

기업이 가치를 창출하고 포착하고자 하는 표적시장은 다섯 가지 요소로 구성된다. 기업이 충족하고자 하는 니즈를 가진 고객, 동일한 타겟 고객을 충족시키는 것을 목표로 하는 경쟁자, 기업이 고객의 니즈를 충족하는 데 도움을 주는 협력자, 오퍼링을 개발하고 관리하는 기업, 그리고 회사가 오퍼링을 개발하고 관리하는 방법에 영향을 미칠 환경.

표적고객은 기업이 충족하고자 하는 욕구를 가진 개인 또는 조직이다. B2C 시장의 표적고객은 일반적으로 기업 제품의 최종 사용자인 반면 B2B 시장의 표적고객은 기업

제품을 사용하는 다른 비즈니스이다. 표적고객의 선택을 결정하는 두 가지 주요 원칙: 기업과 협력업체는 경쟁업체에 비해 표적고객을 위해 우수한 가치를 창출할 수 있어야 하며, 선택된 표적고객은 기업과 협력업체를 위해 가치를 창출할 수 있어야 한다.

협력자(collaborator)는 표적고객을 위해 가치를 창출하는 기업을 위해 함께 일을 한다. 기업은 고객의 욕구를 충족하는데 도움이 되도록 제공할 수 있는 보완 자원을 기반으로 협력자를 선택해야 한다. 협력자는 기업에 부족하지만 표적고객의 요구를 충족하는 제품을 만드는 데 필요한 자원을 아웃소싱(개발하는 것이 아니라)하는 것이 포함된다. 부족한 자원을 구축하거나 획득하는 대신 기업은 필요한 자원을 보유하고 공유함으로써 이익을 얻을 수 있는 기관과 협력하여 필요한 자원에 접근할 수 있다. 협력자는 공급업체, 제조업체, 유통업체(딜러, 도매상, 소매상), 연구개발 기관, 서비스제공업체, 외부 판매업체, 광고대행사, 마케팅조사업체 등을 포함할 수 있다.

경쟁자는 기업이 표적화하고 있는 같은 고객들의 같은 욕구를 충족시키는 것을 목표로 하고 있다. 기업은 전통적인 범주 및 산업 용어를 사용하여 경쟁자를 정의하는 근시안적인 경쟁 관점에 희생되는 것을 피해야 한다. 기업은 다음 질문을 통해 주요 경쟁사와 그들의 전략을 조사해야 한다. 각 경쟁사는 시장에서 무엇을 찾고 있는지? 각 경쟁자의 행동을 주도하는 것은 무엇인지? 이것은 기업의 규모, 연혁, 현재 경영진 및 재무 상황을 포함하여 경쟁사의 목표와 관련된 많은 요소 때문에 기업의 포지션을 명확히 하는 데 도움이 된다. 예를 들어, 대기업의 한 부문인 경쟁사가 성장을 위해 운영되고 있는지, 이익을 위해 운영되고 있는지, 아니면 그냥 착취를 당하고 있는지를 아는 것이 중요하다.

기업은 특정 시장 제공물을 개발하고 관리한다. 다양한 전략적 역량과 시장 제공물을 갖춘 조직의 경우 기업이라는 용어는 일반적으로 특정 제공물을 관리하는 특정 사업 단위를 나타낸다. 각 전략적 사업 단위는 자체 비즈니스모델이 필요한 별도의 기업으로 볼 수 있다 예를 들어 GE, 알파벳(구글의 모기업), 페이스북은 여러 전략적 사업 단위를 갖고 있다.

상황(context)은 기업과 협력자가 운영하는 환경이다. 이는 5가지 요인을 포함한다. 사회문화적 상황은 사회 및 인구통계학적 트렌드, 가치 체계, 종교, 언어, 생활 방식, 태도 및 신념으로 특징지어진다. 기술적 상황은 시장 제공물을 개발, 커뮤니케이션 및 유통하기 위한 새로운 테크닉, 숙련, 방법 및 프로세스로 구성된다. 규제 상황에는 세금, 수입 관세, 수출 금지 조치는 물론 제품 사양 및 가격 정책, 커뮤니케이션 규정, 지적 재산권 법률이 포함된다. 경제적 상황은 경제성장, 통화공급, 인플레이션, 이자율로 구성된다. 물리적 상황은 천연자원, 지리적 위치, 지형, 기후 트렌드 및 건강 컨디션으로 구성된다. 상황은 기업의 시장 가치 창출 능력에 극적인 영향을 미칠 수 있다. "인공지능의 발전, 무역 전쟁의 시작, 지구 온난화, 코로나바이러스 전염병을 포함한 최근의 많은 사건으로 인해 많은 기업은 비즈니스모델을 운영하고 전환하는 방식을 완전히 다시 생각하게 되었다." 표적시장의 핵심 구성 요소는 시장의 다른 모든 측면을 결정하는 표적고객의 선택이다. 여기에는 경쟁사 지정, 협력자 선택, 고객을 위한 우수한 제품을 개발하는데 필요한 기업 자원 정의 및 기업이 시장 가치를 창출할 상황 개요가 포함된다. 따라서 표적고객의 변화는 일반적으로 경쟁사와 파트너의 변화, 리소스 요구 사항의 변화, 상황 요인의 변화로 이어진다. 전략적 중요성으로 인해 올바른 표적고객의 선택은 성공적인 비즈니스모델 구축의 기초이다.

사업부가 성취하고자 하는 것을 목표라고 한다면, 전략은 목표를 달성하기 위한 방안의 계획이다. 기업전략계획의 마지막 단계에서 집중적 · 통합적 · 다각화 성장전략 등이 언급되었다. 사업부 수준의 전략으로는 Michael Porter의 본원적 경쟁전략(Generic Strategies)이 있다. 기업수준에서의 전략과 사업부 수준에서의 전략은 성장중심이냐 경쟁중심이냐의 차이가 있다. 즉, 기업 전체적인 차원에서는 사업부들을 어떻게 성장시킬 것인가에 주안점을 두는 반면, 사업부 차원에서는 어떻게 경쟁에서 이길 수 있는지가 주안점이다.

Porter의 경쟁전략에는 다음과 같은 원가우위 · 차별화 · 집중화 전략이 있다(다음 [그림 3-9] 참조).

그림 3-9 본원적 경쟁전략

		경쟁우위 요소	
		비용우위	고객이 인식하는 제품의 특징
경쟁적 범위	넓은 표적시장	원가우위전략	차별화전략
	좁은 표적시장	원가우위집중화전략	차별적 집중화

- **원가우위**(cost leadership): 비용우위라고도 하며, 경쟁사보다 더 낮은 가격(원가)을 실현시키려는 전략이다. 대량생산을 통한 규모의 경제, 경험축적을 통한 경험효과, 그리고 생산 및 유통비용을 줄이는 등의 기업활동의 비용을 축소하는 방법 등이 있다. 따라서 대량생산을 하는 기업에게 유리한 전략이다.
- **차별화**(differentiation): 차별화전략은 구매자의 입장에서 경쟁제품과는 구별되는 독특한 제품이점을 달성하는 것이다. 즉, 서비스 선도자, 품질 선도자, 스타일 선도자, 기술 선도자 등 여러 가지이다. 차별화는 경쟁기업에 의해 모방될 때 가장 타격이 크다. 따라서 지속적으로 차별적 이점을 개발해야 한다. 예를 들어, Intel은 빠른 속도로 새로운 마이크로 프로세서를 시장에 출시함으로써 기술을 선도하는 기업으로 자신을 확립하였다.
- **집중화**(focus): 집중화전략은 두 가지로, 원가우위 집중화와 차별적 집중화가 있다. 원가우위와 차별화는 산업 전체 시장을 추구하지만, 집중화는 하나 또는 그 이상의 세분시장에 집중한다는 점이 다르다.

Porter에 따르면, 같은 표적시장에 같은 전략을 추구하는 기업들이 전략적 그룹을 구성한다. 그 전략을 최고로 수행하는 기업이 가장 많은 이익을 창출하게 된다. Circuit City는 비용은 가장 낮게, 지각된 가치는 가장 높게, 혹은 일부 세분화시장은 가장 좋은 서비스 등을 제공하는 가전제품 산업에서 뛰어나지 못하였기 때문에 그 사업을 그만두게 되었다.

3-5. 마케팅전술 설계

시장 제공물은 회사가 특정 고객 요구를 충족시키기 위해 판매하는 실제 제품이다. 시장 제공물은 기업의 전술, 즉 기업이 경쟁하는 시장에서 가치를 창출할 구체적인 방식을 반영한다. 마케팅 관리자는 제품, 서비스, 브랜드, 가격, 인센티브, 커뮤니케이션 및 유통과 같은 시장 가치를 창출하는 제공물을 개발하기 위해 사용할 수 있는 7가지 전략을 가지고 있다. 마케팅 믹스라고도 하는 이 7가지 속성은 시장 제공물의 전략을 현실로 전환하는 데 필요한 활동의 조합을 나타낸다.

시장 제공물을 설명하는 7가지 속성은 다음과 같다.

- **제품**은 대상 고객을 위한 가치 창출을 목표로 하는 시장성 있는 상품이다. 제품은 유형(음식, 의류, 가구 등) 또는 무형(음악 및 소프트웨어 등)일 수 있다. 제품 구매는 고객에게 획득한 제품에 대한 소유권을 부여한다. 예를 들어, 자동차나 소프트웨어 프로그램을 구입하면 소유자는 구입한 제품에 대한 모든 권한을 부여받는다.
- **서비스**는 또한 고객을 위한 가치 창출을 목표로 하지만 소유권을 부여하지 않고 그렇게 한다. 서비스의 예로는 가전제품 수리, 영화 대여, 의료 절차 및 세무 준비가 있다. 때로는 동일한 제공물이 제품 또는 서비스로 포지셔닝될 수 있다. 예를 들어 소프트웨어 프로그램이 구매자에게 프로그램 사본에 대한 권리를 부여하는 제품으로 제공되거나 고객이 프로그램을 임대하고 일시적으로 그 혜택을 받을 수 있는 서비스로 제공될 수 있는 경우에 발생한다.
- **브랜드**의 목적은 기업이 생산하는 제품과 서비스를 식별하고 경쟁 제품과 차별화하는 것이다. 그 과정에서 제공하는 제품 및 서비스 측면을 넘어 고유한 가치를 창출한다. 롤스로이스 브랜드는 벤틀리, 마세라티, 부가티에서 만든 자동차와 차별화하기 위해 BMW 자회사 롤스로이스에서 제조한 자동차를 식별한다. 또한 롤스로이스 브랜드를 사용하여 자신의 부와 사회 경제적 지위에 대한 관심을 불러 일으키는 고객으로부터 뚜렷한 감정적 반응을 불러일으킨다.
- **가격**은 고객과 파트너가 기업의 제공물이 주는 혜택을 받기 위해 발생하는 금전적 요금이다.
- **인센티브**는 비용을 줄이거나 혜택을 늘려 제품의 가치를 높이기 위해 표적된 수단이다. 인센티브는 일반적으로 수량 할인, 가격 인하, 쿠폰, 리베이트, 프리미엄, 보너스 제공, 콘테스트, 금전 및 표창 보상의 형태로 제공된다. 인센티브는 소비자 또는 기업의 협력자(예: 채널 파트너)에게 전달될 수 있다.
- **커뮤니케이션**은 표적고객, 협력자 및 기업의 이해관계자에게 특정 제공물과 이를 획득할 장소를 알려준다.
- **유통**은 표적고객 및 파트너에게 제품을 제공하는데 사용되는 채널을 포함한다.

스타벅스의 제품에는 사용가능한 다양한 음료 및 식품 품목이 포함된다. 서비스는 스타벅스가 구매 전, 도중 및 후에 고객에게 제공하는 지원으로 구성된다. 브랜드는 스타벅스 이름과 로고, 그리고 고객의 마음에 불러일으키는 연상으로 구성된다. 가격은 스타벅스가 제품에 대해 고객에게 청구하는 금액이다. 인센티브에는 고객에게 추가 혜택을 제공하는 로열티 프로그램, 쿠폰 및 임시 가격 인하와 같은 판촉 수단이 포함된다. 커뮤니케이션은 스타벅스가 광고, 소셜 미디어 및 홍보를 통해 대중에게 제품을 알리기 위해 전파하는 정보로 구성된다. 유통에는 스타벅스 제품을 고객에게 제공하는 기업 소유 매장과 라이선스 소매점이 포함된다.

제품, 서비스, 브랜드, 가격, 인센티브, 커뮤니케이션, 유통의 7가지 마케팅 전술은 고객 가치를 설계하고 전달하고 전달하는 과정이라고 할 수 있다. 제공물의 가치 디자인 측면은 제품, 서비스, 브랜드, 가격 및 인센티브로 구성되며 커뮤니케이션 및 유통은 프로세스의 정보 가치 및 전달 가치 측면을 형성한다. 따라서 서로 다른 전술적 속성이 이 가치 창출 프로세스에서 고유한 역할을 수행하더라도 세 가지 차원 모두에서 고객 가치를 최적화한다.

가치 창출 프로세스는 기업과 고객의 관점에서 모두 고려될 수 있다. 기업은 가치 창출을 가치를 디자인하고 전달하고 전달하는 과정으로 간주한다. 그러나 고객은 다른 관점에서 가치 창출 프로세스를 살펴보고 제공물의 매력, 인식 및 가용성 측면에서 이를 보고 있다. 매력도는 표적고객이 제공물의 제품, 서비스, 브랜드, 가격 및 인센티브 측면과 연관시키는 이점과 비용을 반영한다. 인식은 표적고객에게 제품의 특정 정보를 알리는 방법을 강조한다. 가용성은 표적고객이 제공물을 획득할 수 있는 방법으로 구성된다.

3-6. 실행

목표가 수립되고 이에 따른 전략이 확정되고 나서 세부적으로 전략실행을 위한 프로그램까지 계획되더라도 이를 원활히 실행하지 못한다면 제대로 된 성과를 낼 수 없다. McKinsey에 의하면 제대로 된 실행에 필요한 일곱 가지 요소가 있다. 첫째로는 소프트웨어적 요소로 스타일, 기술, 스태프, 공유된 가치관이 있고, 둘째로는 하드웨어적 요소로 전략, 조지구조, 시스템이 있다([그림 3-10] 참조).

스타일(style)은 그 기업의 모든 구성원들이 어떤 공통적인 행위 및 사고를 공유하고 있다는 것을 의미한다. 서비스 기업 구성원들의 행위 및 사고는 제조기업 구성원들의 행위 및 사고와는 차이가 있을 것이다. 기술(skill)은 구성원들이 기업의 전략을 수행하는데 필요한 기술에 대한 숙련됨을 의미한다. 스태프(staff)는 능력 있는 종업원을 고용하고 훈련시키며, 능력을 발휘할 수 있도록 최적의 직무를 부여하는 것이다. 공유된

그림 3-10 McKinsey의 7_S

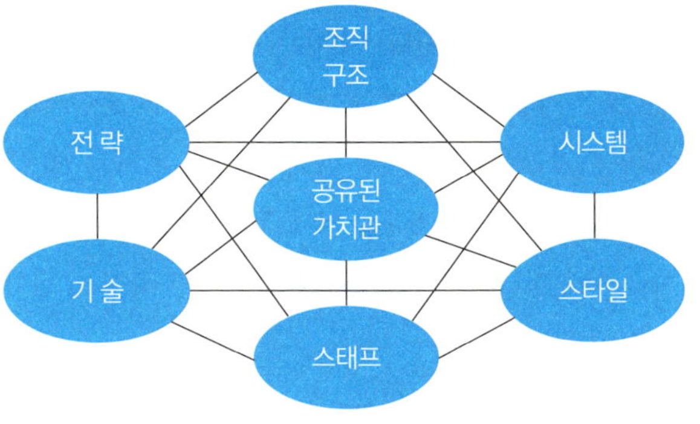

가치관(shared values)은 구성원들이 지침이 되는 동일한 가치관을 공유하고 있음을 의미한다. 이러한 소프트웨어적인 요소들의 뒷받침이 있어야 전략과 프로그램을 효율적으로 수행할 수 있다.

3-7. 피드백 및 통제

전략과 프로그램의 실행은 단속적으로 그치는 것이 아니라 그 결과에 대한 피드백 및 통제를 통해 좀 더 효율적인 성과를 내게 된다. 또한 변화하는 외적 · 내적 환경에 따라서도 전략계획은 적절히 수정되어야 한다. 이러한 환경이 변화할 경우 전략, 프로그램은 물론 때때로 사업부 목표까지 조정될 수도 있다. 한때 Motorola는 새로운 디지털 기술에 보조를 맞추지 못하고 아날로그 전화기를 계속 생산했던 적이 있었으며, Lotus 1-2-3 역시 세계적인 소프트웨어였으나 현재는 그렇지 못하다.

제4절 마케팅 관리과정

마케팅 과정은 전략계획의 위계로 볼 때 제품수준에 해당한다. 하나의 제품이 개발 · 생산 · 판매되기 위해서는 전통적인 경영의 네 가지 부문인 생산, 마케팅, 재무, 인사조직의 기능이 다 필요하다. 즉, 마케팅 부서는 고객의 욕구가 무엇인지 파악하고 욕구를 토대로 제품 및 서비스를 구상한다. 구상된 제품 및 서비스는 R&D부서를 통해 개발되며, 생산부서에서 생산을 담당하게 된다. 이러한 과정 중에 재무부서는 이러한 활동들에 대한 자금의 조달 및 투자를 결정하게 되며, 조직부서에서는 전체 종업원의 관리 및 적합한 부서로 배치하는 기능을 담당한다. 다시 마케팅 부서는 생산된 제품을 고객에게 제대로 알리며 제품수요에 대한 관리를 하게 된다. 이렇듯 전략계획의 제품준은 네 가지 기능이 통합적으로 수행되어야 한다. 따라서 마케팅 과정은 전략계획의 제품수준 및 기능별 전략에 포함된다.

마케팅 관리과정이란 마케팅 기회의 분석, 표적시장의 조사 및 선정, 마케팅 전략의 수립, 마케팅 프로그램의 계획, 그리고 마케팅 활동을 조직, 실행 및 통제하는 것으로 구성된다(다음 [그림 3-11], [3-12] 참조).

그림 3-11 마케팅 관리과정

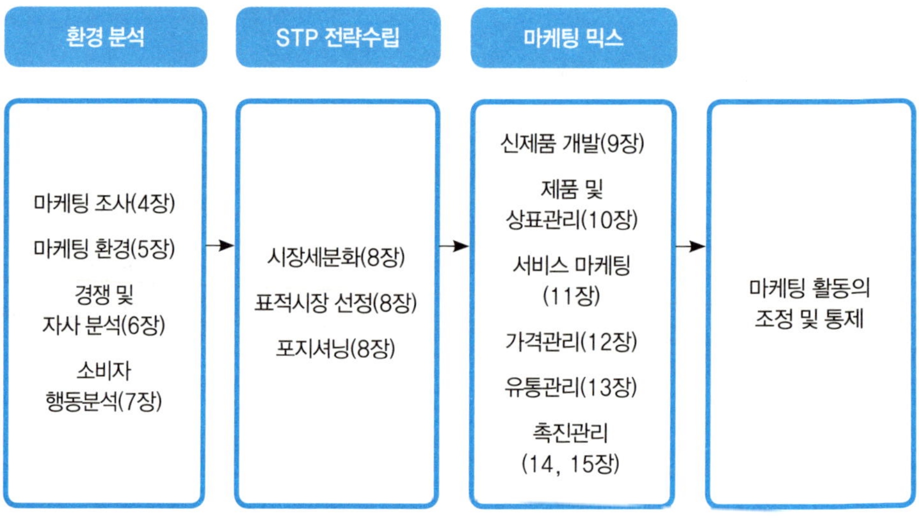

그림 3-12 마케팅 믹스 전략

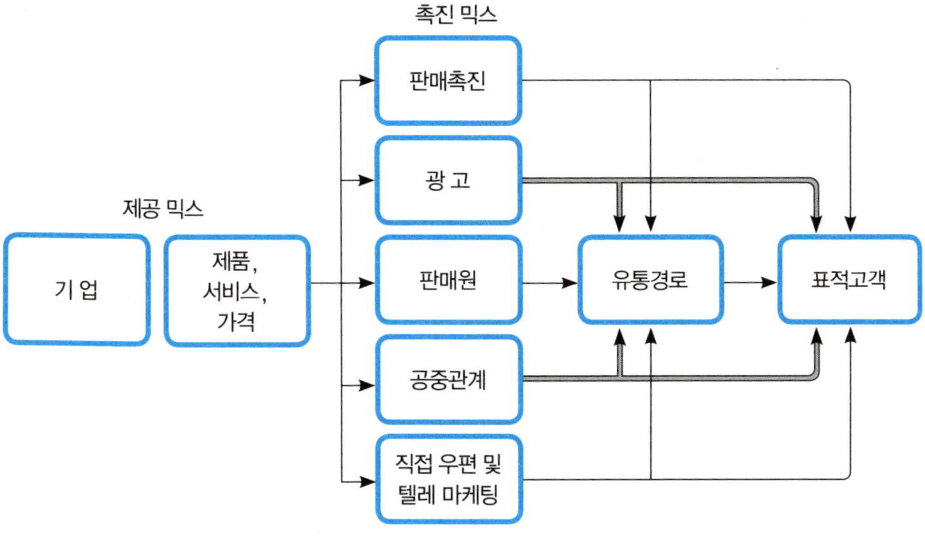

MARKETING

PART 2

마케팅 기회의 분석 및 전략수립

제4장 마케팅 조사
제5장 마케팅 환경
제6장 경쟁 및 자사 분석
제7장 소비자행동 분석
제8장 시장세분화, 표적화, 위치화

MARKETING

4 마케팅 조사

학습목표

- ▶ 마케팅 정보 시스템의 구성요소는 무엇인가
- ▶ 마케팅 조사는 왜 수행해야 하는가
- ▶ 마케팅 조사과정의 단계는 무엇인가

오늘날 마케팅 환경은 급속하게 변화하고 있다. 시장범위는 글로벌화되고, 기업들은 가격경쟁 이외에 브랜드이미지, 제품차별화, 창의적 광고커뮤니케이션 등의 비가격경쟁 수단을 적극적으로 활용하고 있다. 또한 인터넷이 대중화됨에 따라 제품에 대한 정보와 사용경험을 공유하게 되었고 이를 통해 소비자들의 구매교섭력은 증가하고 있는 실정이다. 특히 IT기술과 교통의 발달은 소비자의 라이프스타일과 소비활동에 큰 변화를 가져다주고 있으며, 제품 및 서비스에 대한 취향이 어느 때보다 빠르게 변화하고 있다. 즉, IT기술의 발달에 따라 정보에 대한 접근성이 높아지고 이는 소비자들로 하여금 소비욕구의 다양화를 자극하고 있으며, 교통의 발달은 소비욕구를 충족시키기 위한 물리적 접근성을 강화시켜 소비활동 자체를 변화시키는 원동력이 되고 있다. 이러한 상황에서 기업은 마케팅 정보 시스템의 구축 및 마케팅 조사를 통해 거시적으로는 변화하는 환경에 빠르게 대처해야 하고, 미시적으로는 고객들의 변화하는 욕구를 파악하여 그에 맞는 제품을 시장에 출시해야 한다. 따라서 마케팅 관리자는 마케팅 조사를 통해 변화하는 환경과 소비자 행동에 대처할 수 있는 중요한 정보를 제공하고 기업이 올바른 의사결정을 내릴 수 있도록 보조한다. 이 장에서는 시스템 측면에서 대략적인 마케팅 정보 시스템을 살펴보고 마케팅 조사에 대하여 중점적으로 설명하고자 한다.

제1절 마케팅 정보 시스템

마케팅 정보 시스템(MIS: Marketing Information System)은 마케팅 의사결정자가 필요로 하는 정보를 적시에 정확하게 전달하기 위해 시장 자료의 수집 · 분류 · 분석 · 평가하기 위한 사람 · 장비 · 절차로 구성된다. 이와 같은 시스템은 내부기록 시스템, 마케팅 인텔리전스 활동들, 마케팅 조사, 마케팅 의사결정 지원 시스템 등을 포함한다. 즉, 마케팅 정보 시스템은 기업의 내부적인 정보와 판매정보, 마케팅 환경에 대해 일상적인 정보, 그리고 마케팅 조사를 통해 수집된 정보를 토대로 마케팅 의사결정을 하는 일련의 활동으로 구성되어 있는 것이다. 따라서 마케팅 정보 시스템의 효율적인 운영을 통해 보다 정확하고 유용한 정보를 활용할 수 있고, 나아가 신속하고 정확한 의사결정을 할 수 있게 된다. 거시적으로 볼 때 마케팅 정보 시스템은 경영정보 시스템의 하위구조이다([그림 4-1]).

그림 4-1 마케팅 정보 시스템

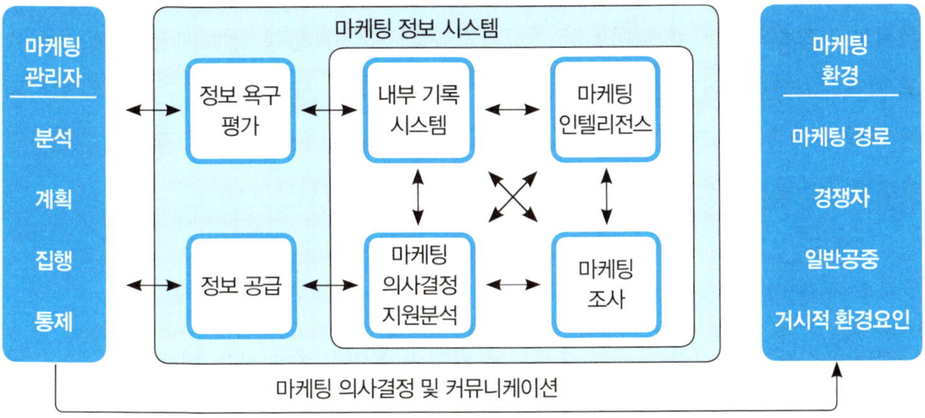

내부기록 시스템은 기업이 주문을 받고 지급하는 일련의 과정(order-to-payment cycle)에 대한 정보와 시장에서 판매되고 있는 제품정보를 파악하는 판매정보 시스템으로 구성되어 있다. 내부기록 시스템이 경영활동의 결과에 대한 자료를 제공해 주는 것에 반해, 마케팅 인텔리전스 시스템(marketing intelligence system)은 마케팅 환경변수들에 대한 일상의 정보를 얻기 위해 경영자에 의해 사용되는 절차와 원천들의 집합이다. 마케팅 관리자는 TV, 신문, 인터넷 등과 같은 매체뿐만 아니라 고객, 공급업자, 기타 외부의 이해관계자와의 접촉을 통해 마케팅 정보를 수집한다. 하지만 이러한 정보들은 즉흥적일 수 있으며, 가치 있는 정보가 빠지거나 너무 늦게 정보를 접할 가능성도 있다. 그리고 마케팅 의사결정 지원 시스템은 사업과 환경에 관련된 정보를 기업이 수집 · 해석하여 마케팅 활동의 기초로 사용할 수 있도록 지원하는 소프트웨어 및 하드웨어로 여기에는 분석자료, 분석 시스템, 분석도구(소프트웨어), 분석기법 등이 포함된다.

제2절 마케팅 조사의 이해

마케팅 조사는 마케팅 문제와 기회를 밝히고, 정보를 체계적으로 수집하고 분석하여 마케팅 과제를 해결 또는 의사결정을 도울 수 있는 자료나 정보를 수집하는 일련의 과정이다. 비록 불완전할지라도 마케팅 관리자는 위험을 감소시키기 위하여 마케팅 조사를 실시하고 그렇게 함으로써 마케팅 의사결정을 개선할 수 있다. 전체시장, 세분시장, 점포 이미지, 브랜드 이미지, 광고 커뮤니케이션 등과 같은 모든 마케팅 활동에서 실시되는 마케팅 조사는 마케팅 관련 문제를 정확하게 정의하고 이와 관련된 자료를 수집하여 수집된 자료를 유용한 정보로 변환시키는 모든 활동을 말한다.

2-1. 마케팅 조사의 필요성

마케팅 조사는 의사결정을 위해 요구되는 기업의 경영환경, 마케팅 믹스, 현재 또는 잠재고객들에 대한 정보를 획득하는 모든 활동들로 구성된다. 구체적으로 마케팅 조사는 마케팅 과정의 모든 단계에서 사용되는 의사결정에 필요한 정보를 개발하고 해석하고 전달하는 활동을 말한다. 즉, 기업이 직면한 구체적인 마케팅 상황에 관련된 데이터들과 사실들을 체계적으로 설계 · 수집 · 분석 · 보고하는 활동이다. 이러한 마케팅 조사 활동을 통해 기업은 변화하는 환경에 보다 능동적으로 대처할 수 있다.

마케팅 조사는 기업이 수행하는 모든 마케팅 활동과 의사결정 그리고 최고경영층의 의사결정에까지 적용된다. 구체적으로 거시환경 분석, 경쟁사 및 자사 분석, 소비자 분석, 시장세분화, 신제품 설계, 포지셔닝, 그리고 마케팅 믹스인 제품 · 가격 · 유통 · 촉진의 변화에 따른 소비자들의 욕구변화에 적용된다. 또한 경영자들의 직관에 의한 주관적 의사결정은 매우 높은 위험성을 초래할 수 있다. 소비자들이 어떤 제품을 원하고 있는가? 새로운 시장으로의 진입 가능성은 높은가? 이 시장의 성장 가능성은 어떠한가? 등에 대한 정보는 마케팅 조사를 통해 얻을 수 있다.

제품과 브랜드 측면에서 마케팅 관리자가 시장의 욕구를 확신하고 있을지라도 어떤 제품이 그러한 욕구를 충족시켜 줄 수 있는지에 대해 확신하기는 어렵다. 대부분의 브랜드와 제품은 시장이 소비자들에게 시험되고 검증된다. 이에 따라 브랜드명이나 기업명이 소비자들에게 어떤 이미지와 이점들을 전달하는지 조사되어야 할 것이다.

가격, 유통, 촉진 등의 측면에서도 마케팅 조사는 필요하다. 자사의 제품 가격에 대해 소비자들이 합리적으로 인식하고 있는지에 관한 정보는 고객이탈을 사전에 방지함과 동시에 기업의 수익을 확대할 수 있는 의사결정에 도움이 된다. 그리고 고객들이 편리하게 제품을 구매할 수 있도록 유통경로의 설계에도 시장정보가 고려되어야 한다.

또한 촉진을 위해 집행한 광고에서 의도한 메시지가 정확히 전달되었는지, 소비자들이 기억하고 있는지, 긍정적인 영향을 미치는지 등에 대해서도 조사가 이루어져야 하며, 조사결과를 토대로 광고전략은 수정될 수 있다.

2-2. 마케팅 조사의 분류

마케팅 조사는 크게 문제확인 조사(problem-identification research)와 문제해결 조사

그림 4-2 마케팅 조사의 분류

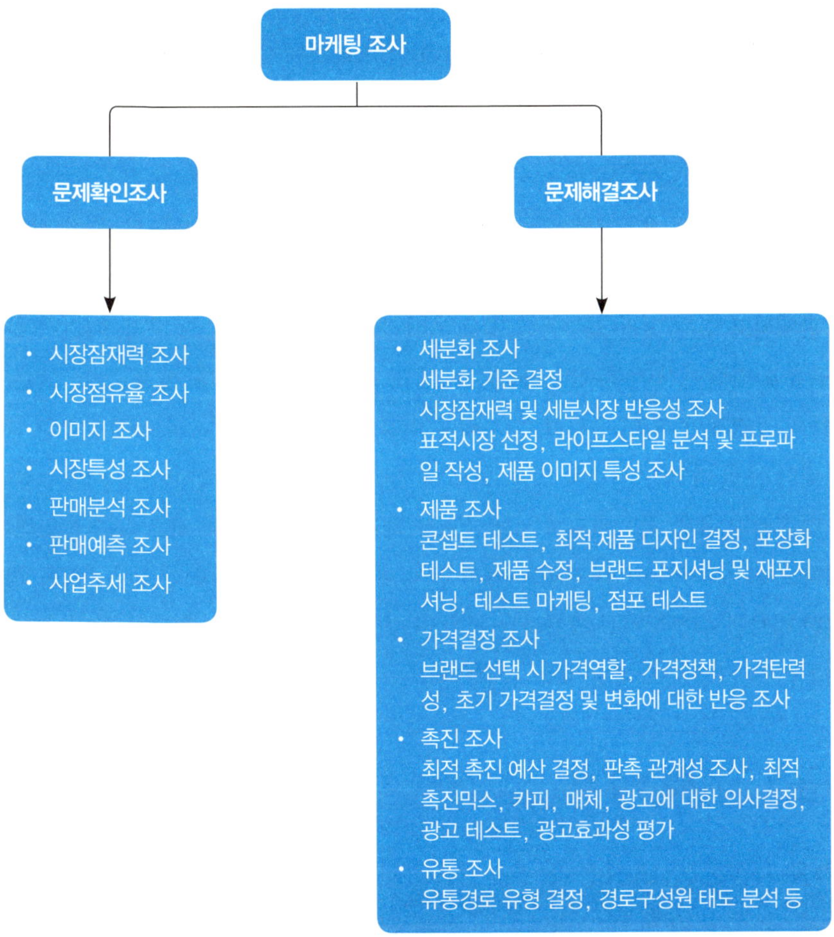

(problem-solving research) 두 가지로 구분된다([그림 4-2]). 문제확인은 미래에 발생할 가능성이 있는 문제 또는 현재 표면적으로 나타나지 않는 문제 등을 확인하는 것으로 시장성장성, 시장점유율, 브랜드 및 기업이미지 등이 있다. 문제해결은 기존 발생된 문제의 해결책을 찾는 것으로 구체적인 마케팅 문제들을 해결하기 위한 마케팅 의사결정에서 파생된다.

제3절 마케팅 조사과정

체계적인 마케팅 조사는 [그림 4-3]과 같이 일련의 과정으로 수행된다.

3-1. 문제 및 조사목적 정의

마케팅 관리자는 문제를 잘못 규정하거나 너무 광범위하게 혹은 너무 좁게 정의하지 않도록 해야 한다. 어느 맥주 제조회사가 특정 지역에서 시장점유율이 하락하자 그 지역에서 판매되고 있는 여러 맥주들의 맛을 조사하기로 결정하였다고 하자. 여기서 문제는 시장점유율 하락이지만 문제의 원인은 여러 가지가 있을 수 있다. 예를 들어, 다른 맥주회사들의 공격적인 판촉, 경기침체, 소비자의 기호변화, 또는 시기적으로 집중된 음주문화 캠페인 등의 다양한 원인이 있을 수 있다. 이러한 원인들을 배제한 채 시장점유율 하락을 맥주의 맛을 조사 · 비교하는 것만으로 해결책을 찾겠다는 것은 문제정의의 오류가 있다고 볼 수 있다. 이와 같이 마케팅 문제를 정확하게 진단하고 조사목적을 정의하여 어떤 정보를 수집할지를 파악하는 것은 마케팅 조사에서 매우 중요한 과업이다.

그림 4-3 마케팅 조사 과정

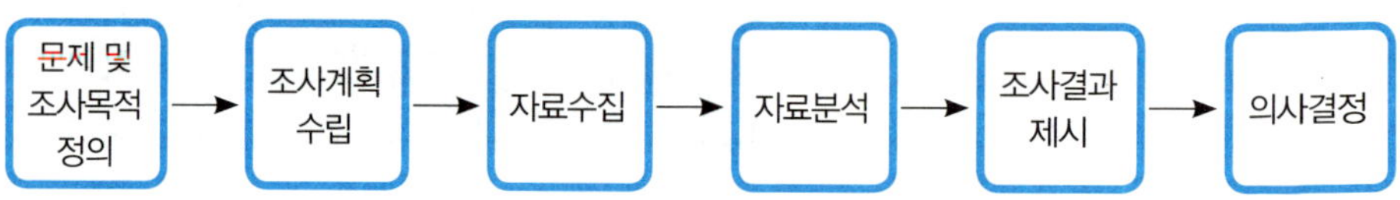

그림 4-4 조사계획 수립

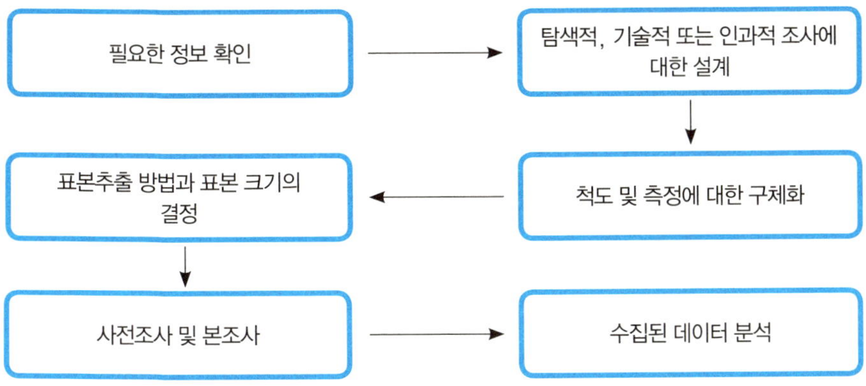

3-2. 조사계획 수립

마케팅 조사에 관한 전반적인 계획으로서 조사설계는 마케팅 조사 과업을 수행하기 위한 틀 또는 청사진이다. 즉, 마케팅 조사 문제의 해결을 위해 필요한 정보를 수집하기 위한 가장 효율적인 계획을 수립하는 것이다. 문제 및 조사목적에 대한 정의가 광범위한 접근이라면 조사계획의 수립은 보다 구체적인 방법을 제시하는 것이다. 마케팅 관리자는 조사계획을 승인하기 전에 그 조사에 소요되는 비용을 확인해야 한다. 조사에 필요한 비용이 적정수준을 초과할 경우 조사실시에 대한 의미가 사라지게 된다. 따라서 마케팅 조사계획을 수립하기 위해서는 수집할 자료의 원천, 자료수집 방법 및 수단, 표본추출계획 및 접촉방법 등을 결정해야 한다. 조사계획의 세부적인 과업들은 [그림 4-4]와 같다.

| 조사의 성격 |

마케팅 조사는 조사의 목적과 필요한 정보의 종류에 따라 탐색적 조사(Exploratory Research), 기술적 조사(Descriptive Research), 인과적 조사(Causal Research)로 구분할 수 있다. 조사의 목적과 필요한 정보를 명확하게 정의하기 어려운 경우 탐색적 조사를 실시하여 조사의 목적과 필요한 정보를 특정할 수 할 수 있고, 이 후 기술적 조사나 인과적 조사를 통해 직면한 마케팅 문제를 해결할 수 있는 정보를 제공하여 의사결정을 보조한다.

탐색적 조사(Exploratory Research)

탐색적 조사는 마케팅 조사의 초기단계에서 조사에 대한 아이디어를 얻고 마케팅 문제 및 상황을 파악하여 조사의 목적과 필요한 정보를 명확하게 파악하기 위해 실시하는 일종의 예비조사의 성격을 갖는다. 즉, 탐색적 조사는 '어떤 것을 조사할지'를 조사하는 예비적 성격을 갖는 조사로 이 때 도출된 조사결과는 이후 기술적 조사나 인과적 조사에 활용되는 경우가 많다. 주로 문헌조사, 사례조사, 전문가면접, 표적집단 면접(FGI) 등을 활용한다.

기술적 조사(Descriptive Research)

기술적 조사는 직면한 마케팅 상황에 대한 특성을 파악하기 위해 실시하는 조사를 의미한다. 기술적 조사의 목적은 현재 직면한 마케팅 상황을 있는 그대로 기술하고 묘사하는 것으로, 주로 설문조사의 형식으로 데이터를 수집한다.

인과적 조사(Causal Research)

인과적 조사는 마케팅 조사를 통해 규명하고자 하는 변수들 간의 인과관계를 조사하는 것으로, 마케팅 현상에서 원인과 결과를 밝혀내기 위해 실시하는 조사를 말한다. 즉, 어떤 현상의 원인이 되는 변수와 결과변수의 인과적 관계를 밝힐 수 있는 실험(Experiment)과 같은 조사방법을 활용하여 직면한 마케팅 현상에 대한 설명과 잠재적 마케팅 현상에 대한 예측이 가능하다.

자료원천

자료의 원천은 다양하지만 크게 나누어 볼 때 2차 자료(Secondary Data)와 1차 자료(Primary Data)로 구분할 수 있다. 조사자는 2차 자료, 1차 자료 또는 두 자료를 모두 수집할 수 있다. 2차 자료는 이전에 존재하던 문제해결을 위한 목적으로 이미 작성되어 있는 자료로 현재의 조사목적에 따라 선택적으로 수집할 수 있다. 예를 들어, 행정기관에서 발표하는 자료들, TV나 기사 등의 매체에서 보도된 자료들, 출판서적에 포함된 자료들 등이다. 1차 자료는 현재 직면한 문제해결을 위해 직접 수집하여 작성하는 자료이다. 즉, 2차 자료는 기존에 있는 자료이고 1차 자료는 직접적인 조사나 실험 등을 통해 획득되는 자료를 의미한다.

2차 자료는 이미 수집된 자료이기 때문에 1차 자료보다 신속하게 이용할 수 있고 자료 수집비용이 절약되기 때문에 마케팅 조사를 실시하기 전 제반 사항들을 점검하는

데 많이 활용 된다. 즉, 2차 자료를 우선적으로 수집하고 이후 필요에 따라 1차 자료를 수집한다. 앞서 살펴보았듯이 시장점유율 하락의 원인은 여러 가지가 있지만, 모든 원인들에 대한 조사를 실시하는 것은 비효율적일 수밖에 없다. 따라서 몇 가지 원인에 대한 2차 자료, 예를 들어 경기상황과 경쟁기업의 전략, 전문가 의견, 신문, 인터넷, 도서 등을 통해 우선적으로 검토하고, 2차 자료로 부족한 부분에 대하여 조사목적의 범위를 보다 구체적으로 확정하여 1차 자료를 활용하는 것이 바람직하다.

2차 자료의 원천

2차 자료는 크게 기업 내부로부터 얻을 수 있는 내부원천과 기업 외부에서 얻을 수 있는 외부원천으로 구분할 수 있다. 기업내부 원천 자료는 기업의 내부에서 얻을 수 있는 자료로 주문기록, 판매기록, 회계자료, POS(Point of Sales) 데이터, 고객정보데이터베이스 등을 예로 들 수 있다. 따라서 기업은 마케팅 조사가 필요한 시점에 기업 내부에 있는 유효한 자료를 즉시 활용할 수 있도록 내부자료를 관리할 수 있는 정보관리시스템을 마련하고 있다. 외부원천 자료는 기업 외부에서 얻을 수 있는 자료로 각종 기관의 정기간행물 및 보고서, 통계자료, 전문가 등으로부터 얻는 자료를 의미한다. 정부기관, 연구소, 통계청에서 발행하는 보고서 및 통계자료, 전문조사기관에서 제공하는 유료자료 등 과거에 존재했던 현상이나 문제에 대하여 이미 수집된 자료를 현재 직면한 상황이나 문제에 대한 조사목적에 따라 수집하여 활용할 수 있다.

1차 자료의 원천

직면한 문제를 해결하는데 2차 자료로 부족한 경우 1차 자료를 수집하게 된다. 1차 자료는 정확성과 시의적절성, 유효성 등 2차 자료에 비해 조사목적에 보다 직접적인 자료이다. 2차 자료로 조사의 목적과 범위가 구체화 되면 1차 자료를 수집하게 되는데, 1차 자료는 필요한 자료가 무엇인지에 따라 다양한 방법으로 수집할 수 있다. 1차 자료 수집방법에 대해서는 '조사방법' 부분에서 자세하게 다루기로 한다.

조사방법

1차 자료는 관찰조사(observational research), 표적집단조사(focus-group research), 설문조사(survey research), 행동조사(behavioral research), 실험조사(experimental research) 등으로 수집될 수 있다.

관찰조사

관찰조사는 자료수집의 대상자와 상황을 관찰하여 자료를 수집하는 것이다. 항공사의 경우 탑승객들이 여러 항공사에 대해 어떠한 평가를 하고 있는지를 확인하기 위해 공항, 항공사, 여행사 등에서 관찰조사를 통해 자료를 수집할 수 있다. 또한 조사자들은 다른 경쟁 항공기를 탑승하여 기내 서비스의 품질을 조사할 수가 있다. 실제 관찰조사를 통해서 탑승객들이 어떻게 항공사를 선택하는지에 대한 유용한 가정을 도출할 수가 있다.

표적집단조사

표적집단(focus group)이란 인구통계학적, 심리학적, 기타 다른 고려 사항들에 근거해서 신중하게 선택된 6~10명 정도로 구성된 집단이다. 면접자가 마케팅 관리자의 의도에 따라 3~4시간 동안 제품, 서비스, 조직 등에 관한 주제를 질문하고 논의한다. 참석자들에게는 통상 참석의 대가로 약간의 사례가 지급되고, 면접자는 올바른 소재가 다루어질 수 있도록 마케팅 관리자가 준비한 논의 지침이나 의사일정에 근거해서 질문과 조사 사항을 제시한다.

항공사의 표적집단조사의 경우 면접자는 “당신이 1등석 항공기로 여행할 때 어떤 느낌인가?”와 같은 광범위한 문제부터 질문할 수 있다. 그 후 보다 구체적으로 경쟁관계에 있는 다른 항공사들의 서비스, 차별적인 서비스, 기타 기내 서비스 등에 대해 어떻게 느끼고 있는지에 대한 질문으로 이어진다. 면접자는 참석자들이 새롭고 의미 있는 느낌을 가진 상태에서 다양한 아이디어가 나올 수 있도록 자유로운 분위기를 형성시켜야 한다. 이러한 논의는 노트 기록, 오디오 또는 비디오에 녹화되어 소비자의 신념, 태도와 행동을 이해하기 위해 연구 · 검토된다.

표적집단조사는 유용한 탐색 단계이지만, 이를 전체 시장으로 일반화하는 것을 피해야 한다. 일반 소비용품을 생산하는 기업들은 수 년 동안 표적집단을 사용하여 자료를 수집하고 있으며 신문사, 법률회사, 병원, 공공 서비스 기관 등도 점차 표적집단 면접의 가치를 인식하게 되었다. 하지만 표본의 규모가 너무 작고, 그 표본이 무작위로 추출되지 않았기 때문에 표적집단의 참가자들에 의해 보고된 의견을 전체 시장의 소비자 의견으로 일반화하는 것에는 무리가 있다. 최근 들어서는 인터넷이 대중화됨에 따라 많은 기업들이 온라인 표적집단을 활용하고 있다.

설문조사

많은 기업들이 소비자들로 구성된 모집단의 지각하는 정도, 신념, 선호, 만족 등에 대해 파악하기 위해 설문조사를 실시한다. 필요한 정보를 수집하기 위해 자체적으로 설문조사를 준비하거나, 훨씬 더 낮은 비용으로 여러 회사의 설문조사를 수행하는 전문조사기관에 설문조사를 의뢰할 수도 있다. 예를 들어, 항공사의 조사자들은 얼마나 많은 사람들이 자사를 알고 있으며, 얼마나 자주 이용하는지, 자사의 선호도와 만족도는 어떤지, 항공서비스 예약 수단은 무엇인지 등을 조사하고자 할 때 설문조사를 실시하게 된다. 설문조사를 실시할 때는 조사를 짧고 단순하게 유지하는 것이 참가자를 끌어모으는 데 핵심이 되고, 인센티브를 제공함으로써 참여를 유도할 수도 있다.

행동자료

점포조사 자료, 카탈로그 구매기록 및 고객 데이터베이스 등을 통해 고객들의 구매행동을 파악할 수 있다. 이러한 자료를 분석함으로써 많은 것을 알 수가 있다. 즉, 고객들의 실제적인 구매는 분명한 선호도를 반영하며, 고객들이 시장조사자들에게 제공하는 설문지보다 더 신뢰적이다. 왜냐하면 선호하는 제품이라도 실제 거래가 되는 제품의 선택과는 괴리가 생기기 때문이다. 1등석에 대한 선호도는 높지만 실제로 1등석을 구입할 수 있는 계층은 한정되어 있다.

실험조사

가장 과학적이고 확실한 조사가 실험조사이다. 실험조사의 목적은 관찰된 결과에 대해 상충되는 설명을 제거함으로써 인과관계를 설명하는 것이다. 실험조사를 위해서는 우선적으로 주제에 적합한 집단을 선택하는 것이 요구된다. 다음으로 그 집단을 서로 다른 실험처리 상황에 맞추어 외생변수를 통제한 상태에서 관찰된 반응의 차이가 통계적으로 유의한가를 검토하게 된다. 특히 외생변수가 제거되거나 통제되는 정도에 따라 관찰조사된 결과는 달라질 수 있음에 유의하여야 한다.

예를 들어, 지역별 판매량에 영향을 미치는 촉진수단들을 파악하기 위해 지역별로 동일하거나 상이한 촉진수단을 동원할 수 있다. 촉진수단을 바꾸었을 때 판매량의 변동으로 촉진수단의 효과성을 파악할 수 있다. 또한 두 가지 이상의 촉진수단을 사용할 때 가장 효율적인 조합이 어떠한 것인지 역시 파악할 수 있다. 그러나 이러한 조사를 위해서는 지역별 소득수준, 인구, 남녀비율, 개인성향, 계절요인 등이 고려되어야 한다.

조사수단

마케팅 조사자들은 1차 자료를 수집하는데 두 가지 중요한 수단인 설문지와 기계적 장치를 선택한다.

설문지

설문지는 해답을 적을 수 있도록 응답자에게 제시하는 일련의 질문들로 구성된다. 설문지는 융통성이 있기 때문에 지금까지 1차 자료를 수집하는 데 가장 보편적인 수단이다. 설문지는 조사를 실시하기 전에 신중하게 개발하고 검토되어야 한다. 전문적인 마케팅 조사자들은 질문의 형태, 질문의 단어, 질문의 순서 등을 선택해야 한다.

질문의 형태가 응답에 영향을 줄 수 있다. 마케팅 조사자는 항목선택형 질문과 자유응답형 질문을 구분해야 한다. 항목선택형 질문(closed-end question)은 모든 가능한 대답들이 제시되어 있으며, 자유응답형 질문(open-end question)은 응답자가 자기 마음대로 대답을 할 수 있도록 한 것이다. 항목선택형 질문은 해석하고, 도표화하기 쉽도록 응답항목이 제시된다. 일반적으로, 자유응답형 질문은 응답자들이 대답을 하는 데 제한을 받지 않기 때문에 사람들이 어떻게 생각하고 있는가를 알기 위한 탐색단계에 특히 유용하다(〈표 4-1〉, 〈표 4-2〉).

마지막으로, 설문지 작성자는 질문의 단어 구성과 순서에도 신중해야 한다. 질문지 작성시 직접적이며 편견적인 단어를 사용한다면 조사결과를 신뢰할 수 없다. 그리고 사용하기 전에 응답자 중 어떤 표본에 대해 사전조사를 해야 한다. 최초질문은 가능하다면 흥미를 자아내는 것이어야 하고, 어려운 질문이나 사적인 질문은 응답자가 초기에 방어적으로 응답하지 않도록 마지막 부분에 두며, 질문은 논리적인 순서로 구성되어야 한다.

기계적 장치

기계적 장치는 마케팅 조사에서 그리 흔히 사용되지는 않는다. 검류계(galvanometer)는 피실험자가 어떤 특정한 광고나 그림에 노출되었을 때 나타나는 흥미나 감정의 강도를 측정하기 위해 사용되는 장치이다. 순간노출기(tachistoscope)는 1/100초 이하로부터 수초에 이르는 노출구간을 가지고 피실험자에게 광고를 비추는 장치로서 노출 후에 응답

표 4-1 항목선택형 질문

명 칭	설 명	예
양자택일 (dichotomous)	두 항목 중에서 선택하도록 한 질문	여행계획을 할 때 귀하가 직접 항공사에 전화를 하는가? 예 □ 아니오 □
선다형 (multiple choice)	세 개 이상의 항목 중에서 선택하도록 한 질문	귀하는 누구와 여행을 하는가? 혼자서 □ 아이 □ 배우자 □ 기업동료/친구/친척 □ 배우자와 아이 □ 집단여행 □
리커트 척도 (Likert scale)	응답자가 찬·반의 정도를 보여 줄 수 있는 문장을 제시	작은 규모의 항공사가 대규모 항공사보다 서비스가 좋다. 전혀 아니다 아니다 그저 그렇다 그렇다 매우 그렇다 1 □ 2 □ 3 □ 4 □ 5 □
어미의 차이 (semantic differential)	두 개의 대칭되는 단어 사이에 척도가 들어가 있으며 응답자는 자신의 의견을 나타내는 점을 선택한다.	A항공사에 대해 크다 .... 작다 경험이 많다 .... 경험이 적다 현대적 .... 구식
중요도 척도 (importance scale)	속성의 중요성을 평가	기내 음식 서비스는 극히 중요하다 매우 중요하다 약간 중요하다 1 __ 2 __ 3 __ 별로 중요하지 않다 전혀 중요하지 않다 4 __ 5 __
등급 척도 (rating scale)	어떤 속성이 "빈약"에서 "우수"까지의 비유로 표시된 척도	AA사의 기내 식사 서비스는? 우수 __ 매우 좋음 __ 좋음 __ 적당 __ 빈약 __
구매의도 척도 (Intention-to-buy scale)	응답자의 구매의도를 표시한 척도	장시간 비행 중 기내전화 서비스를 이용할 수가 있다면 꼭 사용 아마 사용 잘 모르겠다 1 __ 2 __ 3 __ 아마 사용안함 절대 사용안함 4 __ 5 __

자는 자기가 회상하는 것을 기술한다. 아이카메라(eye camera)는 눈동자의 움직임을 밖에서 촬영하여 시선의 변화 및 경로를 측정하는 장치로서 응답자의 눈이 먼저 머무는 곳과 특정 항목에 얼마나 오래 머무는가를 조사한다. 오디미터(audimeter)는 조사에 참여하는 가정의 TV 시청상황을 조사하기 위하여 세트에 부착하는 측정구로 TV가 언제 켜지는가와 어느 채널로 조정되어 있는가를 기록한다. 기술이 발전됨에 따라, 피부감각기, 뇌파 스캐너, 신체 스캐너와 같은 수단들이 소비자의 직접적인 반응을 측정하는데 이용되고 있다.

표 4-2 자유응답형 질문

명 칭	설 명	예
완전한 비구조적 (completely unstructured)	응답자가 거의 제한 받지 않고 대답할 수 있는 질문	A항공사에 대한 귀하의 의견은?
어구 연상 (word association)	한 번에 여러 단어가 제시되고 응답자는 가장 먼저 떠오르는 단어를 이야기한다.	귀하가 다음 이야기를 들었을 때 가장 먼저 떠오르는 단어는 어떤 것인가? 항공사 ___________ A항공사 ___________ 여행 ___________
문장 완성 (sentence completion)	불완전한 문장이 제시되고 응답자가 나머지 문장을 완성한다.	내가 항공사를 선택할 때 가장 중요하게 고려하는 의사결정 요소는 ________
이야기 완성 (story completion)	불완전한 이야기가 제시되고 응답자가 그것을 완성하도록 한다.	"며칠 전에 나는 AA사의 비행기를 탔다. 비행기의 내부와 외부가 매우 밝은 색으로 되어 있음을 알았다. 이것이 나에게 다음과 같은 생각과 감정을 불러일으켰다. 다음 이야기를 완성하시오."
그림 (picture)	두 사람이 있는 그림이 제시되는데 한 사람이 이야기를 한다. 응답자는 나머지 한 사람이라고 생각하고 빈칸에 이야기를 채운다.	
그림 주제 통각 시험 (thematic apperception test)	하나의 그림이 제시되고 응답자는 그림에서 무슨 일이 일어나고 있는지 또는 어떤 일이 일어날 것인지에 대해서 응답을 한다.	

표본설계

조사방법과 수단에 대해 결정한 후, 마케팅 조사자는 다음 [그림 4-5]와 같이 표본설계를 해야 한다. 표본설계를 위해서는 다음 세 가지가 결정되어야 한다.

일반적으로 마케팅 조사 프로젝트의 목적은 모집단의 모수 또는 특성에 대한 정보를 획득하기 위함이다. 모집단(population)이란 마케팅 조사 목적에 부합하는 공통된 특성을 가진 집단이다. 표적 모집단은 조사자가 찾고자 하는 정보를 보유한 대상의 집합을 말한다. 표본단위란 표본추출의 단계에서 선택된 요소를 포함하는 단위이다.

그림 4-5 표본설계 과정

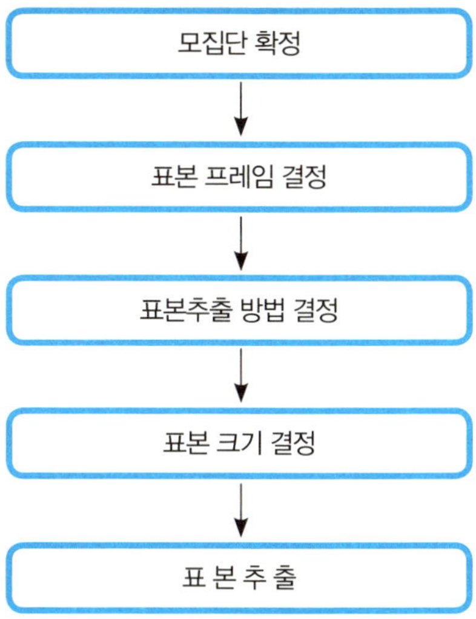

표본추출단위

조사대상이 누구인가를 결정하는 것이다. 마케팅 조사자는 표본을 추출할 모집단인 연구대상을 선정하고, 연구대상 범위 내에서 표본추출단위를 결정해야 한다. 예를 들어, 항공사에 대한 조사의 경우 비즈니스 여행자, 휴가 여행자 또는 양자 모두 포함할 것인가? 18세 이하(미성년자)가 면접대상이 되어야 하는가? 부부 모두가 면접대상이 되어야 하는가? 등을 고려해서 표본추출단위를 정한다. 표본추출단위가 결정되면, 표본추출 프레임, 즉 표적 모집단 내의 모든 사람에게 표본이 될 수 있는 동일한 기회가 주어져야 하는 방법이 결정되어야 한다.

표본 크기

얼마나 많은 사람을 조사해야 하는가를 결정하는 것이다. 큰 표본이 작은 표본보다 신뢰성 있는 결과를 제공한다. 하지만 의미 있는 결과를 얻기 위하여 전체 표적 모집단 또는 그 상당 부분을 표본으로 할 필요는 없다. 표본추출 절차가 체계적이고 믿을 만하다면, 대게의 경우 모집단의 1% 미만을 표본으로 추출해도 높은 신뢰성을 보일 수도 있다.

표본추출 방법

설문 응답자를 어떻게 선정하느냐를 결정하는 것은 중요하다. 대표성이 있는 표본

표 4-3 **확률표본추출과 비확률표본추출의 유형**

명 칭	설 명	예
A. 확률표본	단순무작위표본 (simple random sample)	모집단의 모든 구성원소가 알려져 있고 선택될 확률이 동일하다.
	층화확률표본 (stratified random sample)	모집단이 상호배타적인 집단(연령집단)으로 나누어지며 무작위 표본이 각 집단에서 추출된다.
	군집(지역)표본 (cluster (area) sample)	모집단이 상호배타적인 집단(구역)으로 나누어진다. 조사자는 면접할 집단 중에서 표본을 추출한다.
B. 비확률표본	편의표본 (convenience sample)	조사자는 정보를 얻기 위하여 가장 접근하기 쉬운 모집단 요원을 선정한다.
	판단표본 (judgement sample)	조사자는 자기의 판단에 따라서 정확한 정보를 줄 수 있는 모집단 요원을 선정한다.
	할당표본 (quota sample)	조사자는 몇 개의 범주 각각에서 사전에 규정된 수의 사람을 찾아서 면접한다.

을 얻기 위해서는 모집단으로부터 표본이 확률적으로 추출되어야 한다. 확률표본추출(probability sampling)은 표본추출 오류에 대한 신뢰구간을 계산할 수 있다. 확률표본추출을 통한 분석 후, "중부지방에 살고 있는 항공기 여행자들의 연간 비행횟수가 2~4번일 확률이 95%이다"라고 결론을 내릴 수 있다. 확률표본추출과 관련된 비용이나 시간이 너무 많이 소요될 때, 마케팅 조사자들은 비확률적 표본추출(non-probability sampling)을 사용하게 된다(〈표 4-3〉).

| 접촉방법 |

표본추출계획이 결정된 후 마케팅 조사자는 그 표본과 어떻게 접촉하느냐를 결정해야 하는데, 그 방법에는 우편, 전화, 대인면접, 온라인 조사 등이 있다.

우편설문조사(mail questionnaire)는 적은 비용으로 많은 양의 정보를 수집하기 위해 사용되며 개인적인 면접을 기피하는 응답자에게 질문할 수 있는 좋은 방법이다. 간단하고 명확한 글로 표현된 우편설문조사의 경우, 응답자로 하여금 면접자에 의해서 발생할 수 있는 응답오류를 줄일 수 있다. 또한 응답자의 익명성이 보장되어 개인적으로 민감한 질문도 가능하며 보다 정직하게 대답할 수 있다. 하지만 통상적으로 자료를 수집하는 데 많은 시간이 걸리고, 응답률이 다른 조사방법에 비해 매우 낮다는 단점을 가지고 있다.

전화면접(telephone interview)은 신속하게 정보를 입수하는 가장 좋은 방법으로, 면접자는 응답자가 이해하지 못하거나 애매한 질문에 대해 명확히 설명할 수가 있다. 응답률은 일반적으로 우편설문조사보다는 높지만 면접시간이 짧고 개인적인 문제에 대해 이야기하기를 꺼린다는 단점이 있다. 전화면접은 면접자 편견을 발생시킬 수 있는데, 면접자가 말하는 방식, 질문하는 방식 등이 응답자에 따라 달라짐으로써 응답에 영향을 미칠 수 있다. 또한 자동응답기와 텔레마케팅에 대한 사람들의 부정적 시각으로 전화면접은 더욱 어려워지고 있다.

대인면접(personal interview)은 가장 융통성이 있는 방법으로 면접자는 많은 질문을 할 수 있으며, 응답자에 대한 복장 및 바디랭귀지 등과 같은 관찰 결과를 추가적으로 기록할 수 있다. 대인면접은 세 가지 유형 중 가장 비용이 많이 소요되며, 면접자의 면접방식에 따라 응답자의 이해도 및 답변이 틀려질 수 있다. 또한 면접자의 왜곡과 편견 역시 조사의 목적과 정확성을 저해하는 요소로 작용할 수 있다. 따라서 보다 체계적인 계획 관리와 감독이 필요하다.

대인면접은 두 가지 형식, 즉 계획면접과 차단면접이 있다. 첫째, 계획면접(arranged interview)은 응답자와 약속을 한 후 접촉하며, 면접을 허락해준 감사의 의미로 응답자에게 약간의 사례를 한다. 둘째, 차단면접(intercept interview)은 쇼핑센터나 분주한 길거리에서 사람들을 멈추게 하고 면접을 요청하는 것으로, 이 면접은 비확률표본추출이 되는 결함이 있고 면접시간도 극히 짧아야 하는 제약이 따른다.

온라인 조사(online reseach)의 이용도 매우 활성화되어 있다. 기업은 웹페이지를 통해서 질문을 하고 그 질문에 응답하도록 인센티브를 제공하기도 한다. 하지만 온라인으로 자료를 수집하는 경우, 기업은 그 자료의 한계사항을 인식해야 한다. 즉, 특정웹사이트 방문자들의 주요 특성이 협소하게 제한되고, 자의적으로 응답자를 선택할 수도 있기 때문에 온라인으로 수집된 자료가 모집단 전체를 대표한다고 보기는 힘들다. 또한 모집단 구성원의 일부는 조사기간 동안 인터넷을 사용하지 않을 수도 있다. 이와 같은 문제들로 인해 조사결과의 왜곡이 발생하게 된다.

3-3. 자료수집

일반적으로 마케팅 조사에서 자료수집 과정은 가장 비용이 많이 들고 오류가 발생하기 쉽다. 일부 응답자는 방문시 집에 없거나 오프라인 상태로 조사에 참여할 수 없어서, 다시 연락하거나 응답자를 교체해야 한다. 다른 응답자는 협조를 거부할 수도 있으며, 편

향되거나 부정직한 대답을 할 수도 있다.

자료수집 방법은 정보 시스템의 영향으로 급격히 발전하고 있다. 전문적인 전화면접자들은 개별 전화박스에 앉아 전국 어느 곳에나 무작위로 전화를 걸어 응답에 응할 경우, 면접자는 응답자에게 모니터에 있는 내용을 읽고 일련의 질문을 하게 된다. 이때 응답자의 응답이 컴퓨터에 바로 기록되기 때문에 편집과 기호화 과정을 생략할 수 있다. 이는 오류를 줄일 수 있으며, 시간도 절약할 수 있다. 뿐만 아니라 요즘 흔히 사용되는 스캐너(scanner)를 통해 재고량, 주문처리, 당일 판매된 제품, 판매량 등을 쉽게 알 수 있고, 고객패널을 모집하여 결제용 ID카드를 사용하도록 함으로써 그들의 구매행태를 구체적으로 분석할 수 있다.

최근 들어 마케팅 조사자들은 정형화되지 않은 상태에서 웹상에 떠돌아다니는 풍부한 고객정보를 적극적으로 수집 · 분석함으로써 고객의 생생한 이야기를 경청하고 관찰한다. 자사의 웹사이트에 올라와 있는 리뷰나 의견을 검색하는 것부터 소셜 네트워크 서비스에서 발견되는 수많은 의견이나 메시지를 정교한 웹 분석 도구를 이용해 수집하고 분석한다.

3-4. 자료분석

마케팅 조사과정의 다음 단계는 수집된 자료에서 관련되는 결과를 추출하는 것이다. 자료분석에서 주로 이용되는 통계적 분석방법으로는 분산분석, 요인분석, 상관분석, 회귀분석, 컨조인트분석, 공분산구조분석(구조방정식) 등이 있다.

분산분석(ANOVA)은 성별 제품선호도의 차이, 지역별 판매량의 차이 등 어느 특정 요소에 대해 집단 간의 차이가 있는가를 보는 방법이다. 요인분석(factor analysis)은 사회과학분석의 꽃이라 불릴 만큼 중요한 분석기법이다. 이는 설문응답 자료에 내포된 여러 속성들을 대표적인 몇 가지 요인으로 압축하는 기법으로 타당성 검증에도 이용된다. 각각 다항목으로 측정된 개념들은 요인분석을 통해서 설명력이 없는 항목들을 제거하고, 이를 통해 각기 다른 개념으로 구분되어지는 것으로 타당성이 입증된다. 또한 압축된 요인들을 가지고 다른 여러 분석에 응용이 가능하다. 예를 들어, 휴대폰 구매시 중요 속성들인 가격, 디자인, 내구성, 기능, A/S, 색상, 브랜드, 주위 추천 등의 8가지 속성들에 대해 구매자들이 모두 고려하지는 않는다. 요인분석 과정에서 분석자의 의도하에 8개 이하의 요인으로 압축시킬 수 있으며, 이를 통해 보다 명확한 의사결정을 할 수 있게 된다.

일반적으로 기온이 올라가게 되면 아이스크림 판매량이 증가하게 된다. 상호 관련이 있다고 판단되는 것들에 대해 정말 관련이 있는지, 있다면 어느 정도의 관련이 있는지를 검정하는 방법이 상관분석(correlation analysis)이다. 즉, 개념과 개념 간의 관련성 유무 및 관련 정도를 분석하는 것이다. 상관분석은 주로 요인분석이나 회귀분석의 전 단계로 많이 활용된다. 주의할 점은 상호관련이 타당한지를 살펴보아야 한다는 것이다. 예를 들어, 해수면의 온도와 주가 간의 상관관계를 분석하였을 경우 통계적으로 상관관계가 있을 수도 있지만, 이것은 단지 수치연산에 의한 결과일 뿐이지 실제로 관련성이 있는 것은 아니다.

회귀분석(regression analysis)은 하나 이상의 독립변수들이 종속변수에 유의한 영향을 미치는가를 분석하는 방법이며, 시계열분석에서의 엄격한 회귀가정들을 요구하지는 않는다. 앞서 휴대폰 구매시 중요 속성 여덟 가지는 요인분석을 통해 압축되며, 압축된 요인들이 종속변수인 휴대폰 판매량에 미치는 영향 정도를 살펴볼 수 있다. 여덟 가지 속성이 모두 독립변수로 사용된다면 변수의 개수가 많아 의사결정에 어려움이 따를 수 있다.

컨조인트분석(conjoint analysis)은 주로 신제품 개발에 많이 사용된다. 예를 들어, 포장, 브랜드, 가격 등의 각각 세 가지 종류가 있다면 총 아홉 가지 제품대안(예를 들어, 근사한 포장 + 잘 알려진 브랜드 + 중간 가격 = 제품대안 중 하나)이 만들어질 수 있다. 이러한 제품대안을 토대로 선호도를 응답받은 후 분석하게 되면 응답자들이 가장 중요하게 생각하는 속성이 무엇인지 알 수 있다. 경쟁제품과 모의실험을 통해 가상적인 시장점유율을 산출해 낼 수 있으며, 군집분석과 병행하여 시장세분화를 할 수도 있다.

공분산구조분석(SEM: Structural Equation Modeling)은 공변량구조분석이라고도 불린다. 간략하게 설명하면 SEM은 요인분석과 회귀분석의 장점을 취합한 모델이라 볼 수 있다. SEM에서 사용되는 요인분석은 확인적 요인분석(CFA: Confirmatory Factor Analysis)이다. 이는 앞서 설명했던 탐색적 요인분석(EFA: Exploratory Factor Analysis)에서 개량된 형태이다. SEM은 주로 이론적인 인과관계를 분석하는 데 사용된다. 예를 들어, "브랜드 선호도 → 만족 → 재구매"의 인과관계를 회귀분석으로 하려면 "브랜드 선호도 → 만족", "만족 → 재구매", "브랜드 선호도 → 재구매"로 최소 세 차례 분석을 해야 한다. 그러나 SEM은 "브랜드 선호도 → 만족 → 재구매"의 인과관계를 동시에 분석 가능하고, 설정된 인과구조 자체가 타당한지 여부를 설명할 수 있다.

3-5. 조사결과의 제시

마케팅 조사의 마지막 단계에서 조사자는 관련 부서에 조사결과를 제시한다. 조사자는 경영자가 직면한 중요한 마케팅 의사결정에 부합하는 조사결과를 제시해야 한다. 물론 이러한 연구결과는 여러 가지 오류로 인해 잘못될 수도 있으므로 경영자가 추가적으로 그 문제를 연구할 수도 있다. 특히 조사자는 자료의 분석 과정과 그 결과를 인위적으로 조작하지 않도록 해야 하며, 윤리적 기준을 준수해야 한다.

3-6. 마케팅 의사결정

최근 치열한 경쟁상황에서 경쟁우위를 확보하기 위한 전략적 역량으로 신속하고 정확한 의사결정이 강조되고 있다. 이러한 현실에서 마케팅 관리자는 자사의 마케팅 문제를 사전에 파악하고, 문제의 원인을 규명하며, 문제의 해결책을 마련해야 한다. 아울러 마케팅 관리자의 의사결정을 지원하기 위해서는 유용한 정보가 충분히 확보되어야 한다. 이를 위해 마케팅 환경변화를 모니터링하고 필요에 따라 즉각적으로 활용할 수 있는 가치 있는 정보를 공급자나 경쟁자, 고객, 이해관계자 등 시장에서의 모든 정보들이 지속적으로 수집되어야 한다.

5 마케팅 환경

제1절 미시환경
제2절 거시환경

학습목표

- ▶ 미시환경의 구성요인은 무엇인가
- ▶ 거시환경의 구성요인은 무엇인가
- ▶ 환경요인들은 마케팅 과업에 어떠한 영향을 미치는가

경영환경이란 기업의 목표달성에 영향을 미치는 기업의 내부와 외부의 모든 요인들을 의미한다. 경영환경이 변화함에 따라 새로운 사업기회가 창출되거나 위협을 받을 수 있다. 즉, 기업은 기업을 둘러싸고 있는 환경과 끊임없이 상호작용하며 그 관계 속에서 적응하며 발전해 가고 있다. 마케팅 환경은 마케팅과 관련된 의사결정을 위해 계획을 수립하고 실행하는 과정에서 매우 중요한 의미를 가진다.

1997년 외환위기로부터 기인한 'IMF 외환위기' 당시 경기불황으로 인해 소비행태가 변화하게 되었고, 이에 따라 마케팅 전략에도 변화가 필요했다. 제품의 기능과 품질, 편리함 등을 우선시하는 이성적 소비가 감각적이고 유행을 우선시하는 감성적 소비보다 두드러지게 나타났으며, 특히 경기침체로 인한 저가정책 위주의 전략이 유효했다. 2008년 미국발 글로벌 경제위기는 전 세계의 경제를 불황 속으로 밀어 넣었으며, 소비자들은 가치지향적 소비, 절약적 소비패턴을 보이며 시장환경의 변화를 가져왔다. 2019년에는 이른바 'COVID-19' 사태로, 전염병의 위험으로 인해 전 세계의 상점소비가 마비될 정도로 소비가 위축되었고, 이에 따라 온라인 마케팅, 플랫폼서비스, 비대면 마케팅, 기업의 사회적 책임(CSR) 등이 마케팅에서 중요한 이슈로 부상하였다.

이처럼 기업은 환경의 변화에 창조적으로 적응해 나가야 하며, 변화에 대처하는 능력이야말로 기업의 성패를 가르는 중요한 요인임을 알 수 있다. 기업은 변화하는 환경을 계속적으로 조사하고 이에 적극적으로 적응해 나가야 한다. 보다 구체적으로는 시장의 추세 변화, 마케팅 기회 탐색, 고객 환경 및 경쟁자 환경 등을 분석해야 한다.

기업은 높은 성과를 달성하기 위해 환경에 적합한 전략을 수립하여야 한다. 마케팅 환경은 크게 미시환경(Micro-environment)과 거시환경(Macro-environment)으로 구성된다. 미시환경은 기업의 마케팅 활동에 직접적으로 영향을 미치는 요인들을 말하며, 이러한 요인에는 공급업자, 경쟁자, 중간상, 고객, 공중 등이 있다. 거시환경은 보다 광범위한 영향요인으로 인구통계적, 경제적, 자연적, 기술적, 법적/정치적, 사회/문화적 요인 등을 포함한다. 이러한 환경요인을 파악함으로써 기회요인과 위협요인을 발견하고, 기회요인으로부터 기업의 성과를 극대화 시키고 위협요인으로부터 기업을 방어하기 위한 전략적 방안을 마련해야 한다.

제1절 미시환경

마케팅 관리자의 업무는 표적시장에 대해 관심을 끌 수 있는 제품 및 서비스를 제공하는 것이다. 그러나 마케팅 관리의 성공 여부는 기업 자체의 여러 부문, 중간상, 경쟁자 및 공중에 의하여 영향을 받는다. 따라서 마케팅 관리자는 표적고객의 욕구뿐만 아니라, 기업의 미시환경 요인들을 고려해야 한다([그림 5-1]).

1-1. 공급업자

제품과 서비스를 생산하는 데 필요한 원자재를 공급하는 기업이나 개인을 공급업자라고 한다. 원자재의 가격상승은 제품가격의 상승요인으로 작용하기 때문에 마케팅 관리자는 공급업자의 행태를 주시해야 한다. 공급부족, 공급지연, 파업, 자연재해 등은 단기적으로 판매에 부정적 영향을 미치고, 장기적으로 고객만족에 타격을 줄 수 있다. 오늘날 대부분의 마케팅 관리자는 자사의 공급업자를 고객가치를 창출하고 전달하는 동반자로 생각한다.

1-2. 기업

마케팅 계획을 수립할 때 마케팅 관리자는 최고경영층, 재무 · 기술개발 · 구매 · 제조 및 회계 부문을 고려해야 하고, 특히 최고경영층이 설정한 계획범위 내에서만 의사결정을 해야 하며, 마케팅 계획을 실행하기 전에도 최고경영층의 승인을 받아야 한다. 마

그림 5-1 미시환경의 요인

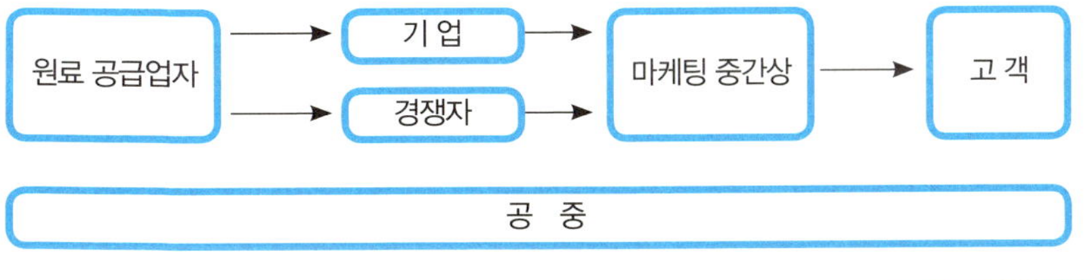

케팅 관리자는 다른 부서들과 긴밀한 협조체제를 구성해야 한다. 마케팅부서가 주도적인 역할을 하면서 생산, 재무, 인적자원부서를 포함한 모든 부서가 고객욕구를 이해하고 고객가치를 창출하기 위한 책임을 공유해야 한다.

이를 위하여 우선적으로 자사에 대한 핵심역량에 대한 파악이 선행되어야 한다. 자사가 보유한 강점과 약점을 경쟁기업의 성과, 시스템, 전략, 자원, 기술 등과 비교하여 상대적 강점과 약점을 파악하는 것이 중요하다.

1-3. 경쟁자

경쟁자란 동일한 고객에 대하여 유사하거나 동일한 제품 및 서비스를 판매하는 상대기업을 말한다. 즉, 경쟁자는 동일하거나 유사한 제품이나 서비스를 생산 및 판매하고, 동일한 표적시장을 대상으로 하며 유통에 있어서도 경쟁적 요소를 가지고 있다. 따라서 기업은 경쟁적 관계에서 우위를 차지하기 위하여 경쟁기업의 제품, 기술 및 마케팅 관리활동 등을 이해하고 대응할 수 있어야 한다. 경쟁기업보다 고객의 욕구를 더 잘 충족시킬 수 있어야 하며, 고객의 마음속에 자사의 제품을 경쟁기업의 제품보다 더 강력한 위치를 점유할 수 있는 전략적 우위를 확보할 수 있어야 시장에서 살아남을 수 있다.

1-4. 마케팅 중간상

중간상인과 유통조성기관이란 독립적으로 운영하는 사업체로서 마케팅 조직과 시장과의 사이에서 제품과 서비스의 유통을 직접적으로 지원하는 기능을 수행하는 것이다. 이에는 재판매업자(resellers)로 흔히 중간상인이라고 부르는 사람들과, 유통조성기관으로서 운송 · 창고 · 금융 · 보험 등 구매자와 판매자 간의 교환거래를 완성시키는 데 필요한 지원적인 기능을 수행하는 서비스업자들을 포함한다.

1-5. 고객

고객이란 기업의 최종제품 및 서비스를 구매하는 사람을 뜻하며, 기업의 미시환경에서 가장 중요한 구성요소이다. 기업 측면에서 볼 때 고객이란 소비자시장, 산업시장, 재판매업자시장, 정부시장, 국제시장 등으로 분류할 수 있다. 그러나 각각의 시장은 나름대로의 특징을 가지고 있기 때문에 기업은 신중히 대처해야 한다.

1-6. 공중

기업이 어떤 목적을 달성하는 데 이해관계를 가지거나 영향을 미치는 집단(금융기관공중, 미디어공중, 정부공중, 시민활동공중, 지역공중, 일반공중, 기업내부공중 등)을 말한다. 만약 어떤 기업이 특정 공중으로부터 호의적 반응이나 긍정적 도움을 받고자 한다면 그 공중에 대해 매력적인 제품이나 서비스를 제공해야 할 것이다.

제2절 거시환경

21세기의 시작과 함께 일련의 새로운 변화가 일어나고 있다. 주식시장의 급격한 하락은 저축, 투자, 퇴직 자금에 영향을 주었고, 지속적인 실업률의 증가, 기업스캔들, 지구온난화와 같은 환경오염의 신호들, 계속되는 테러의 위험 같은 거시환경의 변화들을 기업들은 주시해야 한다.

거시환경은 기업의 경영활동에 영향을 미치는 외부요인으로서 모든 기업에 영향을 미치며, 기업의 입장에서 통제가 거의 불가능하지만 기업의 성장방향, 경영전략, 기업조직의 구조에 직 · 간접적으로 영향을 미칠 뿐만 아니라 기업에게 다양한 사업기회와 위협요인을 제공한다. 기업들은 환경의 변화에 적절하게 대응하고 기업성공의 가능

그림 5-2 기업의 거시환경

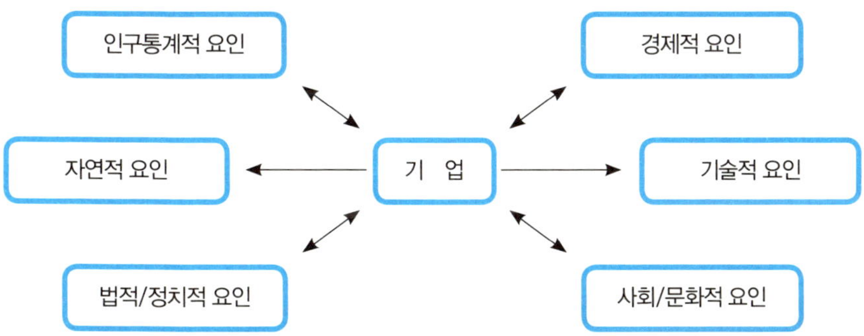

성을 높이기 위해서는 거시환경분석을 수행해야 한다.

거시환경에는 여섯 가지 주요한 영향요인, 즉 인구통계적, 경제적, 자연적, 기술적, 정치적/법적 및 사회적/문화적 요인 등이 있다([그림 5-2] 참조). 이들 요인들은 분리되어 설명하지만 그들의 상호작용이 새로운 기회와 위협으로 이어질 수 있다는 것을 기억해야 한다. 예를 들어, 소비자들은 폭발적인 인구성장(인구통계적)으로 인해 초래되는 자원고갈과 환경오염(자연적) 문제를 해결하기 위해서 보다 많은 법률적(법/정치적)인 규제를 요구한다. 나아가 이러한 제약사항들을 해결하기 위해 새로운 기술적 해결방안과 제품(기술)이 등장하게 되고, 소비자들은 그 기술과 제품을 구매(경제적)하게 되며, 결국 사람들의 태도와 행동은 변화하게 된다(사회적/문화적).

2-1. 인구통계적 환경

인구통계적 환경요인으로는 인구수, 인구증가율, 사망률, 출생률, 연령분포, 교육수준, 인종, 종교, 직업, 소득수준, 가정의 패턴 등과 같이 인구와 관련된 환경을 의미한다. 시장을 구성하는 것이 곧 사람이므로 인구와 관련된 환경요인은 기업에게 매우 중요한 환경요인으로 볼 수 있다. 인구통계적 환경은 다른 환경요인에 비해 비교적 예측할 수 있는 페이스로 이동한다. 전쟁이나 천재지변 등 갑작스러운 변화가 없는 경우 이미 예측된 방향으로 진행되며, 이는 시장의 규모를 결정짓는 가장 기초적인 환경요인이 된다.

출생률 감소

출생인구의 감소는 시장의 크기를 축소시키는 요인이 될 수 있어 기업에게는 위협요인으로 작용할 수 있다. 하지만, 소득수준의 향상이라는 요인과 결합하게 되면 유아용품의 고급화로 이어질 수 있으며, 교육비나 양육비가 증가하여 교육 관련 기업에는 교육의 고급화를 가능하게 한다. 이는 유아용품 및 자녀교육에 있어 가격에 대한 민감성이 둔화되고 가격인식에 대한 반발이 약해져 고급화 및 차별화를 통한 고가전략 정책수립을 가능케 하는 기회요인으로 작용할 수 있음을 시사한다.

연령구조의 변화

의학의 발달과 소득수준 향상에 따른 생활환경 개선 등에 의해 평균수명이 연장되고 있다. 이에 따라 노령인구가 급속하게 증가될 것으로 예상되고 있으며, 시장의 규모 및 구매력의 관점에서 볼 때 노년시장(Senior Market)을 대상으로 하는 산업의 호황이 예견된다. 노년층을 위한 운동시설, 놀이문화, 의료시설 및 노동알선 플랫폼 서비스 등 새로운 시장에 대응하기 위한 적극적인 마케팅 전략 수립이 요구된다.

교육수준 집단

어떤 사회 내의 인구는 5개의 교육수준 집단, 즉 문맹, 고등학교 중퇴, 고등학교 졸업, 대학 및 대학원 졸업 등으로 나누어진다. 일본의 경우 인구의 99%는 글자를 아는 반면, 미국은 인구 중 10~15%가 문맹이다. 한편, 미국은 대학교육을 받은 사람의 구성비율이 약 36%로 세계에서 가장 높은 비율의 국가 중 하나이다. 미국에서 교육을 받은 사람들의 대다수는 고급 도서잡지 및 여행에 대한 수요를 증가시키고 있다. 이와 같이 한 국가 국민들의 교육수준은 기업의 마케팅 활동에 영향을 미치는 요인으로서, 기업의 마케팅 관리자들은 목표고객의 교육수준에도 관심을 가져야 한다.

가정의 패턴

가정의 변화와 같은 인구통계적 요소의 변화는 마케터의 주요 관심사 중 하나이다. 오늘날 우리나라의 가정형태에 엄청난 변화가 나타나고 있다. 가구구성의 형태에 있어 1966년 1인가구가 전체 가구수의 2.3%에 불과하였으나, 2015년 1인가구는 전체 가구의 27.2%로 급속히 증가하였다. 이러한 추세는 향후 더욱 진전되어 2035년에는 34.3%에 이를 것으로 추산된다. 이와 같이 지난 30년간의 세대구성의 변화를 보면 독신가구의 증가와 대가족가구의 감소현상이 뚜렷하게 나타나고 있고, 핵가족화 현상이 빠르게 진행되었음을 보여 주고 있다. 이는 취업, 취학 및 결혼연령이 늦어지고, 결혼, 출산 기피 현상에 따른 것으로 파악할 수 있다.

전통적인 가정은 남편, 부인 및 자녀(간혹 조부모 포함)로 구성되어 있다. 현대의 가정 유형은 혼자 사는 독신, 동성 또는 이성과 함께 동거하는 성인, 부모가 혼자인 가족, 아이가 없는 젊은 부부, 그리고 자식이 없는 부부 등으로 구성되어 있다. 상당수 사람들이 결혼을 하지 않거나 늦게 결혼을 하거나, 또는 아이를 가질 의도가 없이 결혼하거나, 이혼하여 별거하고 있다. 각 집단은 독특한 욕구와 구매습관을 가지고 있다. 예를 들어 SSWD집단(독신, 별거, 사별, 이혼)들은 소형아파트, 작고 편리하면서도 비싸지 않은 가전제품, 가구, 주거용품, 작은 포장단위의 포장식품 등을 필요로 한다. 즉, 전통적인 가정의 증가율보다는 비전통적인 가정이 더 급속하게 증가함에 따라서 마케팅 관리자는 비전통적인 가정의 특별한 욕구를 고려해야만 할 것이다.

2-2. 경제적 환경

구매력은 가격 수준뿐만 아니라 소비자의 소득, 저축, 부채, 신용 가용성에 따라 달라진다. 최근 경기 침체가 확연해지면서 특히 고소득 소비자와 가격에 민감한 소비자에게 맞춰진 제품의 구매력 변동이 사업에 큰 영향을 미치고 있다. 마케팅 담당자는 소비자의 심리, 수준 및 소득, 저축, 부채 및 신용도를 이해해야 한다.

소비자 심리

2008년 이후 시작된 경기침체는 새로운 소비 패턴을 촉발시켰다. 경기침체는 일시적인 조정일까? 아니면 영구적인 변화일까? 많은 회사의 주요 타깃인 중산층은 임금과 순자산의 기록적인 감소로 크게 타격을 입었다. 일부 전문가들은 경기침체가 소비자들의 경제에 대한 믿음과 개인적인 재정 상황을 근본적으로 흔들었다고 생각한다. 부주의한 지출은 중단되고, 상점을 비교하거나 흥정하고, 할인을 이용하려는 의지가 표준이 되었다. 한 조사에 따르면 소비자 3분의 2가 경기침체의 경제적인 변화가 영구적일 것이라고 말했다. 다른 전문가들은 엄격한 지출이 단기적인 제약 사항이며 근본적인 행동 변화는 아니라고 믿었다. 따라서 경기가 회복되면 소비가 재개될 것이라고 예측하였다.

특히, 18세에서 34세 사이의 소비를 갈망하는 그룹에 대해서 장기적인 시나리오를 파악하는 것은 마케팅 담당자가 돈을 어떻게 사용할지 결정하는 데 도움이 된다. 영국에서 세 번째로 큰 슈퍼마켓 체인인 Sainsbury의 중역들은 불경기로 인해 영국 소비자들이 더 많이 저축하고 대출 대신 부채를 상환한다고 결론 내렸다. 더 많이 비용을 의식하며 쇼핑을 한다는 것을 파악하였고, 심지어 부유한 영국 소비자들도 기존에 사용하던 제품을 일부 저렴한 가격의 세품으로 바꾼 것으로 확인되었다.

소득분포

나라마다 소득수준과 소득분포 및 산업구조는 크게 상이하다. 각 나라의 산업구조는 다음 네 가지 유형으로 구분된다.

자급자족 경제

자급자족 경제에 있어 대다수의 사람들은 단순농업에 종사한다. 그들은 그들의 생산물을 거의 대부분 소비하고 나머지 부분을 간단한 재화 및 서비스와 교환한다. 이런 경제는 마케팅 관리자에게는 거의 기회를 제공하지 못한다.

원자재 수출경제

원자재 수출경제는 소수품목의 천연자원은 풍부하지만 다른 국면에서는 거의 부족한 수준이다. 수익은 대부분 천연자원의 수출에서 나오는데, 자이레공화국(구리), 사우디아라비아(석유) 등이 좋은 예이다. 이러한 국가들은 채광장비, 기기 및 소모품, 원자재 처리설비 및 트럭 등의 제품에 좋은 시장이다. 외국인 거주자와 부유한 토착지배층 및 토지 소유자의 수에 따라 서구 스타일의 상품과 사치품의 시장이 되기도 한다.

개발도상국 경제

개발도상국 경제에서는 제조업의 비중이 GNP의 10~20%를 차지하며 인도, 이집트 및 필리핀 등이 여기에 속한다. 제조업이 증대함에 따라 그 나라는 원자재, 철강, 설비장치의 수입이 증가하게 되고, 반면에 완성된 섬유류, 제지 및 가공처리된 식품의 수입은 감소된다. 산업화가 진행됨에 따라 신흥부유층과 소규모지만 중간층이 점차 형성된다. 양쪽 계층 모두가 새로운 유형의 제품을 요구한다.

개발국 경제

개발국 경제는 공산품과 투자자본의 주요 수출국들이다. 그들은 상호간에 공산품을 교역할 뿐만 아니라, 다른 경제유형의 국가들에게 수출하고, 대신 원자재와 반제품을 수입한다. 이러한 산업국가들은 대규모의 다양한 제조활동과 상당한 규모의 중산층으로 인하여 거의 모든 재화에 대한 풍부한 시장을 조성한다.

저축, 채무 및 신용

소비자의 지출은 저축, 채무 및 신용도에 의해서 영향을 받는다. 예를 들어, 일본인들은 소득의 13.1%를 저축하지만 미국인들은 4.7%를 저축한다. 이러한 이유로 일본의 은행은 미국의 은행보다 낮은 금리로 일본 기업들에게 많은 자금을 대출해 줄 수가 있으며, 저렴한 자금조달에 의해 일본 기업들이 더욱 빠르게 확장할 수 있다. 또한 미국 소비자들은 소득 대비 부채비율이 상당히 높은 까닭에, 주택과 기타 고가품목에 대한 추가적인 지출에 제약을 받게 된다. 미국에서는 대출을 매우 많이 이용하지만, 특히 저소득 이용자들에게는 높은 이자율을 책정한다. 마케팅 관리자는 소득, 생활비, 저축 이자율, 대출 유형 등의 변화에 신중하게 주의를 기울여야 하는데 그 이유는 이러한 변화들이 사업상으로 크게 영향을 미치기 때문이다. 특히 고소득 대상 제품이나 가격 민감도가 높은 제품을 생산하는 기업들에게 영향을 미친다.

경기 상황

경기란, 매매나 거래 등에 나타나는 호황, 불황 등과 같은 경제활동의 상태를 말한다. 경기가 침체되면 실질적인 거래빈도와 물량이 줄어들지만, 무엇보다도 소비자 구매심리가 위축되어 시장수요가 감소하게 된다. 이로 인한 기업들의 생산활동이 위축되어 여러 곳에 영향을 미치게 된다. 결과적으로, 기업들은 도산 위기에 직면함과 동시에 감량경영의 새로운 경영환경을 맞이하게 된다. 뿐만 아니라, 사회적으로는 실업률이 증가하게 되고 이것은 기업의 생산제품의 수요를 감소시키는 악순환의 결과를 가져온다. 이와는 반대로, 경기호황의 결과는 기업의 생산 및 소득수준이 증가하여 기업활동에 긍정적인 영향을 미치게 된다.

2-3. 자연적 환경

자연적 환경이란, 기업의 경영활동에 의해 영향을 받거나 기업의 생산활동의 투입요소로 사용되는 자연자원의 변화를 말한다. 자연환경의 훼손과 환경오염은 세계적인 중요 관심사이다. 1960년대 이후, 산업활동에 의한 자연자원의 부족, 수질오염, 대기오염, 토양오염 등과 같은 자연환경에 대한 관심이 높아지고 있다. 세계 여러 도시에서 공해와 수질오염은 위험한 수준에까지 다다르고 있다.

마케팅 관리자들은 자연적 환경의 네 가지 추세, 즉 원자재의 절대 부족, 에너지 비용의 상승, 공해수준의 증가, 환경보호에 대한 정부의 역할 변화와 연관되는 위협과 기회를 인식해야 한다.

특정 원자재의 절대부족

지구상의 원자재는 무한자원과 재생 가능한 유한자원, 재생 불가능한 유한자원으로 분류된다. 공기나 물과 같은 무한자원은 당장에는 문제가 없다. 환경보호단체는 에어로

졸 등이 오존층을 파괴할 염려가 있으므로 에어로졸 용기에 사용되는 고압가스의 사용을 금지하기 위한 법률을 제정하기 위해 로비활동을 하고 있으며, 물부족과 수질오염의 문제는 이미 세계에서 많은 문제가 제기되고 있다.

삼림이나 식량과 같은 재생 가능한 유한자원은 현명하게 사용해야 하는 자원이다. 목재회사는 토양보호와 미래의 수요에 충분한 목재를 보호하기 위해 나무를 심도록 요청을 받고 있다. 경작 가능 지역은 상대적으로 고정되어 있는 반면에, 도시지역은 계속적으로 농지를 잠식하고 있기 때문에 식량문제도 역시 주요 문제로 대두되고 있다.

석유, 석탄, 아연, 은 등과 같은 재생 불가능 유한자원은 고갈의 시기가 다가옴에 따라서 심각한 문제로 대두되고 있다. 점차 고갈되어 가는 광물자원을 이용하는 기업은 상당한 원가상승의 요인에 직면하게 된다. 기업들은 이러한 원가상승을 소비자들에게 전가하는 것이 용이하지 않음을 간파하고 있다. 새로운 대체자원을 연구개발하는 기업들은 탁월한 기회를 갖게 될 것이다.

에너지 비용의 상승

재생이 불가능한 유한자원 중 하나인 석유는 세계경제에 심각한 위험을 야기한다. 2000년대 초반 배럴당 40달러 이하의 유가가 2011년 4월 113달러로 치솟았다. 또한, 2016년 2월에는 26달러로 하락했다가 2018년 6월 74달러로 상승, 불안정한 상승과 하강을 반복하다 2020년 4월에는 6달러로 최저치에 달하기도 하였으며, 2022년 5월에는 121달러로 치솟았다. 이와 같은 석유가격의 불안정성은 대체에너지 연구에 박차를 가하게 하였고, 기업은 태양광, 원자력, 풍력 등 대체에너지를 개발하기 위한 실용적인 수단을 탐색하고 있다. 태양에너지 분야에서만도 수많은 기업들이 난방 등 기타 용도로 태양에너지를 이용하는 제품을 판매하고 있으며, 자동차 제조업 분야에서도 환경문제와 대체에너지 개발 등에 대한 이슈로 전기자동차 시장이 꾸준한 성장세를 보이고 있다.

공해수준의 증가

어떤 산업활동은 불가피하게 자연환경을 훼손시킨다. 해양에서 위험한 수준의 수은농도, 토양과 식품에 사용하는 DDT와 기타 화학물질, 병, 플라스틱, 기타 포장재료 등이 환경을 파괴한다. 한 조사에 따르면, 미국 소비자 중 42%는 녹색제품(green product)에 대해서는 비싼 가격을 지불할 의향이 있음을 조사는 밝히고 있다. 즉, 소비자들의 의향은 세척기, 재활용센터, 쓰레기 매립 시스템과 같은 공해방지 방법에 대해 거대한 시장을 조성한다. 어떤 기업들은 환경에 대한 관심을 보여 주기 위해 환경친화적 행동을 주도하고 있다. 이러한 예로, 3M은 'Pollution Prevention Pays' 프로그램을 운영하고 있는데, 이것은 실질적으로 공해와 비용을 절감시키고 있다. AT&T는 유해물질을 선별하고, 위험한 쓰레기를 없애고, 에너지 사용을 절감하며, 또한 작업운영상에서 제품 재활용을 향상시키기 위한 특별한 소프트웨어 패키지를 사용하고 있다. McDonald's는 폴리스틸렌 포장용기를 없애고, 재활용한 종이상자와 종이냅킨, 세척이 가능한 플라스틱 컵을 사용하고 있다.

환경보호에 대한 정부의 역할 변화

깨끗한 환경을 촉진하려는 관심과 노력은 정부에 따라 매우 상이하다. 한 예로 독일정부는 환경의 질을 추구하는 데 있어 매우 열정적인데, 그 이유는 강력한 녹색운동(green movement)과 과거 동독이 생태적인 황폐화를 경험하였기 때문이다. 다른 한편으로 상당수 후진국들은 공해에 대해 어떠한 조치도 거의 취하고 있지 않는데, 그 이유는 필요한 자금이나 정치적 의지가 없기 때문이다. 후진국들의 공해를 통제하기 위한 자금을 보조하는 데 선진국들의 관심이 있기는 하지만 오늘날 선진국들도 환경보호에 필요한 자금이 부족한 실정이다. 그러므로 세계 각국의 기업들이 사회적 책임을 받아들이고, 또한 비용이 많이 소요되지 않는 방안을 개발하여 공해를 통제하고 줄이는 것이 최대의 희망인 것이다.

2-4. 기술적 환경

인간생활에 가장 큰 변화를 미치는 요인 중의 하나가 기술이다. 기술은 페니실린, 산아제한용 피임약 등 경이적인 결과를 가져온 반면에 수소폭탄, 신경가스, 기관총 등의 공포도 가져왔다. 모든 새로운 기술은 '창조적 파괴'(Creative destruction)의 요인이다. 트랜지스터는 진공관산업을, 전자복사기는 먹지산업을, 자동차는 철도산업을, TV는 신문산업을 쇠퇴시켰다. 이것은 기존 산업이 새로운 산업으로 바뀐 것이 아니라 오래된 많은 산업들이 기술이 부족하거나, 새로운 기술에 대한 무시로 인해 쇠퇴한 것이다.

기업은 자사제품의 진부화를 방지하고 기술혁신을 촉진하기 위하여 자사가 속해 있는 산업에 영향을 미치는 기술적 변화를 인지하고 있어야 한다. 신제품 개발 및 기존 제품의 개선을 위해서 제품의 제조공정이나 유통경로를 개선시키는 등의 창조적 기술

혁신은 기업환경과 기업의 경영활동에 영향을 미치게 된다. 획기적인 기술혁신은 기업환경에 급격한 변화를 야기시킨다. 최근 컴퓨터와 정보통신의 발달은 기업 경영에 있어 많은 변화를 초래시켰다. 생산공장의 자동화는 원가절감과 불량률 감소 등으로 생산성 향상에 기여를 하고 있다. 그리고, 유통정보 시스템의 구축으로 유통경로 내에서 경로 구성원들 간의 의사소통을 원활하게 할 수 있게 되었다. 세계적인 의류회사인 베네통은 POS(point of sale) 시스템을 이용하여 계절, 유행 그리고 전 세계 거래처의 지역적 특성에 따라 각 매장별로 정보를 수집하여 색상 및 디자인을 달리하여 제품을 공급하고 있다.

오늘날의 마케팅 환경에서 기술적 환경이 중요한 이유는 새로운 기술이 복잡하고 다양해진 소비자의 니즈를 충족시켜줄 수 있는 대안을 만들어 내기 때문이다. GPS의 상용화는 네비게이션의 대중화로 차량에 구비하던 지도를 역사 속으로 사라지게 만들었으며, 정보통신기술의 비약적인 발전은 제품에 대한 소유를 중요하게 여기던 과거의 소비패러다임에서 Uber, Grab, Airbnb 등 '공유경제'라는 이름으로 새로운 개념의 소비패러다임으로의 변화를 이끌었다. 그 외에도 인공지능(AI)과 가상현실(VR), 증강현실(AR) 등의 다양한 기술이 개발되어 소비자의 니즈를 충족시키고 시장 환경에 큰 변화를 가져오고 있다.

기술변화 속도의 가속화

오늘날 우리가 사용하는 상당수의 제품들은 40년 전에는 접할 수 없는 제품들이었다. 존 F. 케네디는 PC, 전자시계, VTR, 팩시밀리, 인터넷 등을 알지 못했다. 즉, 어느 누구도 기술적 변화와 속도를 늦출 수는 없다. 기술적 환경은 다른 외부환경에 비해 가장 역동적이면서 파괴적인 환경요인이다. 많은 아이디어가 연구되고 있고, 새로운 아이디어와 성공적인 실천 사이에 나타나는 시간적 격차가 급격히 좁아지고 있으며, 또한 도입기와 본격적 생산 사이의 시간도 상당히 좁혀지고 있다.

PC, 스캐너, 팩시밀리와 복사기, 무선전화기, 인터넷, e-mail 등과 같은 기술을 결합함으로써 사람들은 컴퓨터로 집에서 근무할 수 있게 되었다. 그리고 인터넷 기술 등과 같은 정보화 기술의 등장과 발전으로 기업들은 보다 효율적인 업무흐름을 유지할 수 있게 되었으며, 효과적인 커뮤니케이션이 가능해졌다. 또한 소비자들은 매장을 직접 방문하지 않고서도 구매가 가능한 인터넷 쇼핑을 누리게 되었으며, 심지어 손바닥 위에서 업무와 쇼핑, 여가생활이 가능할 만큼 기술의 변화속도는 나날이 가속화 되고 있다.

이와 같이 기술의 변화는 기업과 소비자 모두에게 긍정적인 성과를 제공해 준다. 기업들은 새로운 마케팅 기회를 갖게 되고 소비자들은 욕구충족이라는 만족스러운 혜택을 받게 된다.

무한한 혁신기회

오늘날 과학자들은 제품과 생산 공정을 혁신시킬 수 있는 새로운 기술개발을 위해 연구하고 있다. 가장 놀라운 연구 분야는 생물공학, 컴퓨터, 고체전자공학, 장거리 통신, 로봇공학, 재료공학 등이다. 오늘날 과학자들은 AIDS 치료제, 안정제, 진통제, 안전한 피임약, 살찌지 않는 영양식에 대해 연구하고 있다. 과학자들은 소방, 수중폭발 및 가정 내 간호용으로 사용할 로봇을 설계하고 있다. 그리고 이 밖에도 과학자들은 소형 비행자동차, 3차원 TV, 위성 도시 등 꿈 같은 제품에 투자하고 있다. 이러한 도전은 실용화하기에 부담 없는 가격으로 제품을 개발하기 위한 것으로 기술적일 뿐만 아니라 시장성이 있어야 한다.

기업들은 이미 가상현실(VR: Virtual Reality)을 이용하고 있다. 가상현실이란 소리, 시각, 느낌 등을 통해 컴퓨터가 만들어내는 3차원 환경을 사용자들이 경험할 수 있도록 하는 기술을 뜻한다. 가상현실은 새로운 자동차 설계, 주방용 설비 배치, 주택 외부의 설계 및 기타 잠재적인 제공물에 대한 소비자들의 반응을 수집하는 데 응용되고 있다.

기술적 변화에 대한 규제 증가

제품이 더욱 복잡해짐에 따라 일반대중은 안전성에 대한 보증을 요구하게 된다. 따라서 정부기관은 잠재적으로 불안전한 제품을 조사하고, 판매를 금지시킬 수 있는 권한을 확대했다. 예를 들어, 미국 연방식품의약국(FDA: Federal Food and Drug Administration)은 새로운 의약품이 판매되기 전에 모든 의약품을 조사한 후 인가해 준다. 또한 안전 및 건강규제는 식품, 자동차, 의복, 전기제품 및 건축분야 등으로 확대 · 강화되었다. 따라서 마케팅 관리자는 신제품을 제안하거나 개발하고 도입할 때 이러한 법규를 인식해야 한다.

2-5. 법적/정치적 환경

마케팅 의사결정은 법적/정치적 환경의 변화에 크게 영향을 받는다. 이러한 환경은 법률, 정부기관 및 압력단체로 구성되며, 사회 내 여러 조직과 개인의 활동을 제한하고 영향을 준다. 간혹 이러한 법규들은 기업에 대해 새로운 기회를 창출하기도 한다. 예를 들어, 강제적인 재활용 법규로 인해 재활용 산업이 크게 부상하고 있으며, 또한 재활용된 재료를 이용한 신제품을 제조하는 수많은 새로운 기업이 탄생될 수 있는 기회를 제공하고 있다.

기업규제 법률

기업 관련 법규는 세 가지 주요 목적, 즉 불공정한 경쟁으로부터 기업을 보호하고, 불공정한 기업행위로부터 소비자를 보호하며, 자의적인 기업행위로부터 사회의 이익을 보호하는데 목적이 있다. 즉 기업 관련 법규를 강화하는 중요한 목적은 기업으로 하여금 제품이나 생산과정에서 야기되는 사회비용을 부담하도록 하는 것이다.

여러 나라들은 강력한 소비자보호 관계 법규를 집행하는 데 앞장선다. 노르웨이는 경품권, 콘테스트, 할증제 등과 같은 판촉활동을 부적절하고 불공정한 제품 촉진도구라고 단정하고 금지했다. 전 세계의 많은 국가들이 비교 광고를 금지하거나 엄격하게 제한한다. 태국은 저소득층 소비자들이 서비스를 받을 수 있도록 국가 브랜드를 낮은 가격으로 판매하는 식품가공업자를 규정하고 있다. 인도의 식품회사들은 다른 콜라나 쌀 브랜드와 같은 중복 상품의 브랜드를 출시하기 위해서는 정부의 특별한 승인을 필요로 한다.

기업 관련 법규에 의해서 야기되는 중심적인 관심사는 법규준수에 소요되는 비용이 법규준수에 의한 이익을 초과하는 경우, 어디까지 이를 적용해야 하는가이다.

마케팅 관리자는 경쟁, 소비자 및 사회를 보호하는 중요한 법률에 대해 숙지해야 한다. 기업들은 일반적으로 법률검토 절차를 수립하고, 또한 마케팅 관리자를 지도할 윤리적인 표준을 공표해야 한다. 그리고 수많은 사업들이 사이버 공간에서 조성됨에 따라, 마케팅 관리자는 전자 사업을 시행하는 데 있어 새로운 윤리적 패러다임을 수립해야 한다.

공공 이해집단의 증가

지난 30여 년간 특별한 공공 이해집단은 수적으로 증가되었고, 그 세력도 막강해지고 있다. 이러한 이해집단은 소비자의 권리, 여성의 권리, 소수시민의 권리, 동성연애자의 권리 등에 관심을 기울이도록 기업 관리자에게 압력을 행사한다. 기업에게 영향을 미치는 중요한 영향요인은 소비주의자 운동(consumerist movement)인데, 소비주의자 운동이란 판매자와 관련하여 구매자의 권리와 힘을 강화하기 위하여 시민들과 정부의 조직화된 운동이다. 소비주의자들은 대출에 대한 실제 이자율, 경쟁브랜드들의 표준단위당 정확한 비용(단위가격), 제품의 기본적인 구성성분, 식품의 영양가, 제품의 신선도 및 제품의 진실한 이점을 알아야 할 권리를 주장하고 시정한다. 소비자주의(consumerism)에 대응하여 여러 기업들은 소비자 문제해결 부서를 설치하여 소비자들의 불평에 대응하며, 또한 정책을 수립하고 있다. 새로운 법률과 증가하는 압력단체들은 마케팅 관리자에게 더 많은 제약을 가하고 있다. 결과적으로 마케팅 관리자는 기업 관련 법규, 공공의 이해관계, 그리고 대중문제 및 소비자문제 처리 부서에 대한 계획을 분명히 인식해야 한다. 분명히 많은 사적인 마케팅 거래가 공적인 영역으로 옮겨지고 있다.

2-6. 사회/문화적 환경

사회는 사람들의 기본적인 신념, 가치관 및 규범 등을 형성해 간다. 사람들은 거의 무의식적으로 그들 자신, 타인, 조직, 사회, 자연에 대한 세계관을 받아들인다. 시간의 흐름에 따라 사회의 가치는 극적으로 변할 수 있으며 제품구매 방법이나 제품에 대한 사고방식이 바뀌게 된다. 이러한 가치변화에 대한 정보의 수집이 쉬운 것은 아니다. 사람들이 종교적 지향성을 잃어감에 따라, 그들은 자아성취와 즉흥적인 만족을 추구한다. 여기에는 마케팅 관리자들이 관심을 갖는 몇 가지 다른 문화적 특징, 즉 핵심문화적 가치관의 지속성, 하위문화의 존재 그리고 가치관의 변화 등이 제시되어 있다.

핵심 문화적 가치관의 특성

한 특정 사회의 구성원들은 지속적이고 핵심적인 신념과 가치관을 갖고 있다. 예를 들어, 대부분의 미국인들은 일, 결혼, 자선, 정직을 아직까지 믿고 있다. 핵심적인 신념과 가치관들은 부모로부터 자녀들에게 전승되며 학교, 교회, 기업 및 정부 등 사회의 주요 기관에 의해서 강화된다.

사람들의 2차적 신념과 가치관은 더욱 변화하기 쉽다. 결혼제도를 믿는 것은 핵심적인 신념이지만, 조혼은 2차적 신념이다. 마케팅 담당자들이 2차적 신념을 변경할 가능성은 어느 정도 있지만, 핵심적인 신념을 변경할 가능성은 거의 없다. 예컨대, 비영리

조직인 음주운전에 반대하는 비영리 단체인 MADD(Mothers Against Drunk Drivers)는 술을 판매하지 않도록 하는 것이 아니라, 운전에 대한 법적 혈중 알코올 농도를 낮추고, 술을 파는 시간을 제한하는 것을 권장한다.

하위문화의 존재

모든 사회는 특정한 인생경험이나 환경에서 나타나는 공유된 가치관을 가진 하위문화 집단을 갖고 있다. 하위문화 집단의 구성원들은 공동의 신념, 선호, 행동을 공유하고 있다. 하위문화 집단이 각각 다른 욕구와 소비행위를 보이는 정도에 따라 마케팅 관리자는 특별한 하위문화를 자신의 표적시장으로 선택할 수 있다.

마케팅 관리자들은 간혹 하위문화를 표적화하여 예상치 못한 기회를 획득한다. 예컨대, 마케팅 관리자들은 10대들을 좋아하는데, 그 이유는 10대들이 유행, 음악, 오락, 아이디어 및 태도에서 사회의 추세를 정착시키는 주체이기 때문이다. 그리고 마케팅 관리자들은 10대와 같은 누군가를 끌어들인다면, 그들을 향후 수 년 동안 고객으로 유지시킬 수 있는 좋은 기회를 갖는다는 사실을 알고 있다. 자사 판매고의 15%를 10대들에 의해서 달성하고 있는 Frito-Lay의 마케팅 이사는 성인들에 의해서도 칩 스낵의 구입이 증가하고 있다고 말한다.

2차 문화적 가치관의 변화

핵심 가치들이 꽤 지속적이기는 하지만, 문화적 변화는 계속해서 일어난다. 1960년대 히피, 비틀즈, 엘비스 프레슬리 등의 문화 현상은 헤어 스타일, 의상, 성적 기준, 삶의 목표에 큰 영향을 끼쳤다. 오늘날의 젊은이들은 새로운 영웅들(음악 연예인이자 거물인 제이 지, 가수 레이디 가가, 스노우 보더와 스케이트 보더인 숀 화이트 등)의 활동에 영향을 받습니다.

마케팅 관리자는 새로운 마케팅 기회와 위협을 야기하는 문화적 변화를 예측하는데 관심을 가져야 한다. 가장 잘 알려진 기업들 중 하나인 Yankelovich Monitor는 매년 2,500명과 면접하여 '신비주의', '무소유', '감각주의' 등과 같은 35개의 사회적 트렌드를 추적 조사한다. 예를 들어, 양호한 신체적 조건과 복지에 가치를 두는 사람의 비율은 해가 감에 따라 점차 증가하고 있는데, 이러한 경향은 30세 이하의 계층, 젊은 여성과 상층계급 집단, 미국 서부지역 주민 등에서 두드러졌다. 건강 식품, 운동 설비 등을 판매하는 마케팅 관리자는 적절한 제품과 의사소통으로 이러한 추세에 대응하고자 한다.

MARKETING

6 경쟁 및 자사 분석

제1절 경쟁 및 경쟁구조에 관한 이해
제2절 경쟁자 분석
제3절 자사 분석

학습목표

- ▶ 우리의 주요 경쟁자는 누구인가
- ▶ 경쟁자의 전략, 목표, 강·약점을 어떻게 확인할 것인가
- ▶ 자사의 분석내용은 무엇인가

경쟁이란 소비자에게 보다 나은 양질의 제품을 경쟁자보다 낮은 가격에 공급해야 하는 시장의 원리이다. 즉, 주어진 사업영역에서 표적화된 고객을 대상으로 하는 기업 간의 전쟁이기 때문에 경쟁자를 지속적으로 능가하는 경쟁우위 확보가 기업의 마케팅 목표가 된다. 경쟁강도의 높고 낮음에 따라 잠재수익과 투자수입은 영향을 받을 수 있다. 따라서 기업들은 경쟁강도가 낮고 수익성이 높은 매력적인 시장에 진출하기를 원한다.

제1절 경쟁 및 경쟁구조에 관한 이해

경쟁자 분석에 앞서 경쟁의 개념을 살펴볼 필요가 있다. 이 절에서는 먼저 경제학적 관점의 경쟁을 통해 경쟁의 기본적인 개념을 살펴보고, 제품 대체 가능성에 따른 경쟁을 통해 경쟁의 범위를 파악하며, 나아가 Porter의 산업경쟁구조 모델을 통해 경쟁구조를 설명하고자 한다. 이 세 가지 개념은 경쟁사 분석 중 특히 경쟁자 확인 단계에 적용을 할 수 있다.

일반적으로 기업이 경쟁자를 확인하는 것은 아주 간단한 과업처럼 보인다. Coca Cola는 Pepsi-Cola가 주요 경쟁자라는 것을 잘 알고 있으며, Sony는 Matsushita가 주요한 경쟁자라는 것을 알고 있다. 그러나 기업의 실제적이며 잠재적인 경쟁자의 범위는 광범위하다. 기업은 현재의 경쟁자보다 새로 부상하는 경쟁자 혹은 새로운 기술에 의해 어려움을 당할 수 있다.

또한 상품의 형태나 종류가 다르더라도 고객의 입장에서 대체 가능성이 있는 것들은 모두 경쟁상대로 간주한다. 코카콜라의 마케팅 관리자의 관점에서 전통음료인 식혜는 콜라도 아니고 청량음료도 아니기 때문에 코카콜라의 경쟁상대가 될 수 없다고 생각하였다면, 이는 고객의 입장을 무시한 마케팅 근시안(marketing myopia)이다. 식혜와 같은 전통음료 시장이 확대되면서 콜라와 같은 탄산음료 시장이 크게 줄어든 것은 소비자들이 식혜를 콜라의 대안으로 생각하였기 때문이다.

1-1. 경제학적 관점의 경쟁

고전경제학에서는 경쟁의 본질을 설명하기 위해 네 가지의 모델을 제시하고 있다. 이러한 모델들은 수요의 성격과 가격탄력성을 중심으로 분류된 모델로서 제품의 동질성, 시장에 대한 기업의 지식, 시장의 진입 및 철수장벽 등에 대한 가정을 중심으로 완전독점, 과점, 독점적 경쟁, 완전경쟁으로 구분하고 있다.

완전독점

완전독점은 한 재화나 서비스의 공급이 단일 기업에 의해 이루어지는 시장의 형태를 말하며, 이러한 기업을 독점기업이라 한다. 이들 기업이 시장에 공급하는 재화나 서비스는 독점상품으로 우리나라의 경우 한국전력, 한국철도공사가 대표적인 유형이다. 이러한 독점시장하에서는 경쟁의 필요성이 존재하지 않기 때문에 독점기업의 공급량은 시장의 총공급량과 일치하게 된다. 이에 따라 독점기업이 상품의 공급을 증가시키면 시장에서의 가격은 하락하고, 공급을 감소시키면 시장의 상품가격은 상승하게 되지만 일반적으로 공급량이 적고 가격이 높게 형성되는 특성을 가진다. 또한 완전경쟁기업이 시장에서 주어진 가격을 받아들이게 되는 가격순응자와는 달리 일정 수준에서 시장가격을 결정할 수 있는 가격결정자가 된다. 이와 같은 독점기업은 규제조건부 독점기업과 비규제조건부 독점기업으로 구분하여 설명할 수 있다. 비규제조건부 독점기업은 높은 가격을 부과하고, 광고도 거의 하지 않으며, 또한 서비스의 수준도 최소한으로 제공한다. 이와 달리 규제조건부 독점기업은 낮은 가격을 부과하면서 일반 사회구성원들에게 혜택을 줄 수 있도록 많은 서비스를 제공한다.

과점

과점이란 소수의 거대 기업들이 차별화 정도가 높거나 혹은 표준화된 제품을 생산하는 산업구조이다. 여기에는 두 가지의 과점 유형, 즉 순수(완전)과점과 차별적 과점이 있다. 순수과점에 속한 기업이란 석유, 철강 등과 같은 비차별화 제품을 생산하는 소수의 기업들이다. 순수과점 기업의 경우 차별적인 서비스를 제공하지 않는 이상 가격을 인상하기 어렵기 때문에 일반적으로 원가를 낮추는, 즉 원가우위 경쟁을 주도한다.

차별적 과점이란 자동차, 휴대폰 등과 같이 부분적으로 차별화된 제품을 생산하는 소수의 기업들에 의해서 이루어진다. 차별화는 품질, 특성, 스타일, 서비스 등으로 행해진다. 경쟁기업들은 제품의 주요 속성 중 한 속성에 대해 경쟁우위를 추구하고, 고객들에게 그 속성을 선호하도록 유인하며, 경쟁우위가 있는 속성에 대해 가격인상을 유도하기도 한다.

한편 과점기업들은 카르텔(cartel)이라 불리는 담합을 통해 독점기업처럼 행동하기도 하지만 카르텔의 이윤 극대화보다는 자사의 이윤 극대화를 우선적으로 추구하기 때문에 카르텔은 불안정하다.

| 독점적 경쟁 |

독점적 경쟁의 산업구조는 레스토랑, 미용실 등과 같이 제공물의 전체 또는 일부분에 대해 차별화를 할 수 있는 다수의 경쟁기업들로 구성된다. 경쟁기업 중 상당수 기업들은 아주 탁월한 방법으로 고객의 욕구를 충족할 수 있는 세분시장에 집중하며, 경쟁우위를 확보한 세분시장에서는 높은 가격으로 판매하는 경향이 있다. 또한 시장의 진입과 퇴출이 비교적 자유롭지만 경쟁우위 확보를 위해 차별적인 제품 및 서비스를 제공하여야 한다.

| 완전경쟁 |

완전경쟁 산업구조란 증권시장, 생활용품시장 등과 같이 차별화의 정도가 낮은 제품과 서비스를 제공하는 다수의 경쟁기업들과 무수히 많은 소비자로 구성된다. 차별화를 할 수 있는 요소들이 많지 않기 때문에 경쟁기업들의 제품가격은 비슷한 수준에서 책정된다. 이러한 이유로 소비자 관점에서 가장 이상적인 시장은 완전경쟁시장이 된다.

1-2. 경쟁의 범위

브랜드의 물리적 속성과 소비자인식의 근접성에 의하여 브랜드가 직면한 경쟁구도를 확인하기 위해서는 네 가지 형태의 경쟁수준을 살펴보아야 한다([그림 6-1]). 이는 경쟁구도의 개념화에 중요한 도움을 줄 수 있고, 이러한 브랜드 경쟁은 고객이 추구하는 효익이나 고객들이 지출할 수 있는 예산에 의한 경쟁에 근거하고 있다. 하지만 사용상황에 있어서의 경쟁은 마케팅 관리자가 개별적인 소비자들의 상황을 상세히 파악하기가 어렵기 때문에 경쟁의 수준에서는 제외된다.

그림 6-1 경쟁의 네 가지 범위

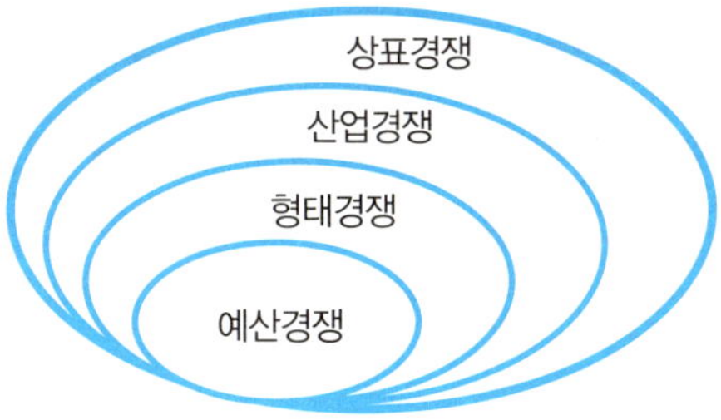

본원적 경쟁(예산수준의 경쟁)

가장 포괄적이고 넓은 의미의 경쟁은 소비자의 지출예산을 어떤 제품이나 서비스에 사용할 것인가에 관한 것이다. 즉, 제공하는 효익이 다르더라도 고객의 한정된 예산을 차지하기 위해 여러 제품들이 경쟁하는 것을 가리킨다. 예를 들어, 자동차와 해외여행, 그리고 가구 등은 서로간 예산경쟁자가 되는 것이다. 이와 같이 예산수준의 경쟁은 그 범위가 너무 넓기 때문에 특별한 경우가 아니고서는 마케팅 관리자에게 유용한 지침을 제공해 주지 못한다. 그러나 이러한 경쟁은 거시환경 분석에 의해 어느 정도 확인될 수 있으며 성공적인 예산경쟁의 확인은 기업의 장기적인 목표의 방향설정에 도움이 된다.

형태경쟁(본원적 효익수준의 경쟁)

본질적으로 좀 더 장기적이고 제품범주를 대체할 수 있는 대체품들에 초점이 맞추어져 있다. 즉, 형태나 범주는 다르지만 고객에게 기본적으로 유사한 효익을 제공하는 제품들 간의 경쟁이다. 예를 들어, 갈증해소라는 소비자들의 욕구에 초점을 맞춘다면 청량음료의 경쟁제품들은 주스, 생수, 맥주 등이 될 수 있다. 또한 이동수단으로서 자동차와 모터사이클, 그리고 자전거 등도 상호 형태경쟁자가 된다. 이러한 소비자의 욕구에 기초한 경쟁관계의 파악은 장기적인 관점에서 기업이 위협을 회피하고 기회를 잡는 데 핵심적인 역할을 할 수 있다.

산업경쟁(제품범주 수준의 경쟁)

산업경쟁은 유사한 속성을 보유한 제품이나 서비스를 제공하는 기업간 발생한다. 일반적으로 마케팅 관리자들은 이 수준에서 경쟁을 하고 있는 여러 기업들을 경쟁자로 간주하며, 제품형태 수준의 경쟁 다음으로 치열한 경쟁이 이 수준에서 발생한다. 예를 들어 콜라, 사이다, 게토레이, 포카리스웨트 등이 청량음료라는 제품의 범주시장에서 경쟁을 하고 있다. 또한 Benz, BMW, Ford, Honda, 현대자동차는 승용차 시장에서 경쟁하고 있는 주요 산업경쟁이다. 이 관점은 제품형태에 의한 경쟁보다는 포괄적이지만, 시장을 정의하는 데는 단기적인 관점이다.

상표경쟁(제품수준의 경쟁)

상표경쟁은 동일한 제품범주 내에 개별 제품들 간에 발생하는 경쟁으로 경쟁에 관한 가장 협소한 관점이다. 이것은 동일한 세분시장 내에서 현재 자사의 주요 경쟁자가 누구인지를 파악하는 것이다. 예를 들어, 다이어트 콜라시장에서 코카콜라 라이트 주요 경쟁자는 펩시 라이트이다. 이와 같이 상표경쟁은 개별 제품마다의 주요 경쟁자를 확인함으로써 경쟁강도를 파악할 수 있고, 일반적으로 가장 치열한 경쟁이 바로 이 수준에서 펼쳐진다.

1-3. 경쟁구도

Michael Porter는 산업의 경쟁구조를 밝히는 산업구조분석 모델을 제시하였다. [그림 6-2]의 산업구조분석을 통해 기업은 장기적 관점에서 특정 시장 또는 세분시장의 매력도를 알 수 있다. 매력도에 영향을 주는 경쟁구도로는 산업내 경쟁자, 잠재적 진입자

그림 6-2 산업구조 분석

의 위협, 구매자의 교섭력, 공급자의 교섭력, 대체품의 위협 등의 다섯 가지 요인으로 구성되어 있으며, 그래서 다섯 가지 영향요인 모형, 'Five Forces Model'이라고 부른다. 또한 이 모형으로 산업 내부의 경쟁구조를 분석할 때 경쟁구조의 분석 초점에 따라 산업수준, 시장수준 또는 세분시장 수준으로 나누어 분석할 수도 있다.

다섯 가지의 영향요인들이 강하게 작용하고 있을 때는 자사의 수익창출에 제약을 받을 수 있고 반대로 영향요인들이 약하게 작용하고 있을 때는 높은 수익성을 확보할 수 있어 매력적인 시장으로 판단할 수 있다. 따라서 마케팅 관리자들은 산업 내 경쟁구조에서 기회요인과 위협요인을 정확하게 파악하여 경쟁구조 상황에 적합한 마케팅 전략을 수립하여야 한다.

산업내 경쟁자

기업은 동일 세분시장에서 동종 또는 유사제품을 생산 · 판매하는 경쟁기업들이 얼마나 있으며, 어느 정도의 경쟁을 유지하고 있는지에 대한 면밀한 분석을 해야 한다. 세분시장에 이미 수많은 강력하고 공격적인 경쟁기업들이 존재한다면 그 시장은 매력적이지 않다. 경쟁이 치열할수록 경쟁에서 이기기 위한 비용이 증가하므로 수익성에 심각한 악영향을 미치게 된다.

① 라이프사이클이 안정기에 있거나 쇠퇴기로 접어든 경우, 시장의 규모가 거의 성장하지 않는 상태로 이런 시장환경에서는 경쟁자의 점유율을 빼앗아 오는 방법만이 자사가 성장할 수 있는 방법이므로 가격경쟁이 치열하다.

② 항공운수, 제지, 화학산업 등과 같이 원가에서 고정비가 차지하는 비중이 높고 과잉설비가 존재할 경우 설비를 더 가동하는 것이 변동비를 절약하는데 유리하게 되어 경쟁기업들 간에 치열한 가격경쟁이 일어날 수 있다.

③ 경쟁자들이 시장에서 쉽게 철수하지 않고 손해를 안고서라도 버티고 있는 경우 가격경쟁이 치열해 질 수 있다. 즉, 주유소와 같이 철수장벽(Exit Barrier)이 높은 경우 주유소 시설을 다른 용도로 전환하기가 어렵고, 주유소를 제값을 받고 처분하기도 어렵기 때문에 적자경영을 하더라도 치열한 경쟁을 하게 된다. 또한 경쟁자가 시장에 대해 강한 애착심을 가지고 있을 경우 지금의 시장이 주력시장이 아니라 할지라도 강한 미련으로 인해 시장에 남아 경쟁을 심화시키는 요인으로 작용할 수 있다.

④ 제품의 쓰임새가 동일하거나 유사한 상태에서 제품의 성능, 구조, 디자인 등에 차이를 두어 차별화를 이룬다. 하지만 제품의 특성상 차별화가 어려울 경우에 구매자가 가격요인을 가장 중요한 결정기준으로 삼게 되므로 가격전쟁, 광고전쟁, 신제품 도입경쟁을 유발하게 되어 경쟁에 많은 비용을 지출하게 된다.

잠재적 진입자의 위협

현재의 세분시장에 진입하려는 기업의 경우, 진입이 쉬워야 매력적인 시장이 되겠지만, 기존 기업의 입장에서는 일반적으로 경쟁자의 수가 많아질수록 수익성이 낮으므로 신규기업이 기존 산업으로 진입하기가 어려워야 매력적인 시장이 된다. 이에 따라 기존 기업들은 잠재적인 진입자의 위협을 줄이기 위하여 규모의 경제 확보, 대규모 자본투자, 강력한 브랜드이미지 구축, 절대적 비용우위, 우수한 기술력 등으로 진입장벽(Entry Barrier)을 구축한다.

① 규모의 경제는 대량구매로 원가를 절감하고 대량생산으로 대규모 매출이 가능할 때 고정비에 대한 부담이 감소하여 비용이 절약되는 이점을 준다. 규모의 경제에 의한 이점이 클 경우 신규로 진입하는 기업은 진입 시 비용적인 불이익을 감수하지 않으려면 대규모의 투자가 필요하지만 이때 발생하는 대규모의 투자비용과 위험이 동반되기 때문에 진입에 대한 부담이 크다.

② 높은 인지도와 좋은 이미지의 브랜드를 구축하는데는 오랜 시간과 비용이 소요된다. 또한 지속적인 광고, 특허, 품질, 서비스 등 기존 기업에 대한 구매자의 선호도가 높은 경우 신규로 진입하는 기업이 기존 기업으로부터 시장점유율을 빼앗아 오기는 어

그림 6-3 진입 및 철수장벽에 따른 시장의 수익성

진입장벽 \ 철수장벽	저	고
고	고수익, 안정적 성과	고수익, 위험스런 성과
저	저수익, 안정적 성과	저수익, 위험스런 성과

렵다. 따라서 강력한 브랜드이미지와 고객의 충성도는 신규 진입자로부터의 위협을 줄일 수 있다.

③ 기존 기업이 생산경험과 우수한 기술력을 바탕으로 한 제조기법, 특허 등 생산역량과, 이미 시장에서 확보하고 있는 고객에 대한 관리역량으로 절대적 비용우위를 가지고 있는 경우 신규로 진입하는 기업으로부터의 위협을 감소시킬 수 있다.

④ 그 외에도 정부의 진입규제와 높은 전환비용(Switching Cost)은 진입장벽을 높이는 역할을 하게 되므로 신규 기업이 진입하는 것을 어렵게 하는 요소로 작용한다.

세분시장의 매력도는 그 시장의 진입장벽과 철수장벽의 높이에 따라 달라진다([그림 6-3]). 기존 기업들의 입장에서 가장 매력적인 세분시장이란 진입장벽은 높고, 철수장벽은 낮은 시장이다. 잠재적 기업들의 세분시장 진입이 어렵도록 해야 하며, 자사의 사업이 세분시장에서 실패하더라도 쉽게 철수할 수 있어야 한다. 세분시장 내의 기업들은 진입장벽이 높고 철수장벽이 낮음을 원하지만, 대개의 경우 높은 진입장벽이 추후 철수장벽 요인이 되기도 한다.

구매자의 교섭력

구매자는 기업이 상대하는 시장에서 상품이나 서비스를 구매하는 사람들을 의미한다. 주의할 것은, 여기서 말하는 구매자는 최종 소비자만을 의미하는 것이 아니며, 유통업자나 제조업자가 될 수도 있고, 집단이나 개인이 될 수도 있다는 것이다. 일반적으로 구매자가 강력한 교섭력을 가질 경우 그 세분시장은 매력적이지 않다. 구매자들은 보다 저렴한 가격에 양질의 제품을 선호하며, 보다 편리한 곳에서 구매하기를 원하기 때문에 구매자가 강력한 교섭력을 가질 경우 판매자가 얻게 되는 수익에 제약이 될 수 있다.

① 구매자가 적을수록 구매자는 판매자와의 협상에서 일종의 독점적 위치에 서게 된다. 반면, 구매자가 많을 때는 판매자가 구매자에 비해 상대적으로 유리한 고지를 점할 수 있게 된다. 하지만, 구매자가 많을 때 이들이 연합하여 조직화된다면 구매자의 교섭력이 강화되어 판매자가 불리한 위치에 서게 된다.

② 구매자가 후방통합의 가능성이 높을 때 구매자는 협상에서 유리한 위치를 점하게 된다. 후방통합은 구매자들이 스스로 상품을 직접 생산하는 것을 의미한다. 예를 들어, 대형마트들이 자신들의 상표를 붙인 상품을 판매하게 되면서 대형마트에 상품을

공급하는 제조업체들의 교섭력은 낮아지게 되었다.

③ 구매자가 가격에 민감할 경우 구매 시 낮은 가격을 중요시 하게 된다. 즉, 구매자의 가격민감도가 높아지게 되면 판매자는 수익을 창출하는데 제약을 받을 수밖에 없다. 구매자가 제품에 대한 많은 정보 및 지식을 보유하고 있을 때 구매자들은 쉽게 여러 제품들의 성능과 가격 등을 비교할 수 있어 가격민감도가 높아질 수 있고, 제품이나 서비스가 비차별적일 경우 가격이 가장 중요한 요인이 되므로 가격민감도가 높다.

④ 구매자가 최종소비자가 아니라, 구매를 통해 최종제품을 만들어 시장에 내놓아야 하는 경우, 최종소비자로부터 발생하는 가격에 대한 압력에 의해 원료 및 원재료 구매 시 가격인하를 요구하게 된다.

⑤ 구매자가 판매자 또는 공급자를 전환하는데 있어 발생하는 비용이 낮은 경우에도 구매자가 협상에서 유리한 위치를 차지할 수 있다. 원료나 부품을 구매하는 산업재의 경우에는 품질유지의 문제로 공급라인을 쉽게 바꾸지 못하지만 소비재의 경우에는 전환비용이 낮아 구매자가 유리한 위치에 있는 경우가 많다.

구매자의 강력한 교섭력에 대처하는 가장 효과적인 방법은 구매자가 타사의 제품으로 쉽게 전환할 수 없도록 차별화되고 우수한 이미지를 지닌 제품을 시장에 제공하는 것이다. 이를 통해 브랜드 충성도를 제고할 수 있어 지속적인 거래관계를 유지할 수 있다.

구매자의 교섭력은 고정된 것이 아니라 시장환경과 시기에 따라 변동하게 된다. 자동차 제조업이 철강생산 기업에 대해 그다지 높은 교섭력을 가지지 못하는 이유는 자동차 생산에 있어서 철강은 필수적인 투입물이기 때문이다. 하지만 시간이 흐름에 따라 기술개발과 대체투입물이 개발되어 상용화될수록 자동차 제조기업의 교섭력은 상대적으로 높아질 것이다.

공급자의 교섭력

원자재를 공급하는 공급자가 원자재 가격을 올리거나, 공급 물량을 줄일 수 있을 때 그 세분시장은 매력적이지 않다. 즉, 공급자의 교섭력이 높을 경우 구매자의 교섭력은 낮아지게 된다. 이는 앞서 살펴본 구매자의 교섭력이 높아지는 경우와 반대의 경우를 생각하면 된다.

공급자가 소수이거나 연합으로 조직화 될 때, 대체품이 거의 없을 때, 공급되는 제품이 중요한 투입요소일 때, 공급자를 변경하는데 소요되는 전환비용이 높을 때, 원자재를 공급하는 공급자가 제조기업을 전방통합할 수 있을 때 공급자의 교섭력은 증가한다.

가장 좋은 방어방법은 공급자와의 윈윈(Win-Win)관계를 구축하거나 여러 개의 공급기업에게 원자재를 공급하도록 하는 것이다.

대체품의 위협

제품에 대한 실질적이고 잠재적인 대체품이 존재하는 경우에 그 세분시장은 매력적이지 않다. 대체품은 특정 세분시장의 수익성과 가격뿐만 아니라 기존 자사의 사업 존립에 영향을 주기 때문에 대체품의 가격추이를 면밀하게 주시해야 한다. 특히 상대적으로 낮은 가격과 높은 수준의 성능, 고객의 전환비용 최소화에 노력하는 대체품은 성공할 가능성이 높기 때문에 강력한 위협요인이 될 수 있다. 또한 대체품의 경쟁을 단순한 브랜드 경쟁 차원으로만 국한해서는 안되며 보다 넓은 의미의 경쟁범위도 포함되어야 한다.

치약시장 중에서 구취예방 효과를 중요시하는 세분시장에는 껌, 구강청정제, 스프레이 등의 다양한 대체품이 존재하지만, 미백효과를 중요시하는 세분시장에는 뚜렷한 대체품이 존재하지 않는다.

제2절 경쟁자 분석

기업의 마케팅 환경 분석에서 거시환경 분석과 시장분석이 이루어지고 난 후에는 경쟁분석이 필요하다. 경쟁분석은 특정 산업 내에서 기업의 가장 중요한 경쟁기업을 중심으로 한 경쟁환경을 분석하는 것이다. 이러한 경쟁분석은 경쟁자의 확인, 경쟁자의 목표확인, 경쟁자의 전략, 강점과 약점 그리고 반응패턴 등의 내용을 포함한다.

2-1. 경쟁자의 확인

경쟁분석의 출발점은 현재 자사와 경쟁하고 있는 주요 기업들을 파악하는 것이다. 앞서 경쟁의 네 가지 범위에서 상표경쟁이나 산업경쟁 수준으로 범위를 한정시키고 해당 수준에 놓여 있는 경쟁자들만 분석할 수도 있다. 네 가지 수준 중 이들 두 가지만 고려하는 것은 경쟁범위를 좁게 볼 수 있는 오류를 낳을 수 있으나 실제로 상표나 산업경쟁 범위만 하더라도 경쟁자 수는 상당히 많다. 치약시장의 경우, 상표경쟁 수준에서만 거의 40개에 달하는 상표들이 경쟁하고 있어서 이들을 일일이 분석한다는 것은 매우 힘든 일이다. 따라서 보다 구체적인 세분시장 수준에서 분석하는 것이 필요하다. 소비자들이 치약으로부터 어떠한 효익을 얻고자 하는가에 따라 치약시장을 세분화하면 충치 예방, 잇몸질환 예방, 시린이 예방, 구취제거, 미백효과, 한방효과 등 몇 개의 세분시장으로 나누어진다. 이후 각각의 세분시장에서 어떤 상표들과 경쟁하고 있는지 확인하게 된다.

2-2. 경쟁자의 전략 확인

한 기업이 대형 가전제품 시장에 진입하고자 할 때, 제품의 품질과 수직적 통합 수준을 토대로 4개의 전략집단을 [그림 6-4]와 같이 확인할 수 있다. 전략집단(strategic group)이란 주어진 표적시장에서 동일한 전략을 추구하는 기업의 집단을 말한다. 이러한 전략집단은 중요한 시사점을 제공한다. 첫째, 진입장벽의 높이가 각 전략집단에 따라 다르다는 것이다. 둘째, 기업이 어느 한 집단의 진입에 성공했다면, 그 집단에 있는 속해 있는 기업들이 주요한 경쟁자가 된다. 셋째, 각 집단에서 경쟁강도와 수익성은 서로 다르기 때문에 이를 고려하여 집단을 선택하여 진입할 수 있다.

그림 6-4 주요 가전산업의 전략집단

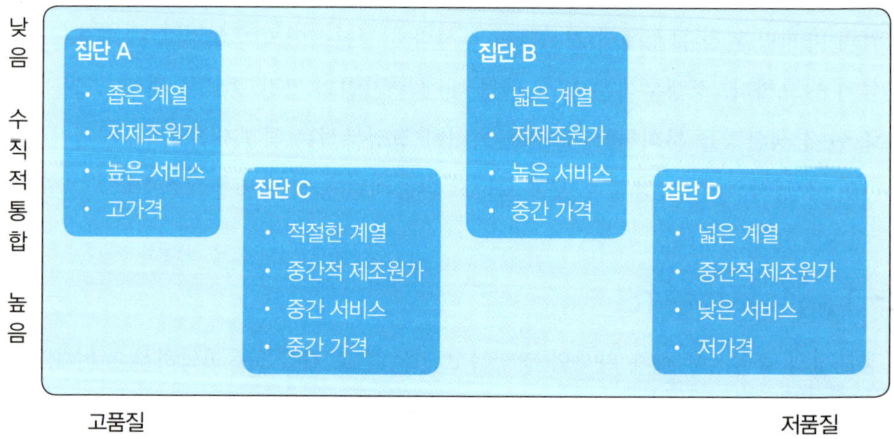

경쟁자의 과거 및 현재 전략을 파악하는 것은 경쟁자의 미래 성장방향을 예상하는 데 도움을 줄 수 있다. 예를 들어, 경쟁자가 차별화전략에 의존해 왔다면 제품계열의 폭, 제품의 품질, 서비스 차별화, 유통경로의 형태 또는 상표인지도 중에서 무엇에 근거한 차별화전략이었는지를 파악해야 할 것이다. 원가우위전략이 실행되어 왔다면 이 전략이 가능했던 이유가 규모의 경제, 경험곡선, 우월한 제조공정이나 설비, 저렴한 원자재의 확보 중에서 어느 요인에 기인하는가에 대해서도 분석해야 한다. 만약 집중화전략을 사용한다면 특정 제품, 특정 고객, 특정 지역 중 어느 곳에 집중화를 하였는지 파악해야 한다.

또한 경쟁자의 기존 마케팅 전략에 대한 분석 역시 필요하다. 경쟁자의 표적시장 선정에 대한 파악은 자사의 표적시장 결정에 많은 도움을 줄 수 있다. 즉, 경쟁자의 주요 목표 세분시장에 진입하려면 상당한 위험을 감수해야 하지만 주요 표적시장이 아니라면 보다 쉽게 진입할 수 있을 것이다. 경쟁자의 포지셔닝 위치와 전략도 파악해야 한다. 소비자들이 경쟁제품과 자사 제품을 비교하고 차별적으로 인식하고 있는지, 경쟁제품이 어떤 포지셔닝 전략을 사용하고 있는지는 자사 제품의 마케팅 전략 수립에 도움이 된다. 마지막으로 경쟁자의 마케팅 믹스에 대한 평가는 경쟁자의 기본적인 전략을 파악하게 해 줄 뿐만 아니라 특정 전술에 관한 정보를 제공해 준다.

2-3. 경쟁자의 목표평가

주요 경쟁자와 그들의 현재 전략을 확인한 후, 각 경쟁기업이 추구하고자 하는 목표가 무엇인가를 평가해야 한다. 경쟁자의 목표는 경쟁자가 특정의 전략적 행동을 하게 되는 배경이 된다는 점에서 매우 중요한 정보가 된다. 경쟁자의 목표를 정확하게 인식하는 것은 경쟁자가 현재 시장에서의 경쟁적 위치에 만족하는지의 여부, 전략변경 가능성, 외부변화에 대응하는 강도 등을 예측하는 데 도움이 된다.

수익극대화는 모든 기업이 추구하는 구체적인 목표로 설정된다. 수익극대화를 추구하는 경쟁기업들 중에서도 단기적 또는 장기적 수익추구 기업으로 구분할 수 있다. 미국 기업들은 대개 단기적인 수익극대화 모델을 추구하는데, 주식을 매각하여 기업의 자본비용 증가에 영향을 줄 수도 있는 주주들에 의해 경영성과와 업적이 철저하게 평가되기 때문이다. 일본 기업들은 시장점유율 극대화 모델을 추구하는데, 이는 은행에서 낮은 이자로 충분한 자금을 지원받으며 낮은 수익창출에 만족하기 때문이다.

경쟁자들은 현재의 수익성, 시장점유율 증가, 현금흐름, 기술우위 및 서비스 우위 등과 같은 약간의 목표믹스를 추구하고 있다. 경쟁자들이 그들의 개별적인 목표에 부가하는 가중치를 안다면, 경쟁자의 반응을 예측하는 데 도움을 된다.

또한 경쟁자의 목표는 기업의 규모, 역사와 전통, 경영층의 역량, 재무상태 등에 의해서 영향을 받는다. 만일 경쟁자가 거대 기업의 사업부조직이라면, 모기업이 성장전략을 추구하는지 혹은 단순히 수확전략을 추구하는지를 파악하는 것이 중요하다.

2-4. 경쟁자의 강점과 약점 평가

지금까지 경쟁자와 그들의 전략을 확인하고 전략의 근거가 되는 목표확인의 중요성을 강조하였다. 다음 단계로는 경쟁자의 강점과 약점을 평가해야 한다. 즉, 전략을 실행하는 데 있어 경쟁자는 어떠한 강점을 활용할 것인지, 이에 대응하기 위해서 경쟁자의 약점은 무엇인가를 알아야 한다는 것이다. 또한 경쟁자의 강 · 약점을 분석하게 되면 경쟁자가 왜 그러한 전략을 사용하는지와 자사의 전략대안을 선택하고 수립하는 데 도움이 된다.

경쟁자들이 그들의 전략을 실행하고 목표를 달성할 수 있는지는 그들의 경영자원과 능력에 달려 있다. 이러한 경영자원과 능력은 구체적으로 고객의 인식, 제품의 품질, 제품이용 가능성, 기술적 지원, 판매요원 등의 세부적인 요소로 나타나게 된다. 물론 이러한 요소들은 경쟁자의 특성을 고려해서 선택적으로 사용되어야 한다. 경쟁자들의 구체적인 제품 요소들을 선정한 후 다음과 같은 분석을 실시하게 된다.

경쟁자 A는 고객인식도 아주 우수하고 제품품질 역시 우수하지만, 반대로 제품이용 가능성과 기술적 지원은 불량한 것으로 나타났다. 경쟁자 B는 제품이용 가능성과 판매요원은 우수하고 나머지는 양호한 것으로 나타났다. 경쟁자 C는 A와 B에 비해 상

표 6-1 경쟁자의 주요 강점 분석

	고객인식	제품품질	제품이용 가능성	기술적 지원	판매요원
경쟁자 A	E	E	P	P	G
경쟁자 B	G	G	E	G	E
경쟁자 C	F	P	G	F	F

E 아주 우수, G 양호, F 보통, P 불량

대적으로 뒤처져 있음을 볼 수 있다. 따라서 경쟁자 A와는 제품이용 가능성과 기술적 지원을 중심으로 공격할 수 있으며, 경쟁자 C는 보다 쉽게 경쟁할 수 있다. 그러나 경쟁자 B는 뚜렷한 결점을 보이지 않고 있다(〈표 6-1〉).

경쟁자의 약점을 탐색할 때, 경쟁자들에 대한 잘못된 가설들에 주의해야 한다. 일부 기업들은 그들만이 최고의 품질을 생산한다고 믿고 있는 경우이다. 또한 많은 기업들은 "고객들은 완전한 제품계열을 가진 기업을 선호한다", "판매원이 유일하고도 중요한 마케팅 도구이다", "고객은 가격보다는 서비스에 가치를 부여한다"고 하는 등의 전통적인 그릇된 믿음을 갖고 있다. 만약 경쟁자가 그릇된 믿음에 따라 기업을 운영하고 있다면, 자사는 경쟁자보다 유리한 위치에 있다고 할 수 있다.

한편 경쟁기업의 시장점유율(share of market: 목표시장에서의 점유율)과 마인드 점유율(share of mind: 산업을 생각하면 첫 번째 떠오르는 기업은 무엇입니까라고 질문할 경우 경쟁기업을 언급하는 소비자의 비율), 소비자 가슴에서의 점유율(share of heart: 어떤 회사의 제품을 구매하려 하십니까라고 질문할 경우 경쟁기업을 언급하는 소비자의 비율) 등을 평가해야 하며, 일반적으로 소비자들의 마음에서의 점유율이나 소비자들의 가슴에서의 점유율이 꾸준히 증가하는 기업은 필연적으로 시장점유율도 증가하고 수익성도 좋을 것이다.

2-5. 경쟁자의 반응유형 평가

자사와 경쟁하는 주요 기업들도 나름대로의 비전과 경영철학, 그리고 조직문화를 가지고 있다. 경쟁상황에서 경쟁자가 취하는 반응 양상에 따라 네 가지 유형으로 구분할 수 있다.

대응이 느린 경쟁자

어떤 경쟁자는 특정 경쟁자의 움직임에 대해 즉각적이고 강력한 대응을 하지 않는다. 경쟁자의 움직임에 천천히 대응하는 이유는 다양하다. 가령 대응이 느린 경쟁자들이 그들 고객들의 충성도가 높다고 느끼고 있는 경우, 특정 사업에 대한 투자확대를 지양하고 수확전략을 추구하고 있는 경우, 경쟁자의 움직임을 뒤늦게 인식한 경우, 자금력과 같은 경쟁자의 공격에 대응할 능력이 부족한 경우 등이 있다. 따라서 기업은 경쟁자의 대응이 느린 이유를 평가하고 그 결과를 고려하여 전략을 수립해야 한다.

선택적 경쟁자

어떤 경쟁자는 모든 공격에 대응하지 않고 특정 유형의 공격에만 대응하기도 한다. 즉, 가격인하에는 신속하게 대응하지만, 경쟁기업의 광고비 증가에 대해서는 대응하지 않기도 한다. Shell 및 Exxon과 같은 석유회사들은 경쟁자의 가격인하에 대해서만 대응하고, 촉진에 대해서는 대응하지 않으므로 선택적 경쟁자에 해당한다. 주요 경쟁자가 무엇에 대응하느냐를 아는 것은 경쟁자의 가장 실행 가능한 공격 유형에 대한 단서를 제공받는 것과 같다.

맹렬한 경쟁자

어떤 기업은 자사의 사업영역에 대한 경쟁자의 공격에 대해 신속하고도 강력하게 대응한다. 예를 들어 P&G는 Lever의 신제품인 고농축세제 Wisk와 Surf를 출시하였을 때 세제시장에 자리 잡지 못하도록 강력한 대응전략을 수립하였다. 소매상들은 부피가 작아 좁은 진열대에 놓을 수 있는 고농축세제를 선호하였지만, P&G의 선반비용(shelf cost)의 지급 등 자사 세제상표에 대한 막대한 투자로 장기간 Lever의 고농축 세제의 진열을 막았다.

예측하기 어려운 경쟁자

경쟁자 중에서는 자사의 경쟁행위에 대해 예측할 수 있는 반응을 취하지 않기도 한다. 이러한 상황에서는 경쟁자에 대응하기가 상당히 어렵게 된다.

경쟁자의 반응 형태에 따라 보다 효과적인 자사의 경쟁전략을 수립할 수 있지만, 경제적 상황, 기업의 역사, 기업의 전략 등 다양한 요소에 근거하더라도 경쟁자의 행동을 예측하기 어려운 경우이다. 대개의 경우 많은 중소기업들이 예측하기 어려운 경쟁자에 해당한다.

2-6. 경쟁의 미래

거시환경이 갈수록 역동적으로 변화함에 따라 미래가 점점 더 불확실해지면서 경쟁은 더욱 치열해질 것이다. 앞으로 경쟁은 여러 쟁점에 의해 정의될 것이다. 기업들은 이러한 흐름에 관심을 기울여야 한다.

- **디지털화 강화:** 경쟁은 주로 디지털 기술과 데이터를 토대로 벌어질 것이다. 이 기술은 비즈니스 환경과 관련한 신속하고 정확하고 의미 있는 정보, 특히 경쟁자와 고객에 관한 정보를 얻는 확고한 능력으로 기능할 것이다. 데이터에서 실질적인 예측과 처방을 위한 통찰력을 얻어 정확한 전략 전술적 조정을 시행할 수 있다.
- **거세지는 경쟁자들:** 공유경제가 비즈니스의 주류가 되고 있다. 널리 열려 있는 시장에서 자원 낭비를 최소화하는 야심찬 기업들이 뛰어들 것이다. 이 신생창업 기업들은 기존의 전통 기업들과는 성격이 매우 다르다. 이 새로운 유형의 기업들은 확고한 디지털 능력을 갖춘 채 좋은 품질과 낮은 비용, 빠른 배송, 향상된 지원 서비스와 함께 다양한 제품을 제공할 것이다. 기업들은 디지털 역량을 바탕으로 시장의 경계를 넘어 새로운 세그먼트와 업종으로 진출할 수 있을 것이다.
- **평평한 운동장:** 소셜 미디어는 누구나 주목받을 기회를 동등하게 제공한다. 소셜 미디어에서는 가공되지 않고 편집이 덜 된 시각자료가 현실감을 느끼게 하며, 이런 시각자료가 갖춰진 유료 프로모션을 새로운 방식으로 소비할 수 있다. 기회가 공평해질수록 기업이 중요한 경쟁우위를 차지하기가 갈수록 어려워질 것이다.
- **차별화의 어려움:** 기업들이 강력한 차별화를 유지하기가 갈수록 더 어려워지고 있다. 기업의 의사결정권자들은 고객중심 접근법(개인화와 맞춤화에 중점을 두는 방법)에 기초하여 가치제안을 구축해야 한다. 만약 창의력과 혁신 능력이 부족하면, 기업의 제품과 서비스는 머지않아 범용화되고 가격 전쟁이 초래될 것이다.
- **빨라지는 트렌드 변화:** 오늘날 빠르게 변화하는 트렌드로 인해 다양한 제품의 수명주기는 말할 것도 없고 심지어 기업 가치제안의 수명주기까지 줄어들 전망이다. 타임 투 마켓(time to market)과 진입전략은 기업의 경쟁우위를 결정하는 핵심요인이다. 퍼스트 무버(first mover)는 시장에서 인정받는 새로운 표준을 설정해야 이익을 얻을 수 있으며, 시장을 선도하면 곧 시장의 주류가 될 것이다. 유연성은 치열한 경쟁 환경에서 생존하기 위한 핵심 비결이 될 것이다.
- **상호의존성 강화:** 가치사슬의 거의 모든 요소들이 갈수록 더 통합되고, 상호 의존성이 더욱 강화될 것이다. 어느 정도는 더 광범위한 생태계의 요인들(예를 들어, 결제 플랫폼, 이커머스, 마켓플레이스, 옴니채널 등)까지도 서로 밀접하게 연관될 것이다. 그래서 가치 창출 프로세스의 효과성과 효율성을 보장하는데 구성요소들의 일체화가 매우중요하다. 그런데 여러 아시아 국가에서는 기술적 측면의 규제, 기술자들의 가용성으로 인해 저가 항공시장의 성장이 저해되었다.

제3절 자사 분석

자사 분석은 사업부 수준의 전략계획 과정, 그리고 경쟁사 분석과 유사한 부분이 있는데, 이것은 기업수준 또는 사업부 수준의 목표 및 전략이 세부적인 분석 수준과 일관성 있게 진행되기 때문이다.

3-1. 자사 분석의 내용

자사 분석의 주요 목적은 사업능력을 검토하여 경쟁적 관점에서 자사의 강 · 약점 존재 여부 및 실체를 규명하고, 궁극적으로는 자사의 효율적인 대응전략을 수립하는 데 있다.

성과분석

자사 분석은 일반적으로 성과분석을 기초로 한다. 경영성과에 대한 정보는 특정 전략에 대한 검토 여부와 현재 사용하고 있는 전략의 수정 여부를 결정할 수 있는 토대를 제공한다. 성과분석은 다른 측면의 내부분석에도 도움이 된다.

성과분석은 사업단위의 전망을 예측하는 첫 단계로서 자사의 제품 또는 사업 포트폴리오의 전략적 투자결정과 관련되어 있다. 즉, 사업의 청산, 현금회수, 현재 수준 유지, 성장의 선택 등과 같은 전략적 의사결정에 대한 기초자료를 성과분석을 통해 얻을 수 있다.

성과분석은 장 · 단기적 사업전망을 반영하는 목표와 관련되어 논의되어야 한다. 즉, 기업의 목표가 장기적인 생존인지 지속적인 성장인지에 따라 성과측정의 해석이 달라져야 한다. 예를 들어, 장기적인 생존이 기업의 목표라면 단기적인 현금회수나 시장점유율 등을 기준으로 한 성과측정은 무의미해지고 혁신, 생산성 향상, 자원 확보 등과 같은 성과기준에 성과측정의 초점이 맞추어져야 할 것이다. 또한 매출액과 시장점유율 등은 국가경제나 산업의 경기수준과 같은 외적 요인들과의 관계 속에서 해석될 때에 그 의미가 정확히 해석된다.

원가분석

경쟁우위를 확보하는 중요한 원천 중의 하나는 원가상의 우위를 점하는 것이다. 이러한 원가상의 우위는 경쟁이 치열한 시장상황에서 기업에게 보다 높은 마진을 제공하고 가격경쟁에서도 유리한 버팀목이 될 수 있다. 따라서 원가분석은 내부분석의 중요한 요소 중의 하나가 된다. 원가분석에서는 현재의 원가구조와 원가수준을 파악하는 것 이외에 미래에 예상되는 원가수준 그리고 경쟁자가 비교한 현재 및 미래의 원가우위 지속 여부를 분석하는 것도 병행되어야 한다. 일반적으로 기업이 원가우위를 획득할 수 있는 주요 원천은 규모의 경제, 범위의 경제, 경험효과이다. 규모의 경제(economies of scale)는 다량의 제품생산을 통해 제품의 평균원가의 감소효과를 의미한다. 특히, 설비비나 임대료 등과 같은 고정원가를 줄임으로써 규모의 경제 효과를 확보하게 된다. 범위의 경제(economies of scope)는 다양한 이종 제품을 생산함으로써 개별 제품에 포함되는 고정원가가 감소하는 효과를 의미한다. 경험효과(experience effect)는 생산경험이 우수한 인력을 확보함으로써 생산의 효율성을 확보하는 것을 말한다. 그 외에 조직의 효율적 운영과 같은 조직의 관리적 측면에서도 원가를 줄일 수 있는 많은 요소들이 산재되어 있다.

강점과 약점 분석

경쟁시장 조건하에서 기업의 강 · 약점은 상대적인 의미를 갖는다. 즉, 기업이 갖고 있는 유형 및 무형의 자원에 대한 분석 및 평가가 주요 경쟁자를 비교대상으로 하여 시장전략을 위한 기업의 강점과 약점이 평가되고 분석될 수 있다. 이러한 기업의 강점이나 약점은 현재의 상태는 물론 미래상태에 대해서도 예측되어야 한다. 따라서 강 · 약점 분석은 장기적인 관찰을 요구하며 경우에 따라서는 현재보다는 미래상태의 기회와 위협에 보다 중요한 의미를 부여하는 경우가 있다.

기업의 강점과 약점의 분석에서는 현실적으로 마케팅, 재무, 생산, 인사, 회계 등의 기능별 중심으로 접근하는 것이 효과적이다. 기업의 강점과 약점의 평가 및 예측은 관리자, 의사결정자의 주관적 판단에 의한 방법과 통제 및 측정이 가능한 객관적인 기준을 사용하는 방법이 있다. 먼저 기업의 강 · 약점분석을 책임진 관리자는 현재와 미래에 있어서의 기업의 잠재력을 그들의 주관에 따라 측정한다. 이러한 주관적 측정결과를 다음 단계에서 객관적 기준에 따라 평가하여 결과를 도출한다.

| 기업 내부능력의 분석 |

전략수립이란 환경변화에 대응하여 기업이 지니고 있는 내부능력을 효과적으로 적응시키는 과정이기 때문에 기업 내부능력의 정의와 구성요소를 규명하는 것이 필요하다. 기업 내부능력이란 기능별, 즉 마케팅, R&D, 제조, 재무, 관리, 인사 등에서 경쟁자와 비교하여 보다 더 효율적인 능력을 말하는 것이다. 일반적으로 가격경쟁력, 품질경쟁력, 연구개발능력, 기술개발 및 혁신능력 등을 형성하는 요인을 추출하여 이들을 전략적으로 활용할 수 있는지의 여부와 특히 이들 중에서 어느 요인으로 핵심 성공요인을 형성할 수 있는지를 평가함으로써 기업 내부능력의 유무와 강 · 약점을 평가할 수 있다.

기업이 보유하고 있는 인적 · 물적 자원과 기업구조 그리고 기업문화는 물론 노사관계, 기업이미지에 관계되는 여러 측면에서 자사능력의 강 · 약점을 평가하기 위해서는 우선 이들 경영자원 요소에 대한 정보의 수집과 평가가 이루어져야 한다.

3-2. SWOT 분석

전략수립은 기회를 활용하고 위협을 회피하거나 새로운 기회로 변화시키기 위한 것이며, 환경변화에 따라 기회와 위협이 교차한다면 바람직한 전략대안을 어떻게 선택할 것인가 하는 문제가 제기된다. 이러한 문제를 해결하기 위해 조직능력의 관점에서 일정 시점의 주요 외부환경요인을 기회와 위협으로 분류하고, 이들을 전략적 관점에서 자사의 강점과 약점을 결합시켜 효과적인 전략을 수립하는 과정이 SWOT 분석이다. 즉, SWOT 분석은 강점(Strengths), 약점(Weaknesses), 기회(Opportunities), 위협(Threats)의 매트릭스를 통해서 강점은 강화하고 약점은 보완하여 기회를 살리고 위협에 대처할 수 있는 바람직한 전략을 수립하는 과정이다.

외부환경에서 기회와 위협을 발견하고 내부환경으로부터 자사의 강점과 약점을 평가하는 방법에는 여러 가지가 있지만 일반적으로 마케팅 관리자의 주관적 판단에 크게 의존한다. 따라서 전략수립과 관련 있는 집단이나 관리자들도 평가작업에 함께 참여해야 주관적 판단에 따른 오류를 최소화 시킬 수 있다. 이는 주요 환경요인에 대해 공통된 인식을 보유하는 것이 전략도출 및 실행에 중요하기 때문이다. SWOT 분석에 관한 구체적인 내용은 제3장에서 세부적으로 다루고 있다.

표 6-2 **SWOT 분석**

		강점(Strengths)	약점(Weaknesses)
		S1, S2, S3...	W1, W2, W3...
기회(Opportunities)	O1, O2, O3...	S/O 전략	W/O 전략
위협(Threats)	T1, T2, T3...	S/T 전략	W/T 전략

S/O 전략

기업의 내부환경과 외부환경이 가장 유리하게 결합된 상황으로 성공가능성이 매우 크다고 볼 수 있다. 자사의 강점을 바탕으로 시장기회를 선점하여 시장/제품의 다각화 전략과 같은 공격적인 전략이 필요한 상황으로 판단할 수 있다.

W/O 전략

유리한 시장상황에 비해 자사의 경쟁력이 부족한 경우로 볼 수 있다. 따라서 이때는 시장의 기회를 활용하기 위해 자사의 핵심역량을 강화하거나 상대적으로 강점을 가진 타 기업과의 전략적 제휴를 통해 시장기회를 활용하고 자사의 핵심역량을 보완할 수 있다.

S/T 전략

시장에 위협요인이 있지만 자사의 역량으로 극복할 수 있는 경우로 볼 수 있다. 외부환경에 위협요소가 있으나 타사에 비해 상대적 강점을 가지고 기존 시장에 좀 더 집중하여 안정된 시장을 확보하고 제품계열을 확대함으로써 위협에 대비하는 전략을 수립할 수 있다.

W/T 전략

시장에 존재하는 위협요소를 극복할 핵심역량이 부족한 경우로 볼 수 있다. 위협을 회피하고 약점을 최소화하기 위한 전략으로 제품 및 시장을 재구축하거나, 사업의 일시적인 축소 또는 매각 · 철수 등의 회피전략을 선택할 수 있다.

MARKETING

7 소비자행동 분석

학습목표

- ▶ 구매자의 특성이 어떻게 구매행위에 영향을 주는가
- ▶ 구매자는 어떻게 구매의사 결정을 하는가
- ▶ 구매행동 유형에는 어떠한 것들이 있는가

마케팅의 목적은 목표고객들의 1차적인 욕구와 2차적 욕구를 충족시키는 것이다. 소비자행동의 영역은 개인, 집단 및 조직들이 자신들의 욕구와 욕망을 충족시키기 위해 재화, 서비스, 아이디어 또는 경험을 어떻게 선택 · 구매 · 사용 및 처리하는가를 연구하는 것이다. 소비자행동을 이해하고, 또한 '고객을 알고 이해한다는 것'은 간단하지 않다. 고객들은 알려진 욕구와는 다른 행동할 수 있으며 동기와 의도에 맞지 않게 행동할 수도 있다. 또한 고객들은 마지막 순간에 마음을 바꾸게 하는 여러 영향요인에 따라 반응할 수도 있다. 따라서 마케터들은 소비자행동의 이론과 현실을 충분히 이해해야 한다.

소비자의 구매행동은 문화적, 사회적, 그리고 개인적 요인에 의해 영향을 받는다. 그중에서 문화적 요인이 가장 넓게 그리고 깊게 영향을 미친다.

제1절 소비자행동의 주요 요인

1-1. 문화적 요인

문화, 하위문화, 그리고 사회계층이 소비자의 구매행동에 매우 중요한 영향을 미치는 요인이다.

| 문화 |

문화란 한 사회를 특징지어주고 다른 사회와 구분할 수 있는 독특한 행동양식(unique patterns of behavior)과 사회적 관계(social relation)를 말한다. 특히 사회구성원으로서 인간이 획득하게 되는 도덕, 신념, 법률, 관습 등의 통제를 문화라 할 수 있다. 이러한 문화는 다음과 같은 특성을 지닌다. 첫째, 문화는 학습되어진다. 문화는 타고나거나 본능적인 것이 아니고 어린 시절부터 학습된다. 즉, 모방학습(지역의 관습을 배우고 따라하는 것), 공식적 학습(가족 구성원들을 통해 학습), 기술적 학습(학교교육)을 통해 학습된다. 둘째, 문화는 규범성을 갖는다. 문화는 개인의 행동을 인도해 가는 표준과 패턴을 제시한다. 셋째, 문화는 지속적이면서 동태적이어서 여러 세대에 걸쳐 전수되고 또한 변화된다. 넷째, 문화는 사회적으로 공유되어 그 사회의 일체성을 유지하기 위한 것으로 그 사회에 공유된다.

문화가 가지는 전략적 시사점은 개인생활에서 여가활동의 중요성이 증대되었고, 개인의 권리나 안전에 대한 관심증대로 소비자주의(consumerism)가 더욱 강화되었다. 타인지향적 가치보다 자기지향적 가치의 강조로 자기만족, 자아실현을 추구하는 추세가 증가되었다. 새로운 윤리관에 의해 성에 대한 관점이 변화되고, 가공적인 것에서 자연적인 것을 선호하는 추세로 바뀌고 있어 , 이런 것들에 대해 주의 깊게 평가할 필요가 있다. 따라서 소비자 가치의 추세를 반영하고 이러한 가치를 마케팅의 목적에 맞게 변화시키는 프로그램이 필요하며, 이를 위해서 마케팅 관리자는 기본적으로 한 사회의 기본적인 가치 구조를 이해하고 있어야 한다. 최근 소비자 구매행동에 영향을 미치고 있는 몇 가지 문화적 추세는 다음과 같다.

- 시간은 자원: 이러한 현상으로 인해서 시간절약형 서비스(청소대행, 인터넷쇼핑)와 노동절약형 제품(인스턴트 식품)이 성장하고 있다.
- 맞벌이 기본: 이러한 현상은 구매력과 제품선택, 구매시간과 소비시간에 영향을 미치고 유치원이나 놀이방 수요를 창출하고 있다.
- 모호한 성별과 그 역할: 이 현상은 교육기회, 직업, 의류 스타일, 스포츠, 언어에 반영되었다.
- 젊음에 대한 찬미: 건강유지, 다이어트 관련 산업이 융성하고 있다.

하위문화와 비교문화

한 사회 내의 개인들이 모두 동일한 문화가치를 갖는 것이 아니고 종족, 연령, 지역적 집단별로 서로 다른 규범이나 신념, 행동의 차이를 보이는데, 이를 하위문화라고 한다. 하위문화에 대한 구체적인 내용을 파악하기 위해서 하위문화의 특성을 분석해 볼 수 있는데, 인구통계적 특성을 이용한 인구의 규모, 위치, 소득과 고용패턴, 교육정도, 가정구성 형태 등에 대해서 분석한다. 심리적 특성을 이용하여 제품구매 패턴, 쇼핑행동, 가격비교 행동, 매체노출 행동 등에 대해서 분석을 실시해서 하위문화의 특성을 구분해 볼 수 있다. 또한 각 문화군마다 각기 다른 비교되는 문화를 소유하고 있으므로 이를 고려하여 마케팅 전략을 수립하여야 한다. 특히, 글로벌 기업의 경영활동에서 비교문화의 영향을 고려하여야 하며 국가마다 상이한 관습과 태도에 대한 이해가 요구된다.

| 사회계층 |

개인과 가족이 속해 있는 사회 · 경제계층도 소비자의 지각, 가치관, 구매행동 등에 영향을 미친다. 사회계층은 소득 하나만을 반영하는 것이 아니라 직업, 교육, 거주지역과 같은 다른 지표를 반영한다. 사회계층은 사회적 지위, 소득, 직업, 재산보유 상태, 의복 착용이나 언어구사 패턴, 여가선호 및 기타 많은 특징에서 상이하다.

사회계층이 마케팅 관리자에게 중요한 이유는 서로 다른 사회계층은 서로 다른 태도와 가치관 등을 형성하는 경향이 있으며, 그런 경향은 구매행동을 포함한 개인 및 가족의 행동에도 많은 영향을 미치기 때문이다. 그러므로 시장세분화 전략에 활용하기 위해서도 사회계층별로 고유한 속성들과 구매행동을 심층적으로 분석 · 파악해야 한다.

1-2. 사회적 요인

| 준거집단 |

준거집단은 사람들의 태도, 의견, 가치관, 의사결정, 행동 등에 영향을 미치며, 개인 및 가족의 구매결정에 영향을 미친다. 소비자들은 최소한 세 가지 면에서 그들의 준거집단에 의해 독특하게 영향을 받는다. 첫째, 준거집단은 소비자를 새로운 행동과 라이프스타일에 노출시킨다. 둘째, 준거집단은 소비자의 태도와 자아 개념에 영향을 미친다. 셋째, 준거집단은 그 소비자의 실질적인 제품과 상표 선택에 영향을 미치면서 압력을 조장한다. 사람들은 또한 자기가 속하지 않은 집단에 의해서도 영향을 받는다. 즉, 열망집단(aspiration group)은 개인이 소속되기를 원하는 집단이며, 회피집단(dissociative group)이란 그 집단의 가치관이나 행동을 어떤 개인이 거부하는 집단이다.

마케팅 관리자는 표적고객들의 준거집단을 확인하려고 노력하지만 준거집단 영향력의 수준은 제품과 브랜드에 따라 상이하다. 자동차와 컬러 TV의 경우, 준거집단은 제품과 브랜드 선택에 강하게 영향을 미치는 것처럼 보인다. 즉, 준거집단은 가구나 의복과 같은 품목에 대해서는 브랜드 선택에 강하게 영향을 주고 있으며 맥주, 담배와 같은 제품에 대해서는 제품 선택에 강하게 영향을 미친다.

집단의 영향이 강한 경우, 제품과 상표 제조업자는 준거집단의 의견선도자들에게 접근하고 영향을 주는 방법을 결정해야 한다. 의견선도자(opinion leader)란 여러 브랜드들 중 어느 것이 가장 좋다거나, 특이한 제품의 사용방법처럼 어떤 특별한 제품에 대한 충고나 정보를 제품이 관련된 커뮤니케이션에서 비공식적으로 제공하는 사람들이다. 의견선도자들은 사회의 각 계층에서 발견되고, 또한 어떤 특정한 사람은 어떤 제품 영역에서 의견선도자이지만 다른 영역에서는 의견추종자일 수도 있다. 마케팅 관리자는 의견선도력과 관련된 인구통계적, 심리묘사적 특징을 규명하고, 의견선도자의 주의를 끌 수 있는 매체를 결정해야 한다. 또한 이러한 의견선도자에게 직접적으로 메시지를 전달함으로써 그들에게 다가가려고 노력한다.

| 가족 |

가족은 사회에서 가장 중요한 소비자–구매 조직으로서 가족 구성원들은 가장 영향력 있는 1차적인 준거집단을 구성한다. 가족은 광범위하게 연구 · 조사되어 왔다. 소비자행동 과정에서 가족은 주된 영향요인임과 동시에 소비단위로서의 행위주체가 되고 있기도 하다. 그뿐만 아니라 가족은 개인이 속한 가장 기본적인 집단으로서 제품에의 노출기회를 제공해 줌은 물론 가족 구성원들의 소비규범을 가르쳐 주기도 한다.

마케팅 관리자는 여러 가지 다양한 제품과 서비스의 구매에 있어서 남편과 아내 그리고 자녀들의 역할과 상대적인 영향력에 관심을 갖는다. 이러한 역할은 나라와 사회계층에 따라 매우 상이하며 다양하다. 예를 들어, 한국계 미국인들은 남자가 대형 구매에 대해 의사결정을 하는 전형적인 모델을 고수하는 경향이 있다.

최근에는 여성들이 가정에서 실질적으로 구매력을 획득하고 있다. 특히, 비전통적인 직무에 여성들이 크게 진출함에 따라, 전통적인 가정의 구매패턴이 점차 변화하고 있다. 국내 노동의 분업에 관련된 사회적 가치관의 변화도 역시 그러한 표준적인 생각, 즉 "여자들이 모든 가정용품을 구입한다"라는 생각을 약화시키고 있다. 최근 조사에서 전통적인 구매패턴은 아직도 존속되고 있지만 베이비붐 세대의 남편과 아내들은 전통적으로 배우자 또는 상대방의 개별 의사결정을 통한 제품구매를 부부(가족) 공동으로 구매할 의향이 있음을 밝혔다. 따라서 편의품 마케팅 기업들이 여성들만이 이들 제품의 주요한 구매자로 생각한다면 그 기업들은 우를 범하는 것이다. 이와 유사하게, 남성들에 의해서 전통적으로 구입되어 온 제품의 마케팅 기업들은 여성들을 가능한 구매자로 생각해야 할 필요가 있다. 예를 들어서, 자동차 제조업체들은 여성소비자들에게 주의를 집중하고 있다. Cadilac에서 여성용 자동차 디자이너들은 긴 손톱이 달린 손으로 버튼, 손잡이 그리고 내부의 다른 장치들을 조작하는 것같이 느낄 수 있는 환경을 조성하기 위해 손가락에 종이용 클립을 끼운 상태에서 작업을 하고 있다. Cadillac Catera는 립스틱이나 필름과 같은 품목을 보관할 수 있는 에어컨 시설이 된 보관용 박스를 갖추고 있다.

사회적 역할과 지위

사람은 가족, 클럽, 조직 등 여러 집단에 참여한다. 각 집단에서 개인의 위치는 역할과 지위에 의해서 정의된다. 즉, 역할(role)이란 자기 주위에 있는 사람들이 수행하기를 바라는 활동들로 이루어진다. 각 역할은 지위(status)를 수반한다. 대법원 판사는 판매관리자보다 더 높은 지위를 가지며, 판매관리자는 사무직원보다 더 높은 지위를 가진다. 사람들은 사회에서 그들의 역할과 지위를 전달하고 반영하는 제품을 선택한다. 예를 들어, 기업의 총수는 벤츠를 타고 값비싼 맞춤복을 입으며, 비싼 포도주를 마신다. 마케팅 관리자는 제품과 브랜드가 갖고 있는 지위 상징물의 잠재력을 인식하고 개인소비자가 가진 지위에 따라 차별화된 마케팅 전략을 구사하고 있다.

1-3. 개인적 요인

구매자의 의사결정은 개인적 특성, 즉 구매자의 연령, 생활주기 단계, 직업, 경제적 상황, 개성 및 자아, 그리고 라이프스타일과 가치관에 의해서 영향을 받는다. 이러한 특징은 소비자 행동에 직접적인 영향을 주기 때문에 기업은 이를 면밀하게 추적하고 조사해야 한다.

연령과 생활주기 단계

사람들이 구입하는 제품과 서비스는 일생을 걸쳐서 변화한다. 어릴 때에는 유아식을 먹고, 성장기와 성숙기에는 많은 음식을 섭취하고, 말년에는 특별한 식이요법을 한다. 식품, 의류, 가구, 오락 등에 대한 사람들의 기호도 연령과 관련있다. 소비는 또한 가족 생활주기의 단계에 의해서 형성된다. 가족 생활주기의 아홉 단계가 각 집단의 금전적 상황이나 일반적 관심 제품과 함께 다음 〈표 7-1〉에 잘 제시되어 있다. 마케팅 관리자는 종종 생활주기 단계 집단을 표적시장으로 선택한다. 그러나 표적이 된 가정들의 근본이 항상 일반 가족은 아니다. 즉 독신가정, 동성가정 및 동거가정들이 있다. 최근의 연구에서는 심리적 생활주기 단계를 밝혔다. 즉, 성인들은 살아가는 동안 어떤 '변천'과 '탈바꿈'을 경험한다는 것이다. 마케팅 관리자는 이러한 성인들의 생활 상황의 변천(이혼, 미망인, 재혼 등)과 또한 이것들이 구매행동에 대해 어떤 영향을 미치는 것인지 주의를 기울여야 한다.

표 7-1 우리나라의 가족생활주기와 단계별 특징

가족생활주기	단계별 특징
1단계 가족형성기	남녀가 결혼해서 첫 자녀를 낳는 '가족형성기'는 점점 짧아지는 추세다. 59년 이전에 결혼한 부부는 2.4년 걸렸지만 2000년 결혼한 부부는 1.2년이었다. 과거에는 결혼 후 첫 임신까지 몇 개월의 간격을 두고 신혼을 즐기는 경향이 강했지만 최근에는 '속도를 위반하거나' 결혼 후 곧바로 임신하므로 자녀를 빨리 낳는다.
2단계 가족확대기	첫 자녀의 출생에서 막내가 태어날 때까지를 말하는데 종전에 11년 걸리던 것이 2.35년으로 줄었다. 기혼 여성의 취업률이 높은데다 육아에 부담을 느껴 자녀를 한두 명만 갖는 가구가 많아서다.
3단계 가족확대 완료기	막내가 태어난 뒤 자녀의 첫 결혼까지이다. 40여 년 사이에 이 기간이 14.8년에서 25.4년으로 늘었다. 자녀 수가 적어져 막내 출산이 상대적으로 빨라졌으나 자녀의 결혼연령이 높아지면서 나타난 현상이다. 부모 입장에서는 자녀 수는 적더라도 젊은 세대의 교육수준이 높아지고 남녀 결혼연령이 높아져 교육과 양육 때문에 등이 휘는 시기다. 단순히 가족 수에 따른 변화가 아니라 사회적 변화의 성격이 짙다.
4단계 가족축소기	결혼 이후 자녀를 모두 출가시키기까지의 시기로 확대기와 마찬가지로 점차 짧아졌다. 과거 10.9년에서 현재 2.4년으로 줄었다. 교육-양육비 부담 크게 늘어났다.
5단계 빈둥지시기	자녀를 결혼시켜 모두 떠나보낸 뒤 부부만이 남는 시기로 점차 그 기간이 길어지고 있다. 평균수명이 계속 늘어나고 핵가족화로 노인 부부만 사는 가구가 증가하기 때문이다.
6단계 해체기	배우자와 사별한 후 혼자 남는 기간으로, 8.6년에서 12.2년으로 늘었다. 남녀간 평균수명 차가 더 커져 앞으로 여성 노인을 위한 복지 서비스 수요가 늘어날 전망이다.

직업과 경제적 상황

소비자의 소비유형은 그의 직업에 의해 영향을 받는다. 근로자들은 작업복, 작업화 등을 구입한다. 회사 사장은 고급의류, 비행기 여행, 골프클럽 회원권 그리고 대형 보트를 구입할 것이다. 마케팅 관리자는 그들의 제품과 서비스에 대해 평균 이상의 관심을 갖는 직업집단을 확인하려고 노력한다. 심지어 어떤 기업은 특정한 직업집단이 요구하는 제품을 전문적으로 생산할 수 있다. 예를 들어, 컴퓨터 소프트웨어 생산기업들은 상표관리자, 기술자, 법률가, 의사들을 위한 컴퓨터 소프트웨어를 설계할 수 있다.

라이프스타일과 가치

동일한 하위문화 심지어는 동일한 직업을 가진 사람일지라도 서로 다른 라이프스타일을 가질 수 있다. 라이프스타일(life style)이란 자신의 활동, 관심, 의견 등으로 표현되는 것으로서, 한 개인이 세상을 살아가는 방식을 말하며 종합적 상징으로서의 성격을 가지고 있다.

라이프스타일을 구성하고 있는 활동과 관심 그리고 의견은 소비자의 소비행동과 밀접한 관련이 되어 있기 때문에 마케팅 관리자의 입장에서 중요한 개념이다. 소비자는 자신이 관심 있는 제품은 값이 비싸더라도 기꺼이 구매하려고 하며, 좋아하는 활동을 위해서는 시간을 내기 때문이다. 만약 건강이나 미용에 관심이 많은 사람은 이에 관련된 제품에 대한 정보에 보다 많은 관심을 가지며 구매의도도 높을 것이다. 또한 일상생활에 관심이 높은 소비자는 물건을 구매함에 있어서도 보다 많은 정보에 의존하여 구매결정을 하려 할 것이다. 한 사회의 라이프스타일의 유형을 파악하면 마케팅 관리자는 각 유형별로 나타나는 소비행동에 있어서의 특징과 이들을 구성하고 있는 인구통계적 특성을 알아내어 이들을 세분시장으로 나누고 이에 맞는 마케팅 믹스를 개발할 수 있다.

마케팅 관리자들은 자사의 제품과 라이프스타일 집단의 관계를 찾아내려 노력한다. 자사의 제품과 라이프스타일 집단의 관계를 발견하면 아예 그 집단에 어울리는 제품이나 상표라는 것을 심어주려 노력하며 따라서 광고문안도 그러한 집단에 맞는 내용으로 작성하게 된다. 예를 들어, 요즘 우리나라 기업들 사이에서는 M세대, N세대, X세대 그리고 미시(Missy) 등으로 이름 붙여진 라이프스타일의 소유자를 대상으로 치열한 마케팅 활동을 전개하고 있다.

라이프스타일의 특성들은 시장의 식별, 광고를 통한 제품 포지셔닝, 매체선정 지침의 개발, 신제품 표적시장의 확인에 이용된다. 라이프스타일의 특성과 욕구의 유사성에 의한 세분화를 실시할 수 있으며, 이는 이익이 가장 큰 세분시장을 규명하고 각 유형의 시장에 사용할 매체를 결정하며, 포장의 기준을 제공하며 신제품 개발과 유통경로의 구성에까지 영향을 준다.

또한 소비자의 의사결정들이 태도와 행동의 기저를 이루고 있는 핵심가치, 신념시스템에 의해 영향을 받는다. 핵심가치는 행동 혹은 태도보다 훨씬 강하고, 기본적인 수준에서 사람들의 장기적인 선택과 열망을 결정한다. 소비자들의 가치를 토대로 표적한 마케터들은 사람들의 내적 자아에 어필하며, 그들의 외적 자아인 구매행동에 영향을 미치는 것이 가능하다고 생각하였다.

개성과 자아 개념

사람은 각자 자기의 구매활동에 영향을 주는 독특한 개성을 가지고 있다. 개성(personality)이란 자신의 환경에 대하여 상대적으로 일관성 있고, 지속적인 반응을 초래하는 독특한 심리적 특성을 말한다. 즉, 개성은 보통 자기과신, 우월감, 자율, 복종, 사회성, 방어성, 적응성과 같은 속성에 의해서 설명된다.

개성이 소비자 브랜드 선택을 분석할 때 유용한 변수가 될 수 있다. 또한 브랜드들도 개성을 가지며 소비자들은 자신의 개성과 일치되는 브랜드를 선택할 가능성이 높다. 브랜드 개성은 특정 브랜드에 부여된 인간의 특성의 구체적 믹스로 정의될 수 있다.

스탠포드 대학의 Aker는 브랜드 개성을 연구하여 다음의 특성을 확인하였다.

첫째, 성실(현실적인, 정직한, 건전한, 그리고 쾌활한)

둘째, 흥분(대담한, 용기있는, 창의적인, 최신의)

셋째, 능력(신뢰할 수 있는, 총명한, 그리고 성공한)

넷째, 교양(상류계급의 그리고 매력적인)

다섯째, 투박함(옥외 생활-운동을 좋아하는 그리고 강인한)

Aker는 일부 유명한 브랜드들을 분석하여 다수의 브랜드들이 하나의 강력한 특성을 갖고 있다는 것을 확인하였다. 예를 들면 Levi's는 "투박함", MTV는 "흥분", CNN은 "능력", 그리고 Campbell's는 "성실" 등의 브랜드 특성을 갖고 있다는 것이다. 이론적으로 이들 브랜드는 같은 특성이 높은 사용자들을 유인할 것이다. 브랜드 개성은 몇 가지 속성을 가지고 있으며 Levi's는 개성으로 젊음, 반항, 진품, 그리고 미국인 등을 표방한다.

미국 밖에서 Aker의 척도의 일반화를 조사한 문화비교 연구는 일본과 스페인에서 5개 요인 중 3개가 적용되었지만, 두 나라에서 "평화로움"이 "투박함"을, 스페인에서 "열정"이 "능력"을 대신하였다. 한국의 브랜드 개성에 관한 연구가 2개의 문화적 특유의 요인, 즉 "수동적 호감"과 "영향력을 행사할 수 있는 지위"라고 나타났는데, 이는 한국의 사회와 경제 시스템에서 유교 가치의 중요성을 반영한 것이라고 볼 수 있다.

소비자들은 종종 자신들의 실제 자아와 일치하는 브랜드 개성을 가진 브랜드를 선택하고 사용한다. 비록 그 일치는 소비자의 이상적인 자아 혹은 타인의 자아에 토대를 둘 수도 있다. 이는 사적으로 소비되는 제품보다 공적으로 소비되는 제품에 더 많은 영향을 미쳤다. 한편, 자기주시(self-monitor) 경향이 높은 소비자들, 즉 타인들이 자신들을 어떻게 보는지에 민감한 소비자들은 소비 상황에 맞는 브랜드를 선택할 가능성이 높다. 마지막으로 종종 소비자들은 다른 상황에서 혹은 다른 유형의 사람들 주변에서 다르게 환기시킬 수 있는 자아의 여러 단면들(진지한 전문가, 가족 구성원을 돌보고, 유머감각이 뛰어나고)을 갖고 있다. 일부 마케터들은 브랜드 개성을 표현할 수 있는 브랜드 경험을 조심스럽게 조직한다.

제2절 주요 심리적 프로세스

소비자의 구매행동을 이해하는 데 있어 출발점은 다음 [그림 7-1]의 소비자 행동 모델 이다. 이 그림은 마케팅 자극과 환경적 자극이 소비자의 의식으로 들어감을 나타낸다. 소비자의 특징과 의사결정 과정은 어떤 구매결정을 유도한다. 마케팅 기업의 과업은 외적인 마케팅 자극의 유입과 최종 구매 의사결정 사이에 있는 소비자의 의식 내에서 무엇이 일어나는가를 이해하는 것이다. 4가지 중요한 심리적 과정인 동기부여, 지각, 학습 및 기억은 여러 마케팅 자극에 대한 소비자의 반응에 기본적으로 영향을 준다.

구매자 행동모델을 통해서 소비자행동 이론의 연구영역을 전반적으로 파악할 수 있다. 먼저 외부자극을 볼 수 있는데, 이는 소비자가 판단하고 의사결정을 내리는 데 필요한 정보로서 외부자극은 환경에서 오는 것이 있고, 기업의 마케팅 활동에 의한 것이 있다. 그 다음으로는 정보처리자로서의 소비자 특성과 소비자의 의사결정 과정이 소비자행동 이론의 중심이 되고 있다. 외부자극과 소비자정보처리 과정을 바탕으로 마케팅 관리자가 최종적으로 관심을 가져야 할 부분은 그 후의 소비자반응이다. 구매 후 소비자반응을 다루는 것도 최근에 들어 기업에서 보다 중요하게 다루어지고 있다. 여기에서는 소비자행동에 영향을 미치는 환경변수를 설명하고 다음으로 소비자의사결정 과정을 살펴본 후 구매 후 반응까지 살펴보도록 한다.

동기부여

소비자들이 어떤 이유로 어떤 구매행동을 취하는가를 이해하기 위해서는 우선 인간이 어떤 동기로 특정한 행동을 하는가를 파악해야 한다. 소비자들의 행동은 어떤 동기를 가지고 이루어지는데, 동기란 목표지향적인 인간이 충족시키려 하거나 긴장을 완화시키려 하는 자극된 욕구(stimulated needs)라고 할 수 있다. 마케팅 관리자는 소비자들의 다양한 욕구들을 자극하여 구매행동을 이끌어 내야 한다.

그림 7-1 구매자행동 모델

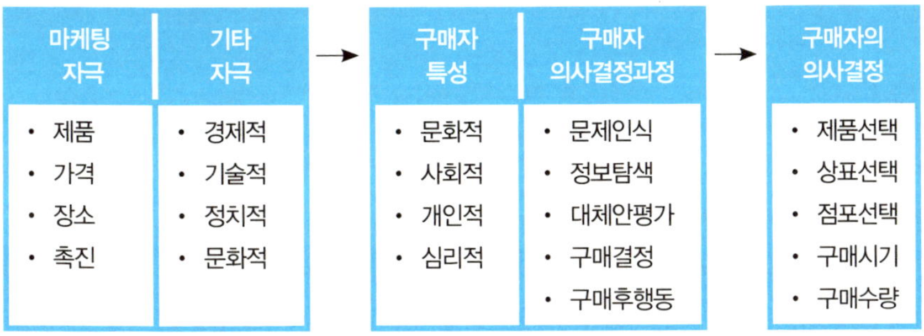

Maslow는 인간에게는 배고픔, 목마름, 불편함과 같은 생리적인 긴장상태에서 일어나는 생리적인 욕구와 안전과 보호 등의 안전에 대한 욕구 그리고 소속감과 사랑과 같은 사회적 욕구와 자존심 · 인식 · 지위와 같은 존경욕구, 자아개발과 같은 자아실현 욕구가 있다고 설명하였다. 이러한 욕구에 있어 최초의 단계인 생리적인 욕구가 가장 중요하고 가장 절박한 욕구이며 안전과 사회적 욕구, 존경의 욕구, 자아실현의 욕구로 갈수록 절박성과 중요성이 덜해진다고 하였다. 이러한 욕구는 계층적 특성을 가지고 있어 전 단계의 욕구가 충족되지 않으면 다음 단계에 대한 욕구는 약하며, 전 단계의 욕구가 충족되어야 다음 단계의 욕구가 강해진다. 마케팅 관리자는 소비자들이 동기의 충족을 위하여 구매를 한다고 생각하고 기업의 제품이나 상표가 만족시킬 수 있는 동기는 어떠한 것인가를 발견하여야 한다.

지각

동기가 유발된 사람은 곧 행동할 준비를 한다. 동기가 유발된 사람이 실제로 어떻게 행동하는가 하는 것은 그 사람이 그 상황을 지각하는 것에 의해서 영향을 받는다. 지각(perception)이란 어떤 개인이 투입된 정보를 의미 있는 것으로 만들기 위해서 선택하고 조직하며 해석하는 과정이라고 정의할 수 있다. 즉, 지각은 물리적 자극의 특성뿐만 아니라, 주위 환경의 영역과 자극의 관계 그리고 개인의 내적 상태에 따라 달라진다.

지각에 대한 정의에서 중요한 단어는 '개인'이다. 즉, 어떤 고객은 말이 빠른 판매원을 공격적이며 불성실하다고 지각할 수도 있다. 또 다른 고객은 말이 빠른 판매원을 지적(知的)이며 도움이 되는 사람이라고 지각할 수 있다. 사람들은 동일한 자극물을 다르게 지각할 수 있는데, 그 이유는 세 가지 지각적 과정, 즉 선택적 주의, 선택적 왜곡 및 선택적 유지 때문이다.

학습

사람들은 행동할 때에 학습을 한다. 학습(learning)이란 경험에서 나오는 개인적 행동의 변화를 말한다. 대개의 인간행동은 학습된다. 학습이란 동인, 자극, 단서, 반응 그리고 강화의 상호작용을 통해서 이루어진다. 동인(drive)이란 행동을 추진하는 강한 내부 자극이라고 정의된다. 그리고 단서(cues)는 언제, 어디서, 어떻게 반응하는지 결정해 주는 작은 자극이다. 학습이론의 실제적인 중요성은 마케팅 관리자가 제품을 강한 동인과 관련시키거나, 동기를 부여하는 단서를 사용하거나, 또는 긍정적인 강화를 제공함으로써 어떤 제품에 대한 수요를 창출할 수 있다는 것이다. 새로운 기업은 경쟁사들이 사용하는 동일한 동인에 소구함으로써, 또한 동일한 단서의 구성을 제공함으로써 시장에 진출할 수 있는데, 그 이유는 구매자들이 유사하지 않은 브랜드보다는 동일한 브랜드에 충성심을 이전할 가능성이 매우 높기 때문이다(일반화). 또한 기업은 일련의 서로 다른 동인에 소구할 수 있는 브랜드를 설계하여 소비자로 하여금 브랜드를 전환할 수 있는 강한 단서 유인을 제공할 수가 있다(차별화).

또한 학습은 단순히 정보와 경험을 얻는 것뿐만 아니라 태도, 개성, 행동 등에 변화를 일으키는 일체의 과정을 배운다. 인간은 주어진 환경 속에서 활동할 때에 취하는 행동, 반응에 따라서 보상을 받기도 하고 벌을 받거나 손해를 보기도 한다. 그래서 본인에게 유리한 조건과 결과를 초래하는 행동은 계속 반복하고, 반대의 결과를 가져오는 것은 회피하게 된다. 이와 같이 인간은 가장 큰 보상(biggest reward)을 받을 수 있는 행동 중심의 생존패턴을 따르는 경향이 있다. 일반 소비자가 제품/서비스를 구매할 때도 유사한 패턴을 따르는 경향이 있다. 마케터들은 이러한 소비자의 심리를 파악하고 이해하고 있어야 한다.

감정

소비자의 반응은 반드시 인지적이고 이성적이지 않다. 많은 경우 감정적이고 다른 유형의 감정을 불러올 수도 있다. 브랜드 혹은 제품이 소비자로 하여금 자랑스러움, 흥분, 혹은 자신감 등을 느끼게 만들 수 있다. 광고는 재미, 혐오감, 혹은 경탄 등의 감정을 창출할 수 있다.

2009년 Reckitt Benckiser과 P&G는 세탁 세제인 Woolite와 Tide 각각에 대해 광고를 시작하였는데, 세제의 성과 편익을 활용하지 않고 세탁의 감정적 연결을 활용하였다. 직장 여성 3명 중 1명은 지난해 자신들이 세탁 도중 옷의 일부를 손상시켰다는 것을 인식한다는 연구를 바탕으로 Reckitt Benckiser는 온라인과 점포 내에서 "손상없이 패션을 되찾고 멋진 모습을 유지하는 세제" Woolite 광고를 시작하였다. P&G는 세제는 깨끗한 것보다 더 많은 것을 해야 한다는 전제를 바탕으로 의류의 형태를 보존하고, 부드럽게 세탁이 마무리되는 등 아름다운 옷을 유지하는 세제로 포지셔닝하여 신규 Tide Total Care 광고를 만들었다.

기억

가장 광범위하게 수용되는 장기기억(long-term memory) 구조에 대한 견해는 사람들이 일련의 연상모델을 형성한다는 것이다. 언어적, 시각적, 추상적, 그리고 구조적 정보들도 기억 네트워크에서 저장될 수 있다. 장기기억 모델에서 소비자의 브랜드 지식은 다양하게 링크된 연상을 가진 기억의 노드(node)로 생각할 수 있다. 이들 연상의 강도와 구조가 브랜드를 회상하는 중요한 결정요인이 된다. 브랜드 연상은 브랜드 노드로 연계되는 생각, 감정, 이미지, 경험, 신념, 태도 등으로 구성된다.

소비자들은 올바른 브랜드 지식 구조들을 만들고 기억 속에서 그들을 유지하기 위해 제품과 서비스 경험을 한다는 것을 확실히 하는 방법으로 마케팅을 생각할 수 있다. P&G와 같은 기업들은 소비자들의 멘탈맵(mental map)을 만드는 것을 좋아한다. 멘탈맵이란 마케팅 환경에서 발생할 가능성이 있는 중요한 연관성 및 소비자에 대한 상대적인 경험, 선호, 독특함 등의 관점에서 특정 브랜드에 대해 소비자들이 알고 있는 것을 나타내는 것이다.

기억 속에 다른 제품의 정보가 존재하면 새로운 데이터를 간과하거나 혼돈을 느끼게 하는 방해 효과를 만들 수 있다. 항공사, 금융서비스, 그리고 보험회사 등과 같이 많은 경쟁자들로 혼잡한 카테고리에서 마케팅의 도전은 소비자들이 브랜드들을 뒤섞어 놓을 수 있다는 것이다.

슈퍼마켓 혹은 소매점포 내에서 마케팅이 매우 중요한 이유는 제품 포장 그 자체나 미니 광고판 디스플레이와 같은 회상 단서들의 효과가 중요하기 때문이다. 회상 단서들이 포함하는 정보와 점포 밖에 이미 전달된 광고에서 상기되는 정보는 소비자 의사결정의 주요한 결정요인이다.

제3절 구매역할과 유형

마케팅 관리자들은 구매자에게 영향을 주는 여러 가지 요인 이외에 소비자들이 그들의 구매결정을 실제로 어떻게 하는가를 이해해야 한다. 특히, 마케팅 관리자는 구매결정 단위, 구매역할, 구매행동 유형 그리고 구매과정의 단계를 확인해야 한다.

3-1. 구매행동 유형

소비자의 의사결정은 구매의사결정 유형에 따라 상이하다. 즉 치약, 테니스 라켓, PC 및 자동차를 구입하기 위한 의사결정은 큰 차이가 있다는 것이다. 보다 복잡하고 비싼 제품의 의사결정은 보다 많은 구매자의 숙고와 많은 구매 참여자가 관여될 가능성이 있다. Assael은 구매에 대한 구매자의 관여 정도와 상표 간의 차이의 정도에 근거하여 네 가지 유형으로 소비자 구매행동을 구분하였는데 그 유형은 [그림 7-2]와 같다.

| 복잡한 구매행동 |

복잡한 구매행동은 세 가지 단계의 과정이 관련된다. 첫째, 이 구매자는 우선 그 제품에 대한 신념을 갖게 되고, 둘째, 태도를 가지며, 셋째, 사려 깊은 구매선택을 거치게 된다. 소비자들은 구매에 크게 관여하고, 또한 상표 간의 유의한 차이를 인식할 때에 복잡한 구매행동을 거치게 된다. 즉, 복잡한 구매행동은 그 제품이 고가이며, 간혹 구매하고, 위험하며, 아주 높은 자아표현적일 경우에 해당된다. 전형적으로, 소비자는 제품범주에 대해 많이 알지 못하므로 많은 것을 학습해야 한다. 예를 들어, 개인용 컴퓨터를 구입하는 사람은 어떤 속성을 추구해야 하는가를 잘 모를 수 있다. 즉, 구매자가 어떤 조사를 하지 않는다면, 여러 가지 제품특성에 대해 전혀 그 의미를 알지 못한다.

고관여 제품의 마케팅 관리자는 고관여 소비자의 정보수집과 평가행동을 이해해야 한다. 또한 제품속성의 상대적 중요성에 대해 구매자가 학습할 수 있도록 그리고 보다 중요한 속성에 대해 자사 상표의 높은 지위와 평판에 주의를 끌 수 있도록 전략을 수립해야 한다. 마케팅 관리자는 자사상표의 특성을 차별화하고, 그 상표의 이점을 제시하기 위하여 주로 인쇄매체를 이용하며, 또한 최종적인 상표선택에 영향을 줄 수 있도록 점포 판매원과 구매자의 친지들을 동기부여시켜야 한다.

그림 7-2 구매행동 유형

상표간 차이 \ 관여도	높다	낮다
많다	복잡한 구매행동	다양성 추구 구매행동
적다	불협화 감소 구매행동	습관적 구매행동

불협화 감소 구매행동

가끔 소비자는 상표 간의 차이가 없는 경우에도 구매에 크게 관여한다. 고관여는 그 구매 비용이 높으며, 간혹 행해지고, 또한 위험스럽다는 사실에 근거를 두고 있다. 이러한 경우, 구매자는 이용 가능한 것을 학습하기 위해 쇼핑하러 돌아다니지만, 상표차이가 전혀 나타나지 않기 때문에 구매자는 기본적으로 가격이 좋다거나 구매하기가 편리하다는 것에 반응하여 꽤 신속하게 구매를 하게 된다. 카펫 구매의 예를 들어보자. 카펫은 고가이며, 자아표현성과 관련되기 때문에 고관여 의사결정이다. 그러나 구매자는 대개의 카펫이 어떤 특정 가격범위 내에서 동일하다고 생각할 가능성이 있다.

구매 후 소비자는 그 상표의 어떤 잘못된 특성을 알게 되거나, 또는 다른 상표에 대해 좋은 점을 들었기 때문에, 구매 후 불협화를 경험하게 된다. 그 경우, 소비자는 그의 결정을 정당화할 수 있는 정보에 주의를 기울이게 된다. 이러한 경우, 소비자는 우선적으로 행동을 하고, 이후에 어떠한 새로운 신념을 갖게 되며, 그 결과 일련의 태도가 형성된다. 즉, 이러한 경우에 마케팅 커뮤니케이션의 중요한 역할은 소비자가 구매 후 그의 상표선택이 좋다고 느낄 수 있도록 도움이 되는 신념과 평가를 제공하는 것이다.

습관적 구매행동

대개의 제품들은 저관여와 유의한 상표의 차이가 거의 없는 조건하에서 구입된다. 소금의 구매를 생각해 보자. 소비자들은 소금과 같은 제품범주에는 거의 관여하지 않는다. 즉, 점포에 가서 그 상표를 택한다. 만약에 소비자들이 동일한 상표를 계속 선택하게 된다면, 그것은 강한 상표충성심 때문이 아니라 습관의 결과인 것이다. 즉, 소비자들은 대개 가격수준이 낮고 자주 구입하는 제품에 대해서는 그다지 신경을 쓰지 않는다.

저관여 제품의 경우, 소비자 행동은 일반적인 신념 · 태도 · 행동 과정을 거치지 않는다. 소비자들은 그 상표에 대한 정보를 광범위하게 탐색하지 않으며, 그 특성을 평가하지도 않으며, 또한 어떤 상표를 구입할 것인가에 대해 신중하게 결정하지도 않는다. 그 대신 소비자들은 TV를 보거나, 인쇄광고를 보는 것처럼 정보를 수동적으로 받아들인다. 그러므로 반복광고는 상표확신보다는 상표친근성을 창출하게 된다. 구매 후 소비자들은 그 제품에 관여하지 않기 때문에 그 상표를 평가하지 않을 수도 있다. 따라서 저관여 제품에 대한 구매과정은 상표신념에 대한 수동적 학습에 의해서 형성된다.

상표차이가 거의 없는 저관여 제품의 마케팅 관리자는 제품시용을 자극하기 위해 가격촉진과 판매촉진을 사용하는 것이 효과적이다. TV 광고는 인쇄광고보다 효과적인데, 그 이유는 TV 광고가 저관여 매체이며 또한 수동적 학습에 적합한 것이기 때문이다. 또한 마케팅 관리자는 저관여 제품을 보다 고관여 제품으로 전환되도록 시도할 수 있다.

다양성 추구 구매행동

이 경우 소비자의 관여수준이 낮고, 유의한 상표차이가 있는 구매상황으로서, 소비자들은 자주 상표변경을 한다. 쿠키에 대해 생각해 보자. 소비자는 쿠키에 대해 어떤 신념을 가지고는 있지만, 거의 평가하지 않고 쿠키 중 어떤 상표를 선택하여 먹는 동안 그 상표를 평가한다. 그러나 다음 번에 그 소비자는 다른 맛을 원해서 다른 상표를 선택할 수 있는데, 이와 같이 상표변경은 불만족이라기보다는 다양성을 추구함으로써 일어난다.

이러한 제품범주에 속하는 제품의 마케팅 전략은 시장점유율이 높은 기업과 낮은 기업 간에 다르게 적용된다. 시장점유율이 높을 경우는 도소매기관에서 자사상표가 진열되는 선반면적을 유지 · 확대하고 상기광고를 빈번하게 구사하여 소비자들의 습관적 구매행동을 고무해야 한다. 반면에 점유율이 낮은 기업은 가격인하, 소액할인가격, 쿠폰, 무료견본 및 새로운 상품구매를 유도하는 광고를 통해 소비자들의 다양성 추구를 조장해야 한다.

제4절 구매의사결정 과정의 단계

소비자 구매의사결정 과정은 [그림 7-3]과 같이 5가지 일련의 과정으로 구분된다.

4-1. 문제의 인식

구매과정은 구매자가 문제 혹은 욕구를 인식함으로써 시작된다. 이러한 욕구는 내적 자극 또는 외적 자극에 의해서 발생될 수 있다. 내부 자극인 경우에 인간의 일반적인 욕구인 목마름, 배고픔, 성욕 등이 한계수준까지 오르면 발생된다. 또는 욕구는 외적 자극에 의해서도 일어날 수 있다. 어떤 사람은 빵집을 지나가다 갓 구운 빵을 보고 배고픔을 느끼게 된다. 어떤 사람은 이웃이 구입한 새 승용차에 감탄하기도 한다. 또한 TV에서 하와이 휴가광고를 시청하기도 한다. 마케팅 관리자는 소비자의 특별한 욕구를 불러일으키는 상황을 확인할 필요가 있다. 즉, 많은 소비자들로부터 정보를 수집함으로써 마케팅 관리자는 그 제품범주에 대한 관심을 일으키는 가장 흔한 자극을 확인할 수 있고, 확인한 후 소비자의 관심을 일으키게 하는 마케팅 전략을 수립할 수 있다.

4-2. 정보 탐색

욕구가 발생된 소비자들은 더 많은 정보를 탐색하는 경향이 있는데, 두 가지 욕구 발생 수준으로 구분할 수 있다. 첫째, 가벼운 정보탐색 상태를 '높아진 주의'라고 한다. 이 수준에서 사람은 단순히 어떤 제품에 대한 정보에 더욱 수용적이 된다. 둘째, 그 사람은 능동적으로 정보탐색을 할 수도 있는데, 이러한 경우에 관련 기사를 읽고, 친구에게 전화를 걸고, 그 제품에 대해 알기 위해서 점포를 방문한다. 마케팅 관리자의 주요 관심사

그림 7-3 구매의사결정 과정

중의 하나는 소비자가 의존하는 중요한 정보원천과 또 하나는 이러한 정보원천 각각이 계속적인 구매의사결정에 미치는 상대적인 영향력이다. 소비자의 정보원천은 개인적 원천(가족, 친구, 이웃, 친지), 상업적 원천(광고, 판매원, 판매상, 포장, 진열), 공공적 원천(대중매체, 소비자가 중요시하는 조직체), 경험적 원천(취급, 조사, 제품사용)의 네 개 집단으로 나누어진다. 정보원천의 상대적인 양과 영향력은 제품범주와 구매자의 특성에 따라 다르다. 일반적으로 소비자는 상업적 원천으로부터 제품에 대해 대부분의 정보를 받는다. 하지만 가장 효율적인 정보는 개인적 원천으로부터 나온다.

정보원천의 각 유형은 구매의사결정에 영향을 미치는 데 있어서 서로 다른 기능을 수행할 수도 있다. 상업적 정보는 일반적으로 정보전달적 기능을 하는 반면에, 개인적 원천은 정당화 또는 평가기능을 수행한다. 예를 들어, 외과의사들은 보통 상업적 원천을 통해서 새로운 약을 알게 되지만, 정보의 평가는 다른 의사들에게 의존한다. 정보수집을 통해서, 소비자는 경쟁하는 상표와 그 특성에 대해서 학습한다. 소비자가 이용 가능한 상표의 전체 집합, 소비자들이 알게 되는 인식집합, 구매선택 범위의 고려집합, 더 많은 정보를 수집함으로써 얻어지는 선택집합, 최종적으로 이 선택집합에서 최적의 제품을 선택하게 된다는 것을 다음 [그림 7-4]를 통해 알 수 있다.

기업은 자사의 상표가 잠재고객의 인식집합, 고려집합 및 선택집합 속으로 들어갈 수 있도록 전략화해야 한다. 기업은 역시 자사의 경쟁적인 소구방법을 계획하기 위해서 소비자의 선택집합에 속한 다른 상표를 확인 · 규명해야 한다. 이에 추가하여 그 기업은 소비자의 정보원천을 신중하게 파악해야 하며, 또한 정보원천의 상대적 중요성을 평가해야 한다.

4-3. 대안의 평가

우리는 소비자가 경쟁적인 상표정보를 어떻게 처리하며, 또한 최종적인 가치판단을 어떻게 하는가를 알아야 한다. 모든 소비자가 모든 구매상황 속에서 사용하는 간단하고도 유일한 평가과정은 없다. 소비자 평가과정에 대한 가장 최근의 모델들은 인지지향적이다. 즉, 모델들은 소비자들이 주로 의식적이며, 합리적인 기준에 따라 제품을 판단하는 것으로 제시한다.

어떤 기본적인 개념들을 파악함으로써 소비자 평가과정을 이해할 수 있다. 첫째, 소비자는 어떤 욕구를 충족시키려고 한다. 둘째, 소비자는 문제를 해결하는 제품에서

그림 7-4 소비자 의사결정에 관련된 일련의 집합

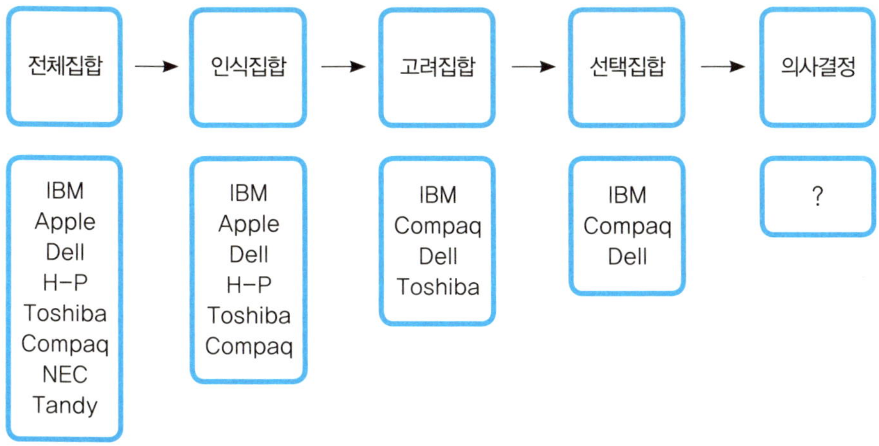

어떤 이점을 추구하고 있다. 셋째, 소비자는 이러한 욕구를 만족시키기 위해 추구하고 있는 이점을 전달하는 각기 상이한 능력을 갖는 속성의 묶음으로 각 제품을 인식한다. 즉, 구매자에게 관심이 되는 속성은 제품마다 상이하다. 예를 들어서, 사진기(사진의 선명성, 속도, 크기, 가격), 호텔(위치, 청결함, 분위기, 비용), 구강청정제(색깔, 효과성, 살균력, 가격, 맛, 향기), 타이어(안전성, 수명, 승차감, 가격) 등에 대해서 우선순위를 두는 속성은 소비자마다 다르다.

소비자들은 자신이 추구하는 이점을 전달하는 속성에 주의를 기울일 것이다. 어떤 제품시장은 종종 각각의 상이한 소비자집단이 중요시하는 특별한 속성에 따라서 세분화될 수 있다. 소비자들은 각 상표들이 각 속성을 고수하는 위치에 대해 일련의 상표신념을 가질 가능성이 있다. 어떤 특정 상표에 대한 신념은 상표 이미지를 조성한다. 소비자의 상표신념은 선택적 지각, 선택적 왜곡 및 선택적 보존의 효과에 의해서 여과됨으로써 그 자신의 경험에 따라 상이하다.

소비자는 어떤 속성에 대한 평가절차를 통해서 대안적인 상표들에 대한 태도(판단, 선호성)를 갖게 된다. 이러한 대안을 평가하는 모델의 하나로서 Fishbein의 다속성 태도 모델을 예로 들 수 있다. 이 모델에서 의사결정을 하는 방식은 다음의 공식으로 표현된다.

$$A_0 = \sum_{i=1}^{N} B_i \times I_i$$

A_0 : 특정 상표에 대한 태도
B_i : 특정 상표가 속성 I를 얼마나 만족시키는가에 대한 소비자의 신념
I_i : 소비자가 속성 I에 대해 부여하는 중요성 정도
N : 소비자가 중요하다고 생각하는 제품의 속성

예를 들어, 특정 구매자가 여러 대안들 중 네 개의 컴퓨터(A, B, C, D)로 선택집합을 좁혔다고 가정하자. 또 네 가지 속성(기억용량, 그래픽 능력, 크기와 무게, 가격)에 대해 주로 관심을 가지고 있다고 하자. 다음 〈표 7-3〉은 구매자가 네 가지 속성에 대해 각 상표를 어떻게 등급화했는지를 나타내고 있다. 어떤 컴퓨터가 모든 기준에서 다른 것을 압도한다면 구매자는 그것을 선택할 것이라고 예측할 수 있다. 그러나 선택집합은 달리 소구하는 여러 상표들로 구성되어 있다. 만약, 구매자가 어느 기준보다도 기억용량을 원한다면, A를 구입할 것이다. 만약 최고의 그래픽 능력을 원한다면 B를 구입할 것이다.

그러나 대개의 구매자들은 구매결정시 여러 속성을 고려한다. 만약, 구매자가 4개의 속성에 부여하는 가중치를 알고 있다면, 구매자의 컴퓨터 선택을 더욱 믿을 만하게 예측할 수 있을 것이다. 컴퓨터의 기억용량에 대해 가중치를 40%, 그래픽 능력에 30%, 크기와 무게에 20%, 가격에 10%를 부여했다고 하자. 그러면 다음과 같이 지각적 가치가 계산된다.

컴퓨터 A $= 0.4(10) + 0.3(8) + 0.2(6) + 0.1(4) = 8.0$
컴퓨터 B $= 0.4(8) + 0.3(9) + 0.2(8) + 0.1(3) = 7.8$
컴퓨터 C $= 0.4(6) + 0.3(8) + 0.2(10) + 0.1(5) = 7.3$
컴퓨터 D $= 0.4(4) + 0.3(3) + 0.2(7) + 0.1(8) = 4.7$

따라서, 지각적 가치(8.0)가 가장 큰 컴퓨터 A를 선호할 것이라고 예측할 수 있다. 대부분의 컴퓨터 구매자들은 위에서 행한 동일한 방법으로 그들이 선호하는 것을 결정한다고 가정하자. 이러한 사실을 인지하여 컴퓨터 제조업체는 구매자의 의사결정에 영향을 줄 수 있는 여러 조치를 취할 수가 있다. 예를 들어, 컴퓨터 C의 마케팅 관리자는 자사 상표에 더 많은 관심을 갖도록 영향을 미칠 수 있는 다음과 같은 전략을 구사할 수 있다.

- 컴퓨터의 재설계와 상표신념의 변화: 전자는 실질적 재위치화, 후자는 심리적 재위치화다.

표 7-3 컴퓨터에 대한 소비자의 상표신념

컴퓨터	속성			
모델	기억용량	그래픽 능력	무게와 크기	가격
A	10	8	6	4
B	8	9	8	3
C	6	8	10	5
D	4	3	7	8

- 경쟁상표에 대한 신념의 변경: 경쟁상표가 실제의 질보다 훨씬 우수하다고 구매자가 잘못 인식하는 경우에 의미가 있다. 이와 같은 전략을 경쟁적 역위치화라고 한다.
- 가중치 변경: 자사 상표의 유리한 속성에 대해 더 많은 가중치를 부여하도록 유도한다.
- 소홀하게 여기는 속성에 대한 주의력 요구: 마케팅 기업은 스타일 또는 처리속도와 같은 소홀히 했던 속성에 대한 소비자의 관심을 높이기 위해 노력할 수 있다.
- 구매자의 이상형 변경: 마케팅 기업은 하나 혹은 그 이상의 속성에 대한 구매자들의 이상적인 수준을 변경하도록 구매자를 설득시킬 수가 있다.

4-4. 구매의사결정

평가단계에서 소비자는 선택집합 내의 상표들 중에서 선호할 것을 결정한다. 또한 소비자는 가장 선호하는 상표를 구매할 의도를 갖게 된다. 그러나 구매의도와 구매의사결정 사이에는 두 가지 요인이 발생될 수 있는데, [그림 7-5]와 같다.

첫 번째 요인은 다른 사람의 태도이다. 다른 사람의 태도가 그의 선호하는 대안을 어느 정도 줄일 것인지는 다음 두 가지에 좌우된다. ① 소비자가 선호하는 대안에 대한 다른 사람의 부정적 태도의 강도, ② 다른 사람의 기대에 순응하려는 그 소비자의 동기부여다. 즉, 다른 사람의 부정적 태도가 크면 클수록 그리고 다른 사람이 그 소비자와 가까우면 가까울수록 그 소비자는 그의 구매의도를 수정할 가능성이 높아질 것이다. 역시 그 반대도 마찬가지이다. 즉, 그가 좋아하는 어떤 사람이 동일한 상표를 강력하게 선호한다면, 구매자의 그 상표에 대한 선호성은 증가한다. 그 구매자와 가까이 있는 사람들이 모순적인 의견을 가지며, 또한 구매자가 그들 모두를 기쁘게 하려고 하는 경우, 다른 사람들의 영향은 매우 복잡하게 된다.

둘째, 구매의도는 또한 예기치 못한 상황적 요인에 의해서도 영향을 받는다. 예컨대, 구매의사 결정자가 직장을 잃거나, 더 긴급하게 다른 구매가 필요하게 되거나, 점원이 그에게 부정적으로 영향을 미칠 수도 있다. 이와 같이 선호한 것과 구매의도조차도 실제 구매행동에 대하여 완전하게 믿을 만한 예측치가 되지 못한다.

구매결정을 수정하고 연기하거나, 회피하는 소비자의 의사결정은 지각적 위험에 의해 상당히 영향을 받는다. 지각적 위험(perceived risk)은 관련 금액, 속성의 불확실성 정도 그리고 소비자의 확신에 따라 다르다. 어떤 소비자는 의사결정 회피, 친구로부터 정보수집, 전국적인 상표명과 보증에 대한 선호 등과 같이 위험을 줄이는 어떤 방법을 개발한다. 마케팅 관리자는 소비자에게 위험을 느끼게 하는 요소들을 파악하고, 그 지각한 위험을 감소시킬 수 있는 정보와 자원을 제공해 주어야 한다.

구매의도를 실천하기로 결정한 소비자는 다섯 가지 하위 구매의사결정을 해야 한다. 즉, 소비자는 상표 결정(상표 A), 거래처 결정(대리점 2), 수량 결정(1개), 시기 결정(주말), 및 지급방법 결정(신용카드) 등을 해야 한다. 더욱이 이와는 대조적으로 일상제품의 구매는 이러한 결정에 거의 관여하지 않으며, 또한 거의 신중하게 고려되지도 않는다. 예를 들어, 설탕을 구매하는 경우, 소비자는 거래처와 지급방법을 거의 생각하지 않는다.

4-5. 구매 후 행동

제품을 구매한 후, 소비자는 어떤 수준의 만족과 불만족을 경험한다. 마케팅 관리자의 직무는 그 제품이 판매되었을 때 끝나는 것이 아니라, 구매 후에도 계속된다. 마케팅 관리자는 구매 후 만족, 구매 후 행동조치, 구매 후 제품사용과 처리를 분석해야 한다.

그림 7-5 대안평가와 구매의사결정 사이의 단계

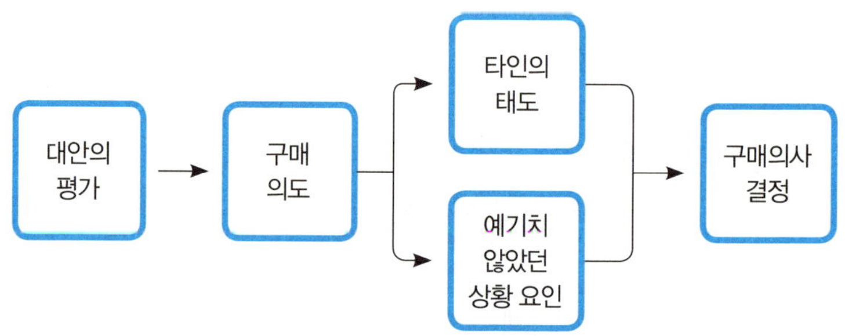

구매 후 만족

구매자가 구매에 아주 만족하는지, 조금 만족하는지, 약간 불만족하는지, 또는 아주 불만족하는지를 결정하는 것이 무엇인가? 구매자의 만족은 구매자의 제품에 대한 기대(E: expectation), 그 제품에 대한 지각된 성과(P: perceived performance)와 관계된 함수이다. 즉, 제품의 성과가 소비자의 기대수준에 미치지 못하면(P < E) 소비자는 실망하게 되고, 만약 제품이 기대를 충족하면, 소비자는 대체적으로 만족한다. 제품의 성과가 기대를 초과하면(P < E), 고객은 기뻐한다. 물론 이러한 소비자의 느낌에 따라서 고객이 그 제품을 재구매하고, 또한 그 제품에 대해 다른 사람들에게 우호적 또는 비우호적으로 이야기할 것인가에 차이가 있다.

소비자는 자기의 기대수준을 판매원, 친구, 기타 다른 정보원천으로부터 받은 메시지에 근거하여 형성한다. 즉, 기대수준과 성과 사이의 차이가 크면 클수록 소비자의 불만족은 커진다. 여기에서 소비자의 대응 스타일이 나온다. 어떤 소비자들은 그 제품이 불완전할 때, 기대와 성과의 차이가 크며 제품에 아주 불만족스럽게 된다. 그렇지만 다른 소비자는 기대와 성과의 차이가 작으며 거의 불만족스럽지 않게 느끼게 된다.

어떤 판매업자들은 소비자들이 제품에 대한 기대 이상의 만족을 경험하도록 성과수준을 작게 제시하기도 한다.

구매 후 행동조치와 구매사용과 처리

제품에 대한 소비자의 만족 또는 불만족은 차후의 행동에 영향을 미친다. 만족하게 되면 그 소비자가 다음 번에도 그 제품을 구매할 가능성은 매우 높게 나타난다. 예를 들어, 자동차 상표 선택에 대한 자료를 검토한 결과, 과거에 구입한 상표에 아주 만족한 정도와 그 상표를 재구매할 의도 간에는 상관관계가 매우 높았다. 한 설문조사는 Volkswagen 자동차 구매자 중 75%는 아주 만족하였는데, 그 75%가 다시 Volkswagen을 구매할 의향이 있음을 밝혔다.

역시 만족한 고객은 다른 사람에게 그 상표에 대해 좋은 점을 이야기하는 경향이 있다. 마케팅 관리자들은 최상의 기업과 제품광고는 만족한 고객에 기인함을 강조하고 있다. 그러나 불만족한 소비자는 그 제품을 버리거나 반품할 수도 있으며, 높은 가치를 확신시켜 주는 정보를 탐색할 수도 있다. 불만족한 소비자는 기업에게 불만을 토로하거나, 변호사와 상담, 다른 집단(기업, 개인 또는 정부기관)에게 불평을 토로함으로써 공적 행동을 취할 수 있다. 사적 행동에는 제품구매를 중단하기로 결정(돌파구적 방법), 또는 친구에게 경고(언어적 방법)하는 것이 포함된다. 이런 모든 경우에, 판매업자는 소비자를 만족시키는 직무를 잘못 수행하고 있는 것이다.

구매자에 대한 구매 후 커뮤니케이션은 제품 반환과 주문 취소를 감소시킨다는 연구결과가 밝혀졌다. 컴퓨터 기업들은 좋은 컴퓨터를 선택한 것을 축하한다는 편지를 컴퓨터를 새로 구입한 소비자에게 보낼 수 있다. 그들은 만족해 하는 소유자를 광고에 등장시킬 수 있다. 기업들은 고객의 개선 제안을 유도하고, 이용 가능한 서비스 장소를 제시할 수 있으며, 이해하기 쉬운 취급설명서를 발행할 수도 있다. 또한 그들은 새로운 컴퓨터의 응용과 이용에 대해 설명한 잡지를 소유자들에게 보낼 수 있다. 이와 더불어, 기업들은 고객들이 불평을 토론할 수 있는 좋은 경로를 마련할 수 있다.

한편, 마케팅 관리자는 구매자들이 어떻게 제품을 사용하고 처리하는가를 조사해야 한다. 만일 소비자들이 제품을 벽장 속에 방치해 두었다면, 그 제품은 매우 만족스러운 것이 되지 못하며 구전으로 인한 제품의 이미지가 좋지 않을 것임을 의미한다. 그럼에도 기업들이 그 제품을 판매하거나 거래한다면, 이는 결과적으로 신제품의 판매를 악화시킬 것이다.

만약에 소비자들이 그 제품을 내버리는 경우, 마케팅 관리자는 소비자들이 그 제품을 처리하는 방법을 연구해야 하는데, 특히 음료수병과 1회용 기저귀와 같은 환경을 훼손시키는 제품의 경우는 더욱 그 처리방법을 연구해야 한다. 재활용과 친환경적인 것에 대한 관심사뿐만 아니라 예쁘게 만들어진 빈 향수병을 버리는 것에 관련한 소비자의 불편이 증대됨에 따라 프랑스의 향수 제조업체인 Rochas는 새로운 재활용 향수병을 기획하고 있다.

8 시장세분화, 표적화, 위치화

학습목표

- ▶ 시장을 구성하고 있는 세분시장을 어떻게 확인할 것인가
- ▶ 매력적인 목표시장을 선정하기 위한 기준들은 무엇인가
- ▶ 효과적인 포지셔닝은 어떻게 선택하며 전달해야 하는가
- ▶ 기업이 활용할 수 있는 주요한 차별화 요인은 무엇인가

시장세분화(market segmentation), 표적화(targeting), 위치화(positioning)를 나타내는 이른바 STP 전략은 마케팅 전략 수립에 있어서 핵심적인 개념이다. 시장세분화는 상이한 제품이나 마케팅 믹스를 요구하는 독특한 구매자 집단을 확인 · 규명하여 가치가 있는 다수의 시장으로 분류하는 것을 의미하고, 시장표적화는 세분시장 중에서 진출할 하나 또는 그 이상의 세분시장을 자사의 능력과 경쟁을 고려하여 선정하는 것을 말한다. 마지막으로 시장위치화는 표적시장에 맞는 제품의 특징과 이점을 개발하고 고객들을 대상으로 커뮤니케이션하는 것이다.

제1절 시장세분화의 수준과 유형

1-1. 시장세분화 수준

시장세분화에 대한 연구의 출발점은 대량 마케팅이다. 대량 마케팅(mass marketing)에서 판매업자는 단일의 제품을 모든 소비자에게 대량생산, 대량유통, 대량촉진, 대량판매한다. 이러한 마케팅 전략은 Ford가 모든 구매자에게 T-car를 제공한 전략과 같다([그림 8-1]). 포드는 제작비용을 절감하기 위해 1914년부터 1925년까지 동일 모델 검정색의 동일 색상을 고집하였다. 소비자들은 이미 자동차가 널리 보급된 1920년대 중반에 들어서는 천편일률적인 모습의 모델 T에서 더 이상 매력을 느끼지 못했다. GM 등 경쟁자들이 뛰어난 성능과 세련된 디자인을 내세우며 소비자들을 유혹하자 모델 T의 판매도 점차 줄어들기 시작했다. GM의 공세를 이기지 못한 포드는 모델 T의 생산을 끝내고 새 모델을 개발해 내놓았지만 모델 T만큼 성공을 거두지는 못했다. 이후로 포드는 GM에게 미국 제1의 자동차제조사 자리를 내어 주었고, 다시는 1위의 자리에 오르지 못했다.

대량 마케팅은 규모의 이익 실현으로 최저의 원가와 가격을 실현할 수 있으므로 가장 큰 잠재적 시장을 개척할 수 있다. 하지만 상당수 비판가들은 시장이 점차 분열되어, 대량 마케팅을 수행하기 어렵다는 사실을 지적한다. 소비자들은 여러 가지 방식, 즉 대형 쇼핑센터, 전문점, 슈퍼스토어, 우편주문 카탈로그, 가정 내 쇼핑 네트워크 및 인터넷 외 가상점포를 이용하여 쇼핑한다. 그리고 적소시장에 맞는 잡지와 기타 인쇄 매체

그림 8-1 Ford社 Model-T 대량생산

등의 경로를 통해 다양한 정보를 얻고 있다.

광고 매체와 유통경로가 널리 보급됨으로써 '모든 것에 잘 맞는 한 가지 규격'의 마케팅을 실행하기가 어렵게 된다. 대량 마케팅이 점차 사라지고 있다는 것이다. 대부분의 기업들은 네 가지 수준(세분시장, 적소시장, 지역시장, 개인별 시장)의 시장 중 기업의 상황에 맞는 적절한 수준에서의 세분화시장 전략을 채택한다.

세분시장 전략

세분시장(segment market)은 유사한 욕구, 구매력, 지리적 위치, 구매태도 및 구매습관을 가진 상당히 큰 동질적인 집단으로 구성된 시장이다. 예를 들어, 자동차 제조기업은 4개의 큰 세분시장, 즉 기본적인 수송을 추구하는 자동차 구매자, 고성능을 추구하는 구매자, 사치스러움을 추구하는 구매자, 안전을 추구하는 구매자로 나눌 수 있다. 따라서 세분화는 대량 마케팅과 개인별 마케팅의 중간수준이다. 즉, 하나의 세분 시장에 속해 있는 구매자들은 1차적 욕구(needs)와 2차적 욕구(wants)에서 매우 유사하다고 가정할 수 있지만 결코 동일하지는 않다.

동일 세분시장 내의 모든 구성원들에게 표준화된 제품을 제공하기보다는 그들의 취향, 즉 소비자의 취향에 따라 일정 수준 선택 가능한 제품을 시장에 제공하는 것이 바람직 하다. 이와 같이 비교적 유연한 시장제공물(flexible market offering)은 두 부분으로 구성되어 있다. 첫째, 기본적 해결책(naked solution)은 세분시장의 모든 구성원들이 가치가 있다고 여기는 제품과 서비스의 기본적 이점으로 구성되며, 둘째, 선택방안(선택품: options)은 세분시장 내의 특정 구성원이 가치가 있다고 여기는 것이다. 즉, 각각의 선택품은 추가적인 요금이 부과된다.

세분시장 마케팅은 대량 마케팅 전략에 비해 여러 가지 이점이 있다. 기업은 표적시장에 적합한 제품/서비스를 창출하고 적절한 가격으로 결정할 수 있으며, 유통경로와 커뮤니케이션 경로를 선택하는 것도 상당히 용이하다. 또한 소수의 경쟁사들이 이 세분시장에 진입해 있다면, 비교적 낮은 경쟁강도로 인해 기업은 경쟁비용을 줄일 수 있다.

틈새시장 전략

틈새시장(niche market)이란 특정한 성격을 가진 소규모의 소비자를 대상으로 판매목표를 설정하는 것이다. 마케팅 관리자들은 하나의 세분시장을 더 작은 하위 세분시장으로 나누고 틈새를 발견한다. 또한 독특한 특징을 갖고 있는 집단으로 정의함으로써 적소시장을 확인 · 규명한다. Hertz, Avis, Alamo 등이 비즈니스 및 레저 여행객을 위한 공항 렌터카를 전문으로 하는 반면, Enterprise는 차량이 파손되거나 도난당한 고객에게 우선적으로 렌트해 줌으로써 저예산, 보험 대체 시장을 공략했다. Enterprise는 간과되고 있는 틈새시장에서 저비용, 편리성으로 독특한 연관성을 만들어 냄으로써 많은 수익을 얻고 있다. 매력적인 틈새시장의 특징은 다음과 같다.

- 틈새시장의 고객들은 독특하면서도 약간 복잡한 욕구를 가지고 있다.
- 틈새시장의 고객들은 그들 욕구를 최상으로 충족시켜 주는 기업을 선호한다.
- 마케팅 관리자는 전문화를 통해서 특이한 경제성을 획득할 수 있다.
- 틈새시장은 다른 경쟁사를 끌어들일 가능성이 없고, 충분한 규모, 이익 및 성장잠재력이 있어야 한다.

지역 마케팅 전략

지역 마케팅이란 마케팅 프로그램을 지역 고객집단(거래지역, 이웃, 심지어는 개인점포)의

1차적 욕구와 2차적 욕구에 적합하도록 제공하는 것이다. 기업의 마케팅을 지역화하여 혜택을 누린 기업들은 전국적인 광고를 낭비라고 인식하는데, 그 이유는 전국적인 광고가 지역의 표적집단에게 전달되지 못하기 때문이다. 지역 마케팅에 대해 반대하는 기업들은 지역 마케팅이 규모의 경제를 축소시킴으로써 제조 및 마케팅 비용을 증대시킨다고 주장한다. 기업들이 서로 다른 지역의 요구조건을 충족시키려고 하는 경우, 물류활동에서 발생할 수 있는 문제들이 더욱 커지게 된다는 것이다. 그리고 제품과 메시지가 지역에 따라 다르게 되면 해당 상표의 전반적인 이미지가 손상될 수도 있다.

개인별 마케팅 전략

세분화의 최종 수준은 '한 사람에 대한 세분시장', '고객화 마케팅', 또는 '일대일 마케팅'이다. 오늘날은 기업 대 기업 마케팅이 상당수 고객화되고 있다. 어떤 제조업자는 각각의 주요 거래처에 대해 제공물, 물적 유통, 커뮤니케이션 및 금융조건을 고객별로 행하고 있다. 즉 컴퓨터, 데이터베이스, 로봇 생산, 전자우편 및 팩스 등의 새로운 기술로 인해 기업들은 고객화 마케팅 또는 대량고객화로 전환하고 있다.

대량고객화(mass customization)란 각 고객의 요구조건을 충족시키기 위해 개인적으로 디자인된 제품과 커뮤니케이션을 대량의 기준에 따라 준비할 수 있는 능력이다. 최근 인터넷의 급속한 보급으로 기업은 고객과 상호작용이 가능하게 됨으로써 고객의 선호도에 대해 학습하고 그들의 요구에 신속하게 반응할 수 있게 되었다. 소비재 기업들만이 이러한 추세를 이용하는 것은 아니다. 일반기업, 산업재를 생산하는 기업들도 역시 과거에 표준화된 제품을 제조하는 데 소요된 시간과 같은 기간 내에 보다 낮은 비용으로 거래기업들의 요구사항에 맞는 제품과 서비스를 제공할 수 있다.

1-2. 시장세분화 유형

시장을 세분화하는 가장 좋은 기준은 소비자 구매행동의 의사결정 과정을 이해하고 그에 따라 세분화하는 것이다. 그러나 마케팅 관리자가 소비자 구매행동의 의사결정 과정을 완벽히 이해할 수 없기 때문에 세분화의 필요성 여부는 소비자의 제품에 대한 선호도를 기준으로 판단하게 된다.

해당 시장에서 제공되고 있는 제품이나 서비스의 기능적 또는 심리적 속성 수준에 대해 소비자들이 갖고 있는 선호도는 시장을 세분화하는 데 중요한 기준이 된다.

세분시장은 여러 방법으로 형성될 수 있다. 한 가지 방법은 선호도를 파악함으로써 세분시장을 확인하는 것이다. 예를 들어, 아이스크림 구매자들에게 제품의 두 가지 속성, 즉 단맛과 크림의 질에 얼마나 많은 가치를 부여하는가를 질문한다고 하자. 그 결과 세 가지 서로 다른 유형이 제시될 수 있다([그림 8-2]).

- **동질적 선호도**: 그림에서 (a)는 모든 소비자들이 동일한 선호도를 가지고 있는 시장을 나타내는데, 이 시장에서는 세분시장을 찾아보기 어렵다. 현존하는 상표들이 유사하며, 단맛과 크림의 질 모두 중앙에 위치하고 있다고 예측할 수 있다. 현 상황에서 시장을 세분화하는 것은 무의미하다. 따라서 이러한 동질적인 시장에서는 각 기업들이 제품의 속성에 의한 차별화보다는 광고와 같은 촉진수단을 사용한 이미지 차별화를 하려고 시도하거나 유통망 확충에 힘을 기울여 판매실적을 높이려 할 것이다. 그러나 만약 어떤 기업이 새로운 속성을 제품평가 기준으로 소비자에게 소구하는 데 성공하게 된다면, 새로운 제품 시장으로 세분화하는 데 성공하게 되며 높은 수익을 기대할 수 있다.
- **분산적 선호도**: 극단적으로, 소비자의 선호도가 전체적으로 분산될 수도 있다. 그림에서 (b)는 소비자들이 한 제품에서 원하는 것이 서로 다르다는 것을 보여 준다. 그 시장에 진입하는 첫 번째 상표는 대부분의 사람들에게 소구하기 위해 중앙에 위치할 가능성이 있는데, 그 이유는 중앙에 있는 상표가 소비자들의 불만을 최소화하기 때문이다. 두 번째 경쟁사가 첫 번째 상표 옆에 위치해서 시장점유율을 확보하기 위해 경쟁할 수도 있다. 또는 어떤 새로운 경쟁사는 중앙에 있는 상표에 만족하지

그림 8-2 소비자 선호도에 따른 시장의 유형

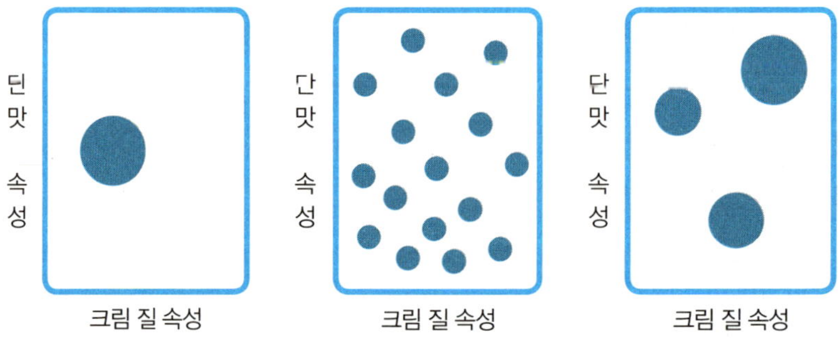

(a) 동질적 선호성 (b) 분산된 선호성 (c) 군집(밀집)한 선호성

못한 고객집단을 끌어들이기 위해 모퉁이에 위치할 수 있다. 분산형 선호도의 시장에서는 속성 단맛과 크림의 질 등을 소비자들에게 교육, 홍보하여 소비자들의 선호도를 밀집시키게 함으로써 시장세분화가 가능하다. 이 시장에서도 특정 기업이 시장세분화에 성공하고 제품 포지셔닝을 정확하게 한다면, 그 세분시장에 경쟁자가 들어오지 못하도록 진입장벽을 구축하는 효과를 확보하여 경쟁우위의 유지 및 높은 수익성을 기대할 수 있다.

- **군집적 선호도**: 시장의 성숙도가 상당히 진행되어 소비자들의 욕구나 구매행태 등이 분화된 상태를 의미한다. 그림에서 (c) 경우, 소비자들은 단맛과 크림 질의 특정 속성에 그 선호성이 몰려 있다. 이러한 군집이 생기기 위해서는 소비자들을 구분짓는 하나 이상의 특성변수들의 조합에 따라서 다른 집단과는 차별이 되는 특성을 지닌 집단화가 되어야 한다. 예를 들면, 커피를 마실 때 프림과 설탕의 양에 따라 비슷한 선호를 가진 사람을 집단화한다고 하면 프림 한 스푼인 경우에는 설탕 한 스푼, 프림 두 스푼이면 설탕 세 스푼, 프림 세 스푼이면 설탕 두 스푼 등과 같이 어떤 특성변수의 정도에 따라 다른 특성변수의 정도가 달라지는 경우가 되어야 한다.

동질적 선호도나 분산된 선호도를 보이고 있는 시장에서는 현재의 시장상태로는 시장세분화가 필요하지 않으나 군집화된 선호도를 나타내는 시장에서는 마케팅 전략의 성공적인 수행을 위하여 시장세분화가 절대적으로 필요하다. 그러나 동질적 선호성이나 분산된 선호성의 시장에서도 어느 기업이 새로운 제품의 속성을 도입하는 방법 등으로 시장세분화를 통한 차별화를 성공한다면 매출의 증가와 수익성 향상이 이루어질 것이다.

1-3. 시장세분화 절차

세분시장을 확인하고 규명하는 것에는 조사, 분석, 세부요약의 세 가지 단계가 있다.

1단계: 조사단계

조사자는 소비자들의 동기, 태도 및 행동을 파악하기 위해 탐색적인 면접과 집중집단면접을 행한다. 그 후 조사자는 설문지를 준비하고 속성 및 속성의 중요도 등급에 대한 자료를 수집한다. 즉, 상표의 인지도와 상표등급, 제품사용 유형, 제품범주에 대한 태도 및 응답자들의 인구통계적, 심리묘사적 및 매체묘사적인 것 등의 자료를 수집한다.

2단계: 분석단계

조사자는 상관관계가 높은 변수들을 추출하기 위한 목적으로 그 자료를 요인분석하며, 그 후 조사자는 아주 상이한 세분시장의 수를 결정하기 위해 군집분석을 적용한다.

3단계: 세부요약 설명단계

각 군집은 구별되는 특이한 태도, 행위, 인구통계적, 심리묘사적 및 매체유형을 기준으로 설명되어야 한다. 각 세분시장은 독특하게 구분되는 특징에 따라 각각의 이름을 부여한다. 예를 들어, 여가시장에 대한 연구에서 Andreasen과 Belk는 6개의 세분시장을 발견하여, 이에 상응하는 프로파일을 제시하였다. 수동적이며 가정적인 사람, 능동적인 운동애호가, 내부지향적인 자기충실자, 문화애호가, 능동적이며 가정적인 사람, 사회적으로 능동적인 사람 등이다. 기업이 예술단체를 운영할 때, 문화애호가와 사회적으로 능동적인 집단들을 표적화할 경우 대부분의 관람권을 판매할 수 있음을 발견하였다.

시장세분화는 주기적으로 재적용되어야 하는데, 그 이유는 세분시장이 변화하기 때문이다. 한때 개인용 컴퓨터 산업은 크게 다량 사용자(heavy user)와 소량 사용자(light user) 두 부류로 구분하고 제품을 순수하게 속도와 가격에 따라 세분화하였으나, 이는 최근에 주류를 형성하는 중간 사용자를 도외시하는 것이다. 그 후 PC 기업들은 부상하고 있는 'SOHO'시장, 즉 '소형 사무실과 가정 사무실'이라고 하는 시장을 인식하였다. Dell과 Gateway와 같은 우편주문 기업들은 저가격과 사용자 친근성이 가미된 고성능을 요구하는 SOHO시장의 요구사항에 소구하였다. 그 후 PC 제조업체들은 SOHO 집단이 보다 소규모 세분시장으로 구성되어 있다고 인식하기 시작하였다. "소형 사무실의 욕구는 가정 사무실의 욕구와는 매우 상이하다"고 Dell의 한 최고경영자는 말하였다.

속성의 계층은 현재의 고객 세분시장을 구별하는 데 사용될 수 있다. 즉, 가격을 우선 결정하는 구매자들은 가격 지배적이며, 처음에 자동차의 유형(스포츠형, 승용형, 웨건형 등)을 결정하는 구매자들은 유형 지배적이고, 처음에 자동차 상표를 결정하는 소비자는 상표 지배적인 것이다. 어떤 기업은 더 추가하여 유형-가격-상표의 순서대로 하나의 세분시장을 형성하는 구매자들을 확인할 수 있고, 다른 세분시장으로서 품질-서비스-유형 지배적인 구매자를 확인할 수가 있다. 각각의 세분시장은 특이한 인구통계적, 심리묘사적 및 매체묘사적인 특성을 갖고 있다.

제2절 시장세분화

2-1. 소비재시장의 세분화 기준

소비자시장을 세분화하는데 2개의 광범위한 변수집단이 사용된다. 어떤 조사자들은 소비자의 특성을 살펴봄으로써 세분시장을 형성하려고 하는데, 그들은 일반적으로 지리적 · 인구통계적 · 심리묘사적 특징을 사용한다. 이후 이러한 고객 세분시장이 상이한 욕구와 그 제품에 대해 다르게 반응하는가를 살펴본다. 예를 들어, 조사자들은 자동차의 이점인 '안전성'에 대해 '전문직 종사자', '노동자' 및 '다른 집단'의 상이한 태도를 조사할 수가 있다.

다른 조사자들은 이점추구, 사용상황, 상표충성심과 같이 그 제품에 대한 소비자의 반응을 검토함으로써 세분시장을 형성하려고 한다. 일단 세분시장이 형성되면, 조사자는 소비자들의 상이한 특징들이 각 세분시장과 연관되는가를 살펴본다. 예를 들어, 조사자는 자동차를 구매하는 데 있어 '품질'을 추구하는 사람들과 '저가격'을 원하는 사람들이 지리적, 인구통계적 및 심리묘사적 특성에 대해 차이가 있는가를 검토한다. 〈표 8-1〉에는 시장의 주요 세분화 변수가 요약 · 제시되어 있다.

시장세분화 변수란 소비자들을 비슷한 집단으로 구분할 때 기준이 되는 변수이다. 개념적으로 시장세분화 변수는 시장세분화 목적을 달성하기 위한 변수이다. 예를 들어서 시장세분화의 목적이 매체계획을 세우기 위한 것이라면, 시장세분화 변수는 소비자들의 매체이용과 관련한 변수가 되어야 한다. 자주 보는 매체의 종류, 시간대, 관심 있는 프로그램, 선호하는 연예인들이 시장세분화의 변수로 쓰일 수 있다. 만약 신제품을

표 8-1 소비재시장에서의 세분화 변수

시장세분화 변수	소비재 시장
지리적 변수	지역, 도시 · 대도시, 인구밀도, 기후
인구통계적 변수	연령, 성별, 가족규모, 가족생활주기, 소득, 직업, 교육, 종교, 인종, 세대, 국적, 사회계층
심리묘사적 변수	라이프스타일, 개성
행위적 변수	사용 상황 혜택(이점), 사용자 지위, 사용량, 충성도 정도, 구매단계, 제품에 대한 태도

개발하기 위해서라면 좋아하는 제품의 특징, 가격, 색깔, 디자인 혹은 소비자들이 생각하는 제품, 아이디어, 조금 더 추상적으로 보면 제품에서 소비자들이 원하는 효용이나 가치들이라고 할 수 있다. 또한 제품 개발뿐만 아니라 제품의 판매계획이나 광고 개념 등을 찾기 위해서는 제품 사용량이나 사용할 시기, 또 상표에 대한 애호도나 이미지 등을 기준으로 삼아야 할 것이다.

지리적 세분화

지리적 세분화 변수로는 지역, 인구밀도, 도시의 규모(인구 수), 기후 등이 흔히 사용된다. 산업에 따라서는 지리적 변수에 따라 고객의 욕구에 차이가 나타나는 분야가 있다. 예를 들면, 스케이트는 얼음이 얼지 않는 열대지방에서는 거의 필요하지 않을 것이고, 냉 · 난방용품 역시 그 지역의 기후에 따라 수요의 차이가 크다고 볼 수 있다. 또한 범죄율이 높은 도시지역에서는 도난방지용품의 필요가 많으리라고 예상할 수 있다. 지리적 세분화의 큰 장점은 세분화 작업이 비교적 용이하고, 적은 비용으로 세분시장에 접근할 수 있다는 점이다.

인구통계적 세분화

인구통계적 세분화는 연령, 성별, 가족구성원 수, 가족생활주기, 소득, 직업, 교육, 종교, 인종, 국적, 세대, 사회계층 등의 인구통계적 변수에 기초하여 시장을 몇 개의 집단으로 분할하는 것이다. 인구통계적 변수는 고객집단을 구분하는 데 가장 널리 사용되는 기준이다. 첫 번째 이유는 소비자의 욕구, 선호, 사용빈도 등이 인구통계적 변수들과 흔히 높은 연관성을 갖기 때문이며, 두 번째 이유는 인구통계적 변수들이 대부분의 다른 변수들보다 측정하기가 용이하기 때문이다. 표적시장이 인구통계적 변수로 묘사되지 않을 때, 예컨대 개성유형 변수조차도 표적시장의 크기와 이에 효율적으로 도달하는 매체를 알아보기 위해서는 인구통계적 변수와 다시 연관시켜 보는 것이 필요하기 때문이다. 인구통계적 변수가 어떻게 시장세분화에 응용되는가를 살펴보면 다음과 같다.

연령과 생활주기 단계

소비자의 욕구와 능력은 연령에 따라 변화한다. 인간은 연령에 따라 욕구, 선호도, 구매능력에 있어 크게 차이를 보이며 제품을 사용하는 상황이나 제품으로부터 추구하는 효익이 상당히 달라진다. 인간의 행동 및 가치관이 나이에 따라 변해가는 경우가 많기 때문에 상당히 의미 있는 기준변수이다. 그러나 추구 효익이나 사용상황을 무시하고 연령에만 의존한 세분화는 시장세분화 전략의 실패를 초래할 수 있다.

성별

성별 세분화는 의복, 헤어스타일, 화장품, 잡지, 미용 등에서 오랫동안 사용되어 왔다. 간혹, 다른 분야의 마케팅 관리자들은 성별 세분화의 기회를 발견하곤 한다. 한 예로 Gillette의 비너스 면도기는 여성들의 요구에 맞게 타원형 모양의 카트리지, 윤활제, 고무손잡이 등을 추가한 여성 면도 라인을 통해 전 세계 여성 면도기 시장의 50% 이상을 차지하고 있다.

소득

소득에 따른 세분화는 비교적 가격 폭이 넓고 제품 상징성이 강한 경우에 효과적인 기준이 된다. 이 기준에 의해 나누어진 세분시장들 간에는 구매력 차이가 크게 나타나게 된다. 소득은 학력과 함께 사회계층을 결정하는 데 큰 역할을 하고 있어, 지위나 상징성이 강한 제품일수록 대부분 높은 가격이 책정되므로 이를 구매할 수 있는 소비자는 당연히 소득이 상대적으로 높은 집단일 수밖에 없다. 그러나 주의해야 할 점은 상징성이 높은 제품시장의 경우 소득에 따른 시장세분화만으로는 세부집단 간의 이질성을 적절히 나타내는데 실패할 가능성이 높다는 사실이다.

세대

각 세대 집단은 성장하는 시기에 나타는 음악, 영화, 정치 및 해당 기간에 일어난 사건 등에 크게 영향을 받는다. 세대 집단은 공통된 문화적, 정치적, 경제적 경험을 공유하며 비슷한 생각과 가치관을 가지고 있다. 마케터는 한 세대의 특정한 관심사나 요구를 충족시키는 제품과 서비스를 개발할 수 있다.

사회계층

사회계층은 자동차, 의복, 가정용 가구, 여가활동, 독서습관, 소매점포 등에 대한 그 사람의 선호성에 강하게 영향을 미친다. 사회계층에 의한 세분화는 소득과 많은 관련성을 가지며 하류층의 소비자는 중 · 상류층의 소비자에 비해 국내제품 구매와 견고성과 실용성이 높은 제품을 구매하고 있다. 상당수 기업들은 특별한 사회계층을 위한 제품이나 서비스를 설계하고 있다. 사회계층의 취향도 시간이 지남에 따라 변화할 수 있다.

학력

학력에 따라 소비자의 구매행동 및 소비욕구는 큰 차이를 보인다. 학력이 높을수록 제품의 상징적 의미보다는 제품의 실용적 가치를 중시하는 경향이 있고, 제품정보 수집에 많은 노력을 기울이고 기업이 제공하는 서비스에 대해 더욱 민감하게 반응하는 경향을 보인다. 또한 교육수준이 높을수록 신제품 구매에 있어서 선도적 역할을 하기 때문에 기업 입장에서는 이들에게 높은 수준의 서비스 제공과 지속적인 의사소통을 통해 긴밀한 관계를 유지해야 할 것이다.

심리묘사적 세분화

심리묘사적 세분화에서는 구매자들의 라이프스타일, 개성, 가치관 등에 기초하여 서로 다른 집단으로 구분한다. 동일한 인구통계적 집단 내에 속한 사람들은 매우 상이한 심리묘사적 특성을 나타낼 수 있다.

라이프스타일

사람들은 여러 사회계층으로 표현되는 것보다 더욱더 많은 라이프스타일을 표출한다. 사실상 사람들이 소비하는 제품들이 그들의 라이프스타일을 표현하고 있다. 예를 들어, GM의 Oldsmobile 자동차는 능동적인 라이프스타일을 가진 고소득층에 속한 사람들을 탐색하면서, 골퍼들을 표적화하고 이들에게 소구하였다. 인구통계적 특성에서 볼 때, 평균적으로 골퍼들은 연간 56,000달러의 소득을 가지며, 약 2,500만 명이 있다. 이 사람들은 통상 여러 대의 자동차를 소유하고 있으며 골프를 치는 사람들은 일반적인 사람들보다 새로운 자동차를 구입할 가능성이 14.3% 높다는 조사자료에 입각하여 판매상들과 예상 잠재구매자들을 위해 미국 전역의 골프클럽에서 Oldsmobile Scramble 골프경기를 주최하였다.

인성 · 개성

마케팅 관리자들은 또한 시장을 세분화하기 위해 개성 변수를 사용하여 왔다. 즉, 그들은 소비자의 개성에 대응되는 상표 개성을 자사의 제품에 부여하였다. 50년대 말에 Ford와 Chevrolet는 서로 상이한 개성을 가진 제품으로써 촉진되었다. Ford 구매자들은 독립적이고 충동적이며, 남성적이고 변화에 민감하며 자신감이 있다고 인식되었 다. 반면에, Chevrolet 소유자들은 보수적이고 검소하며, 체면을 의식하고 덜 남성적이 며 극단을 피하려 한다고 생각되었다.

가치관

몇몇 마케팅 기업들은 소비자의 태도와 행동의 근저에 깔려 있는 신념체계인 핵심적 가치관을 기준으로 세분화를 하고 있는데, 핵심적 가치관은 행위나 태도보다 더 영향력 있는 것으로서, 기본적인 수준에서 장기간에 걸쳐 사람들의 선택과 욕망을 결정한다. 가치관을 기준으로 세분화하는 마케팅 기업들은 사람들의 내적 자아에 소구함으로써 그들의 외적 자아, 즉 그들의 구매행동에 영향을 미치는 것이 가능하다는 사실을 믿고 있다. 모든 사람들은 이러한 가치관들을 바람직한 것으로 생각하지만, 상대적 중요성은 사람에 따라 다르다. 예를 들어, 즐거움과 기쁨에 높은 가치를 부여하는 사람은 스키, 댄스, 사이클, 배낭여행을 즐기는 반면, 온정관계를 중시하는 사람들은 특별한 이유 없이 선물을 하는 경향이 있다. 가치관의 상대적 강도는 시장세분화의 기준이 될 수 있다.

행위적 세분화

행위적 세분화에서 구매자들은 제품에 대해 갖고 있는 지식, 태도, 사용법 또는 반응 등에 기초하여 여러 집단으로 분할된다. 많은 마케팅 관리자들은 행위적 변수, 즉 사용상황, 이점, 사용자 상태, 사용률, 충성도, 구매자 준비단계 및 태도 등의 변수들이 세분시장을 구축하는데 가장 좋은 출발점이라고 믿고 있다.

사용상황

구매자들은 어떤 기본적인 욕구를 갖는지, 어떤 제품을 구매하는지, 또는 어떤 제품을 사용하는가의 경우에 따라서 구별될 수 있다. 예를 들어, 항공기 여행은 사업, 휴가 또는 가사 등의 다양한 이유로 행해진다. 어떤 항공사는 이들 여행목적 중 하나만을(예: 휴가) 세분된 목표시장으로 선정해서 이 집단에 대해서만 마케팅 활동을 할 수도 있다. 따라서 전세 항공사는 휴가차 집단으로 비행기를 이용하는 승객을 대상으로 영업할 수 있다.

상황에 의한 세분화를 이용하여 기업은 제품사용을 확대할 수가 있다. 예를 들어, 오렌지 주스는 아침에 많이 소비한다. 어떤 오렌지 주스 회사는 점심이나 저녁 식사 때 또는 밤중 등 시간의 제약 없이 오렌지 주스를 마시도록 촉진할 수 있다. 사탕이나 꽃의 판매를 증가시키기 위해 어버이날과 같은 특정 경축일에 부분적으로 촉진을 한다.

이점(혜택)

구매자들이 제품으로부터 추구하는 상이한 이점에 따라 구매자를 분류할 수 있다. 예를 들어, 여행을 통해 얻을 수 있는 이점에 대한 연구는 3개의 주요 세분시장을 밝혀냈는데, 그 시장에는 가족과 함께 멀리 여행을 가는 사람, 모험이나 교육적인 목적으로 여행하는 사람 및 '도박'과 여행의 '즐거움'을 즐기려는 사람이 있다. Haley는 치약시장에 대해 성공적인 이점세분화에 대한 결과를 〈표 8-2〉와 같이 제시하였다. Haley의 연구는 4개의 이점 세분시장, 즉 경제성 추구 집단, 충치예방 추구 집단(의료적), 미용효과 추구 집단(화장품) 및 맛 추구 집단이 있음을 밝혔다. 각 이점 추구 집단들은 특이한 인구통계적 · 행위적 · 심리묘사적 특징을 가지고 있다. 예를 들어, 충치예방 추구집단은 대가족이며 치약 사용량이 많고 보수적이다. 각 세분시장은 또한 특정 상표를 선호하고 있다. 어떤 치약회사는 이러한 연구결과를 사용하여 현재의 상표를 보다 좋게 만들며, 또한 새로운 상표를 출시하는 데 집중할 수가 있다.

사용 여부(사용자 상태)

많은 시장들은 어떤 제품에 대한 비사용자, 전사용자, 잠재적 사용자, 처음 사용자, 규칙적 사용자로 세분될 수 있다. 예컨대, 혈액은행은 혈액을 공급하기 위해 정규적인 헌혈자에게만 의존해서는 안된다. 혈액은행은 처음으로 헌혈하는 사람들을 모집하고, 과거에 헌혈했던 사람들과 접촉해야 하는데, 그 이유는 각 집단은 상이한 마케팅 전략이 요구되기 때문이다. 시장점유율 선도기업은 잠재적 사용자를 끌어들이는 데 집중하는 반면, 소규모 기업은 시장선도자가 별로 관심을 두지 않는 현재의 사용자를 끌어들이는 데 집중해야 한다.

사용량(사용빈도)

시장은 소량, 보통, 다량 사용자로 세분될 수 있다. 다량 사용자의 수는 적지만 일반적

표 8-2 치약시장에서 이점을 기준으로 한 세분시장

효익세분시장	인구통계적 특성	행동적 특성	심리묘사적 특성	선호상표
절약(경제적/저가격)	남성	다량 사용자	자주성, 가치지향적	가격할인 상표
의약적(부식방지)	대가족	다량 사용자	우울증, 보수성	Crest
미용적(흰 치아)	10대, 젊은 성인	흡연자	높은 사교성, 적극성	Maclean's/ Ultra Brite
맛(좋은 맛)	어린이	스피어민트 애용자	감각적	Colgate, Aim

으로 전체 소비량의 많은 부분을 차지한다. 마케팅 관리자들은 통상 수많은 소량 사용자보다는 그들의 제품이나 서비스를 다량으로 사용하는 사람을 끌어들이려고 하며, 또한 기업들은 그 사용자에 따라 상이하게 촉진노력을 기울인다.

사회적 마케팅 기관들은 종종 다량 사용자에 대한 난관에 봉착하게 된다. 가족계획 기관은 보통 자녀 수가 많은 빈곤한 가구를 표적으로 하고 있으나, 이런 가족들은 산아제한 메시지에 가장 저항이 심하다. 美 국립안전위원회(National Safety Council)는 불안전한 운전자를 표적으로 삼고 있으나, 이런 운전자들은 안전운행 관련 소구(appeal)에 가장 저항적이다. 이 기관들은 소수지만 저항이 심한 중범 대상자를 표적으로 할 것인지, 아니면 다수이면서 덜 저항적인 경범 대상자를 표적으로 할 것인지를 고려해야만 한다.

충성도

소비자들은 상표, 점포 및 서비스에 대해서 상이한 충성도(loyalty)를 보인다. 상표충성도 수준에 따라 핵심 충성고객(항상 하나의 상표만을 구매하는 소비자), 유연한 충성고객(2개 또는 3개의 상표에 충성하는 소비자), 이동 충성고객(하나의 상표를 선호하다가 다른 상표를 선호하는 소비자), 전환적 고객(어떤 상표에도 충성도를 보이지 않는 소비자)의 4개의 집단으로 나누어진다.

모든 시장마다 네 가지 유형의 구매자들이 각기 상이한 비율로 구성되어 있다. 상표충성적 시장은 핵심적인 상표충성을 나타내는 구매자의 비율이 높은 시장으로서, 치약시장이나 맥주시장은 상표충성도가 매우 높은 시장이다. 상표충성도가 높은 제품시장에서 판매하고 있는 기업은 시장점유율을 확보하기가 힘들고, 이 시장에 진출하려는 기업은 어려움을 겪게 된다.

기업은 시장에서 자사의 상표충성도 정도를 분석함으로써 많은 것을 획득할 수 있다. 즉, 기업은 자기 상표에 핵심적이고 충성적인 고객의 특징을 연구함으로써 자사 제품의 강점을 확인할 수 있다. 유연한 충성적 고객을 연구함으로써 그 기업은 어떤 상표가 가장 유력한 경쟁자인가를 알아낼 수 있다. 그리고 자사 상표에서 이동하고 있는 고객을 살펴봄으로써 기업은 자사의 마케팅 약점을 간파하여 수정할 수 있다.

구매자 준비상태와 태도

시장은 그 제품을 구입할 준비상태가 상이한 사람들로 구성되어 있다. 어떤 사람들은 제품이 존재한다는 것도 모르며 어떤 사람들은 존재 자체만을 알고 있다. 어떤 사람들은 제품에 대한 정보를 가지고 있으며, 이에 대한 관심을 가지고 있다. 또 다른 사람은 그 제품의 구매를 원하고 구매의도를 가지고 있다. 이러한 구매자 준비정도는 마케팅 프로그램을 설계하는 데 커다란 차이를 가져온다.

또한 어떤 시장에 속해 있는 사람들은 다섯 가지의 태도계층, 즉 열광적 집단, 긍정적 집단, 무관심집단, 부정적 집단, 그리고 적대적 집단으로 구별될 수 있다. 정치 캠페인에서 가가호호를 방문하는 선거운동원들은 방문할 유권자에게 어느 정도의 시간을 할애해야 할 것인가를 결정하기 위해 그 유권자의 태도를 이용한다. 선거운동원들은 열광적인 유권자에게 감사하고, 투표하도록 권유한다. 선거운동원들은 긍정적인 사람들을 강화하고, 무관심한 유권자의 표를 얻기 위해 애를 쓴다. 적대적인 유권자와 부정적인 유권자의 태도를 변화시키기 위해 시간을 소비해서는 안된다. 즉, 태도가 인구통계적 특징과 연관되어 있는 만큼, 정당은 가장 좋은 잠재적 고객에게 매우 효율적으로 도달할 수 있다.

2-2. 산업재시장의 세분화 기준

산업재시장은 소비자시장의 세분화에서 사용되는 지리적, 이점추구, 사용량 등과 같은 동일한 변수를 사용하여 세분화할 수 있다. 산업재시장에 대한 세분화변수의 분류기준은 다음 〈표 8-3〉과 같다. 산업의 일반 통계적 변수가 가장 중요한 변수가 되며, 다음이 운영변수, 구매자의 개인적 특징이다.

이러한 분류는 거시적 세분화와 미시적 세분화로 구분할 수 있다. 먼저 거시적 산업시장 세분화 단계에서는 조직체의 인구통계적 특성, 규모, 제품의 용도, 구매기준, 구매방침 등을 이용하여 시장을 일차적으로 세분화한다. 보통 다음으로 미시적 세분화를 하기도 하지만 거시적 세분화만으로도 표적시장을 결정할 수 있다. 예를 들어, 조직규모나 위치, 산업분류 등과 같은 조직의 특징은 그것만으로도 구매행동의 차이를 충분히 설명할 수 있을 것이다.

거시적 세분화에서는 적은 비용으로도 세분화에 필요한 2차 자료를 구할 수 있다.

미시적 세분화는 거시적 세분화에 의해 구해진 각 세분시장 내에서 구매센터의 구성원 개개인 특성과 행동적 특성, 위험에 대한 태도, 그리고 여러 상황요인에 따라 다시 동질적 세분시장으로 나누는 것이다. 미시적 세분화의 변수로는 구매센터나 구매센터 구성원들에 관한 행동적 특징이 많이 사용된다. 그리고 세분화에 필요한 자료수집은 거시적 세분화보다 더 복잡한 경우가 많다. 거시적 세분화와 비교하여, 예를 들면 자

표 8-3 산업재 시장세분화 변수

주요변수	세분변수	내 용
일반 통계적	산업	어느 산업을 서브할 것인가?
	기업규모	집중하고 있는 그 기업의 규모는 어떠한가?
	입지	집중하고 있는 지리적 위치는 어떠한가?
운영변수	기술	집중하고 있는 고객의 기술 정도는 어느 수준인가?
	사용자-비사용자의 지위	다량, 중간, 소량 사용자 또는 비사용자에게 집중해야 하는가?
	고객능력	구매기업이 고도로 집권적 또는 분권적 구매조직인가?
구매방식	구매기능조직	거래기업이 고도로 집권적 또는 분권적 구매조직인가?
	권한구조	거래기업이 기술 지배적 또는 재무 지배적인가?
	전반적 구매방침	거래기업과 강한 기존 관계를 가지고 있는가,
	구매기준	대상기업이 품질, 서비스, 가격을 추구하는가?
상황요인	긴급성	대상기업이 신속하고 갑작스런 배달과 서비스를 요구하는가?
	용도성	어떤 용도에 가치를 두는가?
	주문규모	소량 주문 또는 다량 주문에 집중하는가?
개인적 특성	구매자-판매자 유사성	자기업과 유사한 구성원이며, 비슷한 가치관을 가진 기업인가?
	위험에 대한 태도	위험감수 고객인가, 또는 위험회피 고객인가?
	충성심	공급업자에게 충성을 보이는 기업들에게 집중해야 하는가?

동차 타이어 생산회사의 경우 자사의 타이어를 구매할 가능성이 있는 기업들을 규모나 산업분류 기준에 따라 일차적으로 세분화하였다면, 각 세분시장 내에서 구매센터 구성원들의 행동적 특성이나 상황적 특성에 따른 추구하는 효익에 따라 다시 세분화하는 것이다. 산업재 구매자는 구매의사결정 과정에서 그들이 제시한 단계에 근거하여 상이한 이점 묶음을 추구하고 있다.

2-3. 효과적인 세분화의 요건

모든 세분화가 효과적인 것은 아니다. 예를 들어, 식탁용 소금 구매자들은 금발과 흑색 머리카락 고객으로 나누어질 수 있으나, 머리카락의 색깔은 소금 구매와는 관련이 없다. 더욱이 모든 소금 구매자들이 매달 같은 양의 소금을 구입하고, 모든 소금이 똑같다고 믿으며, 같은 가격을 지불한다면, 이 시장은 마케팅 관점에서 거의 세분화할 수 없다.

세분화 개념이 유용하기 위해서는 세분시장은 다음과 같은 다섯 가지 특징을 가져야 한다.

- **측정 가능성:** 세분시장의 규모와 구매력 및 특성이 측정될 수 있어야 한다.
- **규모성:** 마케팅 프로그램이 추구할 가치가 있을 만큼 큰 동질집단이어야 한다.
- **접근 가능성:** 세분시장에 효과적으로 도달하여 서브할 수 있는 정도이다.
- **차별화 가능성:** 세분시장은 개념적으로 구분될 수 있으며, 또한 상이한 마케팅 믹스 요소와 프로그램에 대해 상이하게 반응해야 한다.
- **행동 가능성:** 세분시장을 유인하고, 그 세분시장에 제공할 수 있도록 하는 효과적인 마케팅 프로그램을 수립할 수 있는 정도이다.
- **세분화에 소요되는 비용의 적절성**(전략비용)

제3절 시장표적화

기업이 세분시장의 기회를 확인하고 규명한 이후에 다음으로 그 기업은 얼마나 많은 세분시장에 진입할 것인지와 구체적으로 어떤 세분시장을 표적으로 할 것인가를 결정해야 한다.

3-1. 세분시장 평가

상이한 세분시장들을 평가하기 위해서 기업은 두 가지 요인, 즉 세분시장의 전반적인 매력성, 기업의 목표와 자원을 살펴보아야 한다. 첫째, 기업은 잠재력이 있는 세분시장의 규모, 성장, 수익성, 규모경제, 낮은 위험도 등과 같이 일반적으로 매력적인 특징을 가지고 있는가를 검토 · 평가해야 한다. 둘째, 그 세분시장에 대한 투자가 그 기업의 특정한 목적과 재원에 대해 의미가 있는가를 고려해야 한다. 어떤 매력적 세분시장은 자사의 장기적 목표와 조화되지 않기 때문에 무시될 수도 있다. 또는 그 기업이 월등한 가치를 제공하는 데 필요한 하나 또는 그 이상의 역량을 가지고 있지 못한다면, 그 세분시장은 무시되어야 한다.

3-2. 세분시장 선정

상이한 세분시장을 평가한 결과, 기업은 [그림 8-3]과 같이 5개의 표적시장 선정형태를 고려할 수가 있다.

단일세분시장 집중

이 전략은 기업이 단일제품으로 단일세분시장에 소구하는 단순한 형태의 전략이다. 기업은 집중할 하나의 세분시장을 선정한다. 예를 들어, Volkswagen은 소형승용차 시장에 집중했으며, Porsche는 스포츠카 시장에 집중하였다. 집중적 마케팅을 통해 그 기업들은 그 세분시장의 욕구를 더 잘 알게 됨으로써 그 세분시장에서 강력한 위치를 확보할 수 있다. 더욱이 그 기업들은 생산, 유통 및 촉진을 전문화함으로써, 여러 가지 운영의 경제성을 누리게 된다. 만일, 그 기업이 그 세분시장에서 선도력을 장악하고 있고 경쟁자가 없는 틈새시장이라면 높은 투자수익률을 획득할 수가 있다.

그러나 하나의 단일시장만을 소구하므로 표적세분시장에서 소비자의 욕구가 변화하거나 그 시장에 강력한 새로운 경쟁자가 진입하게 되면 위험분산이 되지 않아 상당한 위험이 수반된다. 예를 들어, 젊은 여성들이 갑자기 운동복 구입을 하지 않을 때

그림 8-3 시장도달 전략의 유형

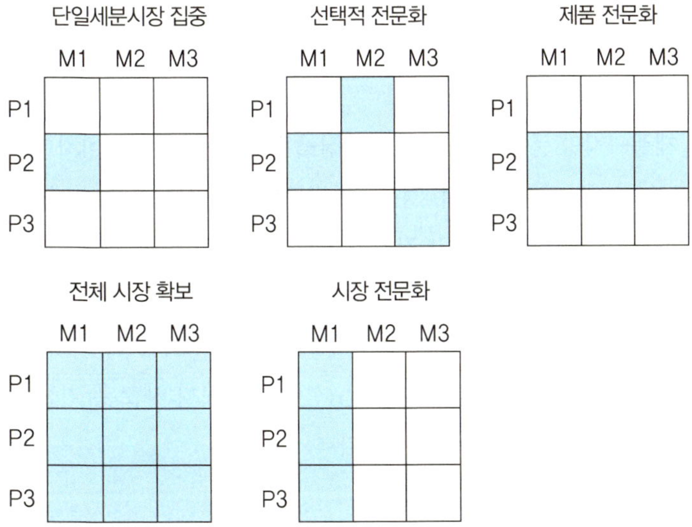

Bobbie Brooks의 매출은 손상을 입게 될 것이다. 또는 새로운 경쟁사가 그 세분시장에 진출하기로 결정할 수도 있다. 즉, 이러한 이유 때문에 많은 기업들은 하나 이상의 세분시장에서 사업을 하고자 한다.

선택적 전문화

이 전략은 세분시장 중에서 매력적이고 기업목표에 적합한 몇 개의 세분시장에 진입하는 전략을 의미한다. 기업들은 몇 개의 세분시장을 선정하는데, 각각의 세분시장은 객관적으로 매력적이며, 또한 그 기업의 목표 및 재원과 조화되어야 한다. 그 세분시장 간에는 거의 시너지 효과가 없지만, 각 세분시장은 충분한 수익을 획득할 수 있는 시장이어야 한다. 복수 세분시장 범위를 추구하는 이 전략은 기업의 위험을 분산한다는 점에서 이점이 있다. 따라서 이 전략은 위험을 분산시킨 복수의 단일세분 집중화 전략의 의미를 갖는다. 선택적 전문화는 라디오 방송에서 널리 유행되고 있다. 젊은이들과 장년층 청취자들에게 소구하고자 하는 라디오 방송국들을 생각해 보자. 예를 들어, Emmis Broadcasting은 New York의 KISS-FM을 소유하고 있는데, KISS-FM은 자신을 "부드러운 R&B(리듬 앤 브루스) 및 고전적인 솔"이라고 묘사하면서 장년층 청취자들에게 소구하고 있으며, 그리고 WQHT-FM(Hot97)은 25세 이하의 젊은층의 청취자들을 위해 힙합(도심거리의 음악)을 방송한다.

제품 전문화

이 전략은 기업이 단일제품으로 여러 세분시장들에 소구하는 단순한 형태의 전략이다. 기업은 다양한 여러 세분시장에 판매할 수 있는 제품을 생산하는 데 집중한다. 이 때 제품은 단일제품이지만 품목이나 디자인, 색상을 다양하게 하여 소비자에 대한 선택의 폭을 넓힐 수 있다. 즉 대학 실험실, 정부 실험실 및 기업 실험실에 현미경을 판매하는 현미경 제조업자가 그 예가 된다. 그 기업은 이런 상이한 고객집단들을 위해 상이한 현미경을 제조할 준비가 되어 있지만, 실험실에서 사용하는 다른 기구나 장비들은 생산하지 않는다. 이러한 제품 전문화 전략을 통해 그 기업은 그 전문적인 제품분야에서 강한 명성을 구축한다. 그러나 만일에, 그 제품(현미경)이 보다 새로운 기술에 의해서 대체된다면, 그 기업은 도산할 위험이 발생한다.

시장전문화

어떤 특정 고객집단의 여러 가지 욕구를 충족시키기 위하여 다양한 제품을 판매하기 위한 전략이다. 즉, 대학 실험실용으로 현미경, 역전류검출관, 분젠버너, 실험용 화학약품용 병 등의 제품을 취급하는 기업이 되는 것이다. 패션시장에서 20대를 표적고객으로 하여 20대에 적합한 의류, 구두, 액세서리 등을 전문적으로 생산 · 판매하는 경우도 이에 해당한다. 시장전문화 기업은 고객집단을 서브하는 데 전문화함으로써 강한 명성을 획득하며, 또한 이 고객집단이 실제로 사용하는 신제품 전체에 대한 경로대리인이 된다. 그러나 그 고객집단(대학 실험실, 20대)이 갑작스럽게 예산을 축소하는 경우, 엄청난 위험이 발생할 수가 있다.

전체 시장 확보

어떤 기업은 모든 고객집단들이 필요로 하는 모든 제품을 그 전체 고객집단에게 서브하려고 한다. 단지 대기업만이 이 전체 시장 확보전략을 수행할 수 있다. 예를 들어, IBM(컴퓨터 시장), General Motors(자동차 시장), Coca-Cola(음료 시장) 등이 이에 속한다. 대기업들은 두 가지 방법, 즉 무차별적 마케팅 또는 차별적 마케팅을 통해 전체 시장을 충족시킬 수 있다.

무차별적 마케팅(undifferentiated marketing)의 경우, 기업은 세분시장의 차이를 무시하고, 하나의 제품으로 전체시장을 추구할 수도 있다. 즉, 그 기업은 구매자 욕구의 차이점보다는 기초적인 것에 초점을 맞춘다. 또한 가장 많은 수의 구매자에게 소구할 제품과 마케팅 프로그램을 고안한다. 그리고 대량 유통경로와 대량광고에 의존한다. 또 제품이 소비자의 마음속에서 우월한 이미지를 갖도록 하는 데 목표를 둔다. 무차별적 마케팅은 제조에 있어서 표준화와 대량생산에 해당되는 마케팅인 것이다. 제품계열이 적으므로, 연구개발 · 생산 · 재고 · 수송 · 마케팅조사 · 광고 및 제품관리 비용을 절감할 수 있다. 무차별적 광고 프로그램은 광고비를 절감시켜 준다.

차별적 마케팅(differentiated marketing)에서 기업은 여러 개의 세분시장에서 활동을 하지만, 각각의 세분시장에 대해 상이한 프로그램을 설계한다. General Motors는 각기 다른 가격, 용도 및 개성에 맞는 자동차를 생산함으로써 세분시장별 상이한 프로그램을 설계했다. 그리고 IBM은 컴퓨터 시장 내의 상이한 세분시장에 맞는 여러 가지 하드웨어와 소프트웨어를 제공한다. 예를 들어서 미국에서 가장 거대한 약품판매 소매상 중 하나인 American Drug은 차별적 마케팅 전략을 추구하고 있다 이 회사의 마케팅

팀은 시장 대 시장기준에 따라 수백 개의 Drug Store에서의 쇼핑패턴을 평가하였다. 여러 가지 많은 스캐너로 수집된 다량의 자료를 사용하여 점포의 제품 믹스를 적절하게 조절하고, 점포의 진열을 개조하며, 또한 역 소비자 수요에 보다 밀접하게 맞출 수 있도록 마케팅 노력을 다시 집중하고 있다. 지역의 인구통계적 특성에 따라 각 점포들은 하드웨어, 전기용품 자동차, 취사도구, 일반의약품, 편의품 등과 같은 범주 내 상품의 수량과 유형을 상이하게 다양화하고 있다.

차별적 마케팅은 무차별적 마케팅보다 전형적으로 더 많은 총매출액을 가져온다. 그러나 이것은 여러 가지 사업운영 비용의 증가도 가져온다. 제품수정비, 추가생산비, 추가관리비, 추가재고비, 추가촉진비 등과 같은 비용이 증가할 것이다.

3-3. 세분시장 평가와 선정할 때의 고려사항

세분시장을 평가하고 선정하는데 네 가지 기타 사항을 고려해야 한다. 즉, 표적시장의 윤리적인 선정, 세분시장의 상호 관련성과 초대형 세분시장, 세분시장 기준 침투계획 및 상호 세분시장 협동 등을 고려해야 한다.

표적시장의 윤리적 선정

간혹 시장표적화는 논쟁을 불러일으킨다. 일반 공중들은 마케팅 관리자들이 판단이 부족한 소비자나 빈민집단을 부당하게 이용하거나, 또는 잠재적으로 위해한 제품을 촉진하는 것에 대해 관심을 기울이고 있다. 예를 들어, 시리얼 산업은 최근 어린이들에 대한 잘못된 마케팅 활동으로 크게 비난을 받았었다. 매력적인 배우들의 입을 통해 제시되는 이 광고들은 어린이들로 하여금 과다하게 많은 설탕이 포함된 시리얼을 먹도록 하거나 불균형적으로 아침 식사를 하도록 유도했다. 장난감을 제조하는 마케팅 기업들도 이와 비슷하게 비난을 받고 있다. McDonald's와 여러 다른 체인점들은 저소득층인 도심 거주자들을 주요 소비층으로 표적화하여 기름기가 많고 소금이 과다 함유된 음식물을 구매하도록 강매한다는 비판을 받았다.

어린이, 소수 민족 또는 그 외 특정 세분화 시장을 표적화하는 것이 모두 비판의 대상이 되는 것은 아니다. Colgate-Palmolive의 Colgate Junior 치약은 어린이들이 더 자주 오래 이를 닦을 수 있도록 만들어졌다. 그러므로 표적시장이 누구인가가 문제가 아니라 어떤 목적으로 어떻게 행해지는지가 중요하다. 사회적 책임 마케팅은 기업의 이익뿐만 아니라 표적시장에도 이익이 될 수 있는 목표를 정하도록 요구하고 있다.

세분시장의 상호 관련성과 초대형 세분시장

서브할 하나 이상의 세분시장을 선정하는 데 있어 기업은 비용, 성과 및 기술 측면에서 세분시장의 상호 관련성에 주의를 기울여야 한다. 고정비를 부담해야 하는 기업은 그 비용 중 일부를 흡수하거나 공동으로 분담하는 방안으로 제품을 추가하게 된다. 그 결과 판매원은 더 많은 제품을 판매해야 하고 또한 즉석식품 대리점에는 더 많은 메뉴가 추가로 공급되어야 한다. 즉, 이것은 '범위의 경제성'을 추구하는 것인데, 범위의 경제성은 규모의 경제성만큼이나 중요하다고 할 수 있다. 기업은 개별적인 세분시장보다는 초대형 세분시장에서 사업을 하도록 해야 한다. 초대형 세분시장(supersegment)이란 몇 개의 이용할 수 있는 유사성을 공유하는 일체의 세분시장을 의미한다. 예를 들어, 많은 심포니 오케스트라들은 정규적으로 콘서트에 참가하는 사람들만이 아니라, 폭넓은 문화적 관심사를 가지고 있는 사람들을 표적화한다.

제4절 포지셔닝

4-1. 포지셔닝의 개념

포지셔닝(positioning)이란 경쟁제품과 효과적으로 경쟁하기 위하여 마케팅 믹스를 이용하여 소비자의 의식에 자사 제품의 정확한 위치를 심어 주는 것이다. 경쟁기업과 비교하여 자사의 제품, 브랜드, 조직이 현재고객과 예상고객의 눈에 비춰지는 심리적 공간상의 위치를 말한다. 기업에서 시장세분화와 표적시장 선정을 마친 후 마케팅 전략을 구사하고자 할 때는 이미 대부분 경쟁제품이 존재한다. 따라서 이때는 자사 제품이 경쟁제품과는 다른 차별적인 특징을 보유하여 소비자들의 욕구를 보다 잘 충족시킬 수 있다는 것을 소비자들에게 인식시키는 과정이 필수적이다.

포지셔닝 전략은 표적시장에서 경쟁우위 달성을 위해서 반드시 필요한 수단이 된다. 경쟁우위는 어떤 제품 혹은 브랜드가 다른 제품 혹은 브랜드에 대해서 소비자들에게 보다 많은 가치를 제공해 줄 수 있을 때 달성된다. 따라서 표적시장에서 소비자들의 마음속에 강력한 위치를 차지하는 포지셔닝 전략이 곧 경쟁우위를 달성하는 매우 중요한 수단이 된다는 사실을 새겨 둘 필요가 있다.

4-2. 포지셔닝 전략의 유형

제품을 포지셔닝하려면 다른 경쟁제품과의 차별점을 표적시장의 소비자에게 확고하게 인식시킬 수 있는 마케팅 믹스가 필요하다. 포지셔닝은 기존 제품이나 서비스에 대한 고객의 인식을 명확하게 파악하여 자사의 제품이나 서비스가 가장 차별화될 수 있는 위치를 찾는 것이 중요하다. 자사 제품의 이미지를 얼마나 정확하고 강력하게 고객에게 심어 주고 소비자가 이를 인지해 주느냐에 포지셔닝의 성공 여부가 달려 있다. 목표 포지션을 결정한 후에는 구체적인 접근방법을 사용하여 목표 포지션에 자사 제품을 이동시켜야 한다. 포지셔닝 접근방법으로 다음과 같은 여섯 가지가 있다.

속성/효익에 의한 포지셔닝

가장 흔히 사용되는 포지셔닝의 방법으로 경쟁제품과 다른 편익이나 속성을 지녔다고 소비자에게 인식시키는 것이다. 조용한 차 레간자, 삼성전자의 진공청소기 잠잠이, 풀터치 휴대폰, 눈이 많이 오는 우리나라 기후를 감안하여 물에 젖지 않는 특성을 소구하는 무스탕 등이 이 유형에 속한다. 이 방법은 경쟁제품이 가지지 않은 특징 또는 경쟁제품이 소구하지 않는 속성, 종전 자사 제품이 부족했던 점을 부각시켜 포지셔닝하는 방법이다.

삼성전자의 애니콜이 산이 많은 한국 지형에 자사 제품이 적합하다는 것을 강조함으로써 시장점유율 1위였던 모토롤라를 제친 것은 포지셔닝 전략의 승리라고 할 수 있다. 한편 기능적 편익뿐만 아니라 상징적 편익이나 감각적 차별성을 강조하는 것도 이 유형에 속한다. 속성에 의한 포지셔닝 방법은 경쟁제품에 의해서 쉽게 모방될 가능성이 높기 때문에 지속적인 재포지셔닝(repositioning)이 이루어져야 한다.

사용상황에 의한 포지셔닝

소구하고자 하는 제품의 적절한 사용상황을 묘사함으로써 포지셔닝하는 방법이다. 리복이 만든 구두 '락포트'는 마라톤을 완주하는 모습을 묘사함으로써 마라톤을 완주할 만큼 편안한 구두임을 내세우고 있고, 동아 오츠카에서 만든 '컨피던스'는 친구들과 뛰어놀면서 마시는 '놀이음료'라는 신개념을 도입하여 자사 제품을 포지셔닝했다. 국내 세제시장에서 무궁화 유지가 집들이용으로 자사 제품인 브라이트를 소구한 것, 패스트푸드에 적합한 것으로 인식되고 있는 코카콜라가 한국의 전통음식에도 어울린다는 것을 강조하기 위하여 빈대떡, 불고기 등과 Coke를 같이 제시한 것 등도 이러한 포지셔닝에 해당한다.

사용상황에 의한 포지셔닝에 대하여 고전적인 사례로 자주 인용되는 Arm & Hammer의 베이킹 소다는 빵 제조시에 사용되는 기본적인 용도 이외에 냉장고의 냄새 제거라는 새로운 용도가 개발되면서 사용상황의 변화에 의한 새로운 제품 포지션이 성공을 거두게 되었다.

제품 사용자에 의한 포지셔닝

제품이 특정 사용자 계층이나 소비자들에게 적합하다고 강조하여 포지셔닝하는 방법이다. 제일제당은 숙취해소음료 컨디션을 출시하면서 술을 많이 마시면서도 긍정적인 이미지를 주는 계층을 모색한 후 접대가 많은 비즈니스맨을 제품 사용자로 삼아 포지셔닝하였다. 그 이후에 많은 me-too 제품이 쏟아져 나와 숙취 해소 드링크 시장이 새로 형성되었고 제일제당 컨디션은 시장점유율이 50%를 훌쩍 넘는 부동의 1위를 지키고 있다.

미국 필립모리스의 말보로 담배는 서부 카우보이를 광고 모델로 제시하여 야성미나 남성적인 면에 소구하고 있고, 이에 반해 버지니아 슬림은 여성 모델을 사용하여 여성용 담배로 소구하고 있는 경우를 들 수 있다. 국내의 경우에는 기아가 더 뉴 카니발을 출시하면서 여행을 떠나는 가족을 광고에 등장시켜 카니발이 이들에게 적합하다는 것을 강조하였다.

제품 사용자에 의한 포지셔닝은 특정한 제품 사용자들이 가지는 가치관, 라이프스타일 등을 고려하여 그들에게 가장 어필할 수 있는 제품속성이나 광고 메시지 등을 통해 이루어지게 된다.

경쟁에 의한 포지셔닝

경쟁제품과 비교하여 자사 제품만이 줄 수 있는 혜택이나 편익을 강조하여 포지셔닝하는 방법으로서 비교광고 등이 여기에 속한다. 즉, 이 방법은 경쟁상표로부터 소비자를 끌어오기 위해 경쟁상표를 준거점(reference point)으로 사용하는 것이다. 직접적인 비교가 아니더라도 기존 제품으로 충족되지 않은 소비자들의 욕구를 공략하는 것도 이 유형의 포지셔닝에 속한다. 대표적인 예로 미국 렌트카 시장의 2위 기업인 Avis의 "우리는 2등입니다. 그러나 더욱 열심히 노력하고 있습니다"라는 광고 카피를 통한 소구가 대표적인 경우이다.

| 틈새시장에 의한 포지셔닝 |

이 방법은 경쟁적 포지셔닝의 한 방법으로 기존의 제품이 충족시키고 있지 못하는 시장기회를 이용하는 것으로 일반적인 틈새시장의 규모가 작기 때문에 비교적 소규모 기업에 의해 사용된다. 무궁화 유지의 세제 중 센서브라이트는 집들이 선물용이라는 틈새시장에 포지셔닝한 대표적인 예이다. 이 경우 대기업인 LG, 애경, CJ의 경우에는 집들이용 세분시장이 존재하고 있음을 알고 있어도 결코 집들이용 시장만 고집할 수 없다. 왜냐하면 기존의 시장이 크기 때문에 집들이용으로 소구하는 경우 자사 제품의 이미지가 집들이용으로만 한정되는 위험을 감수해야 하기 때문이다.

| 제품군에 의한 포지셔닝 |

소비자들이 특정 제품군에 대해서 좋게 평가하고 있는 경우에 자사의 제품을 그 제품군과 동일한 것으로 포지셔닝하고, 반대로 소비자들이 특정 제품군에 대해서 나쁜 평가를 할 경우에는 자사의 제품을 그 제품군과 다른 것으로 포지셔닝하는 방법이다. 미국의 GM은 Oldsmobile이라는 모델을 출시하면서 "이 차는 당신의 아버지가 타던 구형의 자동차가 아닙니다"라는 광고 메시지를 통해 젊은 소비자층의 수요를 기대하였다. 코카콜라의 우세에 짓눌려 있던 청량음료 시장에서 7-UP은 "Uncola"라는 광고 메시지를 통해 콜라에 대한 소비자의 부정적인 생각을 부각시켜 큰 성공을 거두었다.

4-3. 포지셔닝 전략의 수행과정

제품 포지셔닝의 전략을 세우기 위해서는 기업이 시장에서 차지하는 위치, 시장선도기업, 시장도전기업, 시장추종기업, 시장틈새기업과 경쟁기업 및 제품의 포지셔닝, 소비자들의 니즈와 브랜드에 대한 소비자의 지각, 자사의 마케팅 자원, 자사의 이미지 등 전반적인 사항을 고려해야 한다.

제품을 포지셔닝하려면 다른 경쟁제품과의 차별점을 표적시장의 소비자에게 확고하게 인식시킬 수 있는 마케팅 믹스가 필요하다. 포지셔닝은 기존 제품이나 서비스에 대한 고객의 시각과 소비자들의 인식을 명확하게 파악하여 자사의 제품이나 서비스가 가장 차별화될 수 있는 위치를 찾는 것이 중요하다. 자사 제품의 이미지를 얼마나 정확하고 강력하게 고객에게 심어 주고 소비자가 이를 인지해 주느냐에 포지셔닝의 성공

그림 8-4 포지셔닝 전략 수립과정

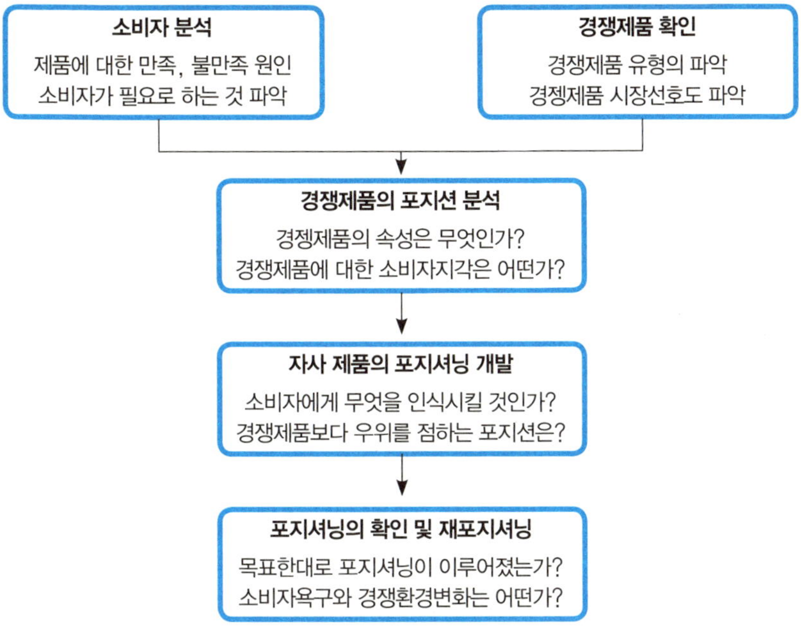

여부가 달려 있다.

이러한 포지셔닝을 수행하는 과정은 [그림 8-4]와 같다.

소비자 분석

해당 제품군에서 소비자들이 얻고자 하는 것이 무엇인지, 그리고 기존 제품들에 대해서는 어떤 불만을 가지고 있는지 등 소비자 요구와 기존 제품에 대한 불만족 원인을 파악하는 과정이다. 이 과정에서는 소비자의 인구통계적 특성과 구매행동, 라이프스타일 등에 대한 분석을 통해 가장 효과적인 포시셔닝 방법을 찾아내는 작업을 하게 된다. 예를 들어, 이유식 시장에서 유아들의 생후 개월 수에 따라 제품속성 차이로 인해 자연스럽게 시장이 세분화될 수 있지만, 실제 구매자는 엄마이고 엄마들의 이유식 구매결정은 단순히 영양이나 원료뿐만 아니라 다른 아이와 다른 이유식을 먹이고 싶다는 가치에 따라 이루어질 수 있을 것이다. 따라서 포지셔닝을 위한 소비자 분석은 소비자 혹은 구매자에 대한 보다 정밀한 분석을 요구한다.

경쟁자 확인

도입하고자 하는 제품의 경쟁상대를 파악하는 과정으로서 이 때 주의할 것은 표적시장을 어떻게 설정하느냐에 따라 경쟁자가 달라질 수 있다는 점이다. 린스 겸용 샴푸를 개발하고자 할 때 소극적인 의미에서는 겸용 샴푸만이 경쟁자가 될 수 있으나, 소비자 관점에서 보면 샴푸를 구입할 때 모든 샴푸를 구매대상으로 고려하므로 현존하는 모든 샴푸가 경쟁자가 될 수 있을 것이다. 한편 해당 제품군에 대체재가 있는 경우에는 이 대체재도 넓은 의미에서 경쟁자가 될 수 있다. 다이어트 식품을 개발하고자 할 때 기존의 다이어트 식품만을 경쟁자로 볼 수 있겠지만, 다이어트 욕구가 있는 소비자 관점에서 보면 칼로리가 낮은 모든 간편식이 다이어트식이 될 수 있으므로 이 대체재를 간과해서는 안 될 것이다. 그리고 이처럼 대체재가 존재하는 경우에는 시장의 크기를 예측할 때 주의해야 한다.

경쟁제품의 포지션 분석

시장을 세분화를 통해 자사와 경쟁관계로 설정된 경쟁사를 규정하는 것은 중요한 과업이다. 특히, 경쟁사의 시장위치와 마케팅 소구점을 정확하게 분석해야 한다. 현재의 경쟁사뿐만 아니라 잠재적 경쟁사까지도 분석하여 해당 세분시장이 지닌 매력도를 평가해야 한다. 또한 경쟁제품이 소비자들에게 어떻게 인식되고 평가받는지 파악하는 작업이다. 이 때 포지셔닝 맵을 작성해 보면 경쟁제품의 속성과 소비자의 지각상태를 파악하는 데 매우 유용할 것이다.

예를 들어, 단기간에 성공을 거둔 코리아나 머드팩의 경우에 이전의 마사지 제품들이 보조기구를 필요로 하고 얼굴에 발랐다가 일정 시간이 경과한 이후에 떼어내는 등 사용하기에 번거롭다는 점에 착안하여, 아무런 보조기구가 필요 없고 얼굴에 바른 다음에 일정 시간이 지나면 물로 그냥 씻어 낼 수 있는 제품 개념으로써 머드팩을 개발하였다. 코리아나 머드팩은 경쟁제품에 비해 청정, 보습효과가 뛰어나고 천연 미네랄 성분을 다량 함유하고 있다는 점에서 기존의 경쟁 마사지 팩과 전혀 다른 제품 개념으로 수용되었다.

자사 제품의 포지션 개발

기업들은 위의 단계에 추가해서 시장규모와 시장성장률, 세분시장과 자사와의 적합성

분석 등을 통해 세분시장별 매력도를 평가하고 자사와 가장 적합한 시장을 발견하고 이 시장에 자사 제품의 포지션을 개발해야 한다. 가능하면 경쟁제품에 비하여 소비자의 욕구를 더 잘 충족시킬 수 있는 적합한 자사 제품의 포지션을 결정한다. 예를 들어, 겸용 샴푸를 개발할 때 지금까지의 겸용 샴푸가 간편성 위주의 제품이었다면 간편성에 영양까지 겸비한 고급 겸용 샴푸라는 비어 있는 포지션을 개발할 수 있을 것이다.

포지셔닝의 확인 및 재포지셔닝

포지셔닝 전략이 실행된 후에는 자사 제품이 목표한 위치에 포지셔닝이 되었는지 확인하여야 한다. 매출성과로도 마케팅 전략의 효과를 알 수 있겠으나 전문적인 조사를 통해 보다 구체적으로 소비자와 시장에 관한 분석을 해 보아야 한다. 만약에 영양 캡슐이 든 겸용 샴푸를 출시하였다면 소비자들이 그 제품을 간편하면서도 영양을 충분히 공급해주는 간편한 샴푸로 인식되고 있는지 되짚어 봐야 한다. 또한 초기에 성공적인 포지셔닝이 되었다 하더라도 시간이 흐름에 따라 경쟁환경과 소비자 욕구가 변화하였을 경우에는 목표 포지션을 재설정하여 그곳으로 이동시키는 재포지셔닝을 해야 할 것이다

4-4. 재포지셔닝

재포지셔닝(repositioning)은 경쟁상황과 소비자 욕구의 변화에 따라 제품의 포지션을 다시 설정하는 활동이다. 제품 개발 및 출시시점에서 마케팅 담당자가 목표한 대로 포지셔닝이 훌륭하게 되었어도 시간이 지남에 따라 기존 포지셔닝이 부적합할 수도 있다. 소비자 욕구나 경쟁상황이 달라지거나, 또는 성장하리라 예상했던 표적시장이 너무 작은 경우가 바로 그러한 경우다. 이때는 당초의 포지셔닝에 안주하지 않고 철저한 조사를 통해 자사 제품의 포지션을 추적해 보고 새로운 포지션을 개발하는 재포지셔닝 전략을 수행해야 한다.

존슨 앤 존슨의 베이비 화장품은 처음에 유아층을 타깃으로 포지셔닝했던 제품이지만 나중에 청소년과 연약한 피부를 가진 성인 여성을 타깃으로 하는 순한 화장품으로 재포지셔닝함으로써 표적시장이 확대되고 매출이 비약적으로 증가하는 성과를 이루었다. 한편, 밀러의 High Life라는 맥주는 당초 상류층이나 여자들의 맥주로 포지셔닝되어 있었으나, 이를 대량 음주자들인 노동자 계층에 적절한 맥주로 포지셔닝하여 크게 성공한 바 있다.

4-5. 포지셔닝 맵

| 포지셔닝 맵의 의의 |

포지셔닝 맵(positioning map)이란 제품에 대한 고객의 지각을 2차원이나 3차원 그래프로 표시한 것으로, 소비자의 머리 속에 인식되어 있는 자사 제품과 경쟁제품의 위치를 나타낸다. 포지셔닝 맵은 소비자의 인지를 기준으로 만들어지기 때문에 지각도(perceptual map)라고 부르기도 한다. 이렇게 포지셔닝 맵을 그려보면 자사 제품이 소비자에 어떻게 인식되고 있는지, 경쟁제품은 무엇이고 얼마나 있는지, 경쟁제품이 어떻게 인식되고 있고 또 자사 제품과 어떤 위치관계가 있는지, 소비자가 생각하는 이상적인 제품 속성은 무엇인지, 자사 제품이나 경쟁제품이 놓치고 있는 시장은 어디인지 등을 알 수 있다.

| 포지셔닝 맵의 유용성 |

마케팅 관리자는 포지셔닝 맵을 그려 봄으로써 크게 다음 다섯 가지 측면에서 유용한 정보를 얻을 수 있다.

지각상 시장의 공백 규명

충분한 시장성이 있음에도 경쟁제품이나 자사 제품이 소구하지 않은 시장의 빈 곳을 알려 줌으로써 신제품의 개념을 적절히 선정할 수 있다.

자사 제품의 현 위치 파악

자사 제품이 소비자에게 어떻게 인식되고 있는지 확인할 수 있다. 인지도는 현재 자사 제품이 소비자에게 어떻게 인식되고 있는가에 대한 정보를 제공해 준다.

경쟁자 및 경쟁상황, 경쟁강도의 파악

자사 제품의 위치와 가까운 경쟁자가 누구이며, 자사 주변에 얼마나 많은 수의 경쟁자가 있는지를 알려 준다. 포지셔닝 맵상에서 가장 가까운 거리에 있는 제품일수록 서로 경쟁관계에 있고 대체 가능한 제품이다. 또한 현재 자사 제품이 소구하고자 하는 위치에 몇 개의 경쟁제품들이 있는가에 따라서 경쟁강도의 파악이 가능하다. 여러 기업들이 밀집되어 있는 세분시장은 그만큼 경쟁이 치열할 뿐만 아니라 소비자들이 제품에 대한 요구가 많은 곳이라고 할 수 있다. 중소기업이라면 가능한 밀집된 시장을 피해서 틈새시장을 파악하는 데 초점을 맞출 것이다.

이상점(ideal point) 파악

소비자가 가장 이상적으로 생각하는 제품의 속성 상태를 파악함으로써 신제품 개발이나 자사 제품의 개선에 있어 이상점으로 활용할 수 있다.

마케팅 효과 측정

정기적으로 자사 제품의 위치를 추적 · 조사하며 포지셔닝 맵을 그려 봄으로써 의도한 바대로 포지셔닝이 되었는지 확인할 수 있다. 이로써 자사의 마케팅 믹스 전략이 얼마나 효과가 있는지 알 수 있다.

포지셔닝 맵의 작성

포지셔닝 맵을 작성할 때 가장 유의할 점은 지표를 선정하는 것이다. 포지셔닝 맵의 지표는 제품에 대해서 소비자들이 구매의사결정을 할 때 가장 중요하게 생각되는 것으로 선정해야 한다. 소비자들이 고가제품을 선호하는지 저가제품을 선호하는지, 보수적인지 혁신적인지, 강한 맛을 선호하는지 부드러운 맛을 선호하는지 등 소비자들이 해당 제품에 대해 가질 수 있는 구매결정요소를 정확하게 파악하여 지표로 삼고 포지셔닝 맵을 작성해야 한다([그림 8-5]). 소비자들이 중요치 않게 생각하는 지표를 선정하게 되면 결국 마케팅 전략은 엉뚱한 방향으로 흐르게 된다. 소비자들이 중요하게 생각하는 속성도 경제적 변화, 사회문화적 변화 등 외부적인 요인으로 영향을 받고 시장상황에 따라 변할 수 있으므로 신중하게 선택해야 한다.

- **차원의 수 결정:** 기업이 목표하는 시장에서의 고객 · 경쟁사 · 자사 분석(3C)의 정확한 이해를 바탕으로 인지도를 작성하게 된다. 이 과정에서 가장 먼저 결정하여야 하는 것은 인지도에서 차원의 수를 결정하는 것이다. 3차원 이상을 사용하여 인지도를 작성하게 되면 인지도의 해석이 곤란해지므로 해석과 시각적 편의를 위해 이차원으로 구성된 일련의 도면을 제시하는 것이 효과적이다. 특히 차원을 결정할 때

그림 8-5 포지셔닝 맵의 작성절차

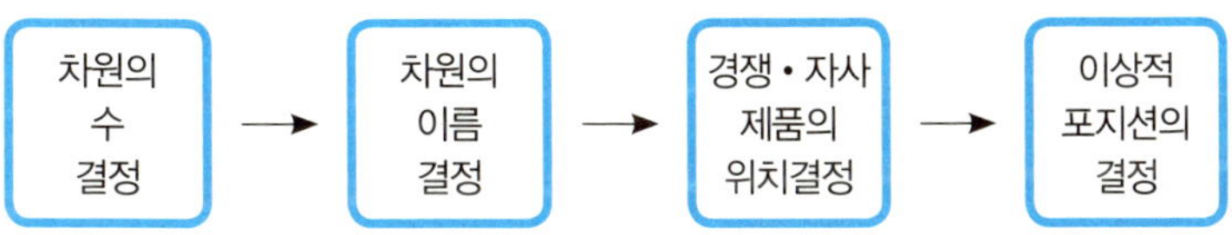

에는 시장의 특성을 가장 잘 나타낼 수 있는 속성을 개발하는 것이 중요하다. 한두 개의 개발된 최상의 속성으로 포지셔닝 전략을 실행하면서 이에 부합하는 마케팅 믹스 요소들이 사용되어야 한다. 소비자를 혼돈하게 만드는 일관성 없고 복잡한 포지셔닝은 제품실패를 초래할 수 있다.

- **차원 이름의 결정**: 차원의 수가 결정되면 마케팅 관리자는 각 차원의 이름을 결정하여야 한다. 차원의 이름을 결정하기 위해서 다양한 통계분석 기법이 활용된다. 하지만 전략적으로 실효성 있는 차원의 이름을 부여하는 것은 관리자의 직관과 사고능력에 달려 있다.
- **경쟁제품 및 자사 제품의 위치 확인**: 차원의 수와 차원의 이름이 결정되면 경쟁제품과 자사 제품의 위치를 인지도에서 확인하여야 한다. 경쟁제품과 자사 제품이 얼마나 가깝게 포지셔닝되어 있는지, 여타 경쟁사들이 해당 시장에 얼마나 밀집하는지, 시장이나 산업 전체에서 자사의 위치는 어디인지, 그리고 빈 시장이 어디인지 등을 결정해야 한다.
- **이상적 포지션의 결정**: 소비자들에게 각 상표와 신제품 개념에 대하여 첫 번째, 두 번째, 세 번째 등과 같이 선호순위를 평가하도록 한 후, 가장 선호하는 상표에 가장 가깝고 가장 덜 선호하는 상표에 가장 멀도록 지각지도상에 최종적으로 표시하고 상대적으로 자사의 위치 파악을 통해서 장악해야 할 시장을 결정하는 것이다. 이때 경쟁제품과 소비자들의 욕구에 기초하여 가장 이상적인 자사 제품의 포지션이 결정되어야 한다. 상황에 따라서는 경쟁사들과 충돌을 피하면서 고객에게 소구할 수 있는 틈새세분시장(niche market)이 있는지에 대한 정확한 판단을 내려야 한다.

포지셔닝 맵의 사례: HITE맥주의 경쟁우위전략

[그림 8-6]은 맥주시장에서의 브랜드들에 대한 포지셔닝 맵을 나타낸 것이다.

오랜 기간 동안 OB맥주의 들러리에 불과하였던 조선맥주(현 HITE맥주)가 1993년 HITE라는 브랜드를 통한 정확한 포지셔닝으로 맥주시장에 일대 반란을 가져왔다. 과거의 크라운맥주가 가진 씁쓸한 맛을 없애고 지하 150m 천연암반수라는 콘셉트와 시원한 맥주의 맛을 그 비결로 해서 고객이 원하는 방향으로 포지셔닝 맵의 이동이 정확히 이루어짐으로써 성공한 대표적인 경우라고 할 수 있다. 99%가 물로 이루어진 맥주가 천연암반수와 암반수를 바탕으로 이루어진 기술과 노하우는 HITE만의 강력한 핵심역량이 되었다.

그림 8-6 맥주시장의 포지셔닝 맵

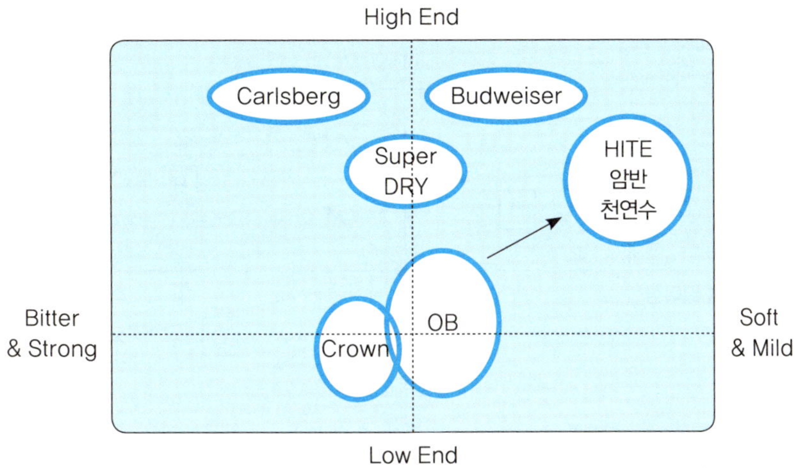

맛이라는 맥주의 중요한 속성을 차원으로 결정하고 경쟁사들의 위치를 정확하게 파악한 점, 낙동강 페놀 사건으로 인해서 고객들의 맥주에 대한 맛의 선호도가 변하는 방향을 정확하게 파악해 낸 점은 HITE맥주의 성공을 가능케 하는 요인들 중의 하나일 것이다.

포지셔닝 맵을 보고 분석하는 데 있어서 주의해야 하는 것은 지금까지 살펴본 것과 같이 소비자집단이 선호하는 제품의 위치가 맵상에 점으로만 표시할 수 있는 것은 아니라는 것이다. 포지셔닝 맵을 그리는 방법이 수십 가지 있듯이 이러한 맵을 나타내는 방식도 다양하다. 최상맵점(ideal point model)을 표시하는 위의 방식과는 다르게 점으로 표시하지 않고 방향으로 표시되는 맵도 있는데 이는 방향맵(direction map)이라는 방식이다. 방향맵은 소비자가 원하는 제품의 특정 속성이 많으면 많을수록 더 좋은 경우를 표시할 때 사용된다.

아래의 [그림 8-7]은 패션의류시장에서 시장세분화의 결과와 경쟁제품들의 평가를 방향맵으로 보여주고 있는데, 소비자집단이 좋아하는 제품의 위치를 화살표로 보여주고, 제품 A, B, C, D, E는 박스로 보여주고 있다. 멋쟁이 소비자집단은 trendy-classic이라는 제품특성과 착용감이라는 제품특성 중에서 trendy한 것을 매우 중요하게 생각하고 있으며, 활동형 소비자는 착용감이 상당히 중요하며 약간 classic한 것을 좋아하고, 실속형 소비자는 classic한 것과 착용감을 비슷하게 좋아하고 있으나 방향을 나타

그림 8-7 패션의류시장의 방향맵

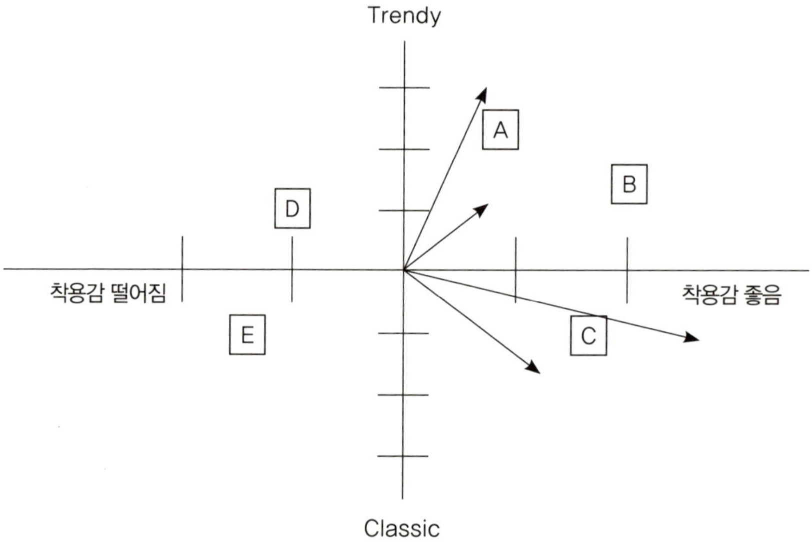

내는 길이가 유난히 짧은데, 이는 일반대중의 특성이 다른 소비자집단보다 단일화되지 못했다는 것을 나타낸다.

이때 주의할 점은 각 소비자집단에서 가장 좋아하는 제품이 최상점맵에서는 집단의 한가운데에서 가장 가까운 곳에 있는 제품이었으나, 여기서는 각 제품에서 해당 소비자집단 화살표에 수직이 되도록 선을 그어서 원점에서 화살표 방향으로 가장 멀리 있는 제품이 가장 좋아하는 제품이 된다.

예를 들어 멋쟁이는 A제품을 제일 좋아하고, 그 다음으로는 B, D 순으로 좋아한다. 활동형은 B, C, A 순으로 좋아하게 된다. 이것을 제외하고는 방향맵도 최상점맵과 같이 시장 전반적인 분석을 하는 데 많이 이용되는 점은 유사하다.

신제품 도입시의 포지셔닝 맵

기업이 신제품을 시장에 도입할 때에는 지금까지의 내용뿐만 아니라 다음과 같은 질문들을 추가로 검토하고 해결점을 찾도록 해야 한다. 첫째, 신제품 개념이 중요하다고 생각하는 방향성과 비거리 속성상에서 경쟁상표와 구별될 수 있는가? 신제품 개념은 소비자들에 의해서 경쟁상표들의 모방제품으로 인지될 수 있다는 점에 유의해야 한다.

둘째, 마케터가 생각하는 만큼 충분한 소비자들이 경쟁상표에 비하여 자사의 신제품을 선택할 것인가? 따라서 마케터는 수요예측을 정확히 하도록 해야 한다.

셋째, 신제품 개념이 포지셔닝되어 있는 표적시장의 소비자들은 구체적으로 무엇을 원하는가? 마케터는 표적시장의 '원하는 바'가 무엇인가를 정확히 파악하기 위하여 체계적이며 과학적인 마케팅 조사를 해야 한다.

넷째, 신제품 개념을 구매할 소비자들의 특성(프로파일)은 무엇인가? 마케터는 마케팅 조사를 통하여 도출된 세분시장별로 프로파일을 작성하여 각 세분시장별로 시장세분화 변수를 이용하여 인구통계적 특성, 심리적 특성, 지역적 특성, 행위적 특성 등을 파악해야 한다.

다섯째, 일단 새로운 제품 개념이 제품화된 후, 동일한 포지션이 유지될 것인가? 또는 소비자들이 그들의 지각을 변경할 것인가? 마케터는 종단면적인 마케팅 조사를 통한 제품 포지셔닝 분석을 실시함으로써 소비자들에게 자신과 경쟁제품이 어떻게 포지셔닝되어 있으며, 소비자들의 '원하는 바'는 어떻게 변화되는가를 지속적으로 추적하는 마케팅 정보시스템(marketing information system)의 구축이 필요하다.

4-6. 차별화전략

마케팅 전략을 수립하는 데 있어서 시장을 세분화하고 마케팅 노력을 집중할 목표시장을 선정했으면 이 목표시장에서 기업과 기업이 제공하는 제품이나 서비스가 소비자들의 마음 가운데에 확실하게 자리 잡도록 해야 할 필요가 있고 이를 위해 포지셔닝을 실시했다. 결국 포지셔닝이란 자사가 제공하는 제품이나 서비스가 경쟁사와 차별화를 할 수 있을 때 가능하게 된다. 차별화는 기업이 전략적으로 경쟁사가 가지지 못한 경쟁우위요소를 창출하거나 강화하기 위한 행동이라고 할 수 있다. 차별화를 하는 영역 혹은 경쟁우위가 창출될 수 있는 영역을 크게 7가지 정도로 언급해 볼 수 있다.

기술 위주의 차별화

기술 위주의 차별화는 새로운 기술을 차별화의 요소로 활용하는 것을 말한다. 대표적으로 3M이나 EMI와 같은 회사들이며 국내에서도 유망한 기술 주도의 중소기업들이 기술 위주의 차별화를 하고 있다. 이 차별화에 성공하기 위해서는 개발한 새로운 기술이 소비자에게 더 많은 혜택을 주거나, 혹은 원가 측면의 이익이 커야 한다. 단순히 새로 개발되는 기술을 빨리 수용할 수 있거나, 생산과정상에서 편리성을 더했다는 것만으로는 성공하기 힘들다. 또는 기술적 차별성은 항상 자사만의 독특한 차별화 요소라고 보기에는 모방될 수 있는 가능성이 크다. 기술 위주의 차별화가 성공하기 위해서는 이러한 기술을 바탕으로 판매를 증대시키거나 기술 자체를 판매할 수 있는 능력이 동시에 있어야 한다.

제품 위주의 차별화

제품 위주의 차별화는 신제품을 만드는 능력이 탁월해서 소비자 욕구를 다양하게 만족시키는 우수한 제품을 다양하게 개발하는 능력이다. 제품의 차별화는 제품의 특징, 성능, 내구성, 신뢰성, 스타일, 디자인 등에 의해 가능하다. 그런데 제품 중에서 차별화가 용이한 제품도 있지만 어떤 제품에 있어서는 거의 차이가 없는 것들도 있다. 제품의 특성상 차별화가 어려운 제품인 경우가 문제가 된다. 하지만 이와 같이 차별화가 어려운 제품인 경우에도 소비자들이 차이를 느끼도록 만들어 주는 것이 마케팅 관리자들의 과제이다.

시장 위주의 차별화

시장 위주의 차별화는 소비자시장 특성을 잘 알아서 특정 소비자집단의 모든 욕구를 충족시켜 주는 능력을 말한다. 예를 들어, 젊은층이 좋아하는 다양한 제품을 모두 취급하거나 혹은 자사의 영업점을 방문하는 손님들이 필요로 하는 각양각색의 서비스나 제품을 제공하는 것을 말한다. 호텔업이나 레저업과 같은 곳에서 본래의 업종과 상관없어 보이는 패션상품 등을 판매하는 것을 들 수 있다. 시장 위주의 차별화는 고객취향의 변화에 민감하여서 실패할 가능성도 크지만 한번 성공하면 고정고객을 만들 수 있어서 경쟁자들이 쉽게 따라오기가 어렵다. 통신판매 등도 시장 위주의 차별화를 하려고 노력하는 업종에 해당한다.

유통 위주의 차별화

유통 위주의 차별화는 자사가 가진 유통경로를 강화시키기도 하고 강한 유통경로를 기반으로 새로운 사업기회를 만드는 것을 말한다. 유통경로에서의 파워는 경쟁자가 단기간에 모방하기 힘들다. 판매사원의 확보, 판매망의 관리전략, 공급사슬관리(SCM) 시스템의 도입 등을 통한 유통능력의 축적은 충분한 차별화요소가 될 수 있을 것이다.

생산 위주의 차별화

생산 위주의 차별화는 원료나 관련 업체 관리가 뛰어나서 생산량을 유연하게 조절할 수 있거나, 생산 노하우가 있어서 다품종생산이 가능하고 생산 및 제품 품질의 일관성이 뛰어난 경우를 말한다. 또한 생산기술이 우수하거나 효율적으로 비용관리를 하여서 싼값에 제품을 공급할 수 있는 것도 생산위주의 차별화라고 할 수 있다. 소비자들에게는 생산 위주의 차별성이 단기적으로 잘 알려지지 않지만, 장기적으로 비용절감을 통해서 가격경쟁력을 가질 수 있고, 회사 재무구조가 탄탄하여 믿을 수 있는 기업으로 인식될 수 있을 것이다.

서비스 차별화

제품에 부수적으로 제공되는 서비스에 대해서도 차별화할 수 있다. 제품을 인도하는 데 있어서도 신속, 정확하게 함으로써 차별화가 가능하다. 기업이나 병원들은 최근 친절하면서도 신속하게 업무를 처리하기 위해 노력하고 있다. 이는 고객의 업무처리 과정을 최대한 줄이고 가장 신속하면서도 정확히 처리해 줌으로써 고객의 시간 절약을 통해 고객만족을 이끌어낼 수 있기 때문이다. 이러한 서비스 차별화를 통해서 고객만족경영을 할 수 있다. 이와 같이 제품뿐만 아니라 다른 회사와 전혀 다른 서비스를 제공함으로써 서비스가 좋은 회사로 포지셔닝할 수 있는 것이다. 최근에 은행권에서는 이러한 서비스 차별화 노력이 돋보인다.

이미지 차별화

경쟁기업이 거의 동일한 제품 및 부수적인 서비스를 제공하더라도 구매자들은 기업이나 상표 이미지에서 차이를 느낄 수 있다. 따라서 경쟁사와 차별화할 수 있는 이미지를 창출할 필요가 있다. 베네통(Benetton)이 동일한 제품과 서비스를 바탕으로 색상 위주의 커뮤니케이션으로 이미지를 부각시킨 것도 이러한 차별화에 해당된다.

인적 차별화

기업은 경쟁사에 비해 보다 우수한 인력을 고용하고 훈련시켜 강력한 경쟁우위를 확보할 수 있다. 디즈니(Disney)의 직원들은 친절하고 명랑한 것으로 알려져 있다. 싱가포르항공(Singapore Airlines)은 기내에서 봉사하는 직원의 우아함으로 탁월한 명성을 얻고 있다. 특히, 서비스 기업에서 직원의 차별화는 회사가 고객접점의 직원을 주의 깊게 선발하고 잘 훈련시킬 것을 요구한다.

MARKETING

PART 3

마케팅 프로그램의 관리

MARKETING

9 제품 관리

제1절 신제품의 종류
제2절 신제품 개발과정 관리
제3절 제품개발 프로세스의 관리: 개발에서 상업화
제4절 소비자 수용과정
제5절 제품과 제품믹스
제6절 제품계열 결정

학습목표

- ▶ 신제품의 진정한 의미는 무엇인가
- ▶ 신제품 개발과정의 주요 단계를 어떻게 관리할 것인가
- ▶ 혁신의 소비자 수용에 영향을 미치는 요인은 무엇인가
- ▶ 제품믹스와 제품계열을 어떻게 구축하고 관리할 것인가

기업은 다른 기업의 인수 또는 제품개발을 통해 신제품들을 추가할 수 있다. 회사가 인수할 때 다른 기업, 특허, 혹은 라이센스 또는 프랜차이즈 등을 구매할 수 있다. 스위스 식품회사 Nestle는 Carnation, Hills Brothers, Stouffer's, Ralston Purina, Dreyer's Ice Cream, Chef America, Jenny Craig, 그리고 Gerber 등의 다양한 브랜드들을 인수함으로써 북미에서 자신의 존재를 널리 알리고 있다.

그러나 기업들은 많은 인수를 하지만 극소수만 성공할 수 있다. 어떤 의미에서 기업들은 내부에서 신제품을 개발하는 자체(organic) 성장이 필요하다. 전 세계에 산업용 가스를 공급하는 Praxair는 적절한 유기적 성장과 다수의 작지만 중요한 5백만 달러의 프로젝트들을 통해 매년 두 자리 수의 새로운 판매 성장으로 2억 달러의 야심찬 목표를 달성하였다.

제품개발을 위해 기업은 자체적으로 신제품을 개발하거나 독립 연구소 또는 특정한 제품을 개발하기 위해 혹은 신기술을 제공하기 위해 신제품개발회사 등과 계약할 수 있다. Samsung, GE, Diageo, Hershey, 그리고 UBS 등의 기업은 새로운 관점의 아이디어를 얻기 위해 신제품 컨설팅을 받기도 한다.

제1절 신제품의 종류

신제품의 종류는 다음과 같다.

- **완전히 새로운 신제품**(New-to-the-world products): 기존에 없던 새로운 시장을 겨냥한 제품으로 전화, 자동차 등이 처음 개발되었을 때에 해당된다.
- **신제품 계열**(New product lines): 특정 기업이 특정 시장에 처음으로 출시하는 제품을 말한다.
- **기존 제품계열에 추가**(Additions to existing product lines): 기업이 기존 제품계열을 보충하는 신제품으로, 예를 들어 포장의 크기, 맛 등이 변화된 제품으로 일반적인 새우깡에 추가적인 맛을 내는 새로운 새우깡의 출시를 들 수 있다.
- **기존 제품의 개선/수정**(Improvements and revisions of existing products): 기존 제품의 성능과 가치를 개선 및 수정한 신제품으로 기존 제품을 대체하는 신제품.

- **재위치화**(Repositionings): 기존 제품을 기존 시장 외에 새로운 시장에 맞게 위치화시킨 경우이다. 초기 고성능의 컴퓨터가 전문가들용으로 위치화하다가 시간이 지남에 따라 점차 일반인층으로 위치화를 달리하는 것과 같다. 또는 순한 유아용 오일이 민감한 피부의 성인을 대상으로 옮겨가는 경우이다.
- **원가절감**(Costs reduction): 기존 제품에서 더 낮은 원가로 유사한 성능을 제공하는 신제품.

시장을 변화시킬 만한 블록버스터 제품을 발견하기가 점점 어려지고 있지만 지속적인 혁신은 브랜드의 의미를 더 넓히고 경쟁기업들이 따라오기 어렵게 만들 수 있다. 한때 러닝슈즈 제조업자인 Nike는 지금 다양한 유형의 운동화, 의류, 그리고 장비 등의 메이커들과 경쟁하고 있다. Armstrong World Industries는 바닥마감재에서 천장, 전체 내부 인테리어로 사업을 확대하고 있다.

신제품들 중 세계 최초로 만들어진 혁신적인 제품은 10% 미만에 불과하다. 이러한 혁신 제품들이 가장 높은 비용과 리스크를 발생시킨다. 비록 급진적인 혁신이 단기적으로는 기업에 타격을 줄 수 있지만, 만일 성공한다면 기업의 이미지 개선 및 일반 제품보다 더 지속가능한 경쟁우위를 창출할 수 있고 상당한 재무적 보상도 얻을 수 있다.

일반적으로 기업들은 급진적 혁신을 달성하기 위해 강력한 R&D와 마케팅 파트너십을 구축해야 한다. 올바른 조직문화는 또 다른 중요한 결정요인이며, 기업은 유사한 신제품의 출시에 따른 기존 제품들의 매출 감소를 대비하고, 위험을 감수하며 미래 시장지향성을 유지해야 한다. 급진적 혁신에 대한 수요를 평가하는 신뢰할 수 있는 기법들이 거의 존재하지 않는다. 포커스그룹은 고객의 관심사와 요구에 관한 시각을 제공할 수 있지만, 마케터들은 조사, 초기 사용자들의 피드백, 온라인 채팅 또는 제품 블로그 등을 기반으로 한 철저한 조사와 학습 접근법이 필요하다.

특히 텔레커뮤니케이션, 컴퓨터, 가전제품, 바이오테크, 그리고 소프트웨어 등의 하이테크 기업들은 급진적 혁신을 추구하고 있다. 이들은 높은 기술적 불확실성과 시장 불확실성, 치열한 경쟁, 높은 투자비용, 짧은 제품수명주기 및 고위험성으로 인한 자금 조달의 어려움 등 제품 출시와 관련하여 많은 과제에 직면해 있다. 그러나 성공한 사례는 많다. BMW는 전기자동차뿐만 아니라 도시의 운전자들을 위한 소형 자동차를 개발하는 데 10억 달러 이상을 투자하고 있다. Google은 gmail, Google+ social networking, Google Chrome뿐만 아니라 Google Glass, Google X 등 혁신적인 제품을 만들어 내며 시가총액 3천억 달러 이상의 가장 혁신적인 기업 중 하나로 명성을 얻고 있다. Danone은 정교한 R&D 기술로 박테리아를 연구하여 Activia 요구르트 같은 10억 달러의 상품을 출시하였다.

제2절 신제품 개발과정 관리

2-1. 아이디어 창출

신제품 개발과정은 아이디어의 탐색에서 시작된다. 신제품 아이디어는 고객, 과학자, 경쟁사, 구성원, 경로구성원 및 최고경영자 등의 원천으로부터 유래될 수 있다. 그러나 신제품 아이디어를 탐색하는 데 있어 출발점은 고객의 1차적 욕구(needs)와 2차적 욕구(wants)이다. 기술지향적 기업들은 자사의 제품을 가장 먼저 사용하며, 다른 고객들에 앞서 필요한 개선점을 인식하는 고객들인 혁신자 또는 의견선도자들을 연구함으로써 여러 가지 많은 정보를 얻을 수 있다. 최적의 아이디어 중 상당수는 현재의 제품에 대해 소비자들이 느끼는 문제점에서 나온다. 3M의 경우, 고객들의 의견 또는 불만으로부터 창출된 아이디어로 자사 제품의 2/3 이상을 개선시키고 있다.

성공한 기업들은 기업 내 모든 구성원들이 자사의 제품 및 서비스뿐만 아니라 기업 운영 전반에 걸쳐 새로운 아이디어를 창출할 수 있도록 기업문화를 조성하고 있다. 예를 들어, 일본의 자동차 회사인 Toyota는 자사의 구성원들은 1인당 35개를 제안하는 꼴로 매년 200만 개의 아이디어를 제출하는데, 이 아이디어 중 85%가 실제로 적용되고 있다고 한다.

기업들은 경쟁사들의 제품과 서비스를 조사함으로써 새로운 아이디어를 발견할 수 있다. 경쟁사의 제품 중 고객이 선호하는 요소와 싫어하는 요소를 조사하여 자사의 신제품에 반영시킬 수 있다. 그리고 경쟁사의 제품을 구입하여 분해한 후, 더 좋은 제품을 만들 수가 있다. 기업의 판매대리점과 중간상들 역시 신제품 아이디어의 좋은 원천이다. 그들은 고객의 욕구와 불만을 맨 처음에 접하고, 경쟁제품들의 판매상황을 잘 알기 때문이다. 많은 기업들은 새로운 아이디어를 얻기 위해 자사 제품을 취급하는 유통주체들을 훈련시키고 보상금을 지급하기도 한다. 이 외에도 신제품 아이디어는 발명가, 특허권자, 대학 및 상설연구소, 자문기관, 광고대행사, 마케팅 조사업체 등의 다양한 원천을 통해 창출될 수 있다. 기업은 새로운 아이디어를 얻기 위해 크라우드 소싱을 이용하기도 한다. 크라우드 소싱의 한 형태로 온라인 커뮤니티에 콘텐츠나 소프트웨어 제작 지원 요청을 하는 것인데, 종종 상금이나 인센티브가 제공되기도 한다. Baskin-Robbins가 신메뉴 출시를 위해 온라인 콘테스트를 열자 4만 명이 참가했고, 우승자의 제품이 신메뉴로 출시되었다.

그림 9-1 신제품 개발 의사결정 과정

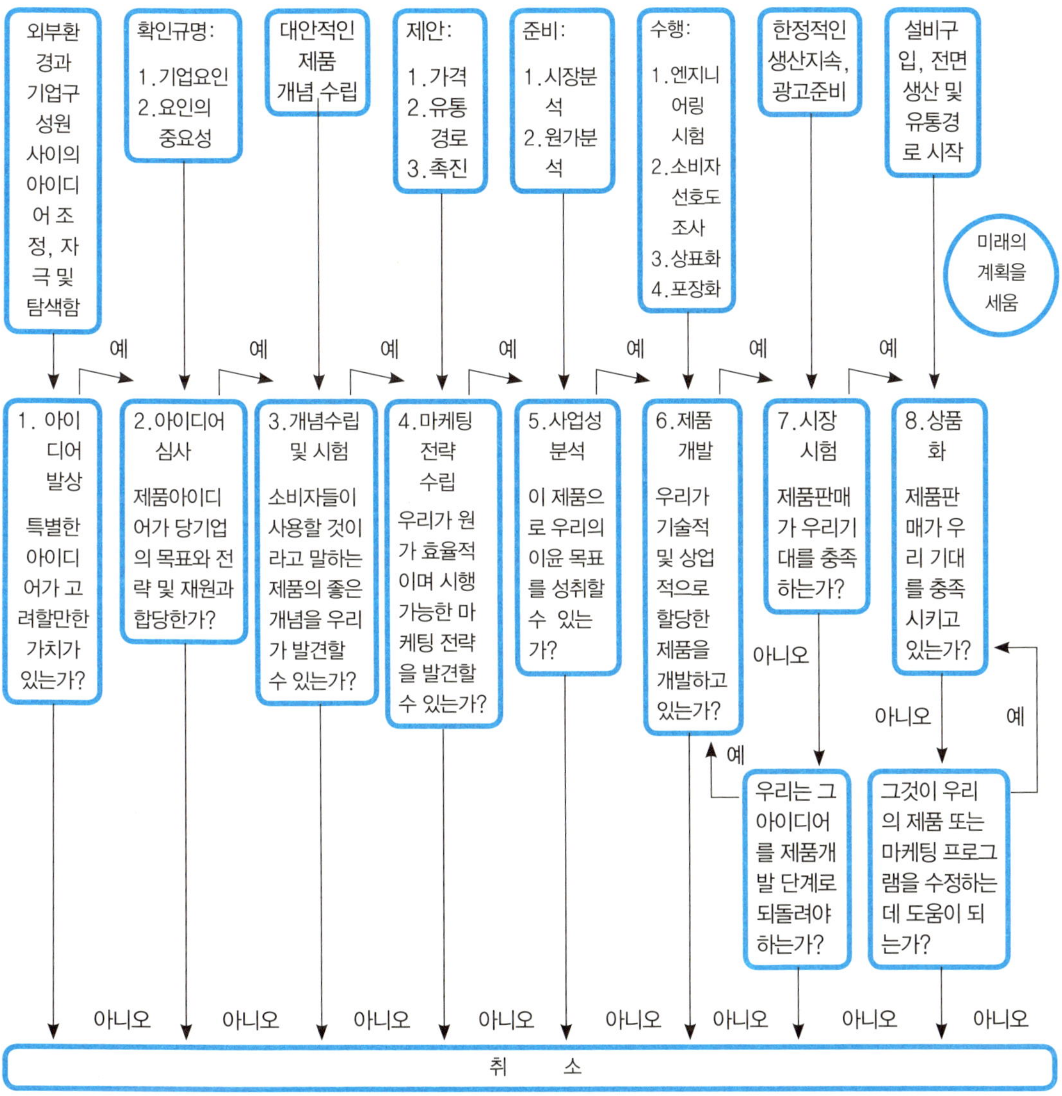

2-2. 아이디어 선별

최고경영층은 기업 구성원들 모두가 아이디어를 창출할 수 있도록 동기를 부여해야 한다. 제출된 아이디어는 문서로 작성해야 하며, 세 개의 집단, 즉 전망이 밝은 아이디어, 중요하지 않는 아이디어 및 기각된 아이디어의 집단으로 분류해야 한다. 전망이 밝은 아이디어는 위원회의 구성원들에 의해서 검토되고, 채택된 아이디어는 전반적인 심사과정을 밟게 된다. 기업은 최상의 아이디어를 제출한 구성원에게 보상금을 지급해야 한다.

아이디어를 심사하는 경우에 두 가지 오류, 즉 탈락오류(drop-error)와 채택오류(go-error)가 나타날 수 있다. 탈락오류는 실제로 좋은 아이디어를 잘못 검토하여 탈락시키는 것으로 가장 쉽게 나타날 수 있는 오류이다. 어떤 기업들은 탈락시킨 아이디어 중 좋은 것이 있었음을 알고 후회하기도 한다. 탈락오류의 사례는 다음과 같다. Chester Carlson이 발명한 복사기의 성장성을 Xerox는 일찍 예측한 반면, IBM과 Eastman Kodak은 전혀 예측하지 못했다. IBM은 PC시장이 소규모일 것이라고 생각하였다. RCA는 라디오의 혁신적인 기회를 파악했지만, Victor Talking Machine은 그러하지 못했다. Marshall Field는 할부구매가 독특한 시장개발 방안이 될 것이라는 것을 예측했지만, Endicott Johnson은 전혀 알지 못하였다. Sears는 할인방법의 중요성을 간과한 반면에 Wal-Mart와 K-Mart는 그렇지 않았다. 탈락오류가 많이 발생하는 것은 선별기준이 지나치게 엄격하기 때문이다.

채택오류는 좋지 못한 아이디어가 잘못 채택되어 개발 및 상업화 단계로 들어선 것이다. 채택오류로 인해 제품이 실패하는 경우는 다음과 같다. 첫째, 절대적인 제품실패로 제품의 판매액이 변동비보다 작아서 손실이 발생하는 것이다. 둘째는 부분적인 제품실패로 제품의 판매액이 변동비와 고정비의 일부만을 충당하여 손실을 자아내는 것이다. 셋째는 상대적 제품실패로 이윤을 산출하지만 그 이윤이 기업의 목표수익률 이하 수준인 경우이다.

신제품 위원회에서는 채택된 아이디어들에 대해 제품 아이디어, 표적시장 및 경쟁, 시장규모, 가격, 개발기간과 비용, 제조원가, 투자수익률 등에 대해 개략적으로 추정한다. 이에 따라 최고경영자는 기준에 따라 각각의 신제품 아이디어를 검토한다. 예를 들어, 그 제품이 고객의 욕구를 충족시킬 수 있는가, 그 제품이 경쟁적인 제품에 비해 월등한 가치를 제공하는가, 차별적으로 특이하게 촉진활동을 할 수 있는가, 제품 생산에 따른 필요한 노하우와 자본을 확보하고 있는가, 신제품이 어느 정도의 판매량, 판매성

표 9-1 **제품 아이디어 평가표**

제품의 성공여건	(1) 상대적 가중치	(2) 제품 아이디어 점수	(1) × (2) 제품 평가치
독특한 또는 월등한 제품	0.40	0.8	0.32
고성능 대비 원가 비율	0.30	0.6	0.18
마케팅 예산 지원	0.20	0.7	0.14
강력한 경쟁이 없음	0.10	0.5	0.05
합 계	1.00		0.69

장 및 이윤 등을 가져올 수 있겠는가 등을 고려해야 한다.

심사과정을 거쳐 합격한 아이디어는 〈표 9-1〉에 제시된 가중지수 방법을 사용하여 평가된다. 제품성공 여건은 그 제품 출시에 성공하는 데 필요한 요인이다. 두 번째 열인 상대적 가중치는 경영자가 각 성공요인에 대해 상대적인 중요성 점수를 부여하는 것이다. 이 점수는 가중치로서 제품성공 여건들에 대한 상대적인 중요성을 모두 합할 경우 1이 된다. 그 다음 세 번째 열은 각 요인에 대해 제품 아이디어를 1.0을 최고 점수로 하여 0.0부터 1.0까지의 점수를 부여한다. 최종단계는 성공요인별 중요도에 제품 점수를 곱하여, 기업의 능력을 전반적으로 평가한다. 일반적으로 0.0~0.30~0.6~0.8의 등급으로 좋지 않음, 보통, 좋음으로 평가될 수 있다. 이렇게 볼 때, 0.69의 평가점수가 나온 제품 아이디어는 좋은 아이디어 수준의 점수인 것이다.

신제품 아이디어가 개발과정으로 진척됨에 따라 기업은 아래의 공식을 사용하여, 그 제품의 전반적인 성공 가능성에 대한 예측치를 항시 수정해야 한다.

전반적인 성공 가능성 = 기술적 완성도에 대한 가능성
× 상업화 가능성(주어진 기술 완성하에서)
× 경제적 성공 가능성(상업화 가능성하에서)

예를 들어, 3개의 가능성이 각각 0.50, 0.65, 0.74로 예측되었다면, 그 기업은 전반적인 성공의 가능성을 0.24라고 결론을 내릴 수 있다. 그 후 그 기업은 이러한 가능성이 계속적으로 신제품 개발을 보증할 만큼 좋은가를 판단해야 한다.

2-3. 제품 개념의 개발과 시험

매력적인 아이디어는 보다 명확한 제품 개념으로 재정립되어야 한다. 제품 아이디어

(product idea)란 기업이 시장에 도입시킬 가능성이 있는 제품에 대한 아이디어이며, 제품 개념(product concept)이란 제품 아이디어를 소비자의 관점에서 의미를 부여하여 구체화시킨 것을 말한다.

제품 개념의 개발

예를 들어, 어떤 대형 식품가공업체는 영양가와 맛을 높이기 위해 우유에 첨가할 분말을 생산하고자 하는 제품 아이디어를 갖고 있다고 하자. 그러나 제품 아이디어는 소비자 입장에서는 구체적이지 못하다.

제품 아이디어는 여러 가지 제품 개념으로 전환될 수 있다. 첫째, 누가 이 제품을 사용하는가에 대한 것이다. 이 첨가분말은 갓난아이, 어린이, 10대, 청년 또는 중년성인 또는 장년을 표적으로 할 수 있다. 둘째, 이 제품은 어떤 기본적인 혜택을 제공해야 하는가이다. 맛, 영양가, 신선함, 열량 중 어느 것인지 구체화할 필요가 있다. 셋째, 이 제품을 소비하는 시간대는 언제인가이다. 이른 아침, 오전, 점심, 오후, 저녁, 늦은 밤중 어느 때인가? 이러한 질문들을 통해 여러 제품 개념이 수립될 수 있다.

- 개념1: 아침식사 준비시간이 들지 않고, 신속하고 영양가 있는 아침식사를 원하는 성인들을 위한 즉석 아침식사용 음료이다.
- 개념2: 오후 시간에 기분 좋게 마시는 어린이용 스낵 음료이다.
- 개념3: 노인들이 잠자리에 들기 전 늦은 밤에 마시는 건강보조제이다.

각각의 제품 개념은 그 제품의 경쟁사를 정의하는 제품범주 개념을 나타낸다. 즉, 즉석 아침식사용 음료는 베이컨과 달걀, 아침식사용 시리얼, 커피와 파이 및 기타 아침식사 대용식과 경쟁을 한다. 맛이 첨가된 스낵용 음료는 청량음료, 과일 주스 , 맛이 첨가된 갈증해소용 음료 등과 경쟁한다.

즉석 아침식사용 음료 개념이 가장 좋게 보인다고 하자. 이 경우 다른 아침식사용 제품들과 비교해서 분말제품이 어떠한 상대적인 위치를 차지하고 있는지 알아보아야 한다. 즉, 다음 [그림 9-2](a)와 같이 비용과 준비시간의 두 차원을 사용하여 아침식사용 음료에 대한 제품위치화 지도(product positioning map)에서 볼 수 있다. 저렴한 비용과 신속한 준비의 아침식사용 음료 개념과 가장 인접한 경쟁제품은 냉동 시리얼이고, 가장 거리가 먼 경쟁제품은 베이컨과 달걀이다. 이러한 대조는 그 시장에 제품 개념을 전달하고 촉진하는 데 이용될 수 있다.

그 다음으로 제품 개념은 상표 개념으로 전환되어야 하는데, [그림 9-2](b)는 3개

그림 9-2 제품 및 상표위치화

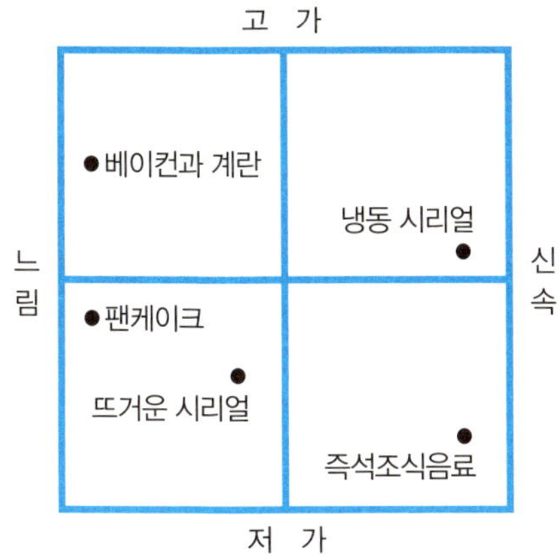

(a) 제품위치화 지도

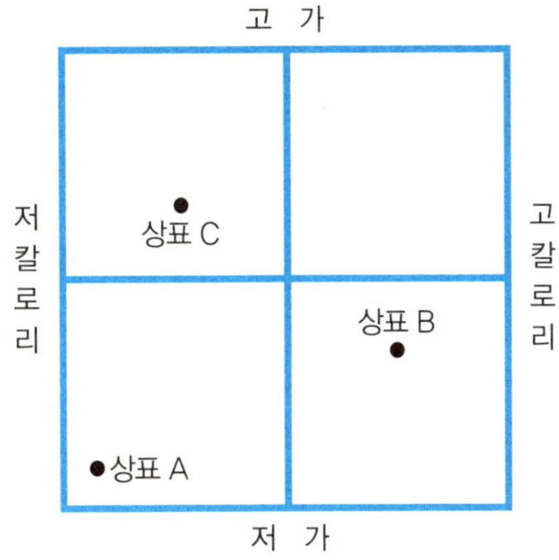

(b) 상표위치화 지도

의 다른 즉석 아침식사용 음료상표의 현위치를 나타내는 상표위치화 지도(brand positioning map)이다. 기업은 어느 가격에 얼마나 많은 열량을 함유한 음료를 만들어야 하는가를 결정해야 한다. 새로운 상표는 중간 가격에 중간 열량의 시장 또는 고가격에 고열량 시장에서 차이를 나타낸다.

제품 개념 시험

제품 개념 시험이란, 이러한 제품 개념들이 적합한가를 소비자 중에서 적절한 집단을 선정하여 시험하는 것으로, 그 후 소비자의 반응을 획득하는 것이다. 그 제품 개념은 상징적(말이나 그림)으로 또는 물리적으로 제시될 수 있다. 시험되고 있는 개념들이 최종제품이나 경험과 유사할수록 개념 시험의 신뢰성은 더욱더 높아진다. 과거에 유형적인 시제품은 비용과 시간이 많이 소요되었지만, 컴퓨터를 이용한 디자인과 제조 프로그램으로 보다 빨라지고 있다. 오늘날 기업들은 컴퓨터를 이용하여 대안적인 유형제품(소형 가전제품이나 인형 등)을 설계할 수 있으며, 플라스틱 모형을 제작하여 소비자들에게 제시하고 반응을 구할 수 있다. 또는 가상현실 프로그램을 사용하기도 한다.

제품 개념 시험을 위해서는 앞서 설명했던 제품 개념을 보다 정교하게 변형시켜서 소비자들에게 제시해야 한다. 제품 개념 1을 보다 정교화시키면 다음과 같다.

우리 제품은 좋은 맛과 편의성이 가미된 아침식사용으로 모든 필요한 영양가를 사람들에게 제공하는 즉석식품을 만들 수 있도록 우유에 첨가할 수 있는 분말 형태의 혼합물이다. 이 제품은 세 가지 종류의 향(초콜릿 향, 바닐라 향, 딸기 향)이 있고, 한 상자에 6개가 들어 있으며 가격은 3천원이다.

이러한 제품 개념이 확립된 후 소비자들을 대상으로 제품이점의 의사소통 가능성 및 신뢰성, 욕구수준, 다른 제품들과의 차이, 지각된 가치, 구매의도, 구매빈도, 구매상황 등을 조사해야 한다. 이를 통해, 제품 개념이 강력하게 소비자에게 소구하는지, 어떤 제품과 경쟁할 것인지 등을 알 수 있다.

컨조인트 분석

컨조인트 분석(conjoint analysis)은 다수의 제품속성들 중 소비자들이 어떠한 속성을 가장 중요하게 인식하고 있는지를 파악하고 이를 통해 가장 선호하는 제품을 알 수 있는 분석방법이다. 주로 신제품 개발시 주요 속성들과 이들의 조합을 파악하는 데 사용된다. 컨조인트란 명칭은 '함께 고려함(consider jointly)'의 뜻을 가지고 있다.

제품속성을 다음과 같이 정했다고 가정하자.

- 세 가지의 포장 디자인: A, B, C
- 세 가지의 상표명: K2R, Glory, Bissell
- 세 가지 가격: $1.19, $1.39, $1.59
- 인증표시: 예, 아니오
- 금액 환불 보증: 예, 아니오

속성들의 수준은 3 × 3 × 3 × 2 × 2로 총 108개의 제품이 만들어질 수 있다. 이렇게 되면 대체안의 수가 너무 많게 되어 총 108개를 직교배열을 통해 적정 개수의 제품 대체안으로 줄이게 된다. 만약 18개의 제품 대체안으로 좁혀졌다면 18개 제품에 대해 각각 제품 프로파일 카드를 만들게 된다. 응답자들은 이 카드를 통해 각 제품들의 선호도 또는 좋아하는 순위에 대해 응답하게 된다. 응답자료에 대해 컨조인트 분석을 하면 개별 응답자 및 전체 집단에 대한 각 속성의 중요도, 효용치, 그리고 상관계수 등이 도출된다. 이를 통해 선호하는 속성 및 제품을 도출할 수 있다. 예를 들어, 상표명은 Bissell, 디자인은 B, 가격은 1.19달러, 인증과 환불보증이 된 제품이 선택될 수 있다.

2-4. 마케팅 전략 개발

시험을 한 후, 신제품을 시장에 도입하는 데 있어 관련된 예비적인 마케팅 전략계획을 수립해야 한다. 마케팅 전략계획은 세 부분으로 구성된다.

첫 번째 부분은 표적시장의 규모, 구조 및 행동, 제품 위치화 계획, 그리고 초기 1~2년의 판매액, 시장점유율 및 목표이익 등을 다음과 같이 설정하는 것이다.

즉석 아침식사용 음료의 표적시장은 새롭고, 편리하고 영양가가 있으면서 값이 싼 아침식사를 할 수 있는 어린아이가 있는 가정이다. 이 기업의 상표는 즉석 아침식사용 음료범주에서 높은 가격과 고품질의 끝에 위치해야 한다. 이 회사는 처음에 500,000상자를 판매하여 그 시장의 10%를 장악하는 것이 목표인데, 1차 연도에는 그 시장에서 13억원 미만의 손실을 계획한다. 2차 연도에는 700,000상자에 14%의 시장점유율에 22억원의 이익을 계획한다.

마케팅 전략의 두 번째 부분은 1차 연도의 예정가격, 유통전략 및 마케팅 예산 등이 제시된다.

제품의 소매가격은 6개들이 한 상자당 2,500원이며 초콜릿, 바닐라, 딸기의 세 가지 맛이 있다. 큰 상자에는 48개의 작은 상자가 들어가며, 중간상에게는 큰 상자당 24,000원에 판매한다. 처음 두 달 동안은 대리점에 협동 · 광고 공제와 네 상자 판매 시 상자를 무료로 제공한다. 무료견본은 집집마다 배포하며, 200원짜리 쿠폰을 신문에 광고한다. 총 판매촉진예산은 29억원이며, 6억원 상당의 광고예산은 전국적 대 지역적인 것에 50:50으로 분할한다. 2/3는 TV에, 1/3은 신문에 광고를 게재한다. 광고주제는 영양가와 편리하다는 이점 개념을 강조해야 한다. 광고 시행 개념은 즉석 아침식사용 음료를 마시고 튼튼하게 성장한 조그마한 소년을 마음속에서 일어나게 해야 한다. 1차 연도 동안, 시장의 반응과 구매율을 조사하기 위하여 시장조사단을 운영하고, 또한 소비자 패널 조사 정보를 얻기 위해 마케팅 조사에 1억원의 예산을 책정했다.

마케팅 전략의 세 번째 부분은 장기적 매출액과 이익목표 및 기간별 마케팅 믹스 전략을 설명한다.

궁극적으로 그 기업은 25%의 시장점유율을 확보하고, 세후 투자수익률을 12% 달성하고자 한다. 목표를 달성을 위해 제품의 품질을 향상시키고 기술연구를 통해 시간이 지남에 따라 더 향상되도록 한다. 가격은 초기에는 고가로 설정하나, 시장이 확대 되고 경쟁기업에 대처하기 위해 점차 가격은 인하해야 한다. 총판매촉진예산은 매년 20%씩 증액되는데, 처음에는 광고 대 판촉이 65:35이나, 점차 50:50이 되도록 한다. 마케팅 조사는 첫해 이후 매년 600만원 상당으로 절감하게 될 것이다.

2-5. 사업성 분석

경영자가 제품 개념과 마케팅 전략을 수립하게 되면, 그 계획안의 사업 매력성을 평가해야 한다. 경영자는 매출액, 비용 및 이익추정치를 검토하여, 과연 그 계획안이 기업목적에 부합되는가를 결정해야 한다. 만일 사업성이 양호한 것으로 판단된다면, 그 제품 개념은 제품개발 단계로 넘어가게 된다. 그러나 새로운 정보가 계속 유입되면 사업성 분석은 더 수정되고 확대되어져야 한다.

| 매출액 추정 |

경영자는 우선 매출액을 예측하여 만족스러운 이익이 보장되는지를 평가해야 한다. 총 예상판매액은 예상되는 1회 판매액, 예상되는 대체판매액 및 예상되는 반복판매액의 합계액이다. 판매예측 기법은 그 제품이 1회 구매로 끝나는 제품인가, 자주 구매되지 않는 제품인가, 또는 자주 구매되는 제품인가에 따라 달라진다. 1회로 구입되는 제품에 대한 제품수명주기는 제품 도입기에 판매가 증가하기 시작하여 정점에 도달했다가 잠재구매자가 대부분 구매하게 됨에 따라 판매량이 0이 된다. 이런 제품들은 약혼반지 나 퇴직자 주택, 일시적 유행 제품 등이 해당된다.

불규칙적 구매제품은 구매빈도가 낮지만 물리적 마모, 스타일, 성능 등의 진부화로 대체구매가 이루어지는 것으로 자동차, 오븐, 산업설비 등이 있다. 이러한 제품범주

그림 9-3 세 가지 제품유형의 제품수명주기별 판매

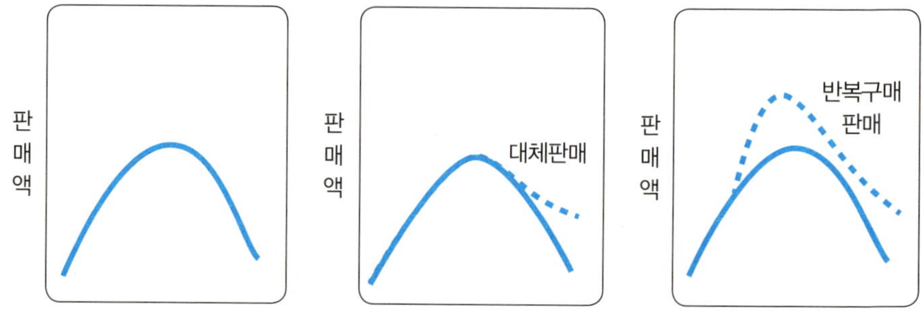

(a) 일시적 구매제품 (b) 자주 구매되지 않는 제품 (c) 자주 구매되는 제품

의 판매예측은 초기구매와 대체구매를 구분하여 별개로 예측해야 한다. 자주 구매되는 제품은 일시적 구매제품에서 반복구매가 합쳐진 형태이다([그림 9-3]). 즉, 가정용 세척제, 비누, 치약 등의 비내구재에 해당되는 제품으로 제품 소멸로 인해 반복구매가 이루어진다. 따라서 신제품의 매출액 추정을 할 때는 초기판매량, 대체판매량, 반복판매량을 추정해야 한다. 초기 판매량을 통해 신제품 출시를 하는 것은 위험하다.

| 비용과 이익 추정 |

판매예측을 하고 난 후, 경영자는 예상 비용과 이익을 추정해야 한다. 비용의 추정은 기술개발부, 생산부, 마케팅부, 재무부서 등에서 담당한다. 기업은 신제품에 대한 손익분기점, 투자회수기간, 투자수익률, 현금흐름 등이 어느 정도인지 파악해야 한다.

제3절 제품개발 프로세스의 관리: 개발에서 상업화

지금까지 제품은 설명, 도면, 혹은 시제품 등으로만 존재하였다. 다음 단계는 지금까지 발생된 비용보다 훨씬 더 많은 투자를 시작하게 된다. 기업은 제품 아이디어가 기술적으로 그리고 상업적으로 실현 가능한 제품으로 바뀔 수 있는지를 결정하게 된다. 그렇지 못한 경우 개발과정에서 얻은 유용한 정보를 제외한 지금까지의 누적비용은 손실을 보게 될 것이다.

3-1. 제품개발

표적고객의 요구사항들을 기본적인 시제품으로 바꾸는 업무는 품질기능전개(quality function deployment: QFD)로 알려진 방법에 의해 도움을 받는다. QFD의 주요 공헌이 마케터, 엔지니어, 생산부서 사람들 간의 커뮤니케이션을 통해 개선된다.

제품 개념이 사업성 시험을 통과하면 R&D 부서나 엔지니어링 부서에서 물리적 제품을 개발하게 된다. 특히 이 단계에서 기업은 특정 제품의 아이디어가 기술적 및 상업적으로 실행 가능한 제품으로 전환될 수 있는가를 결정한다.

R&D 부서에서는 제품 개념에 따라 몇 가지 형태의 시제품을 개발하게 된다. 개발

된 시제품은 ① 소비자의 입장에서 볼 때, 제품명세서에 명시된 핵심적 속성들을 구체화하고 있는가, ② 시제품이 정상적인 사용조건하에서 제대로 기능을 발휘하는가, ③ 시제품이 예정된 제조원가로 생산이 가능한지 등이 테스트 된다.

또한 R&D 부서는 소비자들이 다른 색상, 크기, 그리고 무게에 어떻게 반응할지를 결정해야 한다. 따라서 마케터들은 소비자들이 어떤 속성을 추구하는지 그리고 이들 속성의 존재 여부를 어떻게 판단하는지에 관한 정보를 R&D 부서에 제공할 필요가 있다.

시제품이 준비되면 시장에 출시하기 전에 엄격한 기능 및 고객 테스트가 필요하다. 알파 테스트는 시제품이 다양한 상황조건에서 어떻게 작동되는지를 알아보기 위해 회사 내에서 그 제품을 테스트하는 것을 말한다. 시제품을 개선한 후 회사는 고객들과 함께 베타 테스트를 한다. 고객 테스트는 소비자들을 실험에 오게 하거나 그들에게 샘플을 주고 집에서 사용하게 할 수 있다.

3-2. 시장 테스트

시제품 개발 후 속성 구체화, 기능의 안정성, 제조원가 수준 등이 확인되면 실제로 통제된 시장에 판매를 하는 시장시험을 하게 된다. 시장시험(test market)이란 새로운 소비재를 시험하는 최종적인 방법으로서, 신제품을 완전히 갖춘 시험시장에 내놓는 것이다. 기업은 전국시장을 대표할 수 있는 몇 개 지역을 조사대상 지역으로 선정하여 지역 내 중간상을 통해 제품을 판매하고, 제품이 좋은 선반에 노출될 수 있도록 노력한다. 이에 따른 광고 및 촉진을 실시한다. 시험시장은 시험대상 시장의 수와 지역 선택, 시험기간 및 수집하고자 하는 자료의 양 등을 고려해서 설계되어야 한다. 시험기간의 경우 제품의 재구매기간이 길수록 반복구매율을 조사하는 기간이 길어지게 된다.

그러나 급변하는 시장상황에서 시장시험을 실시하게 되면 자사의 계획이 노출될 수도 있고, 시장 진입에 있어 다소 기간이 소요되기 때문에 다른 경쟁기업이 먼저 출시를 할 수도 있으므로 이에 대한 의사결정을 충분히 검도한 후 실시해야 한다.

모든 기업들이 시장 테스트를 하지는 않는다. 고가 화장품의 경우 대중 유통을 이용하지 않기 때문에 시장 테스트가 필요 없을 수도 있다. 그러나 많은 기업들은 시장 테스트가 구매자, 딜러, 마케팅 프로그램의 효과성, 그리고 시장의 잠재력 등에 관한 소중한 정보를 제공해 줄 수 있다고 생각한다. 시장 테스트의 주요 이슈는 시장 테스트를 얼마나 해야 하는지, 그리고 어떤 종류의 시장 테스트를 해야 하는지이다.

높은 투자-높은 위험의 제품들은 실패의 가능성이 높기 때문에 시장 테스트를 해야 하며, 시장 테스트 비용은 전체 프로젝트 비용에 비해 매우 낮을 것이다. 신제품 카테고리(첫 인스턴트 아침 음료)를 창출하거나 독특한 특성(첫 잇몸 강화 치약)을 가지는 높은 위험의 제품들은 수정된 제품(또 다른 치약 브랜드)보다 더 많은 시장 테스트가 필요하다.

3-3. 상업화

시장 시험에서 만족스러운 평가가 나오게 되면 상품화에 착수하게 된다. 신제품 개발과정 중 상업화 단계에서 가장 높은 비용이 소요된다. 즉, 기업은 제조업자와 계약을 체결하거나 또는 본격적인 제조설비를 세우든지 임대해야만 한다. 또한 새로운 포장소비재를 전국시장에 도입하려면 1차 연도에 막대한 광고와 판촉비용이 투입된다.

도입시기 선정(when)

신제품을 상업화하는 데 있어 중요한 것은 시장 도입시기이다. 특히 경쟁사와 비슷한 신제품 경쟁에서 시기 선정은 중요한 역할을 하게 된다. 경쟁사보다 먼저 선발진출할 경우 시장선도자로서 이점을 획득할 수 있다. 동시진출의 경우 두 기업의 광고를 통해 신제품에 대한 소비자들의 관심이 더 높아질 수 있다.

후발진출시에는 몇 가지 이점이 있다. 첫째, 시장형성에 대한 비용을 덜 수 있다. 신제품이 출시되고 소비자들이 그 신제품을 통해 욕구가 충족될 것인지를 알게 되기까지 기간이 필요하다. 또한 소비자들이 신제품에 대해 만족할 것인지는 더 많은 기간이 필요하다. 즉, 신제품이 실패하지 않고 대중화되기까지 특정 기업들이 시장을 주도해야 한다. 후발진출의 경우 이러한 비용과 위험을 회피할 수 있다. 둘째, 선발진출한 기업의 신제품에 대한 결함을 회피할 수 있으며 더 좋은 개선점을 도출할 수 있다. 셋째, 시장형성뿐만 아니라 시장의 크기 역시 알 수 있게 된다. 후발진출은 이러한 이점이 있는 반면에 선발진출이 성공할 경우 선발진출된 신제품을 따라잡기는 매우 어려워진다. 신제품의 특성상 수영복과 같은 계절 제품이라면 시기를 고려해야 한다. 또한 거시적인 경기변동 상황도 고려해야 한다.

장소(where)

기업은 신제품의 출시범위를 한 장소나 한 지역으로 할 것인가, 아니면 몇 개의 지역이나 전국시장 또는 국제시장으로 할 것인가를 결정해야 한다. 대부분의 기업들은 신제품 출시 후 시장확대전략을 수립한다. Coca-Cola는 카페인이 없고 포도맛이 나는 음료인 Citra를 도입할 때 피닉스, 남부 텍사스 및 북부 플로리다에서 시험 마케팅을 한 후, 1998년 1월 댈러스, 덴버 및 신시네트로 다단계 확대전략을 시작했다. 소기업의 경우는 소수의 매력적인 지역을 선정하여 시작하고 차츰 지역을 넓혀야 하고, 자동차 기업과 같이 전국 유통망을 가진 기업은 새로운 모델을 전 지역에 출시한다. 인터넷이 전 세계의 광범위한 지역을 연결하면서 경쟁은 국경을 넘어 이루어지고 있고, 기업들은 점점 더 많은 신제품을 전 세계로 동시에 출시하고 있다. 공격적으로 지역을 넓히기 위해서는 시장잠재성, 지역 에 따른 기업의 명성, 유통경로 배급비용, 광고매체 비용, 지역의 영향력 등에 대한 충분한 검토가 필요하다.

표적시장(To whom)

침투시장 내에서도 최적 예상고객에 적합한 유통과 촉진활동을 수행해야 한다. STP 과정 또는 지금까지의 개발단계를 통해 기업은 주요 예상고객을 파악한 상태이다. 주요 예상고객은 초기수용자, 다량사용자, 의견선도자 또는 저비용으로 접촉 가능한 사람들이다. 따라서 3절에서는 소비자들의 신제품 수용과정에 대해 살펴보도록 하자.

시장전략(How)

신제품 출시는 기대했던 것보다 시간이 더 걸리고 비용도 더 많이 지출되기 때문에 잠재적으로 많은 성공적인 제공물이 자금부족으로 어려움을 겪고 있다. 신제품이 시장에서 주목받기까지 충분한 시간과 자원을 할당하는 것이 중요하다.

신제품을 출시할 때 많은 과업들을 조직화하기 위해 관리자들은 발생되어야 할 동시적이고 연속적인 활동들을 보여 주는 마스터 차트를 개발한 임계경로계획(critical path scheduling)과 같은 네트워크-계획수립 기법을 사용할 수 있다. 각각의 활동과업에 얼마의 시간이 필요한지를 평가함으로써 계획수립자들은 전체 프로젝트에 대한 완성 시간을 평가한다. 프로젝트 완성을 위한 가장 짧은 루트인 최상 경로에서 특정 활동의 지연이 전체 프로젝트의 지연으로 나타날 수 있다. 만일 신제품 출시가 가능한 빠르게 완성되어야 한다면, 계획수립자는 최상 경로를 따라 시간을 줄일 수 있는 방법을 찾아야 한다.

제4절 소비자 수용과정

소비자 개인이 특정 제품의 정기적인 사용자가 되면 이를 수용(adoption)이라 한다. 소비자 수용과정(consumer-adoption process)은 다음과 같다.

4-1. 수용과정

혁신(innovation)이란 새롭다고 인식되는 어떠한 재화, 서비스 또는 아이디어 등을 말한다. 즉, 어떠한 제품이 소비자들에게 새롭다고 느껴지면 그것이 혁신이다. 따라서 마케팅에서의 혁신 수용과정이나 신제품 수용과정은 같은 의미로 볼 수 있다. 신제품 수용자들은 [그림 9-4]와 같이 다섯 단계를 거치게 된다.

인식(awareness)은 소비자가 신제품의 혁신성, 즉 제품이 새롭다는 것을 아는 것이다. 그러나 초기단계이기 때문에 정보가 부족한 경우가 많다. 관심(interest)은 소비자가 신제품의 혁신성에 대해 관심을 갖고 정보를 찾으려는 단계이다. 평가(evaluation)는 소비자가 신제품 사용을 고려하는 단계이며, 시용(trial)은 실제 사용을 통해 신제품의 가치를 확인하는 단계이다. 마지막으로 소비자는 신제품을 정규적으로 사용하게 되는 수용단계로 이르게 된다.

그림 9-4 소비자 수용과정

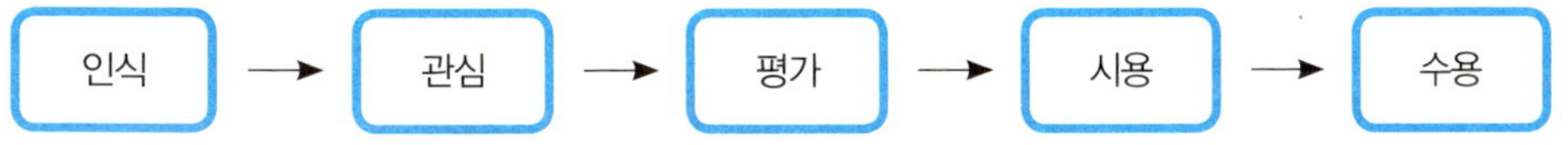

4-2. 수용과정에 영향을 주는 요인

마케팅 기업들은 수용(채택)과정에서 나타나는 아래의 특징, 즉 신제품 수용에 대한 개인적 차이, 혁신의 특성, 신제품을 시용하는 조직체의 준비상태의 차이 등을 인식해야 한다.

신제품 수용에 대한 개인적 차이

Rogers는 한 개인의 혁신성을 사회 시스템 내에서 한 사람이 다른 구성원들보다 새로운 아이디어를 상대적으로 더 빨리 수용하는 정도라고 하였다. 사람에 따라 신제품을 상당히 선호하는 사람, 어느 정도 선호하는 사람, 신제품이 대중화되어야 구매하는 사람, 그리고 대중화된 이후에야 구매하는 사람 등 다양하다. 이를 혁신자, 초기수용자, 초기다수자, 후기다수자, 최종수용자의 다섯 집단으로 나눌 수 있다.

혁신자들은 모험적인 성향을 가지며 새로운 아이디어를 기꺼이 받아들인다. 초기수용자들은 공동체에서 의견선도자이고, 새로운 아이디어를 신중하면서도 빠르게 수용한다. 초기다수자들은 신중하며, 비록 의견선도자는 아닐지라도 평균적인 사람들보다는 먼저 새로운 아이디어를 수용한다. 후기다수자들은 의심이 많고, 혁신이 대중화되어야 수용한다. 마지막으로, 최종수용자들은 변화에 대해 거부감을 가지고 있다. [그림 9-5]에 제시된 각 계층의 비율은 제품, 소비자, 지역 등의 특성에 따라 달라질 수 있다.

그림 9-5 신제품 확산에 따른 소비자의 수용

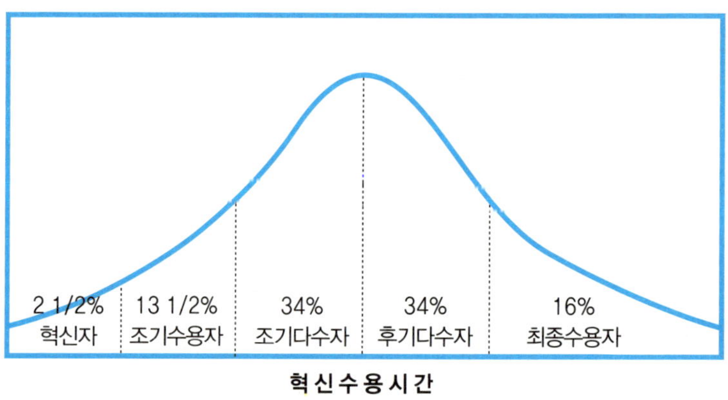

개인적 영향

신제품 수용에 있어서 한 사람이 타인의 태도나 구매가능성에 영향을 미치는 것을 개인적 영향이라고 한다. 개인적 영향은 수용과정 중 평가단계에서 강하게 나타난다. 또한 초기 수용자보다는 후기수용자, 안정된 상황보다는 위험한 상황에서 더 큰 영향을 미친다.

혁신의 특성

다음과 같은 혁신의 특성에 따라 소비자들의 수용률은 달라진다.

첫째, 기존 제품보다 우수하게 보이는 정도인 혁신의 상대적 이점이다. DVR을 사용함으로써 좋아하는 프로그램을 쉽게 녹화하고, 실시간 방송서비스의 일시정지, 광고 건너뛰기 등과 같은 상대점 이점이 클수록 DVR 수용이 빨라진다.

둘째, 개인의 가치관과 경험에 부합되는 정도인 혁신의 양립 가능성이다. 예를 들어, 고급식기류는 중류층보다 상류층의 라이프스타일과 더욱 일치된다.

셋째, 제품을 이해하고 사용하는 데 있어서 혁신이 상대적으로 어려운 정도인 복잡성이다. 즉, 기존 제품보다 상대적으로 개선된 이점들이 많고 복잡할수록 제품수용률이 느려진다.

넷째, 사용 이점을 쉽게 확인할 수 있고 타인에게 설명할 수 있는 정도인 의사소통 가능성이다.

기타 다른 특성들로는 비용, 위험과 불확실성, 과학적 신뢰성 그리고 사회적 인정 등도 신제품 수용률에 영향을 미친다. 이러한 요인들은 신제품 개발과정에서 충분히 검토되어야 한다.

혁신 수용을 위한 조직의 준비

새로운 교수법의 창시자는 혁신적인 학교를 찾기 원할 것이다. 새로운 의료장비의 생산자는 혁신적인 병원을 찾기 원할 것이다. 수용은 조직의 환경(커뮤니티의 혁신적 태도, 커뮤니티의 소득)과 조직 그 자체(규모, 수익, 변화에 대한 압력)의 변수들과 관련 있다. 다른 요인들도 공립학교들처럼 정부로부터 대규모 자금지원을 받는 조직들에게 신제품을 수용하도록 시도하는 역할을 한다. 논란의 여지가 있거나 혁신적인 제품은 비판적인 여론에 의해 해결될 수 있다.

제5절 제품과 제품믹스

좁은 의미에서의 제품은 기본 속성들의 집합인 물리적 실체이다. 좁은 의미의 제품에는 브랜드명이나 부가 서비스 등과 같은 것들을 포함하기는 어렵다. 따라서 제품 개념을 좀 더 넓은 의미로 볼 필요가 있다.

5-1. 제품의 수준

제품의 수준은 고객들이 해당 제품으로부터 얻고자 하는 이점에 따라 다섯 가지로 구분된다([그림 9-6]). 가장 근본적인 수준은 핵심이점(core benefit)으로 고객이 특정 제품이나 서비스를 구매하여 그 제품으로부터 근본적으로 얻고자 하는 효익을 말한다. 가령 호텔의 숙박 서비스를 구매하는 이유는 안락한 휴식과 편안한 잠자리를 원하는 것이다. 이때 안락한 휴식과 편안한 잠자리는 매우 추상적인 형태를 띠는 제품이 된다.

두 번째 수준은 필수제품(basic product)으로 핵심이점을 구체적인 제품으로 형상화시킨 것을 말한다. 예를 들어, 호텔방에는 고객들이 원하는 근본적인 효익, 즉 안락한 휴식과 편안한 잠자리를 제공하기 위해 침대, 욕실, 타월, 화장대, 화장실 등을 기본적으로 갖추어야 하는데, 이러한 것들이 바로 필수제품이다.

그림 9-6 다섯 가지 제품의 수준

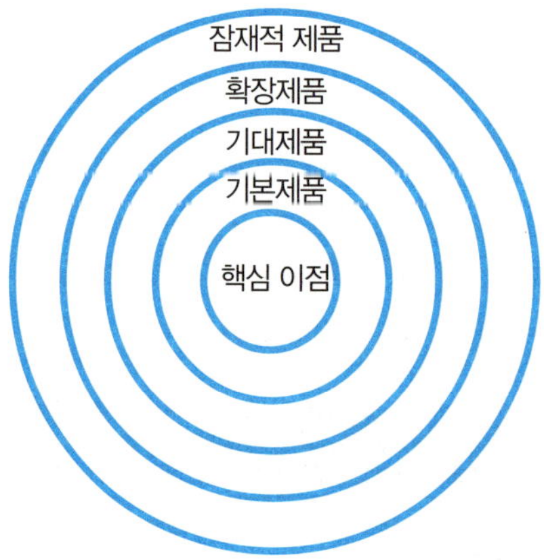

세 번째 수준은 기대제품(expected product)으로 구매자들이 특정 제품을 구입할 때 일반적으로 기대하는 속성과 조건들이 있다. 예를 들어, 호텔을 이용하는 고객들은 일반 여관보다 더 깨끗한 침대, 청결한 실내, 분위기 있는 조명 및 정숙함을 기대한다. 이와 같은 기대속성들이 기대제품인 것이다.

네 번째 수준은 확장제품(augmented product)으로 일반적인 고객기대를 넘어서는 높은 수준의 제품 및 서비스를 제공하는 것이다. 예를 들어, 신속한 입실 및 수속절차, 친절한 안내, 청결한 식당과 룸서비스 등이 확장제품에 해당한다. 보통 후진국에서는 기대제품의 수준에서 경쟁을 하는 경향이 있다. 이것은 적어도 고객기대를 충족시킴으로써 최소한의 고객만족을 이끌어 내기 위한 것에 집중하고 있음을 보여주는 것이다.

마지막 다섯 번째 수준은 잠재적 제품(potential product)으로서 현재의 제품이 미래에 바뀔 가능성을 가진 제품을 말한다. 이러한 제품은 기업들이 새로운 고객을 유인하고 기존 고객들을 만족시켜 재구매를 유도할 수 있으며, 다른 기업의 제품과 경쟁할 수 있는 수단이 되는 제품이다. 예를 들어, 우수한 호텔은 전통적인 호텔과는 달리 화려한 내부 인테리어, 고품격 객실 용품, 활동성 높은 거실, 제3의 고객을 접견할 수 있는 응접실 등이 있다. 이와 같은 제품의 수준을 명확히 규정하고 고객들의 기대수준을 파악하는 것은 고객지향적 마케팅 관리와 전략적 운영에 매우 중요한 시사점을 제공한다.

5-2. 제품의 위계

제품의 위계는 고객들의 기본적인 욕구를 충족시키는 핵심욕구에서부터 특정 욕구를 충족시키는 품목에까지 확대된다. 우리는 제품 위계를 7단계로 확인할 수 있다.

- **욕구군**(need family): 제품군의 기초를 이루는 핵심적 욕구(예: 안전, 아름다움)
- **제품군**(product family): 제품군이란 합당한 효과성으로 어떤 핵심적인 욕구를 충족할 수 있는 모든 제품 계층(예: 저축과 소득, 화장 또는 운동)
- **제품계층**(product class): 어떤 기능적인 응집성을 가지고 있는 것으로 인식되는 제품군 내의 제품집단(예: 재무적 도구, 화장품)
- **제품계열**(product line): 유사한 방식으로 기능을 수행하며, 동일한 고객집단에게 판매하거나, 동일한 유형의 유통경로를 통해 시장에서 상품화되거나, 특정한 가격범위 내에서 서로 밀접하게 관련되는 한 제품 계층 내의 제품집단(예: 생명보험, 립스틱)

- **제품유형**(product type): 그 제품의 여러 형태 중의 하나인 제품계열 내의 품목들(예: 기한부 생명보험, 스틱형 립스틱)
- **상표**(brand): 품목의 원천이나 특성을 나타내기 위해서 사용되는 제품 계열 내에서 한두 개 품목과 관련되는 명칭(예: 기한부 생명보험 중 특정 상표)
- **품목**(item): 재고단위 또는 제품변형으로 불리며 크기, 가격, 외형 또는 어떤 다른 속성에 의해서 구별되는 어떤 상표나 제품계열 내에 있는 독특한 단위임(예: 특정 보험사의 갱신형 기한부 보험)

5-3. 제품의 분류

마케팅 관리자들은 제품의 여러 가지 특성, 즉 내구성, 유형성, 사용용도(소비재 또는 산업재) 등을 기초로 여러 가지 유형의 제품으로 분류한다. 각각의 제품 유형은 그에 적합한 마케팅 믹스 전략이 필요하기 때문이다.

내구성과 유형성

제품은 내구성과 유형성을 기준으로 세 가지 부류로 구분될 수 있다.

내구재(durable goods)는 보통 여러 번 사용할 수 있는, 즉 제품의 사용수명이 비교적 긴 특성을 가진 유형의 제품으로 가구류, 가전제품, 기계류, 의류 등이 이에 속한다. 내구재에는 보통 인적 판매와 서비스가 수반되어야 하고, 불량제품의 교환, 사후 서비스의 보장 등과 같은 판매보증이 잘 되어야 한다.

비내구재(undurable goods)는 비누, 치약 등과 같이 상대적으로 단기간에 소멸되는 유형의 제품이다. 이러한 제품은 빨리 소비되고, 자주 구입되므로 개방적 유통경로 전략을 사용하여 어떤 장소에서건 쉽게 구입할 수 있는 접근성을 높여야 하고, 대중매체를 통한 광고로 제품에 대한 인지도와 시용을 유도하여 선호도를 높여야 한다.

서비스는 무형의 제품이다. 서비스의 주요 특성은 무형성을 가지고 있어 품질평가가 어렵고, 생산과 소비를 분리할 수 없어 수요와 공급의 균형을 맞추기 어려우며, 높은 수준의 품질통제와 공급자의 신뢰성 및 적응성이 요구된다. 예를 들어 경영컨설팅, 미용 서비스, 의류수선 서비스 등이 이에 해당된다.

소비재

소비재(consumer goods)는 다음과 같이 편의품, 선매품, 전문품 및 비탐색품으로 구분된다. 편의품(convenience goods)이란 보통 고객이 최소한의 노력으로 빈번하고 즉각적으로 구매하는 제품이다. 예컨대 담배, 비누, 신문 등이다. 편의품은 다시 필수품, 충동품, 긴급품으로 나누어진다. 필수품은 소비자가 정규적으로 구매하는 제품으로서, 예를 들어 가정용 소비용품 및 식료품 등이 여기에 속한다. 충동품은 사전 계획이나 정보탐색의 노력 없이 구입하는 제품이다. 캔디와 잡지는 소비자들이 그 제품을 보기 전까지는 구입하려고 생각하지 않기 때문에 계산대에 진열되어 있다. 긴급품은 긴급할 때 구입되는 제품으로 우산, 장화, 가정용 의약품 등이 이에 속한다. 긴급품의 제조업자는 고객이 이 제품을 필요로 할 때 판매를 할 수 있도록 많은 판매점에 비치해야 한다.

선매품(shopping goods)이란 고객이 제품에 대한 완전한 지식이 없으므로 구매를 계획하고 실행하는 데 많은 시간과 노력을 소비하며, 상표들의 적합성, 품질, 디자인, 색상, 가격, 스타일 등을 기준으로 여러 제품을 비교하여 최종적으로 결정하는 구매행동을 보이는 제품이다. 선매품은 동질적 선매품과 이질적 선매품으로 구분된다. 동질적 선매품은 품질면에서 유사하지만, 가격이 차이가 있으므로 비교 쇼핑을 하는 것이 특징이다.

동질적 선매품은 냉장고, 전자렌지, TV, 세탁기 등과 같이 상표는 다르더라도 제품의 특성이 거의 표준화되어 유사한 품질 수준을 가진다. 하지만 각 상표마다 제품의 가격차이가 있기 때문에 가격이 중요한 선택기준이 되고 수요는 탄력적이다.

이질적 선매품은 의류, 가구, 구두 등으로 가격보다는 제품의 특성과 품질의 차이가 있는 제품이다. 제조업체에 따라 제품의 품질의 차이가 크므로 구매자들은 제품 특성을 비교하기 위하여 많은 시간과 노력을 소비하는 제품이다. 이 경우에는 품질, 스타일, 욕구에 대한 적합성이 중요한 선택기준이 되기 때문에 이질적 선매품의 판매업자는 다양한 구색을 완비하여 개인별 취향을 충족시켜 주어야 하며, 잘 훈련된 판매원을 고용하여 고객에 대해 정보제공과 자문역할을 잘 수행할 수 있도록 해야 한다.

전문품(specialty goods)이란 고객이 상당한 구매노력을 기울이며 독특한 특성을 보유하고 있거나, 상표식별이 가능한 제품이다. 자동차, 스테레오 컴포넌트, 영상촬영장비 등이 이에 속한다. 벤츠의 경우, 관심을 갖고 있는 구매자들이 이 차를 구매하기 위해서 먼 거리를 기꺼이 찾아오기 때문에 전문품이 된다. 전문품을 구매할 때, 구매자는 상표들을 비교하는 데 몰입하지 않고 단지 자기가 원하는 특정 제품을 취급하는 판매상을 찾아가는 데 시간을 투자한다. 따라서 판매업자는 점포의 위치적 이점보다는 점포 소재지를 잠재고객에게 인식시키는 것이 더 중요하다.

비탐색품(unsought goods)이란 소비자가 알지 못하거나, 알고 있더라도 일반적으로 구매를 생각하지 않는 제품이다. 비탐색품의 전형적인 예로는 생명보험, 공원묘지, 상조서비스, 백과사전 등이 있다. 비탐색품은 광고나 인적 판매와 같은 실질적인 마케팅 노력이 많이 투입되어야 그 성과를 기대할 수 있다.

산업재

산업재는 생산과정의 투입방법과 상대적인 비용 관점에서 분류되는데, 원자재와 부품, 자본재, 소모품과 서비스의 세 부류로 구분된다.

원자재와 부품(materials and parts)은 제조업자의 제품생산에 완전히 투입되는 재화를 말하는데, 원자재와 가공재 및 부품의 두 가지로 나누어진다. 원자재는 다시 농업제품(밀, 면, 가축, 과일 및 채소)과 천연제품(어류, 목재, 원유, 철광석)으로 분류된다. 농산물은 부패성과 계절성으로 인하여 특별한 마케팅 활동이 요구된다. 우선 상품적 특성으로 인하여 예외적인 경우를 제외하고는 상대적으로 광고와 촉진활동이 거의 수행되지 않는다.

천연제품의 공급은 매우 제한적이다. 보통 부피가 크고, 단위당 가치가 낮으며, 수송비용이 많이 든다. 천연제품은 소수의 대규모 생산자들이 직접 산업구매자에게 마케팅 활동을 하는 경우가 많다. 또한 천연재의 의존도가 높은 산업구매자들은 장기공급계약을 맺는 것이 일반적이다. 천연 원자재는 상대적으로 다른 제품들에 비해 동질성이 높아 수요창출 활동이 제한적이므로, 가격과 납기의 신뢰성이 중요하다.

가공재와 부품(manufactured materials and parts)은 철강, 시멘트, 섬유 등의 구성재료와 엔진, 타이어 등의 구성부품으로 분류된다. 구성재료는 보통 추가적인 가공처리가 수반되는데, 예를 들면 선철은 강철로, 섬유는 의복으로 만들어진다. 구성재료의 표준화된 성질에서 볼 때, 구매시 가격과 공급자 신뢰도가 가장 중요한 구매요인이 된다. 구성부품은 더 이상의 형태변화 없이 완제품 생산에 전적으로 투입되는 것으로서 소형모터는 진공청소기에 내장되고, 타이어는 자동차에 부착되는 경우이다. 대부분의 가공재와 부품은 산업재 사용자에게 직접 판매되며, 1년 이상 앞서서 주문되는 것이 보통이다. 가격과 서비스가 중요한 마케팅 고려사항이며, 상표와 광고의 중요성은 상대적으로 낮은 편이다.

자본재(capital items)는 완제품을 진척시키고 관리하는 것을 원활하게 하도록 하는 재화로서 장기간 지속적으로 사용되는데, 장치품(installation)과 설비품(equipment)의 두 가지로 분류된다. 장치품은 공장, 사무실과 같은 건물과 제철소의 용광로, 항공사의 여객기 등 생산활동에 핵심적인 장치들로 구성된다. 설비품은 장치품 외에 부가적인 설비들, 예를 들어 사무용 컴퓨터, 책상, 지게차 등이다.

소모품과 서비스(supplies & business services)란 완제품 생산과 관리를 원활하게 하는 단기적으로 사용되는 재화와 서비스이다. 소모품은 운영소모품(윤활유, 석탄, 전산용지, 필기구)과 유지 및 수선용품(페인트, 못)의 두 가지가 있다. 소모품은 획일적 반복구매 기준에 의해서 최소의 노력으로 항시 구입하기 때문에 산업재 분야의 편의품 성격을 띤다. 소모품은 구매자의 수가 많고, 지리적으로 산재되어 있으며, 제품의 단위당 가치가 낮기 때문에 보통 중간상을 통해서 판매된다. 공급업자가 상당히 표준화되어 있고, 상표선호도가 높지 않기 때문에 가격과 서비스가 중요한 고려사항이 된다.

서비스에는 유지 및 수선 서비스(유리창 청소, 컴퓨터 수리)와 경영자문 서비스(법률자문, 관리자문, 광고) 등이 있다. 유지 및 수선 서비스는 주로 계약을 통해서 공급된다. 유지 서비스는 소규모 생산자들에 의해서 제공되는 것이 보통이고, 수선 서비스는 최초의 설비 제조업자에 의해서 제공되는 경우가 많다. 경영자문 서비스는 서비스 공급자의 명성과 인적 구성에 근거하여 통상 구입된다.

5-4. 제품믹스

제품믹스(product mix)란 어떤 제조업자가 판매를 목적으로 구매자에게 제공하는 모든 제품 및 품목 일체를 말한다. 예를 들어, Kodak의 제품믹스는 두 가지의 주요 제품 계열, 즉 정보와 이미지 제품으로 구성되어 있다. 일본 NEC의 제품믹스는 통신과 컴퓨터 제품으로 구성되고, Michelin은 타이어, 지도, 식당 등급평가 서비스 세 가지의 제품계열로 구성되어 있다.

제품믹스는 넓이(width), 길이(length), 깊이(depth), 일관성(consistency)으로 분류할 수 있다. 제품믹스의 넓이는 특정 기업이 가지고 있는 서로 다른 제품계열의 수를 의미한다. P&G는 세제, 치약 , 비누, 기저귀, 페이퍼 티슈 5개 계열을 가지고 있다(실제로 P&G는 그 외 추가적인 제품계열이 있다).

제품믹스의 길이란 그 제품믹스에 포함된 총 품목 수를 말한다. 만약 5개의 제품계열에 각각 5가지씩의 제품이 포함되어 있다면 제품계열 길이는 5개, 제품믹스의 길이는 25개가 된다.

제품믹스의 깊이란 특정 계열 내의 각각의 제품들이 얼마나 다양한 유형으로 구성되어 있는가를 말하는 것이다. 예를 들어, 위생용품 중 A라는 치약이 세 가지 크기와 두 가지 맛이라면, A의 깊이는 6이 된다. 또한 위생용품 계열의 총 깊이와 평균깊이 또는 제품믹스 전체의 평균 깊이를 계산할 수 있다.

제품믹스의 일관성은 제품계열들이 최종 사용, 생산, 유통 및 기타 측면에서 어떤 연관성을 가지는 것을 말한다. P&G의 제품계열은 동일한 유통경로를 거치는 소비재이므로 경로상의 일관성이 있다. 반면에 그 제품계열들이 구매자에게 서로 다른 기능을 제공한다면 일관성은 낮은 것이다.

기업의 사업을 확대할 경우 제품믹스 측면에서 네 가지 방법을 사용할 수 있다. 첫째, 새로운 제품계열을 추가하여 확대할 수 있다. 둘째, 특정 제품계열의 길이를 늘일 수 있으며, 셋째, 각 제품에 변형품을 추가함으로써 제품믹스의 깊이를 깊게 할 수 있다. 마지막으로 각각의 제품계열 간의 일관성 정도를 더 높여 제품믹스를 관리하는 방법이 있다.

[그림 9-7]에서 제품믹스의 넓이는 5개이며 제품믹스의 길이는 25개이다. 제품계열 길이는 세제 9개, 치약 2개, 비누 8개, 기저귀 2개, 페이퍼 티슈 4개이고 제품믹스의 길이는 25가 된다. 그중 Crest치약의 제품깊이는 6개가 된다.

그림 9-7 P&G의 제품믹스

제6절 제품계열 결정

제품믹스를 분석한 후, 제품계열 길이, 계열 현대화, 계열 특성화 및 계열 제거에 대한 의사결정을 고려해야 한다. 만약, 특정 제품계열에 품목을 추가하여 이익이 증가한다면 기존 제품계열이 짧았다는 것이며, 반대로 품목을 제거함으로써 이익이 증가한다면 제품계열은 길었다는 것이 된다.

기업 내의 신제품 개발에 대한 요구 및 유통기관의 요구 등으로 제품계열은 시간이 지남에 따라 길어지는 경향이 있다. 그러나 품목이 추가됨에 따라 제반 비용이 증가한다. 즉, 설계와 기술비용, 재고비용, 제조변환비용, 주문처리비용, 수송비, 신품목 촉진비용 등이 소요된다.

6-1. 제품계열 길이

제품계열의 길이를 확대하는 두 가지 방법은 계열을 확대하는 것과 계열을 보충하는 것이다.

제품계열 확장

제품계열 확장(line stretching)이란 기업이 현재의 범위를 넘어 자사의 제품계열을 길게 하는 것으로 상향, 하향 및 상 · 하향을 통해 제품계열을 확대할 수 있다.

하향 확장

대표적으로 중간 가격대의 시장에 위치한 기업의 경우, 저가격 시장의 성장기회가 크거나, 중간 가격대 시장이 하락하거나, 경쟁의 일환으로 저가격 시장으로 진출할 수 있다. 섣부른 저가격 시장 진출은 위험을 수반한다. 예를 들어, Kodak은 저가격 상표로 Kodak Funtime 필름을 시장에 도입하였다. 그러나 가격을 충분히 인하하지 못하였다. 또한 자사 제품을 구매하는 고객들 중 일부가 Funtime 필름을 구매하고 있었기 때문에 자기잠식(cannibalization)이 되고 있었다. 이런 이유로 Funtime 필름은 계열에서 제거되었다. 반면, Mercedes는 고가 이미지를 유지하면서도 자사의 제품과는 상대적으로 저가인 Smart를 소형차 시장에 출시하였다.

상향 확장

기업들은 더 높은 성장률 및 또는 완전계열 제조업체로 포지셔닝하기 위해서 고가격 시장으로 진출하고자 한다. 선도적 일본 자동차 회사들은 고가격 자동차를 시장에 도입하여 성공하였다. Toyota는 Lexus를 출시하였고, Nissan은 Infinity를 출시하였으며, Honda는 Accord를 출시하였다. 미국 고급 자동차 기업보다 상대적으로 저가라는 이미지를 가졌던 이 기업들이 이전의 자사의 이미지를 반영시키지 않기 위해 자사의 명칭을 사용하지 않고 완전히 새로운 명칭을 사용하였다. 이와는 반대로, General Electric은 고가격 시장에서 자사의 대형 가전제품에 대해 GE Profile 상표를 도입하였다. 일부 브랜드는 개선된 품질을 표현하기 위해 Ultra Dry Pampers, Extra Strength Tylenol, Power Pro Dustbuster Plus와 같은 수식어를 사용한다.

양방향 확장

시장의 중간 범위에 위치한 기업들은 양쪽 방향으로 제품계열을 확장할 수 있다. TI는 처음에 중간가격/중간품질 계열로 계산기를 도입하였다. 이 회사는 점차 저가격 시장에 계산기를 추가하여 Bowmar로부터 시장점유율을 빼앗았으며 HP와 경쟁하기 위해 고가격 시장에 진출하였다. 이러한 양방향 확장으로 TI는 초기에 소형 계산기 시장을 이끌었다. Constellation Brands의 Robert Mondavi Winery는 최초의 프리미엄 'New World' 와인을 35달러에 판매하고 있지만 고급 와이너리와 레스토랑, 주문 고객에게는 Mondavi Reserve를 125달러에 판매하고 있다. 또한 1990년대 중반 포도가 과잉 공급되던 시기에 만들어진 Woodbridge는 11달러에 판매하고 있다.

제품계열 보충

현 계열 범위 내에 품목을 추가하여 제품계열을 확장하는 것이다. 제품계열 보충의 목적은 첫째, 현재의 계열에는 없지만 판매기회가 있는 품목을 보충하는 것이며, 둘째, 현재 자사의 과잉생산능력을 활용하기 위한 것과, 셋째, 선도적인 완전 계열 기업으로 변모하고자 하는 것, 마지막으로 경쟁사와의 경쟁을 위한 것 등이 있다.

그러나 계열 보충이 다른 품목을 사장시키고 소비자를 혼란시키거나 계열 확장에서와 마찬가지로 자사의 제품들 간에 자기잠식효과(self-cannibalization)가 발생할 수 있음을 간과하지 말아야 한다. 즉, 자사의 제품들은 새로운 고객들을 유인하거나, 경쟁사의 고객들을 유인해야 되지만, 자사의 제품들 간에 경쟁관계가 되어버리면 수익 측면에서 도움이 되지 않는다.

또 다른 한 가지 고려해야 할 사항은 계열 보충하는 품목이 소비자들의 욕구를 충족시키기 위한 것인지, 아니면 기업의 내적인 필요성을 충족시키기 위한 것인지를 검토해야 한다. 3억 5천만 달러의 손해를 초래한 Ford의 유명한 Edsel 자동차는 Ford와 Lincoln 계열 간의 자동차에 대해 내적인 포지셔닝 욕구를 충족시켰지만, 시장의 욕구를 충족시키지 못하였다.

6-2. 제품계열 현대화

자사의 제품이 시대에 뒤떨어진다면 제품계열을 현대화시켜야 한다. 이 경우 특정 계열의 일부가 뒤떨어진 것인지, 제품믹스 전체가 뒤떨어진 것인지 조사할 필요가 있다.

급격하게 변화하는 첨단기술 제품의 경우, 제품 현대화는 지속적으로 수행되어야 한다. 기업들은 고가치, 고가격 품목으로 고객이 이동하도록 유인하기 위해서 제품개선을 계획한다. Intel, AMD와 같은 마이크로프로세서 기업과 Microsoft, Oracle과 같은 소프트웨어 기업들은 지속적으로 더 발전된 제품 버전을 출시하고 있다. 이 때 너무 빨리 출시하면 현재 제품계열의 판매액에 악영향을 미칠 수도 있으며, 경쟁사보다 더 늦게 출시할 경우 현대화된 제품 이미지를 선점할 수 없게 된다. 따라서 개선된 제품의 출시시기를 결정하는 것은 중요한 의사결정이다.

6-3. 계열 특성화 및 제거

특정 제품계열의 관심을 높이기 위해 계열 내의 품목 중에서 하나 또는 몇 개 품목들에 특징적인 특성을 부여하는 것을 말한다. 예를 들어, 새로운 구매자들을 유인하기 위해서 특별 저가의 제품을 출시하거나, 특정 제품계열의 이미지를 높이기 위해 고가의 제품을 출시할 수 있다. Stetson은 "최고의 중절모"라는 고품격 계열 이미지를 위해 150달러의 제품을 출시하여 이미지는 제고하였지만, 실제로 사람들은 거의 그 모자를 구입하지는 않았다.

제품계열 관리자는 주기적으로 제거대상 계열을 검토해야 한다. 판매분석과 원가분석 등을 통해 특정 제품계열이 수익을 약화시키는 품목들을 포함하고 있는 경우나 기업의 생산능력이 부족한 경우 제품계열을 제거시킬 수 있다.

MARKETING

10 브랜드 관리

제1절 브랜드 결정
제2절 브랜드 다이나믹스
제3절 포장화와 표찰화

학습목표

- 제품의 특성은 무엇인가
- 제품믹스와 제품계열을 어떻게 구축하고 관리할 것인가
- 보다 나은 상표결정과 관리를 어떻게 할 것인가
- 포장과 표찰을 어떻게 마케팅 도구로 활용할 것인가

그림 10-1 글로벌 Top 브랜드

소비자들은 매일 소비를 하고 있고 그때마다 무엇을 살 것인지에 대해 의사결정을 하고 있다. 어떤 경우 소비자는 하나 혹은 두 개 정도의 호감이 가는 특정 브랜드들 중에서 구매결정을 하게 되지만, 다른 경우에는 세일중인 상품을 사는 등 당시 주어진 상황에 맞추어서 구매의사결정이 이루어진다. 브랜드(Brand)라는 용어는 굉장히 많은 것을 포함하고 있어서, 우리들이 이전에 이야기하던 상표나 라벨 등으로 쉽게 정의를 내리기에는 복잡하고 난해한 요소들을 포함하고 있다. 브랜드는 당초에는 무엇인가를 구분하기 위한 역할을 했다. 사용자가 유사한 사물이나, 서비스, 현상 등을 구분하기 위해 그것의 기능, 혹은 특성을 축약해서 이해하고 기억하기 쉽도록 만들고 자신이 좋아하는 용어로 이름을 짓고 불렀을 것이다. 이러한 상황이 산업화, 상업화, 정보화가 진전되면서 점차 차별화의 수단 및 마케팅의 수단으로 변모하였고, 현재는 한마디로 정의하기에는 너무 복합적인 의미를 지닌 개념으로 변해버렸다. 마케팅에서 브랜드의 주안점도 시대가 바뀜에 따라 특징, 혜택, 경험, 정체성 등으로 계속 변화해 왔다.

제1절 브랜드 결정

브랜딩(branding)은 제품과 서비스에 브랜드 파워를 부여하는 과정이다. 브랜딩은 제품 간의 차이를 만드는 모든 것이다. 마케터는 브랜드 이름과 기타 브랜드 요소를 사용하여 소비자에게 제품이 무엇이고 소비자가 왜 관심을 가져야 하는지를 알려준다. 효과적인 브랜딩은, 소비자가 그들의 의사결정을 명확히 하고 그 과정에서 기업에 가치를 제공하는 방식으로, 제품과 서비스에 대한 그들의 지식을 정리하는 것을 돕는 정신적 구조를 만든다.

브랜드 전략을 성공시키고 브랜드 가치를 창출하기 위해, 제품이나 서비스 카테고리 내의 브랜드 간에 의미 있는 차이가 있다고 고객을 확신시켜야 한다. 브랜드 차이는 제품 자체의 속성이나 혜택과 관련이 있는 경우가 많다. Gillette, Merck, 3M은 지속적인 혁신 덕분에 수십 년 동안 제품 카테고리를 선도해 왔다. 어떤 브랜드는 비제품적인 수단을 통해 경쟁우위를 창출 한다. Gucci, Chanel, Louis Vuitton은 소비자의 동기와 욕망을 이해하고 그들의 스타일리시한 제품을 중심으로 적합성 높고 호소력 있는 이미지를 창조함으로써 카테고리 리더가 되었다.

1-1. 브랜드의 정의와 역할

전문 마케팅 관리자의 가장 큰 차별적인 능력은 새로운 브랜드를 만들고, 기존 브랜드를 유지하며, 나아가 기존 브랜드를 강화시키는 것뿐만 아니라 타 경쟁기업의 브랜드로부터 자사의 브랜드를 지킬 수 있어야 하는 것이다. Mercedes, BMW, Sony, Nike 등과 같은 매우 잘 확립된 브랜드들은 그들의 제품에 높은 프리미엄 가격을 부과하여 왔고 해를 거듭할수록 높은 고객충성도를 이끌어냈다.

마케팅 관리자들은 "상표화는 예술이며, 또한 마케팅의 초석이다"라고 말한다. 미국마케팅협회(AMA)는 상표를 다음과 같이 정의하였다.

"브랜드란 특정 판매자의 제품이나 서비스를 식별하고, 경쟁사의 제품과 차별화하기 위해 사용되는 명칭, 용어, 기호, 상징, 디자인, 그리고 이들의 조합을 말한다."

브랜드는 판매업자나 제조업자를 구분할 수 있도록 해준다. 브랜드와 관련되는 것으로서 브랜드명은 코카콜라, 신라면 등과 같이 발음할 수 있는 명칭이나 용어도 상표의 일부분이다. 상표표식(brand mark)은 인식은 할 수 있으나 발음할 수 없는 기호, 상징, 디자인 등을 말한다. 등록상표(trademark)는 판매업자가 영구히 상표를 사용할 수 있는 독점적인 법적 권리를 부여받은 상표를 말한다. 따라서 상표는 최종기한이 있는 특허권이나 저작권(copyright)과 같은 자산과는 다르다.

브랜드는 근본적으로 제품이 가진 독특한 특성, 이점, 그리고 서비스 등의 일체를 구매자에게 일관되게 제공하겠다는 판매자의 약속이다. 즉, 우수한 브랜드는 그만큼 우수한 품질을 보증하겠다는 것을 의미하는 것이다. 하지만 상표는 보다 복잡한 상징물이기도 하다. 기업은 브랜드를 통해 다음과 같은 다섯 가지의 의미를 소비자에게 전달할 수 있다.

- **속성**: 구매자들은 상표를 통해 제품의 어떠한 속성을 연상할 수 있다. 예를 들어, 소비자들은 벤츠라는 상표를 통해 고가격, 고품질, 고품격 등을 연상하게 된다.
- **이점**: 속성은 기능적인 또는 감정적인 이점으로 전환되어야 한다. '내구성'이라는 속성은 오랫동안 자동차를 사용할 수 있는 기능적 이점으로 전환되어야 하며, 고가격의 속성은 구매자의 사회적 지위나 자긍심을 심어 주는 감정적 이점으로 전환되어야 한다.
- **가치**: 상표는 제조업자의 가치를 나타내기도 하는데, 예를 들어 벤츠는 고성능, 안전, 긍지 등을 나타낸다.
- **문화 및 개성**: 상표는 추가적으로 문화와 개성을 표출할 수 있다. 벤츠는 독일의 문화, 즉 조직성, 효율성 및 높은 품질 등을 나타낸다. 또는 벤츠는 전혀 허튼짓을 하지 않는 상사(사람). 군림하고 있는 사자(동물) 및 장엄한 궁전(대상물) 등을 제시할 수 있다.
- **사용자**: 상표는 그 제품을 구입하거나 사용하는 소비자 유형을 제시한다. 일반인들은 벤츠를 타고 다니는 비서가 아니라, 자동차 뒤에 앉아 있는 최고경영자에게 관심이 있다.

브랜드를 결정하는 데 있어서 브랜드에 대해 긍정적으로 연상될 수 있는 의미를 개발하는 것이 중요하다. 따라서 마케팅 관리자는 브랜드 정체성를 어떻게 할 것인지를 결정해야 한다. 그러나 상표의 속성만을 강조하는 것은 위험하다. 왜냐하면 구매자들은 속성보다는 이점에 더 관심을 많이 가지고 있고, 속성은 경쟁사에게 쉽게 모방될 수 있으며, 현재의 속성이 현재 고객들의 욕구를 충족시킬 수 있으나 욕구는 변화하기 때문이다.

브랜드에 있어서 가장 지속적인 의미는 가치, 문화, 개성이며 이것들이 브랜드의 본질을 정의하게 된다. Mercedes는 고기술, 고성능, 성공 등을 주장한다. 이것을 Mercedes가 자사의 상표전략에서 표출해야 할 것이다.

1-2. 브랜드 결정과정

상표화 결정

상표에 관해 가장 우선적으로 의사결정을 해야 할 것은 자사 제품에 상표명을 부착할 것인가 아닌가를 결정하는 것이다. 상표화(상표부착)의 시작은 중세의 동업조합이 장인(匠人)들로 하여금 자신을 보호하고, 또한 조잡한 품질에 대해 소비자를 보호하기 위해서 자신의 제품에 등록상표를 붙이도록 한데서 유래한다. 그리고 예술품의 경우, 작가가 자신의 작품에 서명한 것으로 상표화가 된다.

오늘날 공산품에서 농수산품까지 상표사용이 크게 진전되어 상표가 부착되지 않은 제품이 거의 없다. 상대적으로 저가품의 경우 무상표(generics) 또는 유통업자 상표(private brand)를 사용하기도 한다. 무상표란 상표가 없으며, 평범하게 포장되어 있고, 값이 비싸지 않은 것들이다. 이러한 제품은 전국적으로 광고되는 상표품보다는 20~40% 낮은 가격으로 그리고 소매상의 사적 상표품보다는 10~20% 정도 낮은 가격으로 판매되는데, 품질은 비슷하거나 다소 낮은 편이다. 무상표의 저가격은 저급 원자재의 사용, 저원가 표찰과 포장 그리고 최소의 광고 등을 이용함으로써 가능하다. 유통업자 상표는 유통업자가 상품의 광고, 유통을 모두 관리하는 것으로 제반 관리의 책임이 유통업자에게 있는 것으로 요즘 국내의 유명 할인점, 백화점에서 볼 수 있다.

상표를 사용함으로써 얻을 수 있는 이점은 법적으로 보호받을 수 있으며, 주문처리와 문제점 파악시 용이하고, 고객의 상표인식도, 선호도 및 충성도를 제고시킬 수 있다. 특히 미사용 소비자들에게 상표는 그 제품을 평가하는데 어떠한 단서로 작용할 수 있게 된다.

그림 10-2 브랜드 결정과정

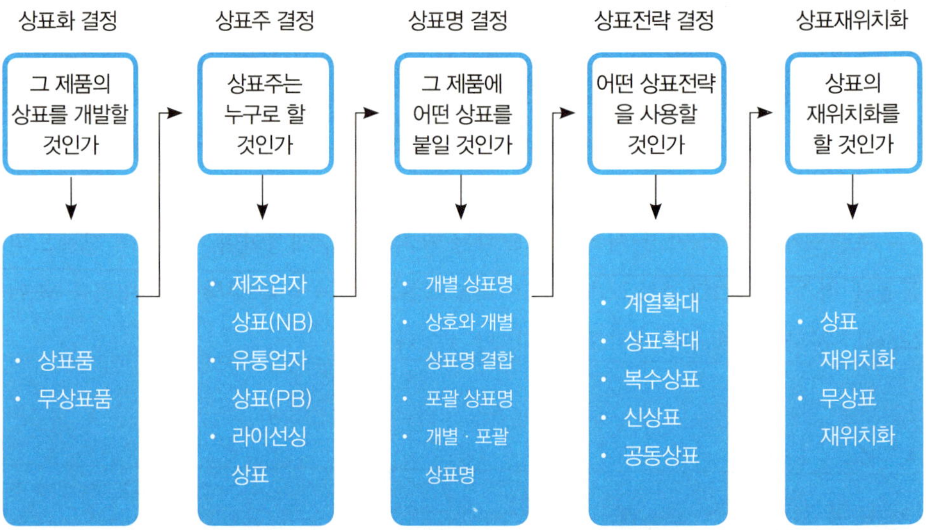

상표주 결정

제조업자는 상표주와 관련하여 여러 가지 대안을 갖는다. 제품은 제조업자 상표(NB: national brand)로 출시될 수도 있고, 유통업자 상표(PB: private brand) 또는 라이선싱 상표(licensing brand)를 부착하여 판매할 수 있다. 기술 및 생산능력과 마케팅 능력이 충분히 있는 제조업자들은 대부분 자체 상표를 사용한다.

유통업자 상표도 과거에 비해 늘어났다. 그동안 중간상들이 자체 상표를 쉽게 사용하지 못한 이유는 일관된 품질의 제품을 제공할 수 있는 자격 있는 공급자를 찾기 어려웠고, 대량주문에 따른 재고증가, 자체 상표 촉진비용 등 때문이다. 그러나 소매상들이 유통업자 상표를 사용하는 데 따른 이점도 있다. 잉여설비를 보유한 공급자로부터 저가로 제품을 공급받을 수 있고, 경쟁소매상들과는 차별적인 점포상표를 개발할 수 있기 때문이다.

상표명의 결정

자사의 상표를 부착하는 제조업자와 서비스 기업은 어느 상표명을 부여할 것인가를 선택해야 하는데, 이의 상표명 전략은 네 가지로 구분된다.

개별상표명

개별상표명 전략의 중요한 이점은 기업이 자사의 명성을 제품의 명성에 연관시키지 않는다는 것이다. 만약 그 제품이 실패하거나 또는 저급품질로 보여도, 그 기업명이나 이미지에 손상을 끼치지 않는다. Seiko와 같은 고품질 시계제조업자는 Seiko 이름을 손상시키지 않고도 저품질 시계계열(Pulsar 등)을 도입할 수 있었고, 이와 달리 Toyota의 Lexus는 고급승용차로 성공할 수 있었다. 개별상표명 전략을 구사하게 되면, 기업은 각각의 신제품에 대한 최적의 상표명을 탐색할 수 있다.

상호와 개별상표명의 결합

기업명과 상표명을 결합시킨 형태로, 예를 들어 Kellogg는 Kellogg's Rice Krispies, Kellogg's Raisin Bran, Kellogg's Corn Flakes 등으로 사용한다. 제조업자들은 회사명을 각 제품의 개별상표명과 연관시키고자 한다. 회사명은 신제품에 신뢰성을 부여하고, 개별 상표명은 신제품에 개성을 부각시킨다.

포괄상표명

대표적으로 General Electric이 사용하는 것으로 이 전략은 상표명 선정을 위한 조사가 필요 없고, 상표명 인식을 창출하기 위한 막대한 광고비가 지출되지 않기 때문에 개발비가 적게 소요된다. 더욱이 제조업자가 알려져 있는 경우에 신제품 판매 가능성이 높아질 수 있다.

제품에 대한 개별 · 포괄상표명

어떤 기업이 전혀 다른 제품계열에서 생산되는 제품에 단일 포괄상표명을 사용하는 것은 바람직하지 않다. Sears가 사용하는 상표명 전략으로 가전제품에는 Kenmore, 공구에는 Craftsman, 주요 가전설비품에는 Homart의 각각 개별적인 포괄상표명을 사용하는 것이다.

기업이 자사 상표명의 방향을 결정하게 되면, 기업의 독특한 상표명을 선정하는 과업에 직면하게 된다. 상표명은 제품의 이점을 나타내야 하고, 제품 품질을 연상시켜야 하며, 발음과 기억, 식별이 용이해야 하고 독특성이 있어야 한다. 그리고 해외 시장 진출 시 그 국가의 언어로 의미가 잘못 전달될 수 있기 때문에 유의해야 한다.

상표전략 결정

상표전략에는 계열확대(line extension), 상표확대(brand extension), 복수상표(multi-brand), 신상표(new brand), 공동상표(co-brand)의 다섯 가지가 있다.

계열확대

계열확대는 한 기업이 동일한 상표명으로 동일한 제품범주 내에서 새로운 맛, 형태, 색상, 추가적인 성분, 포장, 크기 등과 같은 새로운 특성을 가진 품목을 추가적으로 도입하는 것을 말한다. 신제품 도입의 거의 대부분은 계열확대로 이루어지고 있다.

상당수 기업들은 현재 상표변형(branded variants)을 도입하고 있는데, 이것은 특정 소매상이나 유통경로에 공급하는 특별한 상표계열이다. 즉, 소매상들이 자신의 고객들에게 보다 특이한 제품을 제공하기 위해 제조업자에게 요구하게 된다. 예를 들어, 카메라 회사는 전문카메라 점포에는 고가의 품목만으로 제한하고, 대량 판매점에는 저가의 카메라를 공급할 수 있다.

계열확대에는 위험이 수반되며, 마케팅 전문가들 사이에 열띤 논쟁을 불러일으키고 있다. 부정적인 측면에서 보면, 계열확대는 상표명의 특별한 의미를 상실할 수 있다. Ries와 Trout는 이러한 것을 "계열확대 결함"이라고 부른다. 과거에는 Coke를 주문하면 6.5온스 병을 받았다. 그러나 오늘날 공급업자는 New, Classic 또는 Cherry Coke인지, 또는 보통 콜라인지, 다이어트 콜라인지, 카페인이 있는지 없는지, 병인지 캔인지 물어봐야 할 것이다. 기존의 상표 아이덴티티가 매우 강하여 계열확대가 오히려 혼란을 야기할 수 있고, 계열확대로 증가된 제품이 판매가 저조할 경우 개발비와 촉진비를 충당할 수 없는 위험이 있다.

그러나 계열확대는 긍정적인 측면도 있다. 즉, 계열확대는 신제품보다 생존 가능성이 더 높다는 것이다. 또한 경쟁사의 신제품에 대처하는 효과적인 방법으로도 활용될 수 있다. Reddy, Holak 및 Bhat는 계열확대의 성공, 실패 사례를 연구하였다. 20여 년 동안 34개 담배상표에 대한 75개의 계열확대와 관련한 사료를 사용하여 연구한 결과, 강한 상표, 상징적인 상표, 강력한 광고와 촉진지원을 받은 상표 그리고 예정된 하위범주에 먼저 진출한 상표의 계열확대가 보다 성공적이었다. 물론 기업의 규모와 마케팅 역량도 중요한 역할을 하였다.

상표확대

상표확대는 새로운 범주에 속하는 신제품에 기존 상표명을 사용하는 것이다. 즉, 기존 상표명을 새로운 제품범주로 확대시키는 것을 말한다. Honda는 자동차, 오토바이, 제설기, 잔디깎기 기계, 선박용 엔진, 설상차와 같은 상이한 제품을 망라하여 자사의 회사명을 사용하였다. 상표확대 전략은 신제품을 기존 상표 이미지 그대로 유지시킬 수 있는 이점이 있다. Sony는 자사의 회사명을 대부분의 새로운 가전제품에 도입하고 있으며, 이로써 각각의 신제품이 고품질이라는 사실을 즉각적으로 확신시킬 수 있었다.

그러나 상표확대 전략은 몇 가지 위험을 수반한다. 첫째, 구매자가 신제품에 대해 실망하게 되면, 그 기업의 다른 제품의 이미지까지 훼손될 수 있다. 둘째, 그 상표명이 신제품에 적합하지 않을 수도 있다. 셋째, 상표명의 과대확장으로 인하여 상표명의 포지셔닝이 혼동될 수 있다.

복수상표 전략

복수상표 전략은 동일한 제품범주 내에 새로운 상표명을 추가적으로 도입하는 것이다. 기업이 복수상표 전략을 사용하는 목적은 다음과 같다. 첫째, 새로운 상표명을 통해 그 제품이 다른 제품과 상이한 특성을 가졌다는 것을 표출하기 위해서, 또는 기존 제품과는 다른 구매동기를 가진 구매자에게 지지를 얻기 위해서 사용된다. 예를 들어, P&G는 아홉 가지 세제 상표를 시장에 도입하고 있다. 둘째, 복수상표 전략을 통해 기업은 유통업자로부터 더 많은 진열면적을 확보할 수 있다. 셋째, 기업은 측면공격용 상표(flanker brand)를 도입함으로써 자사의 주요 상표를 보호하고자 한다. 예를 들어, Seiko는 고가격 시계에 대해서는 다른 상표명(Seiko Lasalle)을, 그리고 저가격 시계에 대해서는 또 다른 상표명(Pulsar)을 붙이고 있다. 넷째, 기업들은 경쟁기업을 흡수하는 과정에서 상이한 상표명을 그대로 사용하고 있다. 현대자동차가 기아자동차를 인수했지만 기아의 상표는 그대로 사용하고 있다.

복수상표를 도입할 경우, 가장 큰 단점은 각 상표들의 시장점유율이 적을 수 있고, 수익창출을 전혀 하지 못하는 상표가 있을 수도 있다는 것이다. 또한 상표 중 높은 수익을 창출하는 몇 가지에 대해 역량을 집중하는 것이 힘들어질 수 있다. 이럴 경우, 관리적 측면에서 자사 상표 간의 자기잠식을 방지하고, 경쟁사의 상표를 사장시키도록 상표관리를 해야 한다.

신상표 전략

새로운 범주의 제품을 출시하는 경우, 자사의 현재 사용하고 있는 상표명 중 어느 것도 적합하지 않을 수 있다. 이런 경우에 사용하는 전략이 신상표 전략으로, 새로운 제품범주에 대해서 새로운 상표명을 사용하는 것을 말한다. 예를 들어, 롯데리아가 컴퓨터 생산을 하기로 결정한다면, 그 컴퓨터 상표를 롯데리아 컴퓨터라고 할 가능성은 거의 없을 것이다. 미국 시장에서 대중적인 포장소비재에 새로운 상표명을 부여할 때, 대략 5,000만 달러에서 1억 달러의 비용이 소요되는 것으로 알려져 있다.

공동상표

이중상표화(dual branding)라고도 불리는 공동상표(cobranding)란 하나의 제품에 두 개 이상의 잘 알려진 상표가 결합된 상표를 말하며, 두 상표가 결합되어 상호연관되므로 상표선호성과 구매의도를 강화시킬 수 있다. 공동상표에는 유형에는 첫째, 완제품을 구성하는 주요 구성부품의 상표화(ingredient cobranding)로 Volvo가 Michelin 타이어를 장착한 것을 광고한 예를 들 수 있다. 둘째, 동일기업 공동상표화(same-company cobranding)로 General Mill가 자사의 제품인 Trix와 Yoplait 요구르트를 함께 광고하는 경우이다. 셋째, 합작투자 공동상표화(joint venture cobranding)로 General Electric과 Hitachi의 전구, Citibank와 American Airline이 공동으로 주관하는 Citibank Advantage 신용카드의 경우와 같은 것을 예로 들 수 있다. 넷째, 복수후원 공동상표화(multiple-sponsor co-branding)로 복수 주최기업인 Apple, IBM 및 Motorola 간에 기술적인 제휴로 설립된 마이크로 컴퓨터 운영 시스템을 개발하는 Taligent의 예가 있다.

구성부품 상표화의 경우, 상표화된 구성요소의 개별 주체성이 상실될 경우 단점으로 작용한다. 그러나 구성부품의 상표가 최종제품의 한 부분으로 특성화될 경우 상당한 장점이 있다. Intel의 소비자 지향적 상표 캠페인은 상당수 PC 구매자들로 하여금 “Intel Inside”가 부착된 유일한 컴퓨터 상표를 구입하도록 확신시켜 주었다. 그 결과, IBM, Dell, Compaq(현 HP)과 같은 주요한 PC 제조업체들은 다른 공급업자들로부터 동일한 칩을 구입하지 않고 Intel로부터 고가로 칩을 구입하게 되었다. 따라서 구성부품 공급자와 완성품 제조업자들에 있어 구성부품 상표화는 신중한 의사결정이 필요하다.

상표 재위치화 결정

어떤 상표가 현재의 시장에서 위치화가 잘 되었더라도, 새로운 경쟁사들이 진입하거나 고객의 선호도가 변화하는 경우, 그 후 그 상표를 재위치화(re-positioning)해야 한다. 7-UP은 부드럽고 레몬맛의 청량음료로 위치화되었다. 마케팅 조사 결과, 대다수 소비자들이 청량음료의 대표격인 콜라를 좋아하지만, 언제나 콜라를 선호하는 것은 아니며,

많은 소비자들이 다른 청량음료를 마시고 있었다. 따라서 7-UP은 Uncola라는 캠페인을 통해 비 콜라시장에 성공적으로 재위치화했다. 또한 무설탕 7-UP을 출시했으며, 이후 "No Caffeine" 캠페인으로 주목받았다.

1-3. 브랜드 자산

브랜드 자산의 정의

브랜드 자산(brand equity)은 가격, 시장점유율, 수익성뿐만 아니라 소비자가 브랜드를 어떻게 생각하고, 느끼고, 행동하는가에 영향을 줌으로써 제품과 서비스에 부가적인 가치를 부여한다. 브랜드 자산은 기업에게 심리적 가치와 재무적 가치를 주는 중요한 무형적 자산이다.

브랜드 자산을 연구하는 데 있어서는 다양한 관점이 있다. 고객 기반 브랜드 자산(customer-based brand equity)은 브랜드 지식이 브랜드 마케팅에 대한 소비자의 반응에 미치는 차별적 영향으로 정의된다. 브랜드가 잘 구별되지 않는 제품보다 명확히 구별되는 제품의 경우 소비자들은 그 제품과 판매방식에 더 호의적으로 반응하게 되고 브랜드는 긍정적인 고객기반 브랜드 자산을 갖게 된다. 소비자가 동일한 상황에서 마케팅 활동에 대해 비호의적으로 반응한다면 브랜드는 부정적인 고객 기반 브랜드 자산을 가지게 된다.

이러한 정의에는 세 가지 핵심적인 요소가 있다. 첫째, 브랜드 자산은 차별적인 소비자의 반응에 의해 만들어진다. 브랜드에 따라 소비자 간에 차이가 없다면 제품은 무차별적 제품으로 분류될 수 있고, 가격을 중심으로 경쟁한다. 둘째, 차별적인 소비자의 반응은 브랜드와 관련하여 소비자가 가지는 생각, 감정, 이미지, 경험, 신념 등의 브랜드 지식(brand knowledge)의 결과이다. Toyata(신뢰성), Hallmark(배려), amazon.com(편의성과 폭넓은 선택)과 같이 브랜드는 소비자에게 강력하고, 호의적이고, 독특한 브랜드 연상을 만들어 내야 한다. 셋째, 브랜드 자산을 구성하는 소비자의 차별적 반응은 브랜드 마케팅의 모든 측면과 관련된 지각, 선호, 행동 등을 반영한다. 〈표 10-1〉에서는 브랜드 자산의 핵심적 혜택을 보여 주고 있다.

브랜드는 본질적으로 소비자가 기대하는 제품이나 서비스 성과를 제공하겠다는 마케터의 약속이다. 브랜드 약속(brand promise)은 브랜드가 소비자에게 어떤 의미를 부여하고 무엇을 해줄 수 있는가에 대한 마케터의 비전이다. 그러나 브랜드의 진정한 가

표 10-1 **강력한 브랜드의 마케팅 우위**

제품성과에 대한 지각의 개선
높은 충성도
경쟁기업의 마케팅 활동에 대한 취약성 감소
마케팅 위기에 대한 취약성 감소
높은 마진
가격인상에 대한 소비자들의 비탄력적 반응 증가
가격인하에 대한 소비자들의 탄력적 반응 증가
업계의 협력과 지원 증가
마케팅 커뮤니케이션의 효과성 증가
라이선싱 기회의 증가
추가적인 브랜드 확장기회들

치는 소비자, 브랜드에 대한 소비자의 지식, 마케팅 활동에 대한 소비자의 반응 등에 의해 결정된다. 소비자의 브랜드 지식은 브랜드 자산의 기초가 되기 때문에 소비자의 브랜드 지식을 이해하는 것이 가장 중요하다.

브랜드 자산의 구축

마케터는 적절한 소비자를 대상으로 적절한 브랜드 지식구조를 창출함으로써 브랜드 자산을 구축할 수 있다. 브랜드 자산은 마케터가 만든 것이든 아니든 모든 형태의 브랜드와 관련된 접촉에 의해 생겨난다. 마케팅 관리 관점에서 볼 때 브랜드 자산을 만들어 내는 요소들(brand equity drivers)로는 다음과 같은 것들이 있다.

- 브랜드를 구성하는 브랜드 요소와 아이덴티티들(브랜드명, URL, 로고, 심벌, 캐릭터, 광고모델, 슬로건, 음악, 포장, 사인물): 마이크로소프트는 새로운 검색 엔진명을 Bing이라고 지었는데 찾고자 하는 것을 정확하게 검색하고 "아하"의 순간을 표현한 것이다. 짧고 인상적이며 기억하기 쉽고 활동적이며, 전 문화에 걸쳐 효과적인 네임이다.
- 제품과 서비스, 마케팅 활동과 지원적인 마케팅 프로그램: General Mills와 CMO인 Mark Addicks는 시리얼, 케이크믹스, 요구르트를 판매하기 위해 수많은 새로운 마케팅 활동을 하고 있다. QR코드, 앱, 증강현실 등 소비자의 스마트폰을 활용하는 방법을 모색하고 있고, 이 과정에서 새로운 포장 전략을 개발하고 있다.
- 특정 인물, 장소, 물건 등과 연결시킴으로써 브랜드로 이전된 여러 가지 연상들: 뉴

질랜드 보드카 브랜드 42BELOW는 뉴질랜드의 위도와 음료의 알코올 함유량을 모두 나타내고 있다. 포장과 기타 시각적 단서는 뉴질랜드의 인지된 순수성을 활용하여 브랜드 포지셔닝을 전달하고 있다.

이와 같이 브랜드는 기업의 소중한 자산(brand equity)으로 인식되어 왔고, 기업의 시장 지배력(market power)은 자사의 브랜드와 밀접한 관련성을 가지고 있다는 것은 이미 잘 알려진 사실이다. 이에 따라 개별 기업들은 자사의 브랜드를 구축하고, 유지하며, 강화시키기 위해 끊임없는 노력을 지속하고 있다. 브랜드 자산은 단기간에 확보하기 어렵기 때문에 삼성과 LG 같은 국내 유수의 기업들도 세계적 브랜드 구축을 위해 상당한 투자를 지속하고 있다.

제2절 브랜드 다이나믹스

대부분의 브랜드는 그대로 유지되지 않고 시간이 지날수록 진화한다. 브랜드가 진화하는 가장 일반적인 두 가지 방법은 브랜드 리포지셔닝과 브랜드 확장이다.

2-1. 브랜드 리포지셔닝

보통 브랜드를 리포지셔닝할 때 가장 먼저 해야 할 일은 브랜드 자산의 원천이 무엇으로부터 시작되었는지 이해하는 것이다. 긍정적인 연상이 원래의 장점이나 독특함을 잃고 있는가? 부정적인 연상이 브랜드와 연결되었는가? 를 확인한 다음 동일한 포지셔닝을 유지할지, 아니면 새로운 포지셔닝을 생성할지 어떤 포지셔닝을 새로 생성할 것인지를 결정한다.

때로는 실제 마케팅 프로그램이 브랜드의 약속을 이행하지 못하기 때문에 문제의 근원이 되기도 한다. 그렇다면 기본으로 돌아가는 전략이 타당할 수 있다. Harley-Davidson은 제품 성능에 대한 고객의 기대에 부응하는 일에 더욱 노력하면서 시장 주도권을 되찾았다. 그러나 다른 경우에는 오래된 포지셔닝이 더이상 가능하지 않으며, 재창조(reinvention) 전략이 필요하다. Mountain Dew는 청량음료 강자로 도약하기 위해 브랜드 이미지를 전면 개편했다. 그동안의 사례를 보면 다소 잊혀진 브랜드를 되살리는 리포지셔닝이 새로운 브랜드를 포지셔닝하는 것보다 보통은 더 쉽다.

2-2. 브랜드 확장

기업이 다른 카테고리나 다른 가격 계층에서 새로운 제품을 소개하기 위해 기존의 정착된 브랜드를 사용하는 것을 브랜드 확장(brand extension)이라고 한다. Honda는 자동자, 오토바이, 제설기, 잔디 깎는 기계, 해양용 엔진, 스노모빌과 같은 다양한 제품을 커버하기 위해 기업 브랜드를 사용한다. 이러한 제품군 때문에 "두 개의 차고에 6대의 Honda를 수용할 수 있다"고 광고할 수 있었다.

마케터가 새로운 브랜드와 기존 브랜드를 결합하는 브랜드 확장을 하위브랜드라고 한다. Hershey의 Kisses, Adobe의 Acrobal, Toyota의 Camry 등이 하위 브랜드의 예다. 브랜드 확장이나 하위 브랜드를 낳는 기존 브랜드를 모브랜드라고 한다. 상위 브랜드가 이미 브래드 확장을 통해 여러 제품과 연결되어 있다면 마스터 브랜드 또는 패밀리 브랜드라고 부른다.

브랜드 확장은 라인 확장과 구별된다. 기업이 자사의 브랜드를 현재 관련되지 않은 제품 카테고리로 늘리는 브랜드 확장과 달리, 라인 확장(line extension)에서 모브랜드는 현재 서비스 중인 제품 카테고리 내에서 새로운 제품을 확장하는 것을 의미한다. 예를 들어, 새로운 맛, 형태, 색상, 성분, 패키지 크기 등으로 확장하는 것이다.

많은 기업이 가장 강력한 브랜드명으로 수많은 신제품을 선보임으로써 그들의 가장 가치 있는 자산을 활용하기도 한다. 신제품의 대부분(한 해 80~90%)은 브랜드 확장을 통해 출시된다. Dunkin' Donuts의 커피, Progresso Light의 수프, Hormel Compleats의 전자레인지 밀키트 등 많은 신제품이 브랜드 확장을 통해 성공했다.

브랜드를 언제 확장할 것인가 마케터는 각 잠재적 브랜드 확장을 모브랜드로부터 기존 브랜드 자산을 얼마나 효과적으로 활용하는지와 모브랜드의 자산에 얼마나 효과적으로 기여하는지를 기준으로 판단해야 한다. Crest Whitestrips는 치아 미백 분야에서 확신을 제공하기 위해 치아 관리 분야에서의 Crest의 강력한 명성을 활용하였으며, 또한 해당 분야에서 그들이 가진 권위의 이미지를 강화했다. 보석 제조업체 Bulgart는 호텔, 레스토랑, 향수, 초콜릿, 스킨케어 방향으로 브랜드를 확장했다.

브랜드 확장의 장점

소비자는 그들이 모브랜드에 대해 알고 있는 것과 이 정보가 어느 정도 관련이 있다고 느끼는지에 따라 신제품에 대한 기대를 형성한다. Sony가 멀티미디어 애플리케이션에 맞춘 새로운 PC 브랜드인 VAIO를 선보였을 때, 소비자들은 다른 Sony 제품에 대한 경험과 지식때문에 그 제품의 성능을 예상할 수 있었다. VAIO는 브랜드에 대한 고객 인식이 확립되었을 때 Sony로부터 분사하여 현재는 독립 브랜드로서 운영되고 있다. Sony는 VAIO의 소수 지분과 브랜드 로고에 대한 상표권을 유지하고 있다.

브랜드 확장은 긍정적인 기대치를 설정함으로써 위험을 줄인다. 또한 예상되는 고객 수요로 인해 소매업자에게 브랜드 확장 제품을 취급하고 프로모션하도록 설득하는 것이 더 쉬울 수 있다. 브랜드 확장 제품의 출시 캠페인은 브랜드와 신제품에 대한 인지도를 만들 필요가 없어, 제품 자체에 집중할 수 있다.

브랜드 확장은 출시 비용을 줄일 수 있다. 미국 시장에서 소비재의 새로운 브랜드 이름을 만드는 데 1억 달러 이상의 비용이 들 수 있다. 또한 확장을 통해 새로운 이름을 만드는 어려움과 비용을 피할 수 있으므로 패키징 및 라벨링의 효율성이 향상된다. 비슷하거나 동일한 패키지와 라벨은 브랜드 확장에 대한 생산 비용을 낮출 수 있으며, 적절하게 조정되면 '광고판' 효과를 통해 소매점에서 더 많은 주목을 받을 수 있다.

브랜드 확장은 신제품의 수용을 촉진하는 것 외에도 브랜드의 의미와 핵심 가치를 명확히 하거나 확장을 만드는 기업에 대한 소비자의 브랜드 충성도를 향상하는 데 도움이 될 수 있다. 성공적인 카테고리 확장은 상위 브랜드를 강화하고 새로운 시장을 개척할 뿐만 아니라 훨씬 더 많은 새 카테고리 확장을 촉진할 수 있다. Apple은 iPod과 iTunes의 성공으로 새로운 시장을 개척했고, Mac 핵심 제품의 판매를 증가시켰으며, iPhone과 iPad 출시를 위한 길을 열었다.

브랜드 확장의 단점

브랜드 확장의 단점은 라인 확장으로 인해 브랜드 이름이 어떤 제품의 정체성도 나타내지 못할 수 있다는 것이다.

브랜드 희석(brand dilution)이란 소비자가 브랜드를 더이상 특정 제품 또는 매우 유사한 제품과 연관시키지 않고, 그 브랜드를 덜 생각하기 시작할 때 발생한다. Porsche는 2012년 차량 판매량의 4분의 3을 차지한 Cayenne SUV와 Panamera 세단으로 판매 성공을 거두었지만 일부 비평가들은 이 과정에서 스포츠카 이미지를 떨어뜨리고 있다고 느꼈다. Porsche는 고객이 전설적인 Porsche 911의 '아드레날린 러시'를 느낄 수 있도록 돕기 위해 온로드 및 오프로드 테스트 트랙, 주행 코스, 로드쇼 이벤트 등을 이용했다.

만약 기업이 소비자들이 부적절하다고 생각하는 확장을 출시한다면, 소비자들은 브랜드의 무결성에 의문을 제기하거나 혼란스러워하거나 심지어 화를 낼 수도 있다. 또한, 소매상이 진열대나 진열 공간이 없기 때문에 많은 새로운 상품과 브랜드를 거부할 수도 있다.

브랜드 확장의 매출이 높고 목표를 달성하더라도, 그 매출은 기존의 상위 브랜드 제품에서 확장 제품으로 전환된 소비자로부터 발생하며, 사실상 상위 브랜드를 잠식할 수도 있다.

브랜드 내에서의 판매 변화가 선제적인 자가잠식의 형태인 경우 반드시 안 좋은 것만은 아니다. 즉 라인 확장으로 전환한 소비자들은 그렇지 않았었더라면 경쟁 브랜드로 전환했을 수도 있다. Tide 세탁세제는 다양한 라인 확장(향과 무향의 분말, 캡슐, 액체, 기타)의 판매 기여로 인해 50년 전과 동일한 시장 점유율을 유지하고 있다.

제3절 포장화와 표찰화

대부분의 유형적 제품들은 포장이 되고 표찰이 부착되어 있다. Coke의 병과 L'eggs의 용기 등과 같은 포장은 세계적으로 잘 알려져 있는 것이다. 많은 마케팅 관리자들은 포장을 가격, 제품, 유통경로 및 촉진의 4Ps에 이어 제5의 P로 부르고 있다. 그러나 대다수의 마케팅 관리자들은 포장화와 표찰화를 제품전략의 한 요소로만 간주한다.

3-1. 포장화

포장화(packaging)란 어떤 특정한 제품의 용기나 포장재를 디자인하고 제조하는 제반 활동이다. 용기와 포장재를 포장이라고 부르는데, 포장은 재료를 기준으로 세 가지 수준으로 되어 있다. 기초포장은 제품을 직접 담는 용기이며, 2차 포장은 용기를 보호하는 골판지 박스이며, 3차 포장은 2차 포장을 배달용으로 몇 개 묶음으로 묶은 박스이다.

포장화는 유력한 마케팅 도구가 되고 있다. 디자인이 잘 된 포장은 편리성을 높여 주고 촉진의 역할도 한다. 평균규모의 슈퍼마켓의 경우, 대략 15,000개 품목을 취급하고 있는데, 일반적인 구매자들은 매 분당 약 300개 품목을 스쳐 지나간다. 모든 구매 중 53%가 충동적으로 행해진다면, 효과적인 포장화는 '5초의 상업광고'로서 작용하는 것이다. 포장은 여러 가지 많은 판매역할을 수행해야 한다. 즉, 포장은 주의를 끌고, 제품의 특성을 설명하고, 고객에게 확신감을 심어 주며, 또한 전반적으로 호의적인 인상을 심어 주어야 한다. 소비자들은 간편성과 외양, 신뢰성, 품위 등을 추구하게 되어 좋은 포장의 제품을 선호한다. 좋은 포장은 기업이나 상표를 소비자에게 즉각적으로 인식시킬 수 있다.

신제품에 대한 효과적인 포장을 개발하기 위해서는 많은 의사결정이 필요하다. 첫 번째에 해야 할 것은 포장의 개념을 수립하는 것이다. 포장화 개념이란 포장이 특정 제품에 있어서 기본적으로 어떤 것이어야 하는가, 또는 무엇을 해야 하는가에 관한 정의이다. 포장에 관한 의사결정은 규격, 형태, 자재, 색상, 의미, 상표마크 등의 추가적인 포장화 구성요소들을 고려하여 이루어져야 한다. 또한 많은 내용을 포함할 것인가, 아니면 단순 포장을 할 것인가, 셀로판으로 또는 다른 투명한 필름으로 할 것인가, 플라스틱 용기 또는 라미네이트 용기로 할 것인가 등을 결정해야 한다. 제품안전의 문제가 관련되는 경우, 제품이 잘못 작동되지 않도록 하는 방법에 대해서도 결정을 해야 한다. 즉, 여러 가지 포장화 요소들이 조화를 이루어야 한다. 포장화 요소들 역시 가격, 광고 및 기타 마케팅 요소에 대한 결정과 조화를 이루어야 한다.

포장이 디자인된 후 많은 시험을 거쳐야 한다. 첫째, 기술적 시험은 그 포장이 정상적인 사용조건하에서 제대로 견딜 수 있는가를 알아보기 위해서 실시된다. 둘째, 시각시험은 겉면에 기입된 제품정보가 법적으로 합당하며, 색상이 조화를 이루는가를 확인하는 것이다. 셋째, 중간상시험은 중간상에 대한 포장의 매력도와 취급시의 용이성을 검토하는 것이다. 마지막으로 소비자시험은 소비자의 우호적인 반응을 확인하는 것이다.

효과적인 포장화를 개발하기 위해서는 그에 따른 비용과 기간이 필요하다. 기업은 포장의 환경적인 요인 및 안전에 대해서도 고려해야 한다. 종이와 알루미늄 및 기타 자재의 부족에 대한 관심이 증대되고 있다는 것은 마케팅 관리자들이 그들의 포장을 간소화하는 데 더욱더 노력해야 한다는 것을 제시한다.

3-2. 표찰화

표찰화(labeling)이란 상품명, 상표, 제조원, 품질, 성분, 용도, 사용법, 효용, 규격, 유효기간, 검사표시 등을 기입한 표시로서 제품이나 포장에 부착되거나 인쇄된 것을 말한다. 표찰은 상표명만이 기입되어 있는 경우도 있고, 많은 정보를 담고 있는 경우도 있다. 판매업자가 단순한 표찰을 원하더라도 법규상 추가적인 제품정보가 표기되어야 한다. 의약품에 들어있는 사용설명서와 같은 경우도 표찰에 해당된다.

표찰은 여러 가지 기능을 수행한다. 우선, 표찰은 오렌지에 찍혀 있는 Sunkist와 같이 제품이나 상표를 식별한다. 둘째, 표찰은 제품의 등급을 표시해 준다. 셋째, 표찰은 제품에 대한 제반 사항, 즉 제조업자명, 제조장소, 제조일자, 성분, 사용법 및 안전수칙 등을 제시하고 있다. 마지막으로 표찰은 매력적인 도안을 통해서 촉진기능을 수행한다.

11 서비스 마케팅

제1절 서비스의 본질
제2절 서비스 마케팅의 이해
제3절 서비스 품질관리
제4절 서비스 산업의 새로운 추세

학습목표

▶ 서비스의 본질과 유형은 무엇인가
▶ 서비스는 물리적 제품과 어떻게 다른가
▶ 서비스 마케팅 연구의 흐름은 어떻게 진행되고 있는가

마케팅 이론과 실행은 초기에 물리적인 제품과 연관해서 개발되어 왔다. 최근 들어, 서비스 산업의 성장 현상이 주요 추세이다. 선진국의 경우 국내총생산(GDP)의 70% 정도가 서비스에 의해서 이루어지고 있다.

서비스 산업은 매우 다양하다. 법원, 군대, 경찰서, 소방서, 우체국 등은 국가에서 운영하는 서비스 기관들이다. 영리목적인 기업부문으로는 항공 · 운수업체, 은행, 호텔, 보험회사, 경영 및 법률자문회사, 의료기관, 엔터테인먼트사 등이 이에 속한다. 비영리로 운영되는 민간부문에는 자선단체, 종교단체, 박물관 등이 있다. 또한 서비스 생산부문이 지속적으로 지배적인 고용창출 역할을 할 것이다. 미국의 경우 2020년까지 제조생산부문이 전체 일자리의 11.9%에 이를 것으로 예상하며, 이는 2000년 16.8%와 2010년의 12.4%보다 낮아진 수치이다.

제1절 서비스의 본질

서비스 산업은 다양하지만 서비스가 무엇을 뜻하는 것인지에 대해서 애매한 경우가 많고, 흔히 무료 또는 부가적인 것으로 인식되는 경우도 많이 있다. 서비스 업종인 자동차 정비센터를 예로 들어보자. 고객이 특정 자동차 정비센터에서 정비 서비스를 받고 나서 만족감을 느낄 때, 이는 여러 가지로 해석될 수 있다. 정비의 기술적 수준에 대해 만족을 느낄 수 있으며, 신속한 정비에 만족을 느낄 수도 있을 것이다. 또는 직원들의 친절함이라든지 무상으로 제공되는 세차나 오일교환 같은 것이나 보다 낮은 가격 등으로 인해 만족감을 느낄 수도 있을 것이다.

1-1. 서비스의 유형

일반적으로 소비자들이 특정 시장제공물을 통해 효익을 얻을 때, 유형적 제품을 통해 더 많은 효익을 얻으면 제품으로, 서비스를 통해서 더 많은 효익을 얻으면 서비스로 구분할 수 있다. 그러나 일반적인 시장제공물은 이러한 두 부분을 공통적으로 포함하고 있다. 즉, 기업이 시장에 제공하는 제공물 대개의 경우 물리적 제품과 서비스가 혼합된 상태이다. 따라서 기본적으로 제품 및 서비스에 대한 유 · 무형성을 통한 구분이 필요하다.

소금과 같은 저가의 편의품의 경우, 고가의 전자제품에 비해 부가적인 여타 서비스가 포함되어 있지 않기 때문에 무형적인 서비스의 특성보다는 유형적인 물리적 제품의 특성이 강하다. 반면 교육의 경우 유형적인 제품이라기보다는 무형적인 서비스에 더 가깝다.

유형성 스펙트럼의 양극을 제외한 대부분의 시장제공물(market offerings)에 있어서는 유형적인 물리적 제품과 무형적인 서비스가 결합된 형태이다. 서비스 유형을 분류하는 기준은 여러 가지가 있는데 먼저, 유 · 무형적 기준으로 시장제공물을 분류하면 다음과 같은 다섯 가지가 있다.

첫째, 순수유형재(Pure tangible good)는 소비자가 물리적 실체를 통해서만 효익을 얻을 수 있는 제품이며 따라서 서비스를 통한 부가적인 가치는 없다. 이러한 제품으로는 비누, 치약, 소금과 같은 저가의 유형적 재화가 주를 이룬다.

둘째, 서비스를 동반한 유형재(Tangible good with accompanying services)로 하나 이상의 서비스가 동반된 물리적 제품이다. 일반적으로 자동차, 휴대폰과 같이 기술적으로 정교한 제품들은 물리적 제품과 더불어 대 고객 서비스 및 이에 따른 품질 등이 중요하다. 휴대폰의 경우 물리적인 제품 자체도 중요하지만 A/S, 통화 가능성, 통화품질, 부가적인 정보제공 등과 같은 서비스 역시 중요한 부분을 차지한다.

셋째, 제품과 서비스의 혼합(hybrid)으로 유형성 스펙트럼의 중간부분에 해당한다. 고급 레스토랑의 경우 음식 자체도 중요하지만 고급스런 분위기에 맞는 서비스 역시 중요하다.

넷째, 주 서비스에 부수적으로 유형재 및 보조서비스가 포함된 형태(major service with accompanying minor goods and services)이다. 여객기를 이용하는 승객의 경우 가장 주된 서비스는 항공서비스이다. 이 항공서비스에는 부수적으로 항공티켓, 운항 중 제공되는 먹거리, 잡지 등과 같은 유형적인 제품과 TV 시청 및 승무원의 인적 서비스 등과 같은 보조서비스가 포함된다.

마지막으로, 순수서비스(pure service)는 주로 무형적인 서비스로 구성된다. 교육서비스, 경영 및 법률자문, 카운슬링 등으로 유형적인 제공물보다는 무형적인 서비스 그 자체로 구성된 것이 순수서비스이다([그림 11-1]).

유 · 무형적 기준 외에 또 다른 서비스 유형에 대한 분류는 다음과 같다.

첫째, 서비스는 자동판매기, 자동차 세차 등의 어떠한 장비를 토대로 제공되는 것(equipment based)인지, 컨설팅, 카운슬링처럼 서비스 제공자, 즉 사람을 토대로 제공되

그림 11-1 유형성 스펙트럼

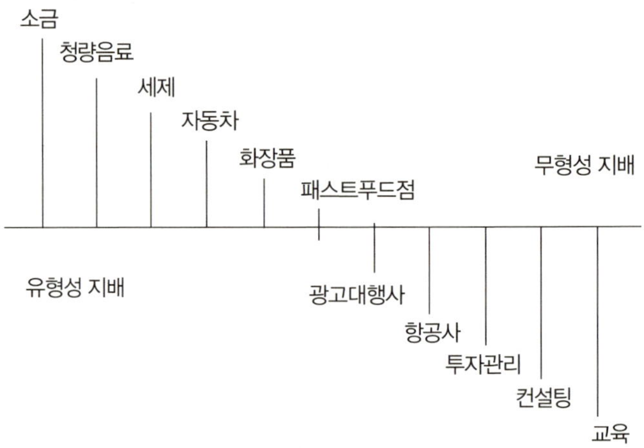

는 것(people based)인지 등으로 구별될 수 있다.

둘째, 고객이 서비스를 제공받는 현장에 있어야 하는가(client's presence)이다. 의사들이 환자를 진료하기 위해서는 서비스 제공자인 의사와 고객인 환자는 서비스 제공 현장에 함께 있어야 가능하다. 반대로, 자동차 정비의 경우 수리공이 정비하는 동안 고객이 그 현장에 같이 있을 필요는 없다.

셋째, 개별 고객에 대한 서비스(personal service)와 기업고객에 대한 서비스(business service)로 구별될 수 있다.

넷째, 영리목적으로 또는 비영리목적으로 서비스를 제공하느냐에 따라 구별될 수 있다.

이 외에도 서비스행위의 본질, 서비스기관과 고객과의 관계유형, 서비스의 공급 및 수요 측면, 서비스 전달방식 등에 따라 서비스는 구별될 수 있다.

1-2. 서비스의 특성 및 마케팅 시사점

Kotler(2002)는 "서비스란 이의 생산에 있어 물리적인 제품과 관련이 될 수도 안될 수도 있으며, 상대방에게 제공되는 어떠한 행위나 성과로서, 본질적으로는 무형적이고 쌍방 어느 쪽에도 소유권이 귀착되지 않는다"라고 정의를 하였다.

Zeithaml과 Bitner(1997)는 협의적인 정의로서, "서비스는 행위(deeds), 과정(process), 성과(performance)이다"라고 정의하였으며, 광의적인 정의로는 "서비스는 산출물이 물적 제품이나 구조물이 아니며, 일반적으로 생산되는 시점에서 소멸되고 구매자에게 무형적인 형태의 가치를 제공하는 모든 경제적인 활동을 포함한다"라고 정의하였다. 이 정의들의 공통점으로는 서비스는 물적인 실체가 아니기 때문에 어떠한 특징적인 형태가 없으며 손으로 만질 수 없다는 것이다.

서비스에 대한 이해를 보다 깊이 하기 위해서는 다음과 같은 서비스의 특성을 아는 것이 중요하다. 물리적인 제품과 달리 서비스는 무형성(intangibility), 비분리성(insepara-bility), 이질성(heterogeneity), 소멸성(perishability) 등의 네 가지 특성을 가지고 있다.

무형성

서비스의 가장 큰 특징은 무형성이라고 볼 수 있다. 서비스는 제품이 가진 물리적 실체를 가지고 있지 않고, 앞에서의 정의와 같이 서비스를 제공하는 행위, 제공되는 과정, 그리고 제공 후의 성과이기 때문에 무형성의 성질을 가진다.

서비스의 무형성이라 함은 물리적 실체를 지니지 않았다는 뜻도 있지만 우리가 손으로 만질 수 없다는 뜻이 포함되어 있다. 예를 들어, 미용실에서 머리를 깎을 경우, 서비스 제공자의 이발행위는 눈에 보이긴 하나 물리적 실체를 가진 것이 아니며 이발의 행위와 과정 그 자체는 손으로 만져지지 않는다. 이발 후 고객은 이발이라는 서비스를 가지고 있는 것이 아닌 머리를 깎았다는 결과, 즉 서비스의 성과를 지니게 되는 것이다. 따라서 이발 서비스의 실체가 고객에게 이전되는 것은 아니다. 이것은 음악 CD를 구매할 경우와 같다. 고객은 물리적 실체인 CD 케이스 및 음악 CD를 구매하고 이 실체는 고객에게 소유권이 이전된다. 하지만 고객은 삽입되어 있는 곡 자체의 소유권을 구매한 것이 아니라 곡을 듣고 싶을 때 들을 수 있는 일종의 권리를 구매하는 것이다.

이러한 서비스의 무형성으로 인해 구매자들은 서비스의 불확실성을 줄이기 위해 무언가 유형적인, 눈에 드러나는 증거 등을 통해 확실성을 찾고자 할 것이다. 구매자들은 서비스가 제공되는 장소, 서비스 제공자, 커뮤니케이션 수단, 심벌, 그리고 가격 등을 통해서 서비스품질을 추측한다. 따라서 서비스 마케터들은 구매자들이 서비스에 대해 잠정적으로 판단할 수 있는 물리적 증거(physical evidence)와 프레젠테이션을 잘 관리해야 한다. 이것은 보이지 않는 것을 보이게 하는 것과 같은 맥락으로 추상적인 서비스 제공에 있어 물리적 증거와 프레젠테이션을 제공하려는 노력을 말한다. 고급 신용카드의 경우 다른 일반 카드와는 디자인과 색상을 더 고급스럽게 하는 것이 여기에 해당한다.

서비스 마케터들은 무형의 서비스를 실체가 있는 편익과 명확한 경험으로 변형시킬 수 있어야 한다. Disney는 테마파크의 무형의 서비스를 유형화하고 마법의 타지를 창출하는 데 있어서 전문가이다.

서비스는 물리적 제품이 없기 때문에 서비스 제공자의 설비, 환경적 디자인과 안내실, 종업원 복장, 부수적인 자료 등이 특히 중요하다. 서비스 전달 프로세스의 모든 측면들은 브랜드화될 수 있는데, Allied Van Lines가 자사의 운전자들과 근로자들의 외모에 관심을 갖고, UPS가 브라운색 트럭으로 강력한 브랜드 자산을 개발하며, Hilton's Doubletree Hotels가 돌봄과 친절을 상징하는 신선하게 구운 초콜릿 칩 쿠키를 제공하는 것이 바로 그 이유에서이다.

서비스 제공자들은 종종 서비스와 주요 편익을 더욱더 유형화하기 위해 브랜드 요소로 로고, 심벌, 캐릭터, 그리고 슬로건 등을 선택한다.

비분리성

물리적 제품의 경우 생산과 거래가 된 후 소비되는데 서비스는 일반적으로 생산과 소비가 동시에 이루어진다. 항공기를 이용하는 소비자들은 먼저 티켓을 구매하고 난 후 탑승을 한다. 그리고 탑승 후 비행은 탑승자의 입장에서는 소비에 해당되고 항공사 입장에서는 생산이 되는 것이다. 즉, 서비스의 생산과 소비가 동시에 이루어지는 것이다. 따라서 서비스 제공자는 서비스의 일부분이 되며, 이때 고객과의 상호작용이 중요해지며 양자는 서비스 결과에 영향을 미치게 된다. 엔터테인먼트와 전문 서비스의 구매자들은 특정 공급자에게 큰 관심을 가진다. 고객이 강력한 공급자 선호도를 갖고 있을 때, 공급자는 제한된 시간에 할당된 가격을 올릴 수 있다.

비분리성의 한계를 극복하기 위한 전략을 이용할 수 있다. 일부 심리치료사들은 일대일에서 소그룹 치료, 대형 호텔 대연회장에서 300명 이상까지 치료행위를 하고 있다. 심리치료사들은 각 환자를 50분 대신 효율적으로 30분 정도 치료하면서 더 많은 환자들을 볼 수 있게 되었다. H&R Block이 전국적으로 숙련된 세무 컨설턴트 네트워크를 구축하고 있는 것처럼 서비스조직은 더 많은 서비스 제공자들을 교육시키고 고객의 신뢰를 구축할 수 있다.

이질성

서비스 특성 중 이질성은 흔히 변동성(variability)이라는 말과 동일한 의미로 사용된다.

그림 11-2 서비스의 이질적 특성

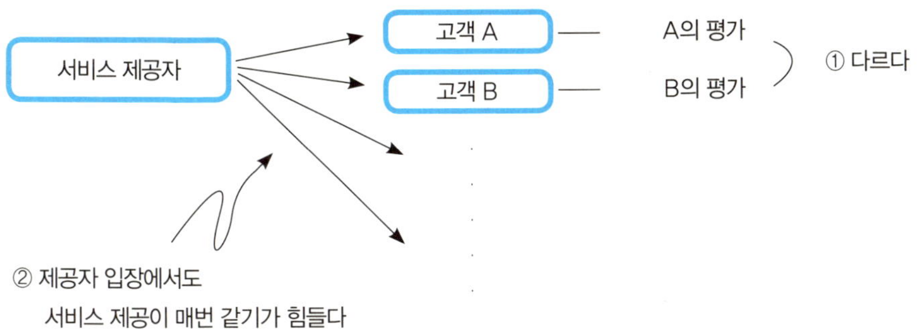

동종의 서비스라 할지라도 서비스 제공자가 누구이며, 언제 어디서 제공하는가에 따라 서비스의 품질이 달라질 수 있다. 또한 동일한 서비스 제공자에게 똑같은 서비스를 받더라도 고객들마다 지각 · 평가하는 서비스의 품질은 차이가 날 수 있다([그림 11-2]).

서비스 구매자들은 이질성을 알고 있기 때문에 서비스 제공자를 선택하기 전에 다른 사람들과 정보를 교환하기도 한다. 고객들을 안심시키기 위해 일부 기업들은 소비자의 리스크 지각을 줄일 수 있는 서비스 품질보증서를 제공한다. 서비스 기업들은 품질관리를 향상시키기 위해 3가지 조치를 취한다. 첫째, 우수한 서비스 제공자를 선발하고 훈련하는 데 투자해야 한다. 둘째, 조직 전체적으로 서비스 수행과정을 표준화시켜야 한다. 셋째, 지속적으로 고객만족도에 대해 조사해야 하며 제안 및 불만처리 시스템을 구축해야 한다.

또한 서비스는 주관적 경험이기 때문에 서비스 기업들은 소비자들이 자사 브랜드에 관해 더 많이 학습할 수 있도록 마케팅 커뮤니케이션과 정보 프로그램을 구축할 수 있다.

소멸성

소멸성으로 인한 비저장성은 수요와 공급의 잠재적인 불균형성을 발생시킨다. 대부분의 서비스에 있어서 계절별, 주별, 시간대별로 수요의 변화폭이 크다. 여행지의 호텔의 경우 성수기인 휴가철이면 수요가 폭발적으로 증가한다. 또한 시내버스의 경우 출퇴근 시간대 외엔 빈 자리가 많이 생기게 된다. 따라서 이러한 수요의 변화에 맞춰 서비스 제공능력을 적절히 관리해야 한다.

표 11-1 **서비스 특성에 따른 마케팅 전략**

서비스	마케팅 문제	마케팅 전략
무형성	• 서비스는 저장될 수 없다. • 특허로 보호하기 힘들다. • 서비스의 진열 및 커뮤니케이션이 힘들다. • 고객이 서비스의 가격과 품질을 미리 판단하기 힘들다.	• 유형적 단서 및 편익의 강조 • 비인적 원천보다는 인적 원천을 사용 • 강력한 기업 이미지 및 상표명 창출 • 가격결정을 위해 원가회계 이용 • 구매 후 고객과의 커뮤니케이션
비분리성	• 서비스 제공자가 현장이 있어야 한다. • 서비스 제공시 소비자들이 관여됨. • 서비스의 대량생산이 곤란함.	• 신속한 업무처리 • 다지역(multisite) 입지 사용
이질성	• 표준화와 품질관리 어려움.	• 서비스 표준의 강화 및 확산 • 유능한 서비스 제공자의 선발/훈련
소멸성	• 서비스는 저장될 수 없음. • 수요변동에 관한 문제	• 수요변동을 극복하기 위한 전략의 개발
소유권 결여	• 고객은 활동 또는 시설에 접근할 수 있지만 소유권을 갖지 않는다.	• 비소유의 이점 강조

수요와 이율관리(yield management)는 매우 중요하며, 올바른 서비스는 수익의 최대화를 위해 올바른 가격, 올바른 장소, 올바른 고객에게 제공되어야 한다. 서비스 수요와 공급의 일치를 위한 여러 전략이 있다. 수요 측면에서는 차등 가격, 비수기 수요, 보완적 서비스, 그리고 예약 시스템, 공급 측면에서는 파트타임 종업원, 성수기 효율성, 소비자 참여, 공유 서비스, 그리고 미래 확장을 위한 시설투자 등이 있다. 패스트푸드 체인점의 드라이브 스루 윈도우(차 안에서 주문하고 음식을 받아가는 서비스) 또한 판매 기회를 확대하는 하나의 방법으로 패스트푸드 산업에서는 드라이브 스루를 통해 70%의 놀라운 수익을 얻었다.

제2절 서비스 마케팅의 이해

최근까지 마케팅 측면에서 볼 때 서비스 기업들은 제조업체들보다 뒤처져 있었다. 특히 구두수선이나 이발소 등의 소규모 서비스 기업들의 경우, 전문적인 경영이나 마케팅 기법을 사용하기가 쉽지 않다. 또한 마케팅 기법을 적용하는 것이 불가능하다고 여겼던 법률회사나 회계법인과 같은 서비스 기업들도 있다. 대학이나 병원과 같은 서비스 조직들도 너무 수요가 많아서 최근까지도 마케팅의 필요성을 느끼지 못하였다. 그러나 경쟁이 치열해짐에 따라 서비스 기업의 마케팅 전략 필요성은 증대되고 있다.

2-1. 서비스 마케팅 시스템

서비스의 특성들로 인해, 소비자가 서비스를 구매한다는 것은 경험을 구매하는 것이다. 따라서 서비스는 재화와는 달리, 소비자를 위해 창출되는 경험을 통하여 이점들이 전달된다. 또한 서비스의 동시성으로 인하여 소비자들은 서비스 제공자와의 상호작용을 통해 서비스를 경험할 수 있다. 서비스 경험에 영향을 미치는 요소들로 구성된 서비스 마케팅 시스템은 크게 서비스 조직, 서비스 접점 및 고객 세 부분으로 나뉜다.

서비스 조직은 물리적 환경 및 서비스 제공자 등 고객이 눈으로 확인할 수 있는 부분과 이러한 부분이 제대로 운영되기 위해 지원해 주는 역할을 하는 내부조직으로 나뉘게 된다. 내부조직의 경우 고객이 눈으로 확인하기 어렵다. 예를 들어 도서관의 경우, 규모와 도서 권수 등은 물리적 환경에, 사서 및 안내요원들은 서비스 제공자에 해당한다. 그리고 도서 서비스가 원활하게 이루어지기 위한 조직 내부적 업무는 고객들이 눈으로 확인하기 어려운 내부조직에서 이루어진다.

서비스는 행위이며 과정이자 성과이기 때문에 서비스 제공자와 고객 간의 상호작용이 중요한 역할을 하게 된다. 특히, 고객이 서비스 제공자 또는 특정 서비스 자원과 접촉하여 서비스의 품질을 평가할 수 있는 상황을 서비스 접점(service encounter) 또는 진실의 순간(moment of truth: MOT)이라고 한다. 서비스 마케팅 시스템에 있어 상호작용은 서비스 제공자와 고객에만 국한된 것은 아니다. 고객과 고객 간의 상호작용 역시 제공되는 서비스를 평가하는 데 있어 한 부분을 차지한다. 예를 들어, 다른 고객들의 매너와 고급스런 옷차림은 특정 고객이 서비스를 평가하는 데 있어 중요한 역할을 하게 된다. 결론적으로, 서비스 마케팅 시스템을 통해 소비자의 서비스 구매, 즉 서비스 경험 및 이와 상호작용을 하는 요소들을 이해할 수 있다([그림 11-3]).

서비스 제공에 있어서 상호작용은 [그림 11-4] 서비스 마케팅 삼각형에서 살펴볼 수 있다. 기업은 자사의 종업원 및 고객에게 마케팅 활동을, 종업원은 고객에 대해 마케팅 활동을 하게 된다. 기업이 고객에게 하는 마케팅 활동을 외부마케팅(external marketing)이라고 한다. 외부마케팅의 목적은 특정 기업이 제공할 수 있는 서비스 및 기타 활

그림 11-3 서비스 마케팅 시스템

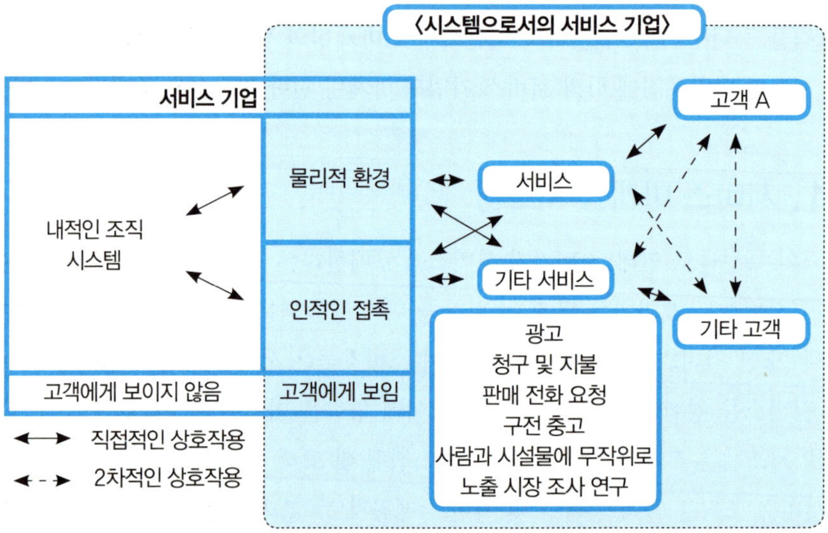

동에 대하여 고객들에게 알리는 것이다. 이와는 반대로 기업이 종업원에게 하는 마케팅 활동을 내부마케팅(internal marketing)이라 한다. 이는 기업의 제1의 고객을 자사의 종업원으로 보고 종업원들의 욕구를 파악하고, 훈련시키고, 동기부여하는 등의 활동을

그림 11-4 서비스 산업의 세 가지 마케팅 유형

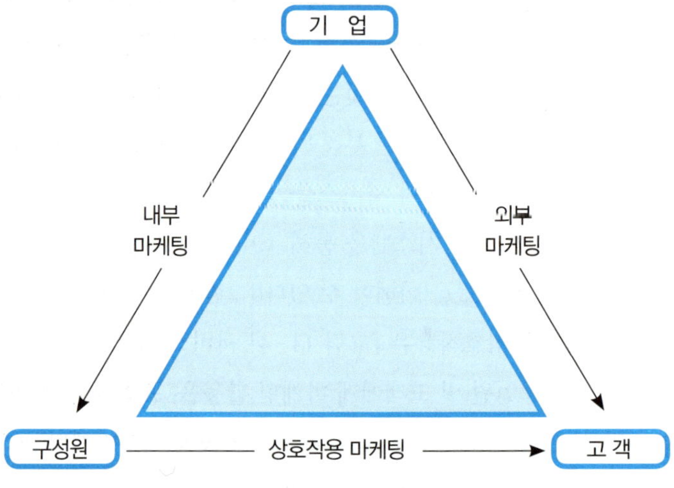

말한다. 즉, 적절한 내부마케팅을 통해 종업원들은 서비스 제공에 대한 동기와 역량이 향상될 수 있다. 이를 통해, 종업원이 고객들에게 상호작용 마케팅(interactive marketing) 활동을 펼치게 되는 것이다.

2-2. 서비스 마케팅 믹스

서비스 마케팅 시스템에서 살펴본 바와 같이 전통적 마케팅 믹스인 4P와는 달리 서비스마케팅 믹스에는 추가적인 세 가지, 즉 사람(people), 물적 증거(physical evidence) 및 처리과정(process)이 추가된다.

대부분의 서비스가 사람들에 의해서 제공되기 때문에 구성원을 선발, 훈련 및 동기부여하는 것이 고객만족 정도에 상당한 영향을 줄 수 있다.

기업들은 또한 물적 증거와 제시(physical evidence and presentation)를 통해서 그들의 서비스 품질을 나타내려고 노력한다. 예컨대, 호텔은 청결, 서비스 속도, 기타 혜택을 통해 서비스 품질을 나타내고 고객가치 제안을 수행하고자 하는데, 고객들이 만족하고 외관적으로 눈에 띄는 스타일을 개발해야 할 것이다. 결국, 서비스 기업들은 그들이 서비스를 제공할 수 있는 여러 형태의 처리과정들 중에서 선택할 수 있다. 예컨대, 식당들은 카페테리아 스타일, 즉석식품, 뷔페 및 조명 서비스와 같은 상이한 형태를 개발하고 있다

표 11-2 서비스 마케팅 믹스

제품	물리적 제품특징, 품질수준, 악세서리, 패키징, 보증, 제품계열, 브랜딩
유통	경로유형, 노출, 중간상, 점포입지, 수송, 보관, 경로관리
촉진	촉진믹스, 판매원수, 선발, 훈련, 인센티브, 광고(표적, 매체유형, 광고유형, 카피), 판촉, 홍보
가격	유연성, 가격수준, 조건, 차별화, 할인, 공제
사람	종업원(모집선발, 훈련, 동기부여, 보상, 팀워크), 고객(교육, 훈련), 문화와 가치관의 공유, 종업원 조사
물적증거	시설설계(심미성, 기능성, 공조환경), 장비, 표식, 종업원 의상, 기타 유형단서(보고서, 명함, 연설문, 보증)
과정	활동의 흐름(표준화, 고객화) 단계의 수(단순, 복잡), 고객의 참여수준

2-3. 서비스 차별화

서비스는 유형제품에 비해 경쟁사들의 서비스와 차별화하는 것이 쉽지 않다. 즉, 무형성으로 인해 특허로 보호되기 힘들고, 커뮤니케이션에서도 유형제품보다 힘들다. 또한 이질성으로 인해 표준화나 품질관리가 어렵다. 이로 인해 고객의 입장에서도 물적 단서를 찾거나 가격을 통해 서비스를 평가하려는 경향이 있다. 서비스 차별화의 대표적인 방법으로 서비스 제공물, 이미지, 서비스 전달 등과 같은 요소들을 이용한다.

| 서비스 제공물 |

제공물에는 경쟁자가 제공하는 것과는 구별되는 혁신적인 특성을 포함시켜야 한다. 고객이 기대하는 것을 '주된 서비스 묶음'(primary service package)이라 하는데, 이것에 2차적 서비스 특성들(secondary service features)을 첨부할 수 있다. 예를 들어, 항공산업에서 여러 항공사들은 기내 영화상영, 고급좌석, 상품판매, 운항 중 전화 서비스, 단골승객에 대한 우대 프로그램과 같은 2차적 서비스 특성을 제공한다. Marriott는 컴퓨터, 팩스 기기 및 전자우편과 같은 최첨단 기술을 필요로 하는 여행객을 위해 이러한 편의시설이 갖춰진 객실을 마련하고 있다.

그러나 대개의 서비스 혁신이 쉽게 모방될 수 있다는 것이 서비스 차별화의 중대한 문제이다. 장기적으로 혁신적 서비스를 선취할 수는 없다. 하지만 지속적으로 서비스 혁신을 위해 연구 · 조사하고 도입하는 서비스 기업들은 다른 경쟁자보다 이점을 획득할 수 있고, 이러한 혁신에 대한 평판으로 고객을 유지할 수 있다. 예를 들어, Citicorp는 자동인출기, 전국거래망, 광역금융거래, 신용카드 제도 및 유동프라임률과 같은 혁신적인 서비스를 과감하게 도입하고 촉진함으로써, 금융계에서는 선도적 혁신자로서 평판을 얻고 있다.

| 서비스 전달 |

서비스 기업은 첫째, 경쟁사보다 능력이 있으며, 또한 신뢰성이 있는 고객접촉 요원을 확보함으로써 당사의 서비스 전달(service delivery)의 품질을 차별화할 수 있다. 둘째, 서비스 기업은 서비스를 전달하는 보다 매력적인 물적 환경을 개발할 수 있다(예: 극장). 셋째, 서비스 기업은 우수한 전달과정을 설계할 수 있다(예: 자동인출기).

| 이미지 |

서비스 기업들은 특히 상징(symbol)과 상표화(branding)를 통해서 자사의 이미지를 차별화할 수 있다. Harris Bank는 자사의 상징을 사자로 채택하여 이를 알림으로써, "Harris Lion"으로 잘 알려지게 되었고, 이를 통해 해당 은행이 강하다는 이미지를 전달하게 되었다. 또한 초고속 인터넷 통신망 기업들은 속도가 빠르다는 이미지를 심어주기 위해 많은 노력을 하고 있다.

2-4. 셀프서비스 기술(Self-Service Technologies) 통합

많은 대면 서비스 거래가 셀프 서비스 기술(SSTs)로 대체되면서 소비자에게 편의를 제공하고 있다. 기존의 자동 판매기, 현금 자동 인출기(ATMs), 셀프 주유소, 호텔 셀프 체크아웃, 그리고 티켓 구매, 투자거래, 제품 주문제작과 같은 다양한 인터넷 거래 등이 있다.

Chili's는 고객들이 직접 주문하고 신용카드로 결제할 수 있도록 음식점 테이블에 컴퓨터 스크린을 설치하고 있다. 스크린이 있을 때 서비스 이용자들이 디저트와 커피를 더 많이 구매하여 주문당 더 많은 소비가 이루어진다는 것을 확인했다.

휴대폰에 WaitAway와 같은 앱을 설치하면 기다리는 줄 길이를 확인할 수 있고, 해당 순서가 되면 문자메시지로 안내 받을 수 있다.

모든 셀프서비스 기술(SSTs)이 서비스 품질을 향상시키는 것은 아니지만, 더 정확하고, 편리하며 더 빠르게 서비스 거래가 이루어질 수 있다. 또한 비용도 절감할 수 있다. 기술 회사인 Comverse는 전화 상담 센터를 통해 질문에 답하는 데 드는 비용은 7달러, 온라인으로는 10센트로 추산하고 있다. Comverse의 한 거래처는 온라인 셀프 서비스 지원을 통해 일주일에 20만 건의 통화를 관리할 수 있었고 연간 5천 2백만 달러를 절약할 수 있었다.

고객은 셀프서비스 기술 프로세스에서 고객 역할에 대한 명확한 인식과 이점을 확인하고 실제로 그것을 이용할 수 있어야 한다.

셀프서비스 기술은 모든 이용자에게 긍정적인 것은 아니다. 일반적으로 잘 알려져 있는 Amtrak(미국 철도여객 수송공사)의 "Julie"의 공손하고 매력적인 음성과 같은 일부 자동 음성 메시지는 실제로 고객에게 인기가 있지만 많은 사람들이 자동음성 메시지에 불만을 갖거나 심지어 화를 낼 수 있다.

제3절 서비스 품질관리

제공물, 전달, 이미지 차별화 외에 기업이 서비스를 차별화하는 방법의 하나로 경쟁사보다 우수한 서비스 품질을 일관되게 제공하는 것이다. 특히, 표적고객들이 기대하는 서비스 품질을 충족시키거나 보다 나은 서비스를 제공해야 한다. 고객들의 기대는 과거경험, 구전, 그리고 서비스 기업의 광고에 의해서 형성되는데, 고객들은 이러한 기준에 바탕을 두어 서비스 제공자를 선정하며, 서비스를 제공받은 후에는 이미 기대했던 서비스와 지각된 서비스를 비교, 평가한다. 만일 지각된 서비스가 기대했던 서비스에 미치지 못하면, 고객들은 서비스 제공자에 대해 관심을 갖지 않게 된다. 그러나 지각된 서비스가 그들이 기대했던 것을 충족시키거나 훨씬 좋다면, 그들은 다시 그 서비스 제공자를 이용하게 된다.

3-1. 서비스 품질의 개념적 모형

Parasuraman, Zeithaml, & Berry(PZB)는 서비스 품질에 대한 개념적 모형을 제시하고 보다 높은 품질의 서비스를 제공하기 위해 서비스 제공자가 알아야 할 조건들을 설명하였다. 서비스 기업이 제공하는 서비스와 고객 평가 사이의 차이가 생기는 다섯 가지의 갭은 다음 [그림 11-5]와 같다.

| 지식갭 |

이것은 서비스 품질에 대한 소비자의 기대와 경영자가 인식하는 소비자의 서비스 품질에 대한 기대 간의 차이를 말한다. 경영자는 고객들이 원하는 바에 대해 정확하게 아는 것이 힘들다. 예를 들어, 병원관리자들은 흔히 환자들이 좋은 식사를 원한다고 생각할 수 있으나, 실제로 환자들은 간호사들의 간호서비스에 더 많은 관심을 가지고 있다.

| 표준갭 |

이것은 갭1에서의 경영자 인식과 서비스 품질명세서 간의 차이를 말한다. 경영자들이 고객이 원하는 서비스 품질 수준을 정확하게 인식한다 하더라도, 서비스 제공시 사용되는 명확한 기준이 모호한 경우가 있다. 예를 들어, 병원관리자들은 간호사들에게 신

그림 11-5 서비스 품질의 개념적 모형

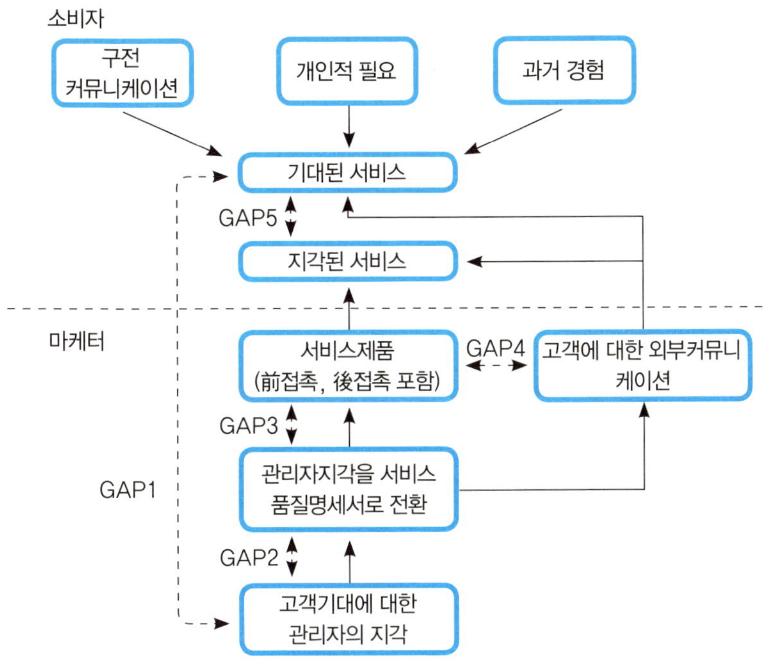

속한 서비스를 제공하라고 지시하지만, 신속한 서비스에 대한 계량적 기준이 명확히 규정되어 있지 않을 수 있다. 또한 표준갭은 보다 높은 서비스 품질보다는 비용절감이나 단기실적 위주의 경영으로 인해 발생하는 경우도 있다.

전달갭

전달갭은 서비스 제공에 대한 규정인 서비스 품질명세서대로 서비스가 제공되지 않을 경우 발생한다. 서비스 제공자들이 적절한 훈련을 받지 못했거나, 업무가 너무 과다할 경우, 또한 서비스 제공자들의 의욕부족 등이 원인이다. 또한, 고객의 말에 경청해야 하는 것과 신속한 서비스의 제공과 같은 모순적인 규정에 의해 발생되기도 한다.

커뮤니케이션 갭

제공된 서비스의 품질과 외부 커뮤니케이션 간의 차이로 발생된다. 소비자의 기대는 기업이 고객에게 하는 광고 등과 같은 마케팅 활동, 즉 외부마케팅을 통한 고객에 대한 약속을 통해 소비자의 기대는 형성된다. 그러나 외부마케팅에서 제시한 바와 달리 서비스의 품질 수준이 떨어진다면 커뮤니케이션 갭은 커지게 된다.

서비스 지각과 기대된 서비스 간의 갭(Gap 5)

갭5는 소비자가 기대했던 품질과 실제로 경험 · 지각한 후의 품질 간의 차이를 통해 발생되며, 갭1부터 갭4까지의 네 가지의 갭에 영향을 받게 된다. 다시 말해, 갭5는 나머지 네 가지의 함수로 표현될 수 있다.

갭5 = f (갭1, 갭2, 갭3, 갭4)

한편, 고객의 기대에 결정적인 영향을 미치는 요소들은 다음 [그림 11-6]과 같다.

그림 11-6 고객기대의 결정요인

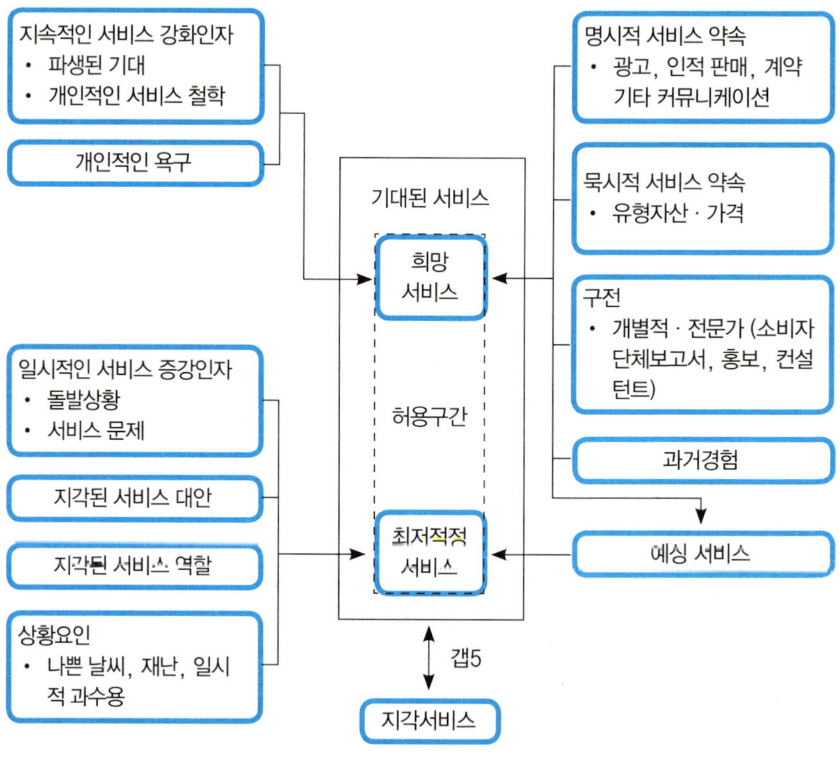

3-2. 서비스 품질 차원

PZB는 서비스 품질의 개념적 모형을 확장시킨 연구에서 소비자들이 서비스 품질을 지각하는 데 영향을 미치는 요소들을 [그림 11-7]과 같이 제시하였다.

이후 PZB는 지각된 서비스 품질의 열 가지 결정요소들에 대한 연구를 통해 열 가지의 결정요소들을 다섯 가지 포괄적인 요소들로 압축하고, 지각된 서비스 품질 차원(perceived service quality dimensions)이라 명명하였다. 또한 이 연구를 통해 만들어진 설문항목들을 서브퀄(SERVQUAL)이라 명명하였다.

- 신뢰성(Reliability): 약속한 서비스를 정확하고도 일관성 있게 수행할 수 있는 능력
- 반응성(Responsiveness): 고객을 도와 주고, 신속하게 서비스를 제공하려는 의지
- 확신성(Assurance): 구성원들의 지식과 예의바름, 그리고 믿음과 신뢰를 전달할 수 있는 능력
- 공감성(Empathy): 고객을 돌볼 준비가 되어 있고 고객에게 개인적으로 주의를 기울임
- 유형성(Tangibles): 물적 시설, 장비, 요원 및 커뮤니케이션 장치 등을 비치함

이러한 다섯 가지의 지각된 서비스 품질 차원들의 수준이 높으면 전반적인 서비스 품질수준도 높아진다. 그러나 차원들은 서비스 품질 그 자체를 말하는 것보다는 서비스 품질수준을 결정하는 차원들로 이해해야 한다. 예를 들어, 동일한 서비스품질 수준인 두 서비스라도 다섯 가지 차원들의 수준이 동일할 수는 없다. 기업은 서비스 품질

그림 11-7 지각된 서비스 품질의 결정요소들

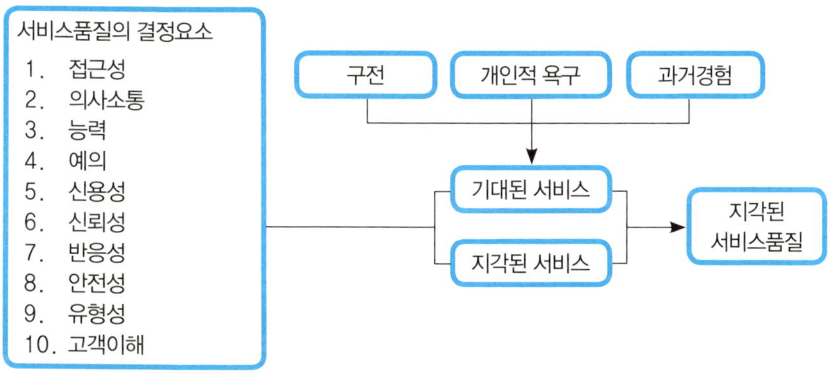

그림 11-8 Brady와 Cronin의 서비스 품질 모형

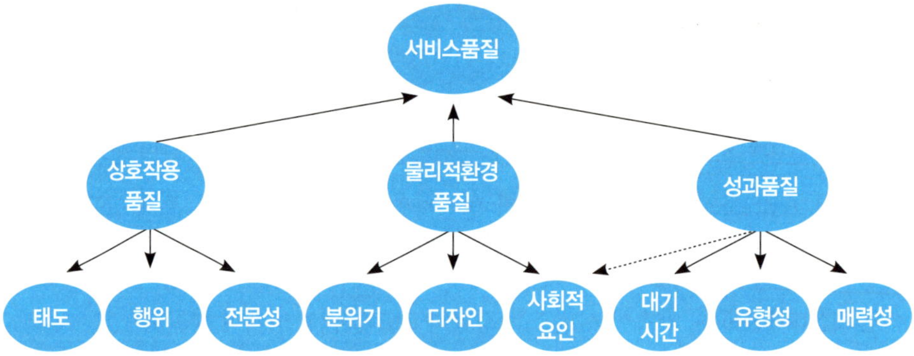

차원을 이용해 현재의 서비스 품질수준이나 개선점을 파악할 수 있다. 서비스 품질 수준이 양호하다면 두 가지 측면에서 서비스 품질 차원을 고려할 수 있다. 첫째, 자사의 서비스 품질 차원들 중 상대적으로 낮은, 또는 개선하기에 어렵지 않은 차원들을 발견할 수 있다. 둘째, 경쟁기업의 서비스 품질 차원들과 비교해 상대적으로 비교열위에 있는 차원들을 발견할 수 있다.

PZB의 서비스 품질 차원은 학계와 실무진에서 많이 응용되어 왔으나 그에 따른 비판 역시 제기되어 왔다. 최근 Brady와 Cronin은 지금까지의 서비스 품질 모형들에 대한 검토를 통해 이들 모형의 장점을 취합한 새로운 관점의 서비스 품질 모형을 만들었다([그림 11-8]). 이들은 PZB의 서비스 품질 모형은 서비스 접점에만 해당되며, 서비스 품질을 결정하는 데에는 접점 수준의 차원 외에 아홉 가지 차원들을 고려해야 한다고 주장했다. 그러나 이 모형은 서브퀄의 다섯 가지 품질 차원보다 많은 차원을 고려해야 하기 때문에 보다 상대적으로 측정하기 어려운 단점을 가지고 있다.

제4절 서비스 산업의 새로운 추세

서비스 기업들은 한때는 자신들이 소규모이고, 혹은 마케팅을 사용하지 않았던 전문적인 사업이고, 혹은 대규모 수요에 적은 경쟁 등의 이유 때문에 마케팅 사용에 있어서 제조업보다 뒤떨어져 있었다. 이러한 사실이 분명히 바뀌고 있다. 가장 유능한 마케터들의 일부는 서비스 기업들이다.

소비자들은 일반적으로 서비스 제공에 대해 높은 기대를 갖고 있어서 그들의 요구가 충족되지 못하고 있다고 느끼는 경우가 많다. 항공사, 은행, 점포, 그리고 호텔 등과 같은 서비스 산업에서 고객만족이 두드러질 정도로 개선되지 못하였고 일부의 경우에는 더 나빠진 사례도 있다. 고객들은 부정확한 정보, 무반응, 무례함, 또는 제대로 훈련받지 못한 종업원, 긴 대기시간 등에 대해 불평을 제기한다. 많은 고객들은 느린 서비스 혹은 잘못된 전화 또는 온라인 보고시스템 때문에 자신들의 불평들이 직원들에게 실질적으로 도달하지 않는다고 알고 있다.

현명한 서비스 마케터는 최신 기술의 역할 증대, 더 강화된 권한을 가진 고객의 중요성, 고객 공동 생산, 그리고 고객뿐만 아니라 직원의 마음을 사로잡을 필요성 등을 인식하고 있다.

최신 기술의 역할 증대

최신 기술은 매우 근본적인 방식으로 서비스 산업의 규칙을 바꾸고 있다. 예를 들어, 은행은 온라인과 모바일 앱을 통해 은행 업무를 수행할 수 있게 변화하고 있다. 일부 고객은 은행 로비를 볼 일이 거의 없거나 직원과 더 이상 상호작용하지 않는다. 코로나19 팬데믹은 많은 기업이 경로를 바꾸고 비즈니스를 전환하도록 강제함으로써 서비스의 디지털화를 가속화했는데, 이는 그들이 고객 가치를 전달하는 방법을 근본적으로 변화시키기 위해 디지털 기술을 통합함으로써 이루어졌다.

기술은 또한 서비스 근로자를 더 생산적으로 만드는 큰 힘을 가지고 있다. 그러나 기업은 기술 효율성을 지나치게 밀어붙여 품질에 대한 인식을 떨어뜨리는 일은 피해야 한다. Amazon은 온라인 소매업에서 가장 혁신적인 기술을 보유하며, 실제로 직원과 대화하지 않아도 문제가 해결해 고객을 매우 만족할 수 있게 한다. 더 많은 기업이 기술과 사람의 목소리를 혼합하는 '라이브 채팅' 기능을 도입했다. Twilio는 문자메시지부터 이메일까지, 전화통화에서 영상통화, 그리고 지능형 챗봇 등에 이르기까지 다양한 접점을 통해 기업과 고객을 연결할 수 있도록 지원하는 회사다.

인터넷 및 클라우드 컴퓨터을 통해 기업은 진정한 상호작용, 고객 및 상황별 개인 설정, 기업 제공물의 실시간 조정을 허용함으로써 서비스 제공물을 개선하고 고객관계를 강화할 수 있다. 그러나 기업이 고객에 대한 정보를 수집, 저장, 사용함에 따라 보안 및 개인정보 보호에 대한 우려가 커지고 있다. 기업은 적절한 보호 조치를 통합 관리해야 하고, 고객의 개인정보 보안을위한 노력을 통해 고객을 안심시켜야 한다.

고객의 임파워먼트

디지털 시대가 고객 관계를 변화시키고 있다. 고객들은 제품 지원 서비스 구매에 점점 까다로워지고 있고, 자신들이 원하는 서비스 요소들을 직접 선택하고 묶음 서비스가 아닌 개개별 서비스(unbundled services)를 요구한다. 또한 고객들은 서로 다른 유형의 설비를 다루는 수많은 서비스 제공자들과 거래하는 것을 원하지 않는다. 이런 점을 염두에 두고 오늘날 일부 서비스 조직은 더욱 광범위한 설비를 서비스하고 있다.

가장 중요한 사실은 인터넷이 마우스 클릭으로 좋은 서비스 혹은 나쁜 서비스에 관한 고객들의 논평들이 전 세계 도처에 제공되게 함으로써 고객들에게 권한을 위임하고 있다는 것이다. 화가 난 고객들의 90%는 자신들의 스토리를 친구와 공유한다는 것이 보고된 바가 있다. 지금은 자신의 스토리를 낯선 사람들과도 공유할 수 있다.

불만을 가진 고객에게 단순히 대응하는 것보다 더욱 중요한 것은 미래에 불만이 재발생하는 것을 방지하는 것이다. 고객에게 진심어린 관심을 기울이며 고객 관계를 형성할 수 있도록 시간을 가져야 한다.

고객의 공동생산

고객은 서비스를 구매하고 사용하는 것만이 아니라 서비스의 전달과정에서 적극적인 역할을 한다. 고객들의 말과 행동이 자신들의 서비스 경험의 품질, 다른 고객들의 서비스 경험 품질, 그리고 접점 종업원의 생산성에 영향을 미친다.

만일 고객이 서비스 프로세스에 적극적으로 참여한다면, 스스로 더 많은 가치를 끌어낸다고 생각하게 되고, 서비스 제공자와도 보다 강한 유대를 느낄 것이다. 그러나 만일 종업원들이 고객들과 문화적으로 다르다면, 이와 같은 공동생산이 종업원들에게 스트레스를 줄 수 있고, 그들의 만족이 줄어들 수도 있다. 게다가 어느 한 연구에서는 모든 서비스 문제들의 1/3은 고객에 의해서 발생된다고 하였다. 셀프 서비스 기술의 성장은 이 퍼센티지를 증가시킬 가능성이 높을 것이다.

서비스 회복은 항상 도전적이기 때문에 서비스 실패를 방지하는 것이 매우 중요하다. 가장 큰 문제들 중 하나는 고객들은 기업이 잘못했다고 혹은 기업이 잘못된 것을 바로잡을 책임이 있다고 종종 느낀다는 것이다. 많은 기업들이 자신들의 실패를 처리하는 절차들을 잘 설계하고 실행하고 있음에도 불구하고, 서비스 문제가 고객의 이해부족 혹은 기량 부족으로 발생되었을 때 고객 실패를 다루기가 더 어렵다는 것을 알고 있다. 서비스 실패를 해결하는 사례는 다음과 같다. 첫째, 서비스 접점을 단순화하기 위해 프로세스를 재설계하고 고객의 역할을 재정의한다. 둘째, 종업원과 고객을 돕는 올바른 기술을 제공한다. 셋째, 고객들의 역할 명확성, 동기부여, 그리고 능력 등을 격려함으로써 고성과 고객들을 창출한다. 넷째, 고객이 다른 고객들에게 도움을 줄 수 있도록 고객의 시민정신을 고취시킨다.

고객들뿐만 아니라 종업원들을 만족시켜라

훌륭한 서비스 기업들은 긍정적인 종업원의 태도가 보다 강력한 고객충성도를 촉진시킨다는 것을 알고 있다. 직원들에게 고객 지향성을 강하게 심어주는 것은 특히 고객과의 접촉이 잦은 경우에 종업원의 업무 만족도와 몰입을 더욱 높일 수 있다. 종업원들은 고객을 소중히 여기고 고객의 욕구를 정확하게 읽으며, 고객과의 인간적인 관계를 구축하고 고객의 어려움을 해결하는 양질의 서비스를 제공하는 등의 내적 동인을 갖고 있을 때 고객접촉 포지션에서 성공할 수 있다.

종업원들을 올바르게 대우하지 않으면 상당히 나쁜 결과를 초래할 수 있다. 가장 큰 1,000개 기업들의 10,000명의 종업원들을 대상으로 한 설문조사에서 종업원들의 40%가 직장을 그만두는 주요 이유로서 '인정받지 못함'을 예로 들었다.

고객만족에 긍정적인 종업원 태도가 중요하기 때문에 서비스 기업들은 최고의 종업원들을 선발해야 한다. 기업들은 단순한 직장 이상의 경력을 종업원들에게 제공할 필요가 있다. 기업들은 견실한 훈련 프로그램을 설계하고, 좋은 성과에 대해 지원하고 보상해야 한다. 또한 기업들은 고객 중심의 태도를 강화하기 위해 내부 전산망, 내부 소식지, 일일 메모, 그리고 종업원 원탁회의 등을 이용할 수 있다. 마지막으로 기업들은 종업원의 직무만족을 정기적으로 평가해야 한다.

MARKETING

12 가격관리

제1절 가격의 전략적 역할
제2절 가격결정
제3절 가격조정 전략
제4절 가격인하 및 가격인상 전략

학습목표

▶ 가격결정에 영향을 미치는 요인은 무엇인가
▶ 가격결정의 단계는 어떻게 구성되는가
▶ 환경변화에 따른 가격조정의 유형은 무엇인가

좁은 의미에서 가격이란 재화 1단위와 교환되는 화폐량이라고 할 수 있다. 보다 넓은 의미로 볼 때, 가격은 제품의 교환가치로 볼 수 있으며, 자사 제품이 가진 효용에 대해 소비자가 지불하게 되는 대가로서 마케팅 믹스 중 경쟁에 가장 민감한 요소이며, 경쟁기업에 대해 기업이 보유할 수 있는 주요 경쟁우위의 원천이다. 기업이 효과적인 가격결정을 하기 위해서는 자사 제품에 대한 수요탄력성이나 소비자가 지각하는 가치, 그리고 가격결정에 영향을 미치는 여러 요인 등을 종합적으로 고려해서 가장 적정한 가격을 결정하도록 해야 한다.

제1절 가격의 전략적 역할

1-1. 가격결정의 복잡성

가격은 수익창출과 직결된 마케팅 믹스의 주요 요소이기 때문에 신중하게 가격전략을 수립해야 한다. 하지만 가격을 결정하는 것은 상당히 복잡하고 많은 마케팅 관리자들이 가격전략 수립에 신중하지 못한 경우가 있다. 홀리스틱 마케팅 관리자는 가격을 결정함에 있어서 자사와 고객, 경쟁, 그리고 마케팅 환경 등 다양한 요인들을 고려해야 한다. 대개의 경우, 가격결정에는 제품, 촉진, 유통 등의 영향도 있지만 기업 외부적인 환경요소들, 즉 소비자, 정부, 기타 이해관계자 집단들의 영향이 상대적으로 더 많이 작용하기 때문이다. 또한 기업 내부적으로 최고경영자 및 재무 · 생산 · 마케팅 부서의 합의를 거쳐야 한다. 따라서 가격결정에 관한 의사결정은 다른 마케팅 믹스에 관한 의사결정 못지않은 어려운 과업이다. 제품에 따른 가격의 다양한 명칭은 다음 〈표 12-1〉과 같다.

1-2. 가격결정에 영향을 미치는 요인

기업이 가격을 결정하고 변경하는 데에 영향을 미치는 요인들은 [그림 12-1]과 같이 다양하다.

가격을 결정하기 위해서는 우선적으로 최종구매자나 최종사용자인 소비자들을 고

표 12-1 **가격의 종류**

소비자가 지불하는 가격	제품 또는 서비스
수업료(tuition)	→ 교육
이자(interest)	→ 자금의 이용
임대료(rent)	→ 주거시설 또는 설비의 이용
운임(fare)	→ 택시 승차 또는 항공기 탑승
요금(fee)	→ 외과의사나 변호사의 서비스
수임료(retainer)	→ 변호사나 컨설턴트의 일정 기간 서비스
봉급(salary)	→ 경영자나 사무직 노동자의 서비스
임금(wage)	→ 육체노동자의 서비스
수수료(commission)	→ 판매원의 서비스
회비(dues)	→ 노동조합 또는 단체의 회원

려하여 가격결정을 해야 한다. 소비자들의 행동 특성이 가격에 영향을 미칠 수 있기 때문이다. 나아가 기업은 소비자들이 지각하고 있는 최저수용가격, 준거가격, 유보가격의 수준을 알아야 한다. 최저수용가격은 일정 수준 이하로 떨어진 가격의 제품에 대해 소비

그림 12-1 가격결정에 영향을 미치는 요인

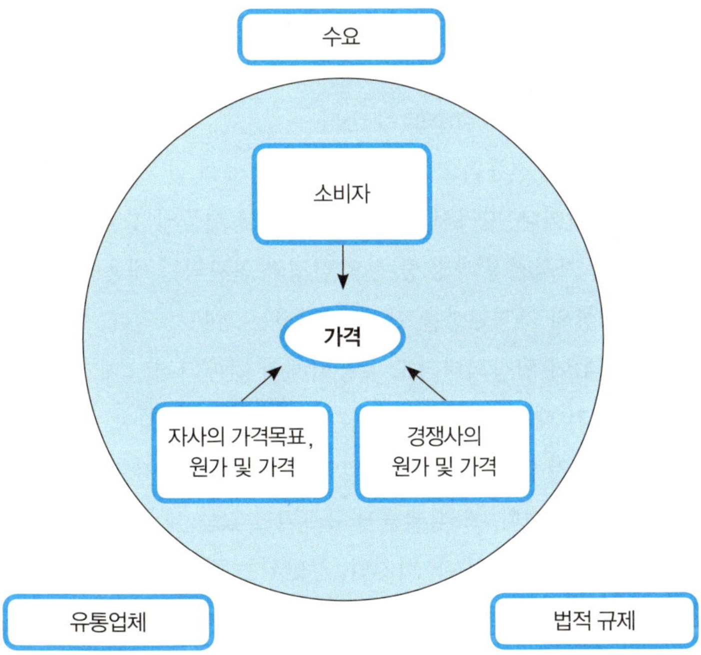

자들이 의심을 하는 가격이다. 준거가격은 구매자가 가격이 높고 낮음을 판단하는 기준가격이다. 유보가격은 구매자가 제품 구매시 지불하고자 하는 최고 수준의 가격이다.

자사의 가격목표는 현재 수준의 유지, 단기이익 또는 판매성장의 극대화, 품질선도 등이 있으며 이러한 가격목표에 따라 같은 제품이라도 가격이 다르게 결정될 수 있다. 그리고 자사 및 경쟁사의 원가와 가격 역시 가격결정에 영향을 미치는 주요 요인이다. 원가는 일반적으로 고정비(fixed cost)와 변동비(variable cost)로 구분된다. 생산량이나 판매량의 증가에 따라 비례적으로 변하는 비용이 변동비이며 그렇지 않은 비용이 고정비이다. 따라서 변동비에는 제품생산에 필요한 재료비, 생산라인 근무자들의 인건비 등이, 고정비에는 제품개발비, 임대료, 사무직 임직원들의 급여 등이 포함된다. 이러한 원가구조에 있어서 중요시되는 개념으로는 규모의 경제와 경험곡선효과가 있다. 규모의 경제란 투입량을 증가시킬 때 산출량이 투입량 증가비율 이상으로 증가하는 것을 말한다. 즉, 생산량이 증가할수록 제품단위당 투입비용이 비례 이상 감소하는 것을 말한다. 경험곡선효과란 누적생산량이 두 배로 됨에 따라 평균비용이 일정한 비율로 떨어짐을 말한다. 이러한 효과들은 제품가격의 원가를 낮추게 되어 원가우위 전략의 초석이 된다. 자사의 현재가격과 경쟁사의 가격도 자사의 가격결정에 영향을 미친다. 예를 들어, 경쟁사가 가격인하를 결정하게 되면 자사 제품의 가격은 상대적으로 인상된 효과가 발생하기 때문에 그에 따른 대응전략을 수립할 수밖에 없다. 이와는 달리 경쟁사가 가격인상을 결정하였다면, 자사의 제품가격을 상대적으로 인하시킨 효과를 얻을 수는 있지만, 경쟁사에 비해 수익의 폭은 감소할 수 있다.

시장에서의 가격이란 전통적으로 수요와 공급을 통해 결정된다. 하지만 이 둘을 통제하기란 쉽지 않은 일이다. 따라서 기업은 먼저 자사 제품의 가격탄력성을 염두에 두어야 한다. 이 부분은 가격결정 과정 중 수요 결정과 연관되는 내용이다. 유통업체는 제조업체들이 적정 이상의 가격인상을 할 때 반발하는 경우가 있다. 이것은 제조업체들의 공급가격(출고가격)이 인상되더라도 유통업체의 판매가격(소매가격)이 인상된다는 보장이 없을 때도 있기 때문이다. 공공의 성격이 강한 전기, 통신, 철도, 가스, 수도 등의 산업이나 소비자 물가지수와 관련된 산업에서는 정부의 규제를 받기 때문에 임의로 가격을 결정하는 것은 어렵다. 또한 제품에 부가되어 있는 세금 역시 기업이 제품의 가격을 결정하는데 영향을 주게 된다. 하지만, 상반되는 관점에서 볼 때, 일부 기업들의 가격담합이나 고객과 시장에 대한 가격차별, 가격 덤핑 등의 불공정거래는 정부 차원에서 규제되어야 할 필요성이 있다.

제2절 가격결정

가격결정은 신제품의 개발 또는 획득, 유통경로 및 지리적 영역 확대, 입찰 등의 경우에 발생한다. 일반적인 가격결정 단계는 [그림 12-2]와 같다.

2-1. 가격결정 목표 설정

기업은 우선 자사 제품의 표적시장과 포지션을 결정해야 한다. 즉, STP 전략을 바탕으로 자사의 가격목표가 설정되어야 한다.

| 현상유지 |

기업들은 초과생산능력, 경쟁의 심화, 고객들의 욕구변화 등과 같은 심각한 상황이 발생할 경우에 그들의 주요 가격목표로 생존, 즉 현상유지를 추구하기도 한다. 이러한 상황에서는 현재의 사업유지를 위해 변동비와 일부의 고정비를 감당할 수 있는 수준에서 가격을 결정하게 된다. 예를 들어, 단기적인 불황이나 원자재 가격의 상승, 경쟁사의 가격인하 전략 등에 대응할 수 있는 가격전략이 수립되어야 한다. 일반적으로 이와 같은 현상유지를 목표로 한 가격결정은 단기적으로 설정되어야 하며, 어떻게 하면 보다 높은 부가가치를 창출할 수 있을 것인지나 이러한 상황에서 벗어날 수 있는지를 고려해야 한다.

| 이익최대화 |

이익최대화 목적의 가격결정(profit maximizing pricing)이란 경쟁제품이 출시될 때까지

그림 12-2 가격결정 단계

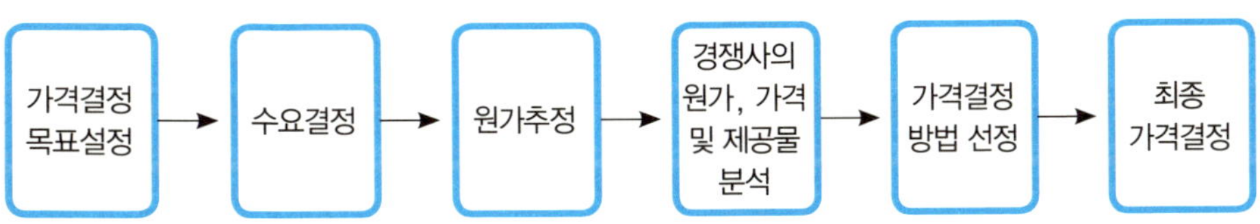

의 일시적 독점(temporary monopoly) 상태를 또는 생산원가/마케팅 비용상의 경쟁우위를 최대한 활용하여 특정 제품의 단기이익(short-term profit)을 최대화하는 데 목적을 둔 가격결정을 말한다.

수익률확대 목표하에서 일반적으로 사용되는 기준은 크게 투자수익률과 매출이익률, 초기자금회수의 세 가지가 있다. 투자수익률(return on investment)은 투자한 자본에 대한 이익의 비율로, 미국 제조업에서 널리 사용된다. 이에 반해 매출이익률은 한국에서 널리 사용되고 있는 기준으로서 특히 도 · 소매업에서 주로 사용되고 있다. 예를 들면, 슈퍼마켓에서는 세후 순매출을 기준으로 목표수익률을 1~2%로, 백화점에서는 4% 정도로 책정하고 있다. 앞의 두 가지 기준에 비해 초기자금회수 기준은 기업의 초기자금이 부족하거나 미래 기대 매출이 불확실할 때 주로 사용되며 초기에 투자자금을 회수하려 할 때에도 사용한다.

시장점유율 최대화

시장점유율 최대화 목표는 단기적인 이익의 감소를 어느 정도 감수하더라도 특정 제품의 시장점유율을 높이는 데 목적을 둔 가격결정을 말한다. 시장점유율의 증대는 시장기반의 확대를 뜻하기 때문에, 장기적인 관점에서 이익을 증대시키는 데 목적을 둔 가격결정이다. 시장확대 목표를 위해 자주 사용되는 가격전략은 침투가격(penetration pricing)을 들 수 있다. 침투가격전략은 저가격으로 대중시장을 겨냥하는 전략으로 소비자들이 가격에 민감하거나 저가격을 통해 경쟁자들의 반응을 무력화시키기 위해 사용하게 된다. 주로 규모의 경제를 달성한 기업이 사용하게 된다.

목표이익 달성

목표이익 달성 목적의 가격결정(target-profit pricing)은 미리 설정한 목표이익 또는 투자회수율을 실현하기 위해 가격을 결정하는 것이다. 따라서 매출액이나 시장점유율 등의 외형적 성장보다는 재무적 측면을 강조할 때 사용된다. 예를 들어, 스키밍 가격결정(market-skimming pricing)은 신제품이 처음 출시되었을 때 경쟁사들의 대체재 가격과 비교하여 상대적으로 최고의 가격을 책정하며, 시간이 지남에 따라 의도적으로 점차 가격을 낮추는 가격정책을 말한다. 초기의 고가격은 이를 지불할 의사가 있는 고소득 세분시장을 대상으로 하기 때문에 초기고가정책이라고도 한다. 따라서 이때는 판매단위당 높은 이익을 실현하는 데 목적이 있다.

계열 전체의 촉진목적

촉진목적의 가격결정(promotion-pricing)이란 제품별 이익보다는 제품계열의 전체 매출액과 시장점유율을 증대시키기 위해, 신제품의 시장기반을 신속히 구축하기 위해, 그리고 단기적인 경쟁도구로 사용하기 위해 가격결정을 하는 것을 말한다. 가격을 하나의 촉진도구로 사용하기 때문에 저가격 중심으로 결정해야 한다.

2-2. 수요결정

가격에 따라 수요의 수준이 달라질 수 있다. 정상적인 경우, 수요와 가격은 역의 관계가 있으므로 가격이 높을수록 수요는 감소한다(반대의 경우도 가능하다). 그러나 유명 제품의 경우, 수요곡선은 간혹 양의 방향으로 기울어진다. 어떤 향수 제조회사는 가격을 높임으로써 향수의 판매가 감소되지 않고 증가됨을 발견하였다. 이는 가격이 높을수록 품질이 높을 것이라는 소비자들의 가격-품질 연상(price-quality association) 때문이다.

수요의 가격탄력성

마케팅 관리자는 수요가 가격변화에 따라 어떻게 반응하는가를 알아야 한다. 이른바 수요의 가격탄력성을 보여주는 [그림 12-3]에 있는 두 개의 수요곡선을 보자. 수요곡선 (a)에서 가격이 만원에서 오천원 인상되면 수요는 105에서 100으로 비교적 작게 감소한다. 수요곡선 (b)를 보면 동일한 가격증가에 의해서도 수요가 150에서 50으로 감소

그림 12-3 수요의 가격탄력성 (단위 1,000원)

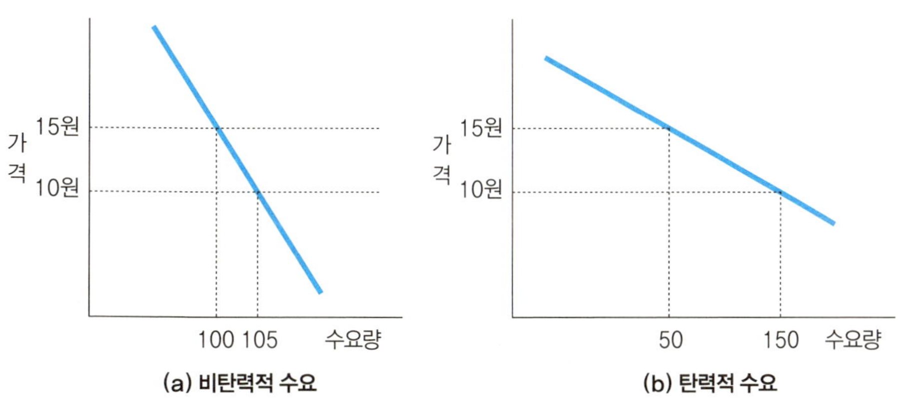

하는데, 이 때의 변화량은 매우 크다. 가격이 소폭으로 변화될 때 수요에 거의 변화가 없으면 수요는 비탄력적이라고 한다. 수요에 큰 변동이 있을 경우에는 수요가 탄력적이라고 한다.

수요는 다음과 같은 조건에서 탄력성이 낮을 가능성이 있다. ① 대체품이나 경쟁사가 없거나 소수인 경우, ② 구매자가 가격이 높게 책정되어 있다는 것을 잘 인식하지 못하는 경우, ③ 구매자의 구매습관 변화나 저가격 탐색의 속도가 느린 경우, ④ 구매자들이 품질개선, 인플레이션, 기타 요인들을 고려해 가격인상을 타당하게 보는 경우 등이다.

만약에 수요가 비탄력적이 아니라 탄력적이라면, 저가 판매로 보다 많은 수익을 창출할 수 있기 때문에 판매자는 가격인하를 고려해야 한다. 이것은 생산량과 판매량의 증가에 따른 비용이 수익증가분과 비례하여 증가되지 않을 경우에 의미가 있다.

가격탄력성은 가격변화의 크기에 따라 다르다. 약간의 가격변화는 무시될 수도 있지만, 가격변화가 클 경우 실질적으로 탄력성에 영향을 미치게 된다. 또한 단기보다는 장기적인 가격탄력성이 정도가 크다. 낮은 가격인상에 대해 소비자들이 인식하는데 시간이 걸리고, 새로운 공급자를 물색하는데 시간이 소요되기 때문에 가격인상 후에도 얼마 동안은 현재의 공급자로부터 계속 구입할 수가 있다.

수요예측 방법

수요곡선의 측정에는 여러 가지 방법이 있다. 첫째, 가격과 판매량(수요량) 간의 관계를 예측하기 위해 과거의 가격, 판매량 및 기타 여러 요인들에 관한 자료를 종단 또는 횡단적으로 분석하는 것이다. 먼저, 종단적 분석방법 중 하나인 시계열방법(time-series method)을 통해 수요량에 대한 예측을 할 수 있으며, 이러한 방법은 과거에 어떤 형태로 변해 왔는가에 관한 데이터를 기초를 미래의 수요상황을 예측하는 것이다. 횡단적 분석으로는 주로 회귀분석을 통해 현재의 매출액 감소 요인들을 규명하거나, 출시 전의 신제품이 어느 정도 수준으로 판매될 것인가를 예측하는 것이다.

둘째, 가격실험을 하는 것이다. 가령 할인점에서 판매되는 몇 가지 제품의 가격을 체계적으로 변화시켜 각각의 경우에 해당하는 수요량을 조사하여 최적의 가격대를 선정하여 그에 따른 수요량을 예측하는 방법이다. 또한 지역별로 서로 다른 가격을 부과하여 수요량을 조사할 수도 있다.

셋째, 서로 달리 제시되는 가격수준에서 구매자들이 그 제품을 얼마만큼 구매하려고 하는가에 대해 설문조사를 하는 것이다. 일반적으로 소비자들은 고가격에 대해 거부하는 경향이 있기 때문에 이 방법을 활용하기 위해서는 정확한 조사설계와 훈련이 잘된 조사요원들이 동원되어야 한다. 이 외에 매우 다양한 수요예측의 방법들이 현재 실무에서 사용되고 있다.

2-3. 원가추정

가격에는 원가, 부가가치, 세금, 유통마진 등이 포함되어 있다. 차별화를 통해 제품의 부가가치를 높여서 보다 높은 가격을 가능케 한다면, 원가 절감은 가격을 인하시키는 기본적인 역할을 담당하게 된다. 따라서 가격결정시에는 자사 제품의 원가가 어느 정도인지를 파악해야 한다.

원가 유형과 생산수준

기업의 원가는 고정비와 변동비 두 가지가 있다. 고정비(간접비)는 생산수준이나 매출액과는 관련이 없는 비용으로 임대료, 광열비, 이자 및 임원들의 급여 등이 있다. 변동비는 생산수준과 직접 관련되는 비용을 말한다. 예를 들어, Texas Instrument가 전자계산기를 만드는 데는 플라스틱, 마이크로 프로세스 칩 및 포장 등의 원재료가 소요된다. 이러한 원재료의 단위당 비용은 항상 일정하지만, 비용의 합계는 생산량에 따라 변하기 때문에 변동비가 된다.

총비용은 주어진 조업도 수준(생산수준)에서의 고정비와 변동비의 합계이다. 평균비용은 어떤 조업도 수준에서 단위당 비용으로서 총비용을 생산량으로 나눈 값이다. 경영자는 주어진 조업도 수준에서의 총생산비용을 최대한 충당할 수 있는 가격을 원한다. 가격결정을 잘하기 위해서 경영자는 생산량에 따라 원가가 어떻게 변화하는가를 알아야 한다.

우선, 1일 1,000대 규모의 전자계산기 생산공장을 보유한 TI를 생각해 보자. 1일 생산량이 소량이면, 단위당 비용은 높은 수준이 된다. 생산량이 1일 1,000대에 접근함에 따라 평균비용이 감소한다. 그 이유는 고정비가 많은 제품단위에 분산되어 단위당 고정비가 낮아지기 때문이다. 그러나 1일 1,000대를 초과해서 생산하게 되면 1,000대 이후의 평균비용이 증가된다. 예를 들어, 초과 생산량에 대한 작업자의 대기시간, 작업효율성 저하, 기계의 고장 등의 문제가 발생하게 된다.

그림 12-4 기간별 생산수준의 차이에 따른 단위당 비용

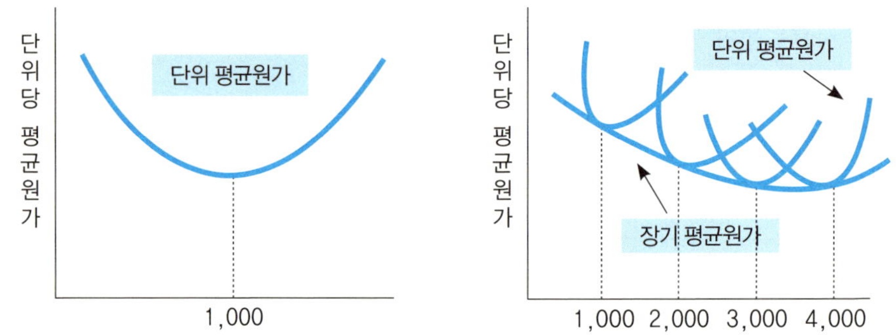

(a) 단일공장의 원가형태 (b) 규모가 다른 공장의 원가형태

TI는 1일 2,000대의 판매가 가능하다고 믿는다면, 보다 대규모 공장의 건설을 고려해 보아야 한다. 그렇게 되면 보다 효율적인 기계와 작업자 배치를 활용할 수 있게 되어, 1일 2,000대를 생산하는 단위당 비용은 1일 1,000대를 생산하는 단위당 비용보다 감소하게 된다. 이러한 효과는 [그림 12-4] (b)의 장기평균비용곡선에 나타나 있다. 사실상 (b)에 의하면, 3,000대 규모의 공장은 효율성이 보다 더 높아진다. 그러나 4,000대 규모의 공장은 규모의 비경제성이 증대되어 효율성이 떨어지기 시작한다. 작업자의 수가 관리가능범위를 넘어서고, 서류작업으로 인하여 작업이 지연되는 등의 문제가 발생하기 때문이다. (b)는 수요가 이 생산수준을 뒷받침한다면, 3,000대 규모의 공장이 최적임을 보여 준다.

누적생산

TI가 1일 3,000대 규모의 전자계산기 생산공장을 가동하고 있다고 하자. TI는 전자계산기 생산에 경험을 축적해 감에 따라 제조방법(효율성)이 개선된다. 즉, 작업자들은 경험축적으로 인해 효율적인 제조방법을 찾게 되고, 자재흐름이 향상되고, 재료 구매비용도 인하된다. 결과적으로 생산경험이 축적됨에 따라 평균비용이 감소하게 된다. 이러한 효과는 [그림 12-5]에 표시되어 있다. 자사가 처음 100,000대를 생산할 때의 평균비용은 개당 10달러였다. 생산량이 200,000대가 되면, 개당 평균비용은 9달러로 떨어진다. 누적생산경험이 2배로 증가하여 400,000대가 되면, 평균비용은 다시 8달러로

그림 12-5 누적생산함수로서의 단위당 원가: 경험곡선

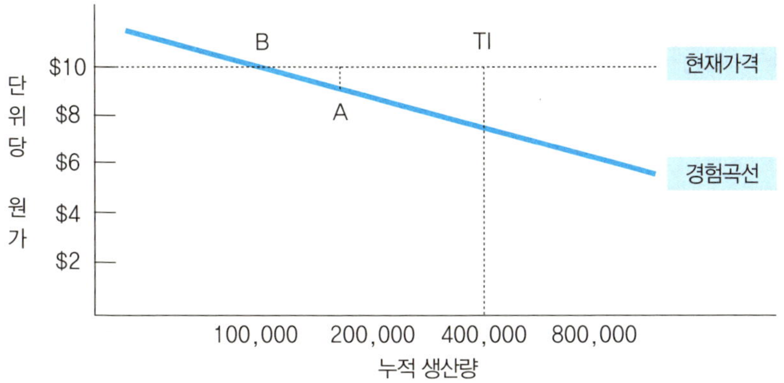

떨어진다. 이와 같이 생산경험이 축적됨에 따라 평균비용이 체감하는 현상을 경험곡선(experience curve) 또는 학습곡선(learning curve)이라고 한다.

TI, A, B사 3개 기업이 경쟁을 한다고 하자. TI는 과거에 400,000개를 생산하였으므로 가장 낮은 8달러짜리를 생산한다. 3개 기업 모두가 10달러에 계산기를 판매하였다면, TI는 단위당 2달러의 이익을 얻는다. A사는 1달러, B사는 비용과 수익이 같다(손익분기의 상태이다). 가격이 9달러로 낮아지는 것은 TI에 매우 유리하게 작용한다. 이렇게 되면 B사는 시장에서 철수하게 되며, A사 역시 철수를 고려하게 된다. TI는 B사(A사도 가능함)가 운영했던 사업부를 인수할 수도 있다. 더욱이, 가격에 민감한 고객들은 더 낮은 가격으로 인해 시장에 진입할 수 있다. 생산량이 400,000개를 초과하여 증가함에 따라 TI의 시장점유율은 높아지게 된다. 이러한 공격적인 가격전략은 경쟁사들을 시장에서 축출시키기 위해 사용된다.

이러한 이점이 있는 반면, 경험곡선에 의한 가격결정에는 몇 가지 위험이 있다. 첫째, 공격적 가격결정은 제품이 싸구려라는 이미지를 주게 한다. 둘째, 경쟁사가 약하며 가격경쟁을 회피하려 한다는 가정하에서 가능하다. 셋째, 대량생산에 따른 설비 및 기술의 진부화이다. 보다 개선된 설비와 기술을 보유한 신규기업이 더 낮은 원가로 진입할 때 위험해질 수 있다.

2-4. 경쟁사의 원가 및 가격 분석

시장수요를 통해 가격의 상한선이, 원가를 통해 가격의 하한선이 정해질 수 있다. 이 범위 내에서 자사와 경쟁사의 가격이 결정될 수 있다. 자사의 제공물이 경쟁사의 것과 비슷할 경우, 경쟁사와 비슷한 수준에서 가격을 정하지 않으면 매출액은 감소한다. 만약, 자사의 제공물이 열등한 위치에 있다면, 경쟁사와 같은 가격을 책정할 수 없다. 또한 자사의 제품과 서비스가 우월하다면, 경쟁사보다 더 높게 가격을 책정할 수 있다. 그러나 기업은 경쟁사가 자사의 가격에 반응하여 그의 가격을 변경할 수도 있다는 사실을 알아야 한다.

2-5. 가격결정 방법의 선정

자사 제품의 수요 및 비용, 그리고 경쟁사의 원가 및 가격에 대해 살펴보고 나면 기업은 이를 토대로 가격을 결정해야 한다. [그림 12-6]에는 가격결정시 세 가지의 주요 고려사항이 요약되어 있다. 제품원가는 가격의 하한선이 되고, 경쟁사의 가격과 대체품의 가격은 기업이 가격을 책정하는 데 고려해야 하는 기준점이 된다. 독특한 제품특성에 대한 고객의 평가는 가격의 상한선이다.

기업들은 상기 세 가지 요인 중 하나 또는 둘 이상이 포함되는 가격결정 방법을 선정한다. 이제 우리는 아래의 여섯 가지 가격결정 방법, 즉 목표수익률 가격법, 지각적 가치 가격결정법, 가치가격법, 경쟁사 모방 가격결정법 및 공개입찰에 의한 가격결정법 등에 대해서 살펴보고자 한다.

그림 12-6 3Cs 모델과 가격결정법

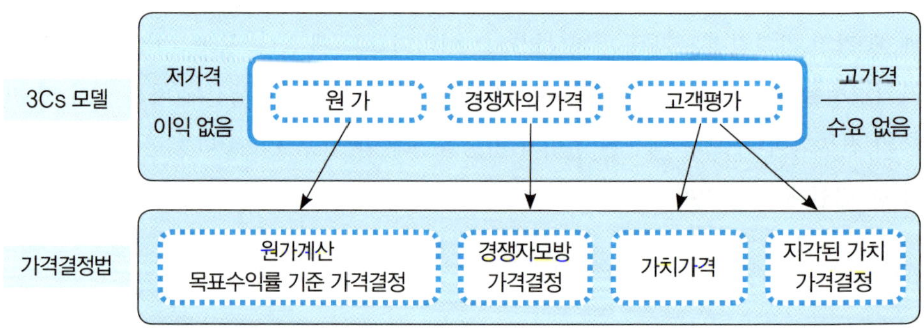

원가가산

가장 기초적인 방법으로서, 제품원가에 표준이익을 가산하여 가격을 산정한다.

단위당 변동비	10,000원
고정비	300,000,000원
예상판매량	50,000개

$$\text{단위원가} = \text{변동비} + \frac{\text{고정비}}{\text{예상판매량}} = 10{,}000\text{원} + \frac{300{,}000{,}000\text{원}}{50{,}000\text{개}} = 16{,}000\text{원}$$

제조업자가 20%의 마진율을 원한다고 할 때, 가격은 다음과 같다.

$$\text{가격} = \frac{\text{단위원가}}{1-\text{예상판매수익률}} = \frac{16{,}000\text{원}}{1-0.2} = 20{,}000\text{원}$$

원가가산법은 현재의 수요와 경쟁을 고려하지 못한다는 단점이 있지만, 가격결정이 간단하고, 구매자와 판매자 모두 공정한 것으로 생각되어질 수 있다는 점에서 널리 사용되는 방식이기도 하다.

목표수익률 기준 가격결정

이것은 예상판매수익률을 토대로 만들어졌다. 목표수익률 기준 가격결정법은 기업이 투자에 대한 목표수익률(ROI)을 달성할 수 있도록 가격을 결정하는 방법이다. 이 방법은 General Motors가 처음 사용하였는데, 이 회사는 15%에서 20%의 투자수익률을 달성할 수 있도록 자동차 가격을 정해 왔다. 이 가격결정 방법은 공공시설에 대해서도 사용되는데, 적정 투자수익률로써 가격을 제한하기 위해서이다.

앞의 예에서 10억원을 투자하였고 20%의 투자수익률, 즉 2억원의 수익을 목표로 한다고 하자. 단위원가는 16,000원이었으므로

$$\text{목표수익률 가격} = \text{단위원가} + \frac{\text{목표수익률} \times \text{투자액}}{\text{예상판매량}}$$

$$= 16{,}000\text{원} + \frac{0.2 \times 1{,}000{,}000{,}000\text{원}}{50{,}000\text{개}} = 20{,}000\text{원이 된다.}$$

원가와 예상판매량이 정확하게 실현된다면, 제조업자는 투자수익률 20%를 현실화시킬 수 있을 것이다. 그러나 판매량이 5만 개가 되지 않을 경우도 있다. 이렇게 예상판매

량이 다를 경우는 손익분기점 분석을 이용할 수 있다. 고정비는 매출량과 관계없이 3억 원이고, 변동비는 매출량에 따라 비례적으로 증가된다. 따라서 다음과 같이 손익분기점의 매출량을 알 수 있다.

$$\text{손익분기 매출량} = \frac{\text{고정비}}{\text{가격} - \text{변동비}} = \frac{300{,}000{,}000\text{원}}{20{,}000\text{원} - 10{,}000\text{원}} = 30{,}000\text{개}$$

즉, 3만 개를 판매했을 경우 투자된 비용만큼을 회수하게 되며 3만 개 초과시 수익이 난다는 뜻이다. 목표수익률 가격법은 가격탄력성과 경쟁제품 가격을 고려하지 못하는 단점이 있다.

경쟁사 모방 가격결정

이 방법은 가격결정의 기초를 주로 경쟁사의 가격에 두는 것이다. 기업은 주요 경쟁사의 가격과 동일하게 가격을 책정하거나, 경우에 따라서 높게 또는 낮게 책정할 수 있다. 철강, 제지 또는 비료와 같은 상품을 판매하는 과점산업에서 기업들은 가격을 동일하게 책정하는 것이 보통이다. 일반적으로 중소기업은 선도기업의 가격을 따르기 때문에 자사의 수요나 원가의 변화보다는 선도기업의 가격변화에 따라 자사의 가격을 변경한다. 다소간의 가격차이를 두어야 할 때에는 약간 높게 또는 약간 낮게 할 수 있다.

경쟁사를 모방하여 가격을 결정하는 것은 매우 흔히 사용되는 방법이다. 원가 측정이 어려운 경우, 또는 경쟁사의 반응이 불확실한 경우, 기업들은 경쟁사의 현행가격을 따르는 것이 좋은 해결방법이고, 적정이익을 창출해 줄 것이며, 또한 업계의 조화를 도모할 수 있는 가격이라고 믿고 있다.

가치가격법

최근 몇 년 동안, 몇몇 기업들은 고품질 제공물에 대해 저가격을 부과함으로써 가치가격법을 적용하고 있다. 가치가격법은 가격과 비교해서 소비자에게 보다 높은 가치의 제공물을 제시해야 한다는 것이다. 즉, 품질을 낮추지 않고 원가가 낮은 제조업자가 되기 위해 기업의 운영을 리엔지니어링하는 것이며, 또한 가치를 지각하는 고객들을 많이 유인하기 위해 자사 제품의 가격을 낮추는 것이다. 컴퓨터 업계는 최신의 기술로 만들어진 컴퓨터에 대해 최고가격을 부과하기보다는 기본적 특성이 첨부된 컴퓨터를 보다 낮은 가격으로 제시하는 전략을 구사하고 있다.

가치가격법의 한 가지 중요한 유형은 EDLP(everyday low pricing)로서 주로 소매기관에서 많이 사용된다. EDLP 방침을 고수하는 소매상은 임시로 적용되는 가격할인이 아니라 매일 저가격을 적용하고 있다. 이러한 매일 저가격은 요일별로 적용되는 가격의 불확실함을 없애며, 촉진지향적인 경쟁사의 높고-낮은(high-low) 가격결정과는 대조될 수 있는 것이다. EDLP를 가장 효율적으로 활용한 기업은 Wal-Mart이다. 매달 몇 가지 할인가격으로 판매하고 있는 품목을 제외하고, Wal-Mart는 주요한 상표제품에 대해서는 일일 저가격을 약속하였다.

| 지각된 가치 가격결정 |

지각적 가치가격 결정법은 원가 및 일정수익을 기준으로 하는 것이 아니라, 구매자가 제품에 대해 지각하는 가치만큼 제품가격을 결정하는 방법이다. 따라서 이 가격결정법은 구매자가 제품의 가치를 높게 지각할 수 있게 광고 및 판촉 등의 촉진기법이 동원된다. 또한 소비자가 예상하는 가격이 어느 정도인가를 파악하기 위해 소비자들을 대상으로 특정 제품에 대해 가격이 어느 정도일 것으로 보는지, 얼마나 지불할 용의가 있는지에 대한 사전조사가 필요하다. 예를 들어, 르노삼성자동차 SM5의 가격을 알고 있는 소비자는 SM3라는 새로운 모델의 광고를 접할 때 SM5의 가격에 비해서 어느 정도의 가격이 책정될 것이라는 기대가격수준을 가지고 있다.

2-6. 최종가격의 결정

앞의 가격결정 방법은 최종가격을 책정하기 위해 가격범위를 줄이려는 것이 목적이다. 최종가격을 결정하기 위해서 기업은 아래와 같은 추가적 요인, 즉 심리적 가격결정, 가격에 대한 기타 마케팅 믹스 요소의 영향, 기업의 가격결정 방침 등을 고려해야 한다.

| 심리적 가격결정 |

기업은 기본가격이 결정된 경우에도 고객의 특성에 따라 또는 상황의 변화에 따라 최종가격을 정하는 데는 관련된 여러 상황들을 최종적으로 검토해야 한다. 특히, 소비자들은 경제성 이외에 심리적인 요인들을 통해 가격과 품질을 판단하기 때문에 소비자의 심리적인 부분은 중요하다. 심리적 가격전략에는 단수가격(odd pricing), 관습가격(customary pricing), 준거가격(reference pricing) 등이 있다.

단수가격이란 950원, 9,900원 등으로 가격을 책정함으로써 1,000원 또는 10,000원으로 가격을 책정하는 것보다 심리적으로 훨씬 저렴하다는 인식을 심어 주는 것이다. 관습가격은 제품의 가격이 오랫동안 일정한 수준을 유지해 왔기 때문에 관습적으로 형성되어 있는 가격이다. 예를 들어 껌은 200원, 아이스크림은 500원, 라면은 500원 등과 같은 가격이다. 준거가격이란 소비자가 제품을 구매할 때 가격의 높고 낮음을 비교할 수 있는 기준이 되는 가격을 의미하며, 준거가격은 현재 통용되고 있는 일반적인 가격과 과거에 지급한 가격 등을 기초로 소비자들의 마음속에 형성된다.

가격에 대한 마케팅 믹스 요소의 영향

최종가격은 경쟁사와 관련되는 상표 이미지와 광고를 고려해야 한다. Farris와 Reibstein은 227개 소비재 기업에 대한 상대적 가격, 상대적 품질 및 상대적 광고 간의 관련성을 조사한 결과 다음과 같은 결론을 내렸다.

- 상대적 품질은 평균수준이지만, 상대적으로 광고예산이 높은 상표는 추가가격을 부과할 수 있다. 소비자들은 확실하게 잘 모르는 제품보다는 잘 알려진 제품에 대해 더 높은 가격을 지불할 용의가 있다.
- 상대적으로 품질수준이 높으며, 또한 상대적으로 광고예산이 높은 상표에는 최고가격이 책정된다. 이와 반대로 저품질, 저광고 수준의 상표는 최하가격이 책정된다.
- 고가격과 많은 광고예산 간의 긍정적인 관련성은 시장선도제품의 제품수명주기의 후기 단계에 강력하게 나타난다.

제3절 가격조정 전략

제품의 가격은 항상 일정하지 않다. 즉, 지역적 수요와 비용의 차이, 세분시장의 요구조건, 구매시기, 주문수준, 배달빈도, 보증, 서비스 계약 및 기타 요인들을 전부 반영하는 일련의 가격결정 구조를 수립한다. 기업이 할인, 공제 및 촉진적 지원을 제공함으로써 동일한 제품이라도 제품의 각 단위에 대해서 동일한 이익을 얻지는 못한다. 따라서 최종가격이 결정되더라도 상황에 따라 가격조정 전략이 필요하다. 가격조정 전략에는 지역적 가격결정, 가격할인과 공제, 촉진적 가격결정, 차별적 가격결정 및 제품믹스의 가격결정, 경쟁자의 가격변화 등이 있다.

3-1. 지역적 가격결정

지역적 가격결정이란 그 기업이 여러 나라 그리고 그 나라의 여러 지역에 산재한 소비자들에게 제공한 제품의 가격을 어떻게 정하느냐를 결정하는 것이다. 기업들은 먼 곳에 위치한 소비자들에게는 높은 운송비를 충당하기 위해 고가격을 부과해야 하는가, 또는 판매량을 더 크게 조장할 수 있는 낮은 가격을 결정해야 하는가에 대해 의사결정을 해야 한다.

3-2. 가격할인과 공제

대개의 기업들은 고객이 초기에 제품의 대금을 지불하거나 대량구매를 하는 경우, 또는 비성수기에 구매를 하는 경우에 고객들에 대한 보상 차원에서 기본가격을 수정 · 조정하여 가격할인과 공제를 제공한다. 이때 기업들은 신중하게 가격할인과 공제를 시행해야 하며 또한 이윤이 계획한 것보다 적을 수 있음을 명심해야 한다(다음 〈표 12-2 참조〉).

3-3. 촉진적 가격결정

기업들은 고객들의 구매를 조장하기 위해서 다음과 같은 가격결정 기법을 이용한다(다음 〈표 12-3〉).

촉진적 가격결정 전술은 자사가 적용하면 곧바로 경쟁사가 모방함으로써 개별기업의 효과성이 상실된다는 단점을 가지고 있다. 또한 잘못 시행된 촉진적 가격결정 전술은 기존의 상표 이미지를 저해시키는 원인이 되기도 한다.

3-4. 차별적 가격결정

기업들은 자주 고객, 제품, 위치 등의 차이를 반영하기 위해서 기본가격을 수정한다. 차별가격(discriminatory pricing)이란 제품 또는 서비스를 원가에서의 차이에 비례하지 않고 두 가지 이상의 가격으로 판매하는 것으로서 다음과 같은 형태가 있다(다음 〈표 12-4 참조〉).

표 12-2 가격할인 및 공제

가격할인 유형	내 용
현금할인 (cash discount)	대금을 즉시 지불하는 고객에게 가격을 인하하여 주는 것이다. 전형적인 예로써, "2/10, net 30"과 같은 조건을 들 수 있는데, 30일 내에 대금을 지불해야 하지만, 10일 내에 하면 2% 할인된 가격을 적용한다는 뜻이다. 이러한 할인가격은 많은 산업에서 통상적으로 사용되고 있다.
수량할인 (quantity discount)	수량할인은 대량구매 고객에게 가격을 할인해 주는 것이다. 예를 들어, 100개, 50개, 10개 구입단위에 따라 가격을 차등하여 적용시키는 것을 말한다. 이러한 할인폭은 원가감소분을 초과하지 않아야 한다. 할인의 기준으로는 비누적적 구매량(1회 주문당 구매량)이 사용될 수도 있고, 누적적 구매량(기간별 구매량)이 사용될 수도 있다.
기능할인 (functional discount)	기능할인은 거래할인 또는 중간상 할인으로도 불리며 판매, 보관, 또는 장부정리 등과 같은 중간상 기능을 수행하는 경로구성원에게 제조업자가 가격을 할인해 주는 것이다. 제조업자는 상이한 경로구성원에게 상이한 기능할인율을 적용할 수도 있지만, 제조업자는 동일한 경로구성원에게는 동일한 기능할인율을 적용해야 한다.
계절할인 (seasonal discount)	계절적 할인이란 상품이나 서비스를 비성수기에 구매하는 구매자에게 가격을 할인해 주는 것이다. 예를 들어, 스키 제조업자가 봄과 여름철에 소매상들에게 계절적 할인을 시행하여 조기주문을 촉진시킬 수 있다. 호텔, 모텔, 항공사들도 예약이 부진한 계절에 계절할인을 한다.
공제 (allowance)	공제란 재판매업자로 하여금 특별한 프로그램에 참여하도록 하기 위해 계획된 특별한 지급방식이다. 예를 들어, 거래공제는 신형모델을 구입할 때 구형모델의 반환을 받아주며, 그에 해당하는 만큼 가격을 할인해 주는 것이다. 거래공제는 내구재 범주에서 흔히 사용되고 있다. 촉진적 공제는 제조업자의 광고와 판매지원 프로그램에 참여하는 판매상들에게 그 보상책으로 일정액을 지불하거나 가격을 할인해 주는 것이다.

가격차별화는 다음과 같은 조건들이 충족될 때 사용될 수 있다. 첫째, 시장이 세분화될 수 있어야 하고, 세분시장별로 수요의 강도가 달라야 한다. 둘째, 저가격 세분시장에서 구매하여 고가격 세분시장에 재판매할 수 없도록 되어야 한다. 셋째, 자사가 고가격으로 판매하고 있는 세분시장에서 경쟁사들이 이보다 낮은 가격으로 판매할 수 없어야 한다. 넷째, 시장을 세분화하고, 세분시장별로 차별가격을 시행함으로써 얻는 수익이 이로 인한 비용보다 커야 한다. 다섯째, 고객의 불만이나 좋지 못한 감정을 유발하지 않아야 한다. 여섯째, 자사가 시행하는 차별가격의 형태가 불법적이 아니어야 한다.

표 12-3 **촉진적 가격전략**

가격 전략	내 용
유인상품 가격 (loss-leader pricing)	슈퍼마켓과 백화점은 추가적으로 고객들을 유치하기 위하여 잘 알려진 상표의 가격을 인하한다. 그러나 상표 이미지 손상 또는 정상적인 가격을 받는 다른 소매상들의 불만 등으로 제조업자는 자사의 상표가 손실품으로 사용되는 것을 꺼려한다.
특별행사 가격 (special event pricing)	더 많은 고객을 유치하기 위하여 어떤 특정 계절에 판매업자가 사용하는 방법이다. 예를 들어, 졸업 및 입학시즌의 할인판매가 있다.
현금반환 (cash rebate)	자동차 회사 및 기타 소비재 기업들은 특정 기간 내에 제품구입을 유도하기 위해 구매자에게 현금반환을 제공한다. 현금반환은 정가에서 할인하지 않고도 제조업자의 재고를 감소시킬 수 있다.
저이자율 조건 (low-interest financing)	기업들은 구매고객들에게 제품의 가격을 할인해 주는 대신에 고객들에게 낮은 이자율을 제공할 수 있다. 자동차 제조업자들은 무이자 또는 저이자율 조건으로 고객들을 유인할 수 있다.
장기지불 조건 (long payment terms)	저당설정 은행과 자동차 제조기업은 차량구입을 위한 대출금의 상환기간을 연장하여 매달 낮은 납입금으로 고객들의 부담을 줄여 준다. 고객들은 종종 대출금에 따른 총 이자비용보다는 그들이 매달 지불해야 할 금액을 감당할 수 있는지를 더 염려하기 때문에 이와 같은 가격전략이 사용된다.
보증 및 서비스 계약 (warranties and service contracts)	기업은 무료로 또는 저렴한 비용으로 보증을 제공하거나 서비스 제공 계약을 추가함으로써 판매를 촉진할 수 있다.
심리적 가격할인 (psychological discounting)	이 전략은 특정 제품에 의도적으로 고가격을 책정했다가 얼마 후 할인된 가격으로 판매하는 것을 말한다. 그러나 초기 고가격은 정상적인 가격이어야 한다.

3-5. 제품믹스의 가격결정

보통 제조기업은 하나의 제품만 생산하는 것이 아니라 복수의 제품을 생산하게 된다. 따라서 개별 제품에 대한 가격은 그 제품이 속한 제품계열, 더 나아가 제품믹스의 가격수준과 보조를 맞추어 결정되어야 한다. 가격결정에는 다음 〈표 12-5〉와 같이 제품계열별 가격결정, 선택제품 가격결정, 종속제품 가격결정, 이분가격결정, 부산물 가격결정 및 제품묶음 가격결정 등이 있다.

표 12-4 **차별적 가격결정**

가격 결정 방법	내 용
세분시장 가격 (segment pricing)	동일한 제품 또는 서비스를 상이한 고객집단별로 상이한 가격을 책정하는 것이다. 예컨대, 박물관의 입장료를 학생과 노인층에 대해 저렴한 가격을 책정하는 것이다.
제품형태 가격 (product-form pricing)	제품형태별로 상이한 가격을 책정하는 것을 말한다. 같은 음료라도 중량이나 용량이나 포장의 종류에 따라 가격을 달리 설정하는 것을 말한다.
이미지별 가격 (image pricing)	어떤 기업은 동일한 제품에 대해 이미지의 차이를 기준으로 두 개의 상이한 수준에 따라 가격을 책정한다. 어떤 향수 제조업자는 보통 병에 향수를 넣고 이름과 이미지를 부여하고 온스당 10달러로 정했다. 그리고 다른 이름과 이미지를 부여하고 우아한 병에 넣은 향수는 온스당 30달러로 책정하였다.
판매처별 가격 (channel pricing)	기업들은 자사의 제품이 최종적으로 어느 곳에서 판매되는지에 따라 제품의 가격을 달리할 수 있다. 코카콜라의 경우, 레스토랑에서의 가격과 패스트푸드점에서의 가격, 그리고 자판기에서 판매하는 제품의 가격을 차별적으로 책정하고 있다.
위치별 가격 (location pricing)	각 위치에 대한 원가차이가 없음에도 불구하고 상이한 장소별로 상이한 가격을 책정하는 것이다. 극장에서는 장소에 대한 고객들의 선호차이를 반영하여 위치에 따라 상이한 가격을 책정한다.
시간별 가격결정 (time pricing)	계절별, 일별, 시간별로 가격이 상이하게 책정되는 것을 말한다. 예를 들어, 심야전기의 가격이 더 싸고, 비성수기 때의 관광지 호텔가격 역시 그렇다.

표 12-5 **제품믹스의 가격결정**

가격 결정 방법	내용
제품계열별 가격 (product-line pricing)	기업들은 일반적으로 제품을 하나하나의 단일품목으로 개발하는 것이 아니라, 제품계열로 개발하여 가격단계별로 시장에 도입한다. 많은 제품계열이 거래되고 있는 경우, 판매업자는 자사 제품계열 내의 제품들에 대하여 싸임새 있는 가격점들을 사용한다. 예컨대, 남성의류 점포는 한 벌당 가격을 세 가지 가격수준으로 구분하여 200달러, 350달러, 500달러로 각각 판매할 수 있다. 고객들은 세 가지의 가격점에 대하여 그 품질면에서 저급, 중급, 고급이라고 연상할 것이다. 따라서 판매업자가 해야 할 일은 이러한 가격차이를 뒷받침할 수 있는 품질차이를 소비자가 지각할 수 있도록 하는 것이다.

가격 결정 방법	내용
선택제품 가격 (option pricing)	많은 기업들이 주 제품과 함께 선택제품 및 서비스를 제공한다. 자동차 구매자는 자동차문개폐장치, 안개제거장치, 자동경고알람 등을 선택적으로 주문할 수 있다. 그러나 이러한 선택제품의 가격결정은 매우 어렵다. 자동차 제조업체들은 우선 기본원가에 포함시킬 부품과 선택적으로 제시할 부품을 결정해야 하기 때문이다. 음식점도 이와 유사한 가격결정 문제에 부닥친다.
종속제품 가격 (dependable product pricing)	어떤 제품은 종속제품 또는 보조제품을 사용해야 한다. 면도기와 카메라를 생산하는 제조업자들은 면도기와 카메라는 싸게 가격을 정하고 면도날과 필름에는 높은 마진을 부과한다.
이분 가격결정 (two-part pricing)	기본가격에 추가사용 수수료를 부가하는 방법이다. 전화사용자는 월별 최저 기본요금에 기본통화수를 초과한 통화 수에 대한 요금을 추가하여 지불한다. 서비스 기업들은 종속제품 가격과 유사한 문제에 봉착하고 있는데, 기본 서비스에 얼마를 부과하며, 추가사용에 대해 얼마를 부과하느냐이다. 고정수수료는 서비스 사용을 유인하기 위해서 낮게 책정되어야 하지만 이익은 사용수수료에서 얻을 수 있다.
부산물 가격 (by-product pricing)	가공육, 석유제품, 화학제품을 생산할 때에는 부산물이 생긴다. 만약에 부산물이 어느 소비자에게 가치가 있다면, 그 가치에 대해 가격을 부과해야 한다. 부산물로 얻어진 수익으로 인해 기업은 주 제품의 가격을 낮출 수가 있고 경쟁력을 갖게 된다.
제품묶음 가격 (bundling pricing)	판매자는 자주 자사 제품을 한데 묶어 묶음 일괄 가격으로 판매한다. 예컨대, 자동차 제조업자는 개별적으로 선택제품을 전부 구입하는 가격보다 낮게 하여 선택제품 전체를 판매한다.

제4절 가격인하 및 가격인상 전략

4-1. 가격인하 주도

몇몇 상황들은 기업들로 하여금 가격을 인하하도록 한다. 그중 하나가 자사의 생산능력을 초과한 상황이다. 이러한 상황에 놓여 있는 기업은 단순한 판매노력이 제품의 품질 제고를 위해 문제를 해결할 수 없고 추가적인 사업 확장을 필요로 한다. 기업들은 때때로 저원가로 시장을 지배하고자 할 때 가격을 낮추는 전략을 실행한다. 기업은 경쟁자의 원가보다 낮은 원가우위를 확보하고 있거나, 시장점유율을 확대하고자 하는 목표를 설정한 상황에서 가격인하는 효과적인 가격전략이 될 수 있다.

고객들을 유지하거나 경쟁자에 대항하기 위한 가격인하는 고객들의 수요를 촉진할 수 있다. 가격인하 전략은 몇 가지 심각한 문제를 초래할 수도 있다. 첫째, 소비자들이 인하된 가격의 제품에 대해 품질 또한 낮을 것이라는 가정을 할 수 있게 한다. 둘째, 충성도가 아닌 단지 저가격으로 시장점유율을 확보한 것이기 때문에 경쟁사의 제품가격이 낮게 책정될 경우보다 쉽게 전환하게 된다. 셋째, 고가격을 책정한 경쟁사는 저가격과 경쟁을 해야 하지만, 상당기간 현금을 비축해 둘 수 있다. 넷째, 경쟁사들 간의 가격전쟁을 촉발시킬 수 있다. 치열한 가격경쟁은 기업의 장기적 수익에 부정적인 영향을 미치게 된다.

4-2. 가격인상 주도

성공적인 가격결정은 상당한 수익을 올릴 수 있다. 만약 기업의 수익마진율이 판매액의 3%라고 할 때, 매출액의 영향이 없다고 가정한다면, 1% 가격 인상을 통해 33%의 수익을 증가시킬 수 있게 된다. 이러한 상황은 〈표 12-6〉으로 제시할 수 있다. 한 기업이 10달러의 제품을 100단위 판매하였을 때 총비용은 970달러가 되어 판매수입의 3%인 30달러의 수익을 창출한다. 이때 10센트(1% 가격 인상)만큼의 가격을 인상하더라도 총수익은 10달러가 증가한 40달러가 된다.

가격을 인상해야 하는 주요 상황은 원가상승(cost inflation)이다. 원재료 및 생산원가가 상승하게 되면 기업은 그들의 수익마진을 확보하기 위해 가격인상을 고려하게 된다. 또 다른 상황은 앞으로 원자재 가격의 상승 등의 원가상승 요인이나 정부의 가격통제 등이 예상될 때 사전에 가격을 인상하게 된다. 이러한 가격을 예상가격(anticipatory)

표 12-6 가격인상 전과 후의 수익 비교

	Before	After	
Price	$10	$10.10	(a 1% price increase)
Units sold	100	100	
Revenue	$1,000	$1,010	
Costs	−970	−970	
Profit	$30	$40	(a 33 1/3% profit increase)

이라 한다. 그리고 초과수요의 상황에서도 기업들은 가격인상을 고려하게 된다. 보다 중요한 것은 기업들이 우수한 기업 이미지나 브랜드 이미지를 구축하여 충성고객을 확보하는 것이 가격을 인상할 수 있는 주요 역량이 될 것이다.

MARKETING

13 통합 유통경로 설계와 관리 및 유통기관

제1절 유통경로와 가치 네트워크
제2절 유통경로의 역할
제3절 유통경로 설계
제4절 유통경로 관리
제5절 유통경로의 통합
제6절 유통기관

학습목표

▶ 유통경로의 설계, 관리, 평가 및 결정사항은 무엇인가
▶ 유통경로 내의 통제성을 이해하기 위한 요인은 무엇인가
▶ 유통경로의 통합에 따른 유형과 특성은 무엇인가
▶ 유통기관의 개념 및 유형은 무엇인가

대부분의 생산자들은 최종 사용자들에게 자신들의 재화를 직접적으로 판매하지 않으며, 그들 사이에 다양한 기능들을 수행하는 중간상들이 있다. 이들 중간상들은 유통경로를 구성한다. 유통경로는 사용 또는 소비에 이용될 수 있는 제품 혹은 서비스를 생산하는 프로세스에 참여하는 독립조직들의 세트이다. 유통경로는 제품 또는 서비스가 생산된 후 뒤따르는 경로의 세트이며, 최종 사용자에 의해 구매와 소비로 끝난다.

도매상과 소매상 같은 중간상들은 상품을 구매하고 상품의 소유권을 가지며 재판매를 하고, 그들은 상인이라 불린다. 브로커, 제조업자 판매대행사, 판매 대리점 등은 고객들을 탐색하고 생산자를 대신해서 협상할 수 있지만 재화에 대한 소유권이 없으며 그들은 대리인이라 불린다. 또한 수송회사, 독립 창고회사, 은행, 광고대행사 등은 유통 프로세스에서 도움을 주지만, 재화에 대해 소유권이 없으며 구매 혹은 판매를 협상할 수 없고, 그들은 촉진자로 불린다.

제1절 유통경로와 가치 네트워크

모든 유형의 유통경로는 기업의 성공에 중요한 역할을 하며 다른 마케팅 의사결정에 영향을 미친다. 마케터들은 자신들의 제품이 생산되고, 유통되고, 판매되고, 그리고 서비스되는 전체 프로세스의 상황에서 유통경로를 판단해야 한다.

1-1. 유통경로의 중요성

유통경로 시스템은 기업이 이용하는 유통경로의 특정한 세트이며, 그것에 관한 의사결정은 관리자들이 직면한 가장 중요한 요인들 중 하나이다. 미국에서 경로 멤버들이 최종 판매가격의 30~50%를 차지하는 마진을 가진다. 반면에 광고는 최종가격의 5~7% 이하를 차지하고 있다. 또한 유통경로는 실질적인 기회비용에 해당된다. 유통경로의 최고의 역할 중 하나는 잠재구매자들을 수익성 있는 고객들로 전환시키는 것이다. 유통경로는 시장을 서브할 뿐만 아니라 시장을 만들어야 한다.

선택된 유통경로는 다른 모든 마케팅 의사결정에 영향을 미친다. 기업의 가격 책정은 온라인 할인점 혹은 고품질 양품점을 이용하느냐에 달려 있다. 판매원과 광고의 의사결정은 딜러들이 필요로 하는 훈련과 동기부여의 정도에 달려 있다. 또한 유통경로의 의사결정은 다른 기업들과의 비교적 장기적인 몰입뿐만 아니라 정책과 절차를 포함한다. 그러나 동시에 유통경로 선택 그 자체는 세분화, 표적화, 그리고 포지셔닝에 대한 기업의 마케팅 전략에 달려 있다. 홀리스틱 마케터들은 이들 다른 모든 분야에서 마케팅 의사결정이 가치의 최대화를 위해 이루어진다는 것을 보장한다.

기업이 중간상을 관리할 때, 푸시 마케팅(push marketing) 대 풀 마케팅(pull marketing)에 얼마만큼의 노력이 필요한지를 결정해야 한다. 푸시전략은 제품을 운반하고, 최종 사용자들에게 촉진하고, 판매하는 중간상들을 유인하기 위해 제조업자의 판매원, 거래촉진 금전, 혹은 다른 수단 등을 이용한다. 푸시전략은 카테고리 내에서 브랜드 충성도가 낮고, 브랜드 선택이 점포에서 이루어지고, 제품이 충동적인 아이템이고, 제품의 편익이 잘 알려져 있을 때 특히 적절하다. 풀전략에서 제조업자가 소비자들이 중간상에서 자사의 제품을 요구하도록 설득시키기 위해 광고, 촉진, 그리고 커뮤니케이션의 다른 형태 등을 이용하며, 이를 통해 중간상들이 자사의 제품을 주문하도록 유인한다. 풀전략은 카테고리 내에서 브랜드 충성도가 높고, 고관여 제품이고, 소비자들이 브랜드 간의 차이를 지각하고, 그리고 그들이 점포에 가기 전에 브랜드를 선택할 때 특히 적절하다.

1-2. 혼합경로와 다중경로 마케팅

오늘날 성공한 기업들은 일반적으로 혼합경로와 다중경로 마케팅을 이용한다. 혼합경로 혹은 다중경로 마케팅은 단일기업이 고객 세분화에 도달하는 2개 이상의 유통경로를 이용할 때 발생된다. 다중경로 마케팅에서 각각의 경로는 구매자들의 다른 세분화 혹은 한 구매자의 다른 욕구 상태를 표적화하고, 그리고 최소한의 비용으로 올바른 방법과 장소에서 올바른 제품들을 전달한다. 다중경로 마케팅이 제대로 작동되지 않을 때 경로갈등, 과도한 비용, 혹은 불충분한 수요 등이 발생될 수 있다.

주요 카탈로그와 인터넷 소매상이 오프라인 점포에 상당한 투자를 했을 때 다른 결과가 나온다. 점포 근처의 고객들은 카탈로그를 통해 덜 빈번하게 구매하지만 그들의 인터넷 구매는 변화가 없었다. 나중에 밝혀진 것처럼 인터넷 브라우징에 시간 보내기를 좋아하는 고객들은 카탈로그를 이용하거나 점포를 방문하는 것을 좋아했으며, 이들

경로들은 공유될 수 있다. 한편, 인터넷을 사용하는 고객들은 더욱더 거래 중심적이고 효율성에 관심이 있기 때문에 그들은 오프라인 점포의 도입에 영향을 덜 받는다. 오프라인 점포에서 편의성과 접근성 때문에 반품과 교환이 증가하고 있지만, 점포에서 반품 혹은 교환하는 고객들에 의해서 이루어지는 추가 구매는 수입 부족을 상쇄한다.

혼합경로를 관리하는 기업들은 자신들의 경로들이 함께 잘 운영되고 있고, 각각의 표적고객의 선호하는 방법에 맞추고 있다는 것을 명확히 해야 한다. 소비자들은 채널 통합을 다음과 같이 기대한다. 첫째, 온라인으로 제품을 주문하고 가까운 소매점에서 그것을 받을 수 있다. 둘째, 온라인으로 주문한 제품을 근처 소매점에 반품할 수 있다. 셋째, 전체 온라인과 오프라인 구매를 토대로 할인과 촉진물을 받을 수 있다.

1-3. 가치와 네트워크

공급사슬의 견해는 시장을 목적지점으로 보고, 구성 요소와 부품이 생산 프로세스를 통해 고객들에게 최종 판매가 되는 흐름의 선형 관점이다. 그러나 기업은 먼저 표적시장을 생각하고, 공급사슬의 후방을 설계해야 한다. 이 전략이 수요사슬 계획수립(demand chain planning)이라 불린다.

넓은 견해는 기업을 가치 네트워크의 중심으로 본다. 기업은 자신의 제공물을 공급하고, 증식하고, 그리고 전달하기 위해 파트너십과 제휴의 시스템을 창출한다. 가치 네트워크는 기업의 공급자와 그 공급자의 공급자, 그리고 직접적인 영향을 미치는 고객들과 그들의 최종 고객들 등을 포함한다. 가치 네트워크는 대학 연구원과 정부 승인기관과 같은 다른 기관과의 가치관계를 포함한다.

기업은 표적시장에 뛰어난 가치를 전달하기 위해 이들 파트너들을 조직할 필요가 있다. Apple's Developer Connection의 사람들이 아이폰 앱과 기타 같은 종류의 제품을 창조했으며 그 조직은 서로 다른 수준의 50,000명 멤버들을 보유하고 있다. Developers는 자신들의 제품이 발생시키는 수입의 70%를, Apple은 30%를 가진다.

수요사슬 계획수립은 몇 가지 통찰력을 제공한다. 첫째, 기업은 후방 또는 전방 통합을 할 수 있는 경우에 대비해서 업스트림(upstream) 또는 다운스트림(downstream)에 더 많은 투자가 필요한지를 평가할 수 있다. 둘째, 기업은 공급사슬에서 비용, 가격, 혹은 공급 등을 변화시키는 장애를 더 많이 알게 된다. 셋째, 기업들은 커뮤니케이션, 거래, 그리고 지불 등을 빠르게 하고, 비용을 줄이며, 정확성을 증가시키기 위해 자신들의 사업 파트너들과 온라인에 접속할 수 있다.

가치 네트워크를 관리하는 것은 정보기술(IT)과 소프트웨어에 투자의 증가를 의미한다. 기업들은 공급사슬관리 소프트웨어를 도입해 왔고 통일된 프레임워크 내에서 현금흐름, 제조, 인적 자원, 구매, 그리고 다른 주요 기능 등을 관리하는 종합적인 전사적 자원관리(ERP) 시스템을 설계한 SAP과 Oracle과 같은 소프트웨어 회사들을 초빙하였다.

마케터들은 전통적으로 고객의 앞쪽을 보는 가치 네트워크에 초점을 두어 왔고, 고객관계관리(CRM) 소프트웨어와 실행을 수용하였다. 미래에 그들은 자신들의 업스트림 활동에 점차적으로 참여하고 영향을 미치며, 단순한 제품과 고객의 관리자가 아닌 네트워크 관리자가 될 것이다.

제2절 유통경로의 역할

2-1. 유통경로의 기능

마케팅 시스템에서 유통경로는 여러 가지의 기능을 수행하고 있다. 유통경로가 수행하는 기능은 다음과 같다.

첫째, 교환과정의 촉진으로 이는 유통경로의 가장 중요한 기능이다. 유통경로는 교환과정에서부터 발생되었고 시장경제가 복잡해질수록 교환과정도 복잡해지고, 더 많은 생산자와 잠재적인 구매자가 증가하게 된다. 따라서 시장에서 거래의 수를 감소시키고 거래를 촉진시키기 위해 유통경로 또는 중간상이 등장하게 되었다.

둘째, 제품구색에서 불일치를 완화시키는 것이다. 제조업자는 규모의 경제를 실현하기 위해 소수의 제품라인으로 대량생산하려고 한다. 이에 비해 구매자는 제품 구매시에 많은 대체안 중에서 제품을 선택하기 위해 다양한 제품라인을 요구하게 된다. 양자의 욕구차이에서 발생하는 제품구색의 불일치를 유통경로가 완화시켜 주는 기능을 한다.

셋째, 거래의 표준화이다. 복잡한 시장경제에서 각각의 거래가 개별적으로 이루어진다면 교환과정은 통제가 불가능해질 것이다. 따라서 유통경로는 제품, 가격, 구입단위, 지불조건 등을 표준화시켜 거래를 용이하게 해주는 기능을 하고 있다.

넷째, 구매자와 판매자의 연결이다. 잠재고객의 위치를 정확하게 알 수 없는 제조업자들은 중간상들을 통해 보다 많은 잠재고객에게까지 접근 가능하게 되었으며, 고객 역시 이들에 의해 자신이 구매하고자 하는 제품을 생산하는 기업 및 제품정보 획득을 위한 탐색비용을 절감할 수 있게 되었다.

다섯째, 고객 서비스의 제공으로 유통경로는 애프터 서비스의 제공과 제품의 배달, 설치, 사용방법의 교육 등에 관한 서비스를 제공한다.

마지막으로 유통경로를 통해 재화와 서비스를 원하는 소비자에게 재화와 서비스 분리에 따른 시간, 공간 그리고 소유의 불일치가 해소된다. 즉, 제품이 생산되는 시점, 소비되는 공간, 제품의 소유권이 다르며 이를 중간상이 매개해 주는 역할을 하게 된다. 따라서 교환과정의 촉진과 구매자와 판매자의 연결, 총 거래수의 효율성 등과도 연계되는 개념이다.

2-2. 유통경로의 유형

유통경로는 수집과정, 중개과정, 분산과정의 3단계로 구성되고, 제품종류에 따라 어느 한 과정이 생략되거나 혹은 더 추가되기도 한다. 유통경로의 길이는 유통경로의 시작과 끝에 있는 제조업자와 최종소비자 간에 개입하고 있는 전문적인 유통기관의 수를 말한다. 즉, 중간상의 수가 많아지면 단계수도 많아지고 따라서 유통경로의 길이가 길어진다. 물론 제조업자와 최종소비자도 유통경로의 구성원이지만, 여기서는 경로의 길이를 나타내기 위해 중간상의 수를 사용한다. 다음 [그림 13-1] (a)는 여러 가지 소비재 제품의 유통경로의 길이가 서로 다름을 보여준다.

| 0단계 경로 |

직접 마케팅 경로라고 불리며, 제조업자가 직접 최종소비자에게 판매하는 경우이다. 주요 사례는 가정방문 판매, 홈 파티판매, 우편주문 판매, TV 판매, 텔레마케팅, 인터넷 판매 및 제조업자의 직영점 판매 등이다.

| 1단계 경로 |

하나의 유통경로기관이 개입하는 경로유형인데, 소비용품의 경우 그것은 전형적으로 소매상이며 산업용품의 경우에는 판매대리인이 된다.

2단계 경로

두 개의 유통경로기관이 개입하는 경로유형인데, 소비용품의 경우에는 도매상과 소매상이 되며 산업용품의 경우에는 판매대리인이나 산업도매상이 된다.

3단계 경로

세 개의 유통경로기관이 개입하는 경로 유형인데, 도매상과 소매상 사이에 배급업자(jobber)가 있다. 이들은 도매상으로부터 구매하여 대규모 도매상과 거래가 없는 보다 작은 소매상에게 판매한다. 포장육 산업에서 도매상은 배급업자(jobber)에게 판매하고, 배급업자는 작은 소매상에게 판매한다.

경로의 길이가 이보다 더 긴 유통경로가 있다. 일본의 경우, 식품 유통경로는 6개 단계 이상이 개입한다. 제조업자의 입장에서 보면, 경로 단계가 많아질수록 최종소비자에 관한 정보획득과 유통기관에 대한 통제가 더욱 어려워진다.

[그림 13-1] (b)는 일반적인 산업용품의 유통경로이다. 산업용품의 제조업자는 자사의 판매원을 이용하여 구매자에게 직접적으로 판매한다. 또는 제조업자는 산업용품

그림 13-1 유통경로

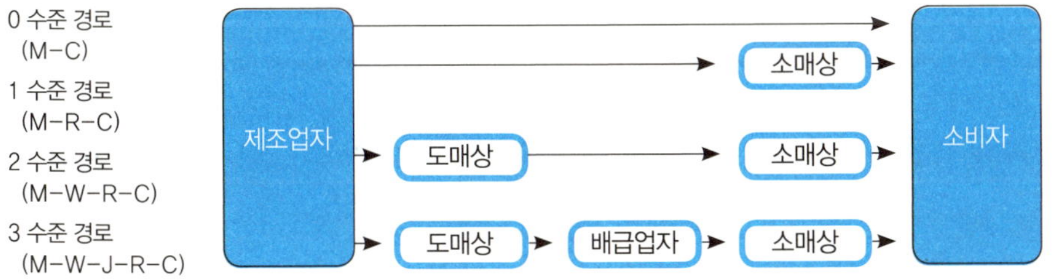

(a) 소비재 유통경로

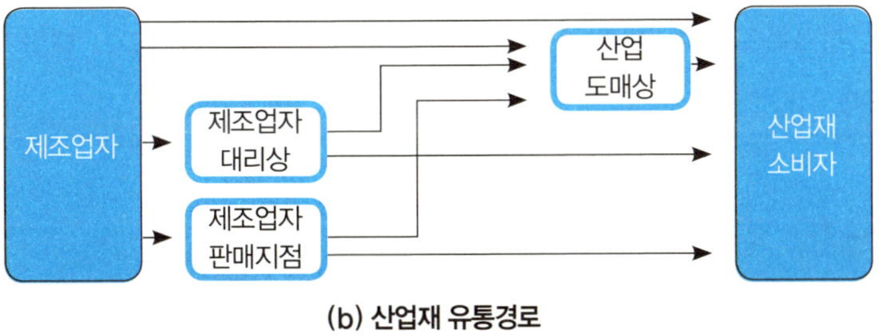

(b) 산업재 유통경로

유통기관에게 판매하고, 유통기관은 구매자에게 판매한다. 또한 제조업자는 판매대리상 또는 판매지점을 통해서 직접 판매할 수 있으며, 혹은 산업용품 유통기관을 통해서 간접적으로 구매자에게 판매할 수도 있다. 산업용품의 유통경로는 0단계, 1단계, 2단계 등이 일반적이다.

일반적으로 제품들은 전방경로의 흐름(forward channel)으로 나타내지만, 가끔은 후방경로(backward channel)의 흐름으로 나타나기도 한다. 제조업자의 보상센터, 커뮤니티 그룹, 청량음료, 폐기물 회수 전문업자, 재활용센터, 그리고 폐기물 브로커 등을 포함한 여러 중간상들은 후방경로에서 역할을 담당하고 있다.

2-3. 서비스 산업의 유통경로

유통경로의 개념은 물적 재화의 유통에만 한정되는 것은 아니다. 서비스와 아이디어의 생산자들도 표적시장에서 그들의 상품을 유통시키는 문제에 직면해 있다. 예를 들어, 학교는 '교육 보급 시스템'을 그리고 병원은 '건강관리 보급 시스템'을 개발한다. 이 기관들은 지리적으로 분산되어 있는 소비자들에게 접근하기 위해 판매대리인과 지리적 위치를 선정해야 한다. 인터넷 기술이 발전됨에 따라 은행, 보험, 여행사, 증권회사 등과 같은 서비스 산업들은 새로운 경로를 통해서 새로운 기회를 갖게 될 것이다.

제3절 유통경로 설계

유통경로는 기업이 소구하고자 하는 표적시장의 소비자 욕구에 적합한 유통 서비스를 제공할 수 있도록 설계되어야 한다. 경로 시스템을 설계하기 위해서는 고객의 욕구 분석, 경로목표의 수립 및 중요한 대안적인 경로를 확인하고, 그 대안적 경로를 평가해야 한다.

3-1. 고객의 서비스 기대수준의 분석

유통경로를 설계하는 데 있어, 마케팅 관리자는 표적고객들이 기대하는 서비스의 수준을 이해해야 한다. 소비자들에게 제공되는 서비스 수준이 증가할수록 기업이 유통경로에 투여하는 비용은 증가하게 된다. 따라서 마케팅관리자는 서비스의 제공에서 얻는 이익과 경로비용 사이의 득실을 파악하여 마케팅 목표를 달성할 수 있는 서비스 수준을 결정하여야 한다. 소비자들이 유통경로로부터 기대하는 서비스의 종류는 다양하지만 일반적으로 다음 다섯 가지로 분류될 수 있다.

- **구매단위의 크기**: 유통기관에서 고객이 1회 구매할 경우 허용되는 구매단위가 구매단위의 크기이다.
- **대기시간**: 고객이 제품이나 서비스를 주문하고 그것을 제공받기까지 기다리는 시간을 의미하며, 고객들은 이 시간이 가능하면 짧기를 원한다. 대기시간은 특히 패스트푸드점과 같은 곳에서 특히 중요하다. 일반적으로 고객의 대기시간이 중요한 역할을 하는 기업에서는 공정의 단축을 위하여 정보기술을 이용하게 된다.
- **입지적 편의성**: 고객들이 제품이나 서비스를 구매할 수 있는 점포의 수가 많고 지역적으로 고루 분포되어 있어야 고객들이 점포방문에 소요되는 시간적 · 금전적 비용이 절약된다. 그러나 많은 점포의 수와 고른 분포는 기업에 막대한 유통경로의 구축비용이 요구되므로 점포당 기대수익과 소요비용의 분석이 선행되어야 한다.
- **제품 다양성**: 한 점포가 보유하고 있는 제품의 구색이 다양할수록 그 경로가 제공하는 서비스의 수준은 높다고 볼 수 있다. 시간절약이 구매의 중요한 제약으로 등장하고 있는 현대의 소비자들은 일괄구매를 원하고 있으므로 다양한 제품구색은 소비자 유인에 중요한 역할을 한다. 그러나 제품구색 수준이 다양화될수록 경로비용이 증가하므로, 경로비용과 제품구색 사이의 관계에 대한 분석이 선행된 후에 제품구색 수준의 결정이 이루어져야 한다.
- **서비스 지원**: 유통경로는 신용, 배달, 설치, 수리 등의 추가적인 서비스를 제공한다. 서비스 지원이 많아질수록 유통경로가 해야 할 업무가 증가한다.

마케팅 관리자는 보다 높은 수준의 서비스 제공이 유통경로 비용의 상승과 고객에 대한 가격인상을 의미한다는 것을 알아야 한다. 즉, 할인점의 성공은 많은 소비자들이 비용을 절약할 수 있다면, 보다 낮은 수준의 서비스를 기꺼이 수용한다는 것을 보여준다.

3-2. 유통경로 목표의 설정

유통경로 목표는 서비스 수준의 목표라는 관점에서 결정되어야 한다. 경쟁적 환경하에서, 경로기관들은 소비자의 서비스 기대수준을 고려하여 전체 경로비용이 최소화되도록 유통기능을 조정해야 한다. 일반적으로 소비자들의 요구를 토대로 몇 개의 세분시장을 확인할 수 있다. 효과적인 경로계획 수립을 위해 어떤 세분시장에 진출할 것인가와 어떤 경로가 최적의 경로인가를 결정하는 것이 필요하다. 표적고객들의 서비스 기대수준 및 세분시장을 결정한 후 다음과 같은 사항들을 고려해야 한다.

경로목표는 제품의 특성에 따라 달라진다. 부패 가능성이 있는 제품은 유통경로의 길이가 짧은 직접마케팅이 필요하다. 건축자재와 같이 부피가 큰 제품은 선적거리와 생산자에서 소비자 사이의 취급횟수를 최소화하는 경로가 필요하다. 주문제작되는 기계류와 특수사업의 제품 등과 같이 비표준화된 제품은 제조업자의 판매원에 의해서 직접 판매된다. 온냉방 시스템과 같이 설치나 유지 서비스가 필요한 제품은 제조업자에 의해서 또는 프랜차이즈 가맹점을 통해서 독점적으로 판매되거나 유지된다. 발전기나 터빈과 같이 단가가 매우 높은 제품은 종종 중간상보다는 제조업자의 판매원을 통해서 판매된다.

경로설계시에는 중간상의 다양한 유형의 장 · 단점이 고려되어야 한다. 일반적으로 중간상들은 촉진, 협상, 저장, 거래 및 신용을 취급하는 태도가 각각 상이하므로 이에 대한 평가 후에 마케팅 경로를 선택하는 것이 필요하다.

경로설계는 또한 경쟁자의 경로에 의해서도 영향을 받는다. 보석, 시계, 의류, 구두 같은 제품은 경쟁기업의 제품을 판매하는 점포들이 밀집되어 있는 곳에서 동일한 형태의 유통경로를 가져야 한다.

경로설계는 거시적 환경에 적응되어야 한다. 경제적 여건이 좋지 않은 경우에는 가능하면 경로의 길이를 짧게 하고, 가격상승을 유도하는 불필요한 서비스를 제거하는 것이 필요하다. 또한 공정거래에 관한 법적 규제 역시 유통구조에 영향을 미친다. 또한 법적인 규제도 경로설계에 영향을 미친다. 법은 실질적으로 유통경로 간의 경쟁강도를 약화시키거나 독점을 형성하려는 유통경로기관들의 합의를 부당한 것으로 인식하고 이에 따른 조치를 하게 된다.

3-3. 유통경로 전략의 결정

기업은 자사의 표적시장과 바람직한 위치화(차별화)를 명확히 한 후, 주요 유통경로 전략을 결정해야 한다. 유통경로 전략으로는 전속적 · 선택적 · 개방적 유통경로 전략이 있다.

| 전속적 유통경로 |

전속적 유통경로란 일정한 상권 내에 제한된 수의 자사의 제품만을 취급할 수 있는 소매점을 가지는 유통경로를 의미한다. 전속적 유통경로의 장점으로는 소매점에 대한 통제를 확보할 수 있어 소매점과 긴밀한 협조체제가 형성되므로 거래비용의 감소와 제품 이미지 제고가 가능하다는 것이다. 이러한 유통경로를 사용하는 제품은 주로 전문품과 선매품으로서 자동차, 고급의류, 고가의 가구 등을 들 수 있다.

| 선택적 유통경로 |

선택적 유통경로란 개방적 유통경로와 전속적 유통경로의 중간적 형태로서, 제조회사가 일정 지역에서 일정 수준 이상의 이미지, 입지, 경영능력을 가지는 소매점을 선별하여 이들에게만 자사의 제품을 취급할 수 있는 권리를 부여하는 방식의 유통경로이다. 선택적 유통경로는 전속적 유통경로에 비해서는 제품 이미지를 저하시키지 않고 소비자들에게 제품의 노출수준을 높일 수 있고, 개방적 유통경로에 비해서는 상대적으로 소수의 소매점들과 거래하므로 유통경로의 통제가 용이하다는 장점이 있다. 선택적 유통경로를 사용하는 제품은 일반적으로 선매품으로 가구, 의류, 가전제품 등을 들 수 있다.

| 개방적 유통경로 |

가장 높은 시장커버리지를 획득할 수 있는 유통경로로서 제조회사가 자사의 제품이나 서비스를 취급하는 소매점을 확보하는 유통전략이다. 개방적 유통경로의 장점은 소비자에 대해 제품의 노출수준을 최대화하여 소비자의 구매 편의성을 제고시켜 판매량의 증대를 가져올 수 있으나, 유통비용의 증가와 유통경로에 대한 통제력의 약화를 가져올 수 있다. 이러한 개방적 유통경로를 사용하는 제품은 주로 편의품으로서 식음료품과 담배 같은 기호품을 들 수 있다.

3-4. 경로대안의 평가

각 경로대안들은 경제적 기준, 통제적 기준, 그리고 환경적응적 기준에 따라 평가되어야 한다.

경제적 기준

각각의 경로대안은 판매량과 판매비용 두 가지 측면에서 분석되어야 한다. 첫 번째 단계에서는 더 많은 매출액 증진을 위해서는 회사의 판매원(또는 제조업자 판매지점)과 판매대리상 중 어느 경로를 이용해야 하는가를 결정해야 한다. 대부분의 마케팅 관리자들은 자사의 판매원이 훨씬 더 많은 매출을 올릴 것이라 믿는다. 기업의 판매원은 자사 제품에만 집중한다. 자사 제품을 판매하도록 훈련을 잘 받았으며, 자신의 장래가 회사의 성공에 달려 있기 때문에 훨씬 적극적이다. 또한 고객들이 제조업자와 직접 거래하는 것을 선호하기 때문에 그들의 판매실적은 성공적으로 된다.

두 번째 단계에서 각 경로를 통한 판매량의 차이에 따른 비용이 산정된다. 판매대리상을 운영하는 고정비는 기업의 판매사무소를 설치하는 고정비보다는 적게 소요된다. 그러나 판매대리상은 기업의 판매원보다 더 많은 커미션을 요구하기 때문에 비용이 급격히 상승한다. 상인도매상의 경우는 특별하게 고정비가 들지 않는다.

마지막 단계는 매출과 비용을 비교하는 것이다. [그림 13-2]와 같이 세 가지 경로의 판매액과 판매비용을 비교하여 최적의 경로를 결정하게 된다.

그림 13-2 매출과 비용에 따른 도매상 채택

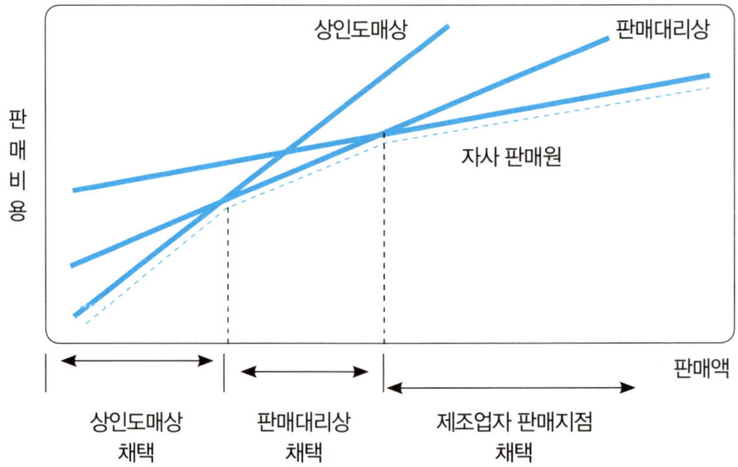

| 통제적 기준 |

상인도매상이나 판매대리상을 이용하게 되면 적지 않은 통제문제가 대두된다. 둘 다 자신의 이익극대화를 추구하는 독립된 기업이다. 대리상들은 반드시 제조업자의 제품에 집중하지는 않으며, 가장 많이 구매하는 고객들에게만 집중할 수도 있다. 더 나아가, 대리상의 판매원들은 제조업자의 제품에 관련된 기술적인 세부사항을 잘 알지 못하고, 촉진자료를 효과적으로 이용하지 못할 수도 있다.

| 환경적응적 기준 |

경로를 개발하기 위해, 경로 구성원들은 특정 기간 동안 서로에게 상당한 정도의 몰입을 해야 한다. 그러나 이러한 몰입들은 필연적으로 변화하는 시장에 대한 제조업자의 적응을 약화시킨다. 급격하게 변화하고, 역동적이며, 또한 불확실성이 높은 제품시장에서 제조업자는 높은 적응력을 제공하는 경로구조와 경로정책이 필요하다.

제4절 유통경로 관리

일단 만들어진 유통경로는 지속적으로 높은 성과를 낼 수 있도록 체계적으로 관리되어야 한다. 그러나 이것이 항상 쉬운 일만은 아니다. 유통경로는 다양한 구성원들로 이루어져 있어서(예: 제조업자, 도매업자, 소매업자, 운송업자 등) 각자가 추구하는 목표가 같지 않다. 문제를 더욱 어렵게 만드는 것은 이렇게 상이한 목표를 가진 경로 구성원들의 행동이 다른 경로 구성원들의 성과에 영향을 미친다는 것이다. 그러므로 이렇게 상호의존적인 경로 구성원들이 제각기 각자의 이익을 극대화하기 위하여 움직인다면, 경로 구성원 대부분에게 손해가 될 것이다. 이러한 이유 때문에, 유통경로에서 지도적인 위치에 있는 채널 캡틴(대개 제조업자)은 경로 구성원들이 각자의 이익을 극대화하는 것이 아니라, 경로 전체의 이익을 극대화하는 방향으로 움직이도록 관리할 필요가 있다.

기업은 경로대안을 결정한 후, 개별 중간상에 대한 선정, 훈련, 동기부여, 대안평가 등을 해야 한다. 또한 시장환경 변화에 따라 유통경로의 구조를 조정해야 한다.

4-1. 유통경로 관리

경로 구성원의 선정

제조업자들은 보다 나은 중간상을 선별할 수 있는 기준의 특성을 결정해야 한다. 그들은 중간상들의 사업경험 연수, 다른 제품계열의 판매 현황, 성장과 수익성에 대한 실적, 협동성, 지불능력, 그리고 평판 등을 평가해야 한다. 중간상이 판매대리상이라면, 제조업자는 대리상의 판매원의 규모와 질 그리고 판매하는 제품계열의 수와 특성을 평가해야 한다. 중간상이 전속적 유통을 원하는 백화점인 경우, 제조업자는 백화점의 위치, 미래의 성장잠재력 및 고객의 유형 등을 평가해야 한다.

경로 구성원의 훈련

기업은 자사의 중간상들에 대해 신중한 훈련 프로그램을 계획하고 실행해야 한다. 최종소비자들은 중간상들을 그 회사로 인식하기 때문이다. 예를 들어, MicroSoft는 소프트웨어나 주변장치 제조업자의 서비스 엔지니어들에게 자사의 일련의 교육과정에 대한 완전한 이수와 인증시험을 요구한다. 인증시험을 통과한 엔지니어들은 공식적으로 Microsoft Certified Professionals로 인정받고, 사업을 촉진하기 위해 이 명칭을 사용할 수 있다.

경로 구성원의 동기부여

중간상은 재판매 목적, 최종소비자는 욕구충족을 목적으로 구매를 하게 된다. 따라서 기업은 최종소비자와 같이 중간상의 요구를 고려해야 한다. 즉, 기업은 중간상의 욕구를 결정하고, 경로 위치화를 구축한다. 경로 위치화는 자사의 경로 제공물을 이들 중간상에게 월등한 가치로 인식되도록 하는 것이다. 기업은 훈련 프로그램, 시장조사 프로그램, 그리고 중간상의 성과를 개선시키는 능력-구축 프로그램을 제공해야 한다. 즉, 기업과 중간상들은 최종소비자들을 만족시키기 위해 노력해야 하는 동반자이다.

제조업자가 경로 구성원을 의도대로 움직이게 하기 위해서는 어떠한 수단이 필요하다. 어떤 사람이 다른 사람을 자신의 뜻대로 행동하게 만드는 능력을 사회학에서는 파워라고 부른다. 경로 파워는 그 경로 구성원이 가지고 있는 힘의 원천과 다른 경로 구성원들의 특정 경로 구성원에 대한 의존성의 정도에 따라 결정된다. 즉, 특정 경로 구성원이 다양하고도 강력한 힘의 원천을 보유할수록, 그리고 다른 경로 구성원들의 의

존도가 증가할수록 특정 경로구성원의 경로 파워는 커지게 되며 다른 경로 구성원의 의사결정 변수를 통제할 수 있다.

경로 파워는 한 경로 구성원이 유통경로 내의 다른 경로 구성원의 마케팅 의사결정에 영향력을 행사할 수 있는 능력으로 정의되며, 영향력 행사 후 특정 경로 구성원의 특정 행동을 수행할 확률의 변화를 의미한다. 또한 파워 원천은 다른 경로 구성원들이 의존성을 높일 수 있는 가치 있는 자산이나 높은 마케팅 기능 수행능력을 말하며, 각 경로 구성원들은 경로갈등의 해소를 위해 자신의 파워와 영향력의 정도를 파악하여 어떤 형태로든 상대방에게 경로행동을 수행하게 하는 것이다. 파워는 다음과 같은 다섯 가지 원천으로부터 생긴다.

강압적 파워

강압적 파워(Coercive Power)란 중간상이 제조업자의 요구대로 행동하지 않을 경우 처벌할 수 있는 능력을 갖고 있기 때문에 발생하는 파워를 가리킨다. 예를 들어, 어떤 지원을 철회한다든지 아니면 관계 자체를 단절하겠다고 위협하는 것이 여기에 해당된다. 강압적 파워는 중간상이 제조업자에게 크게 의존하고 있을 때에는 매우 효과적이다. 그러나 중간상의 반발을 불러일으킬 위험을 안게 된다.

보상적 파워

보상적 파워(Reward Power)란 제조업자가 중간상에게 보상을 줄 수 있는 능력을 갖고 있기 때문에 발생하는 파워를 가리킨다. 예를 들어, 중간상이 일정 수량 이상을 판매해 주는 대가로 제조업자가 인센티브를 제공하는 것이다. 일반적으로 보상적 파워는 강압적 파워보다 더 효과적인 것으로 알려져 있다. 그러나 보상적 파워가 너무 자주 사용된다면, 중간상이 아무런 보상 없이는 움직이지 않으려 할 위험이 높아진다.

합법적 파워

합법적 파워(Legitimate Power)란 제조업자가 중간상에 대하여 어떤 행동을 요구할 수 있는 합법성 또는 정당성을 갖고 있기 때문에 발생하는 파워를 가리킨다. 예를 들어, 프랜차이즈 조직에서 본부는 계약에 의거하여 가맹점에게 일정 수준 이상의 재고를 유지하도록 요구할 수 있다.

전문적 파워

전문적 파워(Expert Power)란 제조업자가 중간상이 가지고 있지 않은 특별한 지식이나 노하우를 갖고 있다고 인식하기 때문에 발생하는 파워를 가리킨다. 예를 들어, 제조업자가 매우 효과적인 재고관리 기법을 갖고 있다면, 중간상은 제조업자의 도움이 없이는 좋은 성과를 올리기 어려우므로 제조업자에게 협력할 것이다. 그러나 일단 중간상이 이러한 지식이나 노하우를 습득하면 전문적 파워는 약화되므로, 제조업자는 지속적으로 새로운 전문성을 개발하여야 한다.

준거적 파워

준거적 파워(Referent Power)란 중간상이 제조업자에 대해 일체감을 갖거나 일체감을 갖게 되기를 바라기 때문에 발생하는 파워를 가리킨다. 예를 들어, IBM, 맥도날드 등은 강한 준거적 파워를 가진 기업들인 반면, 현주컴퓨터, BBQ치킨 등은 상대적으로 약한 준거적 파워를 가진 기업들이다.

경로 구성원의 평가

제조업자는 판매할당 목표 달성, 평균재고 수준, 배달시간, 파손품과 불량품의 처리, 촉진 및 훈련 프로그램에 대한 협력 등을 기준에 따라 정기적으로 중간상의 성과를 평가해야 한다.

제조업자는 특정의 중간상들의 성과에 비해 많은 비용을 지불하는 경우가 종종 있다. 어떤 제조업자는 유통기관의 창고에 재고를 보관하는 대가를 지불하지만, 사실은 그 재고가 제조업자의 비용으로 공공창고에 보관되는 경우도 있다.

제조업자는 기능적 할인을 설정하여 경로 구성원간에 합의한 경로성과에 대해 세부적인 인센티브를 지불해야 한다. 성과에 못 미친 중간상과는 상담과 많은 교육 · 훈련 및 동기부여가 제공되어야 하며, 상황에 따라 중간상과 거래를 종결할 수도 있다.

4-2. 유통경로 갈등관리

유통경로가 설정되고 난 후에는 경로성과를 증가시킬 수 있는 방법을 모색하여야 한다. 이 과정은 결과를 평가하고, 중간상 마진을 수정하고, 판매원을 교체하는 것과 같은 계속되는 과정이다. 또한 유통경로상에서 발생하는 경로갈등은 경로성과를 감소시킬 수 있으므로 적절한 갈등관리가 필요하다.

아무리 잘 만들어진 유통경로라고 하더라도 갈등으로부터 자유로울 수는 없다. 상호 독립적인 사업자들로 이루어진 유통경로의 경우, 모든 사업자들의 이해관계가 완벽하게 일치하기를 기대할 수는 없기 때문이다. 여기서 우리는 유통경로 갈등의 종류, 원인, 그리고 해결방안에 대하여 살펴보기로 한다.

갈등의 유형

유통경로에서 발생하는 갈등은 크게 수직적 갈등, 수평적 갈등, 그리고 복수경로 갈등의 세 가지 종류로 나누어진다. 수직적 갈등이란 유통경로 내의 다른 단계에 있는 구성원들 간에 발생하는 갈등을 가리킨다. 가전제품 제조업자가 할인점에 제품을 공급하는 것에 대해서 대리점들이 반발한다든지, 패스트푸드 프랜차이즈 본사가 신상품 개발을 게을리하여 가맹점들의 매출액이 줄어들고 있다며 가맹점 주인들이 집단행동을 한다든지 하는 것들이 수직적 갈등의 예이다.

수평적 갈등이란 유통경로 내의 같은 단계에 있는 구성원들 간에 발생하는 갈등을 가리킨다. 화장품 대리점마다 판매구역이 정해져 있는데, 어느 대리점이 다른 대리점의 구역을 침범하여 판매활동을 해서 대리점들 간에 갈등이 빚어진다든지, 어느 패스트푸드 프랜차이즈 가맹점이 서비스를 엉망으로 하고, 저질의 원료를 쓰는 바람에 본의 아니게 자신들까지 피해를 본다고 해서 가맹점들 간에 갈등이 발생하는 것이 수평적 갈등의 예이다.

복수경로 갈등은 제조업자가 동일한 시장에 판매하기 위해 2개 이상의 경로를 확보함으로써 일어나는 갈등이다. 예를 들어, Levi Strauss는 자사의 정상적인 전문점 경로 이외에 Sears와 JCPenney 백화점을 통해서 청바지를 공급하기로 합의하였는데, 그 결과 전문점들의 상당한 반발을 야기시켰다.

경로갈등의 원인

유통경로 갈등이 발생하는 원인들은 다양하지만 크게 세 가지, 즉 목표 불일치, 영역 불일치, 지각 불일치로 분류할 수 있다. 목표 불일치란 경로구성원 각자의 목표가 서로 다르고, 이들 목표를 동시에 달성할 수 없는 경우를 가리킨다. 예를 들어, 제조업자가 매출액을 높이기 위하여 자기 회사의 웹 사이트에서 상품을 판매하자 기존의 유통업자들이 이에 반발하는 것이 여기에 해당된다.

영역 불일치란 경로 구성원 간에 각자의 역할이나 영역에 대하여 합의가 이루어지지 않는 경우를 가리킨다. 예를 들어, 가전제품 메이커들은 본사에 특판 팀을 두고 대형 거래처에 대해서 직접 판매를 하고 있는데, 대리점들도 대형 거래처에 판매하기를 원하므로 갈등이 빚어질 수 있다.

지각 불일치란 동일한 사실을 놓고도 경로 구성원들이 인식을 다르게 하는 경우를 가리킨다. 예를 들어, 판매량이 감소한 사실을 두고, 제조업자는 유통업자가 판매노력을 게을리해서 생긴 일이라고 해석하고, 유통업자는 시장점유율은 유지되고 있지만 전체 시장규모가 줄어들고 있기 때문에 생긴 일이라고 해석하는 것이다.

갈등관리 방안

갈등이 전혀 없는 유통경로를 찾기란 매우 어렵다. 오히려 적당한 수준과 갈등은 건설적으로 해결만 된다면 경로 구성원들의 성과를 한층 더 끌어올리는 데 도움이 된다. 그러므로 갈등관리의 열쇠는 갈등을 제거하는 것이 아니라 갈등을 건설적으로 해결하는 것이다.

가장 중요한 해결방안은 상위의 목표를 채택하는 것이다. 경로 구성원들이 공동으로 추구하는 기본적인 목표에 대해 합의하는 것이다. 즉, 그 목표가 생존, 시장점유율, 고품질, 고객만족 등의 형태로 공동합의가 되어야 한다. 경로가 외부의 위협, 보다 효율적인 경쟁의 경로 출현, 현재 상황에 불리한 법규, 그리고 소비자 욕구의 변화 등과 같은 위험에 직면했을 때 이러한 합의는 이루어지게 된다.

유용한 갈등관리 방안으로서 둘 이상의 경로수준 간에 인적 자원을 서로 교환하는 방법이 있다. 예를 들어, General Motors의 관리자들이 몇몇 딜러에서 잠시 동안 근무하고, 몇몇 딜러들도 General Motors의 영업부서에서 근무하는 것을 합의할 수 있다. 따라서 참여자들은 상대방의 입장을 더욱더 이해하게 될 것이다.

협력은 하나의 조직이 상대 조직의 자문회의와 이사회의 등에 참석하여 그 조직의 지도자의 지원을 획득하려는 노력이다. 지원을 획득하려고 시도하는 조직이 다른 조직의 지도자들을 진지하게 대하고 그들의 의견을 경청한다면, 협력은 갈등을 완화시킬 수 있다. 그러나 한 소식은 나른 조직의 지인을 획득하기 위해 자사의 정책과 계획을 양보해야 한다.

제5절 유통경로의 통합

유통경로 기능들을 제조업자가 직접 수행할 것인가(통합적 유통경로), 아니면 독립적인 유통업자에게 맡길 것인가(독립적 유통경로) 하는 두 가지 문제를 생각해 볼 수 있다. 이 부분은 기업 전략계획 중에 수직적 · 수평적 통합과 같은 의미로 좀더 유통 측면을 강조하는 것이 차이점이다.

통합적 유통경로에서는 제조업자의 뜻대로 유통경로 기능이 수행된다는 장점이 있다. 이것을 통제 가능성이라고도 부른다. 예를 들어, 하이테크 상품을 판매하려면 판매원이 잠재구매자에게 상품에 대하여 충분한 설명을 해주어야 한다. 이 판매원이 제조업자의 직원이라면 문제가 없겠지만, 제조업자와는 독립된 유통업자의 직원이라도 충분한 설명을 해 줄 것인가? 설상가상으로 이 유통업자가 여러 제조업자가 만든 수백 가지 상품을 취급하고 있다면, 문제의 하이테크 상품을 판매하는 데 얼마나 많은 노력을 기울일 것인가? 즉, 통합적 유통경로는 통제 가능성이 높고, 독립적 유통경로는 통제 가능성이 낮다.

그러나 통합적 유통경로에 좋은 점만 있는 것은 아니다. 제조업자가 판매원들을 고용하고, 점포를 빌리는 데에 들어가는 비용 등을 생각해 보자. 통합적 유통경로를 구축하려면 많은 투자비를 들여야 한다. 이와는 반대로 독립적 유통경로를 이용하려면 많은 투자비가 필요하지 않다. 이미 해당 상품의 유통경로 기능을 수행하고 있는 독립적인 유통업자들에게 맡기면 되기 때문이다. 통합적 유통경로와 독립적 유통경로 둘 사이에는 여러 가지 절충형태들이 존재하는데, 이것을 수직적 마케팅 시스템 또는 유통경로의 계열화라고 부른다.

5-1. 수직적 마케팅 시스템의 성장

수직적 마케팅 시스템(VMS: Vertical Marketing System)은 제조업자, 도매상, 소매상 등이 통합된 시스템으로서 구성되어 있다. 채널 캡틴인 한 경로 구성원이 다른 구성원들을 소유하거나 프랜차이즈 관계를 맺거나, 그들 모두가 협력할 수 있도록 보다 많은 파워를 가진다. 채널 캡틴은 제조업자, 도매상, 또는 소매상이 될 수 있다. 수직적 마케팅 시스템은 경로 구성원의 행동을 통제하고, 독립적인 경로 구성원들이 자신의 이익

극대화를 추구함으로써 발생되는 갈등을 제거하기 위해서 생겨났다. VMS는 규모, 교섭력 및 중복되는 서비스의 제거 등을 통해서 효율성을 달성한다. VMS는 전체 시장의 70~80%를 차지하고 있으며, 소비자 시장에 있어서 유통경로의 지배적인 시스템이다.

기업형 VMS

기업형 VMS는 단일 소유권하에서 생산과 유통의 연속적인 단계를 결합시킨 것이다. 수직적 통합은 경로에 대해 높은 단계까지 통제를 하고자 하는 기업에 의해서 이루어진다. 예를 들어, Sears는 판매하는 제품의 50% 이상을 자사가 부분 또는 전부 소유한 기업으로부터 공급을 받는다.

관리형 VMS

전통적인 유통기관과 같이 자기 이익을 추구하여 독자적인 의사결정을 하지만, 공동의 목적, 즉 유통시스템 전체의 목적을 위해 비공식적으로 협조하려는 노력이 존재한다. 경로 시스템에 참여하는 제조업자, 도매상, 소매상 등은 협력함으로써 얻을 수 있는 효익, 즉 결합이익을 기대하여 이러한 협조가 가능한 것이다.

관리형 VMS에서 가장 혁신적인 것은 채널 캡틴이 프로그램 머천다이징을 개발하는 데 있다. 프로그램 머천다이징의 주요 내용은 머천다이징 목표(계획판매, 지출비 예측, 총마진 계획 등), 재고계획(재고회전율 계획, 상품믹스 계획 등), 머천다이징 계획(바람직한 점포설계, 판매촉진 활동용 자료제공 등), 인적 판매계획(바람직한 판매기술, 판매훈련 계획 등), 각 유통기관의 책임사항 등을 포함하고 있다. 이러한 프로그램은 관리형 VMS에 참가한 모든 기관의 상호이익을 증대시킬 수 있기 때문에 유통계열화가 가능한 것이다.

P&G는 여러 상품 카테고리에서 가장 잘 팔리는 브랜드들을 갖고 있기 때문에, 중간상들이 가격, 진열면적, 촉진 등과 관련해서 P&G에 적극적으로 협조하게 된다. 우리나라에서는 가전제품과 같이 대기업이 생산하는 상품의 경우 제조업자가, 의류의 경우에는 백화점이나 할인점과 같은 대형 소매업자가, 그리고 농산물의 경우에는 중간상이 채널 캡틴의 역할을 한다.

계약형 VMS

계약형 VMS는 수직통합의 형태 중 가장 일반적인 형태로서, 미국의 경우 전체 소매량의 약 40% 이상을 점유하고 있다. 계약형 VMS란 생산이나 유통활동에 있어서 상이한 수준에 있는 독립적 기관들이 상호 경제적 이익을 얻기 위하여 계약을 체결하고 그 계약에 따라 수직적 통합을 하는 방법이다. 관리형 VMS에서는 경로 구성원들이 지도적 위치에 있는 기업에게 묵시적으로 협조함으로써 통제와 조정이 이루어지지만, 계약형 VMS에서는 통제와 조정이 구성원들 간의 명시적인 계약에 의하여 이루어진다는 점이 다르다. 즉, 계약형 VMS란 상호 독립적인 경로 구성원들이 계약에 의해서 서로의 활동을 통제하고 조정하는 것을 가리킨다. 여기에는 다시 다음과 같은 세 가지 유형이 있다.

프랜차이즈 조직

프랜차이즈 조직(franchise system)은 흔히 '체인점'이라고 불리는데, 본부가 가맹점에 대하여 제품, 서비스, 상점 관리의 노하우 등을 제공하는 대가로 계약금이나 로열티 등의 수입을 얻는 계약에 의하여 운영되는 유통경로를 가리킨다.

프랜차이즈의 세 가지 유형은 다음과 같다.

첫째, 전통적인 시스템인 제조업자 중심의 소매상 프랜차이즈 시스템으로서, 예를 들면 Ford는 딜러에게 자사의 자동차를 판매할 수 있도록 허가하고 있는데, 딜러들은 Ford가 요구하는 판매 및 서비스의 다양한 조건에 동의한 독립된 사업체이다.

둘째, 제조업자 중심의 도매상 프랜차이즈 시스템으로서, 예를 들면 Coca-Cola는 다양한 시장에 있는 음료판매회사(병입 도매상)에게 원액을 공급하고, 이 음료판매회사는 이것을 탄산음료로 만들어 병에 담아 각 지역 시장의 여러 소매상에 판매한다.

셋째, 서비스 기업 중심의 소매상 프랜차이즈 시스템이 있다. 서비스 기업은 소비자들에게 효율적인 서비스를 제공하기 위한 전체적인 시스템을 조직한다. 예를 들면, 자동차 대여업(Hertz, Avis), 패스트 푸드 사업(McDonald's, Burger King), 모텔 사업(Howard Johnson, Ramada Inn) 등이 있다.

도매상 후원 연쇄점

도매상들은 대규모 체인조직들과 경쟁관계에 있는 독립된 소매상들을 후원하기 위해 자발적인 체인을 조직한다. 즉, 소매상의 판매행위의 표준화와 구매의 효율성을 달성하는 프로그램을 개발·제공하여 대규모 체인조직과 효과적인 경쟁을 할 수 있도록 한다.

도매상이 후원하는 자발적 체인은 소매상 협동조합과 비슷하지만, 단지 대형 도매상을 중심으로 소형 소매상들이 뭉쳤다는 점이 다르다. 우리나라에서는 선경유통의 S-Mart가 여기에 속했었다. 도매상인 선경유통이 S-Mart 체인점들을 위하여 구매, 점포 관리지도, 운송 등의 기능을 수행했었지만, 적자가 누적되자 1997년에 철수하였다.

소매상 협동조합

소매상 협동조합은 중소 소매상들이 연합하여 만든 조직체를 가리키는데, 대기업이 운영하는 슈퍼마켓 체인에 대항하기 위하여 형성되었다. 이 협동조합은 공동구매 및 공동촉진 활동을 수행함으로써 여기에 가입한 소매상들이 비용을 절감할 수 있도록 해준다. 여기에 가입한 소매상들은 상당량의 상품들을 본부(조합)로부터 구입하여야 하며, 동일한 상호하에 점포를 운영한다. 우리나라의 경우 전국 중소상인 연쇄점협회나 한국 슈퍼마켓 협동조합 등이 여기에 속한다.

소매상의 새로운 경쟁

VMS에 참여하지 않은 상당수의 독립적인 소매상들은 세분시장을 만족시키기 위해 전문점을 개설하여 왔다. 그 결과, 수직적 마케팅 조직과 독립적인 전문점들로 소매상들이 양분되었다. 이러한 발전은 제조업자에게 불리하게 작용한다. 제조업자들은 거래관계를 쉽게 끊을 수 없는 독립적인 중간상들에게 강하게 속박되어 있다.

소매상에 있어서 새로운 경쟁은 더 이상 독립적인 개별 사업부 간의 경쟁이 아니다. 최적의 원가 효율성과 고객의 반응을 획득하기 위해, 집중방식으로 프로그램화된 네트워크(기업형, 관리형 및 계약형)의 전체 시스템들 간의 경쟁이라고 할 수 있다.

수직적 마케팅 시스템의 장 · 단점

유통경로의 수직적 통합은 기업의 성과에 중대한 영향을 미친다. 적절한 수준의 수직적 통합은 기업의 생존과 성장에 막대한 기여를 할 수 있으나, 과도한 수직적 통합은 기업실패의 원인이 되기도 한다.

유통경로의 수직적 통합을 통해 얻을 수 있는 장점으로는 거래비용의 절감, 공급안정으로 기업에 필수적인 자원이나 원재료 확보를 가능케 한다는 점, 기술적인 능력으로의 수직통합이 혁신적인 기술적 능력의 보유를 용이하게 하는 점, 높은 진입장벽의 구실을 한다는 점 등을 들 수 있다.

단점으로는 막대한 자본이 소요되며, 생산규모의 불균형이나 생산 · 유통의 다양한 단계를 통합한 기업은 각 단계에서의 효율적인 운영을 위한 생산규모의 불균형 문제를 초래하며, 융통성 감소로 인한 수직통합 특유의 경직성 때문에 시장상황 변화에 대해 기민한 대응이 곤란해질 가능성이 높다는 점, 전문화의 상실로 인한 문제 등을 지적할 수 있다.

따라서 개별 기업들은 자신들의 특유한 기업 특성과 시장환경을 면밀히 검토한 후에 유통경로의 수직적 통합 여부를 결정해야만 한다.

5-2. 수평적 마케팅 시스템

새로운 마케팅 기회를 개발하기 위하여 동일한 경로 단계에 있는 두 개 이상의 개별적인 기업이 자원과 프로그램을 결합하는 것을 수평적 통합이라고 한다. 이러한 수평적 통합이 발생하는 이유는 각각의 기업이 단독으로 효과적인 마케팅 활동을 수행하는 데 필요한 자본, 노하우, 마케팅 자원 등을 보유하고 있지 않기 때문에 수평적 통합을 통해 시너지 효과를 얻으려고 하기 때문이다. 따라서 수평적 통합은 공생적(共生的) 마케팅이라고도 한다.

제6절 유통기관

6-1. 유통기관의 이해

유통기관은 크게 도 · 소매기관으로 분류할 수 있다. 소매기관(또는 소매상)이란 상품을 최종구매자에게 직접 판매하는 활동을 수행하는 주체이다. 소매상은 유통경로의 마지막 단계에서 최종 구매자와 접촉하므로, 제조업자의 성과에 큰 영향을 미칠 수 있다. 소매상들은 슈퍼마켓, 백화점 등과 같이 점포가 있는 점포형 소매상과 방문판매, 카탈로그 마케팅 등과 같이 무점포형 소매상으로 나누어진다. 소매상에 이렇게 다양한 업태들이 공존하는 이유는, 기본적으로 각 업태가 소구하는 세분시장(들)이 존재하기 때문이다. 가령 재래시장은 분위기보다는 가격을 중요시하는 소비자들에게, 반대로 백화점은 가격보다는 분위기를 중요시하는 소비자들에게 소구하고 있다. 또한 인터넷 쇼핑몰은 쇼핑할 시간이 없는 바쁜 소비자들을 유인하는 반면, 점포형 소매상들은 시간이 걸리더라도 상품을 직접 눈으로 확인하려는 소비자들에게 소구하고 있다.

도매기관(또는 도매상)은 여러 측면에서 소매상과는 다르다. 첫째, 도매상들은 최종 소비자가 아니라 사업하는 고객, 즉 소매기관, 기관구매자, 산업구매자 등과 주로 거래를 하기 때문에 촉진, 분위기, 입지 등에 주의를 기울이지 않는다. 둘째, 도매거래는 항상 소매거래에 비해 상권이 크며, 또한 도매상들은 소매상보다는 그 규모가 크다. 셋째, 도매상들은 소매상과는 달리 다른 법적 규제와 세무상의 통제를 받는다.

6-2. 유통기능

유통기능은 〈표 13-1〉과 같다. 먼저 유통기관의 가장 중요한 기능은 교환과 물적 유통기능이다. 교환을 위해서는 실제로 제품이 소비자에게로 전달되어야 한다. 이러한 과정에서 구매와 판매, 수송과 보관의 활동이 이루어지게 된다. 조성기능은 교환과 물적 유통기능, 즉 주 기능이 원활히 수행되기 위한 부수적인 기능으로 표준화, 금융, 위험부담, 시장정보 기능들이 있다. 표준화는 유통기관들이 소비자를 대신하여 구매하고, 제조업자를 대신하여 판매하는 과정으로 제품이 생산지에서 소비지로 이동되어 가는 과정 또는 수집과 분산의 과정 중 소비자가 원하는 제품에 따라 구색을 갖추어 가는 활동이다. 생활에 필요한 상품, 제품들은 다양하다. 이런 다양한 상품들을 우리는 손쉽게 소매기관에서 구입할 수 있다. 즉, 소매기관은 여러 생산지의 많은 제조업자들이 만든 다양한 상품들을 소비자가 욕구에 맞게 구매하여 종류별, 상품별, 등급별로 진열해 놓은 것이다. 바로 이런 활동이 표준화이다.

유통기능은 도매기관과 소매기관이 대동소이하다. 이를 도매기능, 소매기능으로 분류하기보다는 전체적인 관점의 유통기능하에 도매 · 소매기관의 특징적인 기능을 언급하는 것이 효율적일 것이다. 수많은 소매기관들에게 공급자로서 상품을 제공해야 하기 때문에 도매기관의 수집과 분산기능은 소매기관에 비해 특징적이다. 소매기관은 최종소비자를 대상으로 하기 때문에, 즉 물리적 시장 그 자체이기 때문에 소비자의 욕구 변화 또는 시장정보에 가장 민감하다.

표 13-1 유통기능

주 기능	교환기능	구매 및 판매
	물적 유통기능	수송 및 보관
조성(보조) 기능	표준화	수집 및 분산, 구색화
	금융기능	기업금융, 소비자금융
	위험부담기능	상품의 물적 손상, 경제적 및 대손적 위험
	시장정보기능	시장정보의 수집, 분석, 해석, 전달

6-3. 유통기관의 유형

| 소매기관의 유형 |

소매기관은 대체로 점포의 유무로 나눌 수 있다. 대표적인 점포 소매기관은 〈표 13-2〉와 같다. 무점포 소매기관으로는 방문판매, 직접 마케팅, 자동판매기 등이 있다.

| 도매기관의 유형 |

일반적으로 도매상은 제조업자 도매상, 상인도매상, 브로커 및 대리인으로 대별된다.

표 13-2 소매기관의 종류

유형	내용
전문점	전문점이란 한정된 상품라인을 취급하지만, 그 상품라인 안에서는 다양한 브랜드를 취급하고 매우 깊이 있는 상품 구색을 갖춘 점포를 가리킨다. 예를 들어 의류, 서적, 화장품, 가전, 오디오, 스포츠용품 등의 상품에서 전문점들을 쉽게 발견할 수 있다. 앞으로 전문점들은 더욱 고급화될 것으로 예상되며, 백화점들과 치열하게 경쟁하게 될 것이다.
백화점	백화점은 하나의 건물 속에서 남녀 기성복 및 아동복, 실내장식품 등 주로 선매품을 중심으로 광범위한 소비자용품을 취급하되, 이들이 제품군으로 분류되고 각 부문마다 부문별 관리제도가 취해지고 있는 대규모 단일 소매점이다.
슈퍼마켓	슈퍼마켓이란 식료품 부분을 중심으로 한 고도로 부문별 조직화된 편의품의 대규모 저가격 소매점포이며, 셀프서비스를 실시하고 있는 단독경영의 대형 종합소매점이다.
양판점	양판상품이란 대량생산 시스템에 의해 생산된 상품으로서 평균적인 생활을 지향하는 대량시장을 대상으로 판매되는 상품이며, 일반적으로 저가격, 높은 회전율의 상품이다.
편의점	편의점은 24시간 영업을 통한 시간적인 편익, 편리한 입지를 통한 공간적인 편익을 제공한다. 대신 슈퍼마켓보다 비싼 가격과 한정된 상품 구색을 갖추고 있다. 편의점들 중에는 본사가 직영하는 것들은 소수이고, 대부분은 프랜차이즈 형태로 가입한 가맹점들이다.
할인점	할인점은 슈퍼마켓이 식료품 부문에서 이룩한 것처럼 내구소비재 분야에서 혁신적인 배급기능을 수행하게 된 것이다. 미국식 할인점은 식료품의 비중이 매우 낮다. 이것은 미국의 슈퍼마켓이 식료품에 관한 한 매우 강력한 경쟁력을 갖고 있기 때문이다.
하이퍼마켓	할인가격에 의한 판매와 셀프서비스, 그리고 창고판매와 같은 운영방식을 취하므로 슈퍼마켓 · 할인점 · 창고점이 결합된 하나의 변형적인 거대 소매기관이라고 볼 수 있다.
카테고리 킬러	전문점이 높은 수준의 서비스, 품위 있는 매장, 높은 가격을 갖고 있다면, 전문 할인점 또는 카테고리 킬러는 낮은 수준의 서비스, 평범한 매장, 낮은 가격을 갖고 있다. 다시 말해서, 상품라인이 카테고리 하나에 집중되어 있다.

제조업자 도매상

이 유형의 도매상은 독립적인 도매상이 아니라 제조업자에 의해 소유 · 운영되는 유형의 도매상을 의미한다. 이와 같은 유형의 도매상으로는 판매 지점(sales branch)이나 판매 사무소(sales office)를 들 수 있다. 제조업자는 재고통제와 판매 및 촉진관리를 향상시킬 목적으로 자신 소유의 판매 지점이나 사무소를 설치하게 된다. 판매 지점은 재고를 보유하고 있으며 목재업과 자동차장비 및 부품산업에서 흔히 이용하게 된다. 판매 사무소는 재고를 보유하지 않으며 건조상품과 실용잡화류 산업에서 자주 이용되고 있다.

상인도매상

상인 도매상(merchant wholesaler)은 자신들이 취급하는 상품의 소유권을 보유하고 제조업체 또는 소매상과는 독립된 사업체이다. 이러한 상인 도매상은 완전서비스 도매상과 한정서비스 도매상으로 대별된다.

- **완전서비스 도매상**: 완전서비스 도매상(full-service wholesales)은 재고유지, 판매원의 이용, 신용제공, 배달, 경영지도와 같은 종합적인 서비스를 제공한다. 이는 다시 도매상인과 산업분배업자로 구분이 된다. 도매상인은 일반적으로 소매상을 상대로 거래를 하고 소매상에게 최대한의 종합적인 서비스를 제공한다. 일반적으로 이들이 취급하는 제품계열의 폭은 매우 넓다. 일반 머천다이즈 도매상은 일반 머천다이즈 소매상과 단일계열 소매상 모두에게 제품을 제공한다. 일반계열 도매상은 소수의 상품계열을 깊이 있게 보유하고 있다. 예를 들면 의약품 도매상, 의류 도매상, 철물 도매상 등을 들 수 있다. 전문품 도매상은 한 가지 제품계열의 일부분만을 매우 깊이 있게 취급한다. 예를 들면, 건강식품 도매상, 자동차부품 도매상 등을 들 수 있다. 이들은 고객에게 보다 넓은 선택과 보다 많은 제품지식의 이점을 제공할 수 있다.

  산업분배업자(industrial distributor)는 소매상을 대상으로 제품을 공급하는 것이 아니라 제조업자에게 원료를 공급하는 도매상이다. 이들도 다른 유형의 도매상과 같이 재고유지, 신용판매, 배달 등의 서비스를 제공한다. 이들과 도매상인은 단지 거래하는 고객이 하나는 소매상이고 다른 하나는 제조업자라는 점에서 차이가 난다.
- **한정서비스 도매상**: 한정서비스 도매상(limited-service wholesales)은 그들의 고객에게 소수의 한정된 서비스만을 제공하는 유형의 도매상이다. 첫째, 현금무배달 도매상(cash and carry wholesalers)은 회전이 빠른 한정된 계열의 제품만을 소규모 소

매상에게 현금지불을 조건으로 판매를 하며 일반적으로 배달은 하지 않는다. 둘째, 트럭 도매상(drop shippers)은 트럭 중개상이라고도 하며 주로 판매와 배달기능을 중심으로 영업을 한다. 이들은 식료품을 중심으로 한 부패성이 강한 한정된 제품계열을 슈퍼마켓, 소규모 채소상인, 병원, 음식점, 호텔 등을 순회하면서 현금판매를 한다. 셋째, 선반 중개인(rack jobbers)은 일반적으로 비식료품 분야인 잡화류 및 의약품류 소매상을 대상으로 영업을 하며, 상점까지 트럭 배달을 해주고 배달원은 제품을 선반에 쌓아 놓는 역할까지 수행한다. 이들은 위탁판매를 하므로 제품의 소유권을 보유하고 최종소비자에게 판매된 제품에 한해서만 대금을 청구하므로 배달, 선반진열, 재고유지, 금융 등의 서비스를 소매상에게 제공한다.

브로커 및 대리인

브로커(broker)와 대리인(agent)은 그들의 상품에 대해 소유권을 보유하고 있지 않으며 단지 상품거래를 촉진시키는 역할만을 수행하고 있다. 그들의 주 기능은 상품매매를 용이하게 하고 그에 대한 대가로 판매가격 대비 일정수수료를 받는다.

브로커의 기능은 구매자와 판매자를 동일한 장소에 모이게 하여 거래협상을 도와주는 것이다. 이들은 재고유지, 금융, 위험부담을 하지 않고 그들을 고용한 측으로부터 일정액의 보수를 받는다. 흔히 볼 수 있는 예로는 부동산업자, 보험 및 증권업자 등이 있다.

대리인은 장기적인 기반 위에서 구매자나 판매자 한쪽을 대표한다. 대리인은 다음의 몇 가지 유형으로 다시 구분된다. 제조업자 대리인(manufacturer's agent)은 일반적으로 제품계열이 다른 3명 이상의 제조업자를 대표한다. 그들의 가격방침, 영업지역, 주문처리 결정, 배달 서비스, 품질보증 및 수수료 등에 관해서 공식적으로 합의한다.

제조업자 대리인은 의류, 가구, 전기제품 같은 제품계열에서 자주 이용되며 이들은 판매원을 고용할 수 없는 소규모 제조업자나 자사의 판매원이 접근하기 어려운 판매지역으로 진입하려고 하는 대규모 제조업자에 의해 고용된다.

판매대리인(selling agent)은 제조업자의 전 품목을 판매하기 위하여 계약상의 권한을 부여받는다. 제조업자가 판매기능에 관심이 없거나 능력이 없는 경우에 이 유형의 대리인이 고용된다. 판매 대리인은 실질적인 판매부서로서의 기능을 수행하므로 가격, 품목, 판매조건에 대해 상당한 영향력을 보유한다. 판매 대리인은 직물, 산업용 장비, 석탄, 화학제품 및 금속제품과 같은 분야에서 활동을 한다.

구매 대리인(purchasing agent)은 통상적으로 구매자와 장기적인 관계를 유지하면서 구매자를 대리하여 구입하고, 상품을 인수하고 검사하여 창고에 보관하고, 구매자에게 제품을 선적해 보내는 역할을 한다. 구매 대리인은 의류산업에서 자주 이용되는 유형의 도매상이다.

6-4. 유통기관의 마케팅 전략

| 소매기관의 마케팅 전략 |

소매상들은 표적시장의 소비자 욕구를 만족시키기 위해 소매기관 마케팅 믹스를 개발하여야 한다. 시장의 모든 소비자들이 유사한 기대수준을 보유하는 것이 아니기 때문에 소매점들은 자신이 가장 잘 만족시킬 수 있는 욕구를 가진 소비자들로 구성된 세분시장을 선별하여야 한다.

소매기관 마케팅 전략은 세 가지 부분, 즉 소비자의 기대, STP전략, 소매기관 마케팅 믹스로 나눌 수 있다. 먼저, 마케팅관리의 STP전략과 마찬가지로 시장세분화를 통한 표적시장을 선정해야 하고, 그 표적시장에서 소매기관이 어떻게 고객들에게 인식될 것인가, 예를 들어 고가 제품을 주로 취급하는 고급스런 이미지나 싼 가격의 제품을 주로 공급하는 점포, 또는 상품 종류가 다양하다는 점포 등의 포지셔닝을 결정해야 한다.

이러한 소매점포 STP전략을 세우기 위해서는 소비자의 기대를 제대로 알아야 하고, 적절한 소매점포 믹스를 통해 전략을 구사해야 한다. 소비자는 소매점포에 대해 입지와 시간 편리성, 점포 분위기, 상품, 가격, 정보와 상호작용, 서비스 등을 기대한다. 소매점포 믹스에는 입지(location, place), 머천다이징 및 서비스(product), 마진과 회전율(price), 촉진 및 서비스(promotion), 공급업자와의 관계(relationship) 등을 들 수 있다.

| 도매기관의 마케팅 전략 |

도매상들은 전체 소매상이나 산업재 구매사 모두를 대상으로 영업활동을 수행할 수는 없고, 자신들의 표적시장을 선정해야 할 필요성이 있다. 세분화의 기준으로는 규모기준, 고객의 유형, 서비스에 대한 수준 등을 들 수 있다. 표적시장을 선정함으로써 도매상들은 수익성이 있는 고객을 확인할 수 있고, 이들에게 강력히 소구함으로써 보다 나은 수익을 기대할 수 있다.

도매상들은 소매상에게 제공해야 할 제품구색과 서비스 수준을 결정하여야 한다.

도매상들은 그들이 취급하는 모든 제품계열의 구색을 갖추어야 하며, 갑작스런 주문에 대비하여 충분한 재고물량을 유지해야 하므로 수익성에 상당한 악영향을 미칠 수 있다. 따라서 도매상들은 얼마나 많은 제품계열을 취급해야 하는지를 검토하고 수익성이 높은 제품계열에 한정해 제품구색을 갖추어야 한다.

일반적으로 도매상에서 촉진은 상대적으로 중요성이 떨어진다. 왜냐하면 도매상은 최종소비자에 비해 상대적으로 소수인 소매상을 대상으로 영업을 하고 있기 때문이다. 그러나 시장에서의 경쟁이 치열해짐에 따라 도매상에 있어 촉진의 중요성 역시 증가되고 있는 실정이다. 따라서 도매상들은 자체적인 촉진 프로그램을 개발하여야 하고 제조업자가 제공하는 촉진물과 촉진 프로그램의 적극적인 활용이 필요하다.

도매상들은 최종소비자를 대상으로 영업활동을 하는 것이 아니기 때문에 점포입지는 그다지 중요하지 않다. 따라서 도매상들은 일반적으로 임대료가 저렴하고 세금이 낮은 지역에 위치하고, 사무실이나 물리적인 시설에 거의 투자하지 않는다. 오늘날 진보적인 도매상들은 자동화 창고를 개발함으로써 물품취급 절차와 비용을 개선하고 있으며, 또한 발전된 정보시스템을 이용하여 자사의 공급능력을 개선하고 있다.

MARKETING

14 통합적 마케팅 커뮤니케이션

제1절 커뮤니케이션 과정
제2절 커뮤니케이션 전략 수립
제3절 디지털 시대의 온라인 · 모바일 커뮤니케이션

학습목표

- ▶ 커뮤니케이션의 과정은 무엇인가
- ▶ 효과적 커뮤니케이션 프로그램 개발과정은 무엇인가
- ▶ 마케팅 커뮤니케이션 믹스를 어떻게 결정할 것인가
- ▶ 디지털 시대의 온라인 · 모바일 커뮤니케이션의 특징은 무엇인가

오늘날 기업의 마케팅 활동은 좋은 제품을 만들고, 제품의 가격을 매력적으로 책정하고, 제품에 대해 쉽게 접근할 수 있도록 하는 것 이상을 요구하고 있다. 기업은 현재와 잠재적인 이해관계자가 될 일반대중에게 자사 제품의 특징에 대해 커뮤니케이션해야 한다. 특히 대부분의 기업에게 궁금한 것은 커뮤니케이션 자체를 해야 하는가 말아야 하는가 보다는 오히려 무엇을, 어떻게, 언제, 누구에게, 얼마나 자주 커뮤니케이션해야 하는가다. 소비자는 수백 개의 케이블 및 위성 TV 채널, 수천 개의 잡지와 신문, 그리고 수백만 개의 인터넷 페이지에 노출되며, 이 중 어떤 것을 선택할지 결정해야 한다. 이와 함께 다양한 커뮤니케이션 수단을 동원한 통합적 마케팅 커뮤니케이션(IMC: Integrated Marketing Communication)의 중요성이 강조되고 있다..

아직까지도 상당수 기업들이 그들의 커뮤니케이션 목표를 성취하기 위해서 주로 한두 개의 커뮤니케이션 도구에 의존하고 있다. 그러나 대중 시장은 여러 소규모 시장으로 분할되고, 각 시장은 그 자체의 커뮤니케이션 방법을 필요로 하며, 또한 새로운 유형의 매체가 개발 · 보급되어, 점차로 소비욕구는 세분화되고 있다. 이와 같이 커뮤니케이션 도구, 메시지 및 청중들의 범위가 넓어짐에 따라, 기업은 통합적 마케팅 커뮤니케이션을 지향해야 하고, 이는 적절한 시기와 장소에서 최적의 메시지로 최적의 고객들에게 전달시킬 수 있기때문에 기업의 능력을 향상시킨다.

제1절 커뮤니케이션 과정

오늘날 판매 전, 판매시, 소비 및 판매 후 단계 동안 발생하는 기업과 자사 고객들 간의 상호작용적 대화로서 새로운 관점의 커뮤니케이션이 존재한다. 기업들은 자사가 전달하고 싶은 것을 고객들에게 어떻게 전달할 수 있는지, 또한 고객들의 여러 요구들이 자사에 제대로 전달되고 있는지에 대해 스스로 질문하고 해답을 내릴 수 있어야 한다.

마케터는 효과적인 커뮤니케이션의 기본 요소를 이해해야 한다. [그림 14-1]은 효과적인 커뮤니케이션의 9가지 핵심 요소를 나타내는 거시적 모델이다. 우선 송신자(sender)와 수신자(receiver)는 커뮤니케이션의 주요 당사자이며 미디어(media)와 메시지(message)는 중요한 커뮤니케이션 도구이다. 그리고 인코딩(encoding)-기호화, 디코딩

그림 14-1 커뮤니케이션 구성요소

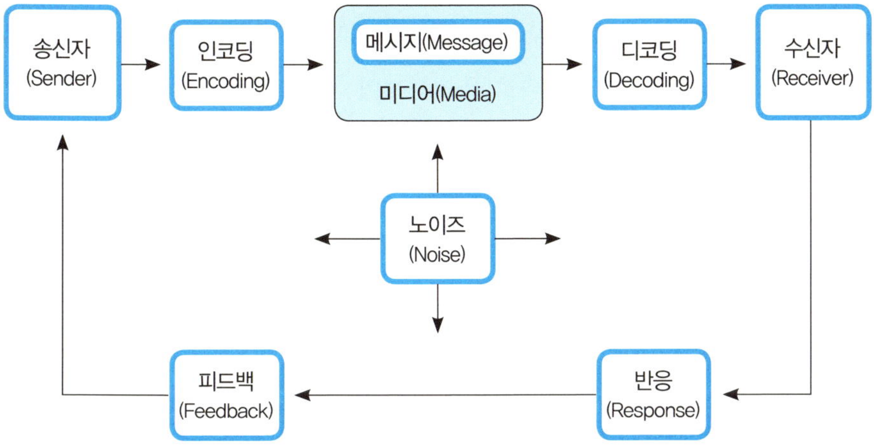

(decoding)–해독화, 반응(response), 피드백 (feedback)은 네 가지 커뮤니케이션의 주요 기능이다. 커뮤니케이션 과정의 장애물인 노이즈(noise)는 의도한 커뮤니케이션을 방해하는 경쟁적인 메시지나 우발적인 메시지를 의미한다.

효과적인 메시지가 되기 위해서 송신자들의 인코딩(기호화) 과정은 수신자의 디코딩(해독화) 과정과 조화를 이루어야 한다. 다시 말해, 송신자는 특정 유형(단어, 이미지, 소리 또는 움직임)으로 메시지를 표현해야 나중에 수신자가 송신자가 의도한 메시지를 다시 상기할 수 있다. 송신자는 표적 청중에게 도달하기 쉬운 미디어를 통해 메시지를 전송하고 그들의 반응을 모니터링하기 위한 피드백 채널을 개발해야 한다. 송신자의 경험영역이 수신자의 경험 영역과 겹칠수록 메시지는 더 효과적일 수 있다.

송신자가 해야 할 과업은 그 메시지가 수신자에게 전달되게 하는 것이다. 표적 청중들은 세 가지 이유 때문에 의도한 메시지를 받아들이지 못할 수도 있다.

1-1. 선택적 주의

주의(attention)는 마케팅 정보에 주목하는 과정이다. 소비자는 자신을 어떤 마케팅 정보에 의도적으로 노출시킨 경우 자연히 주의를 기울인다. 하지만 우연적으로 노출되었을 때 그 정보가 자신이 관여되어 있는 제품군에 대한 것이라면 상당히 주의를 기울일 것이고 그렇지 않다면 주의하지 않게 된다. 이러한 것을 선택적 주의(selective attention)라고 한다.

사람들은 하루 평균 1,600개의 상업광고 메시지에 노출되지만, 이러한 메시지 중에서 80개가 의식적으로 주시되고, 이 중 12개가 어떤 반응을 일으키도록 자극한다. 뿐만 아니라, 판매원의 외모나 제품 제시 방식에 따라 사람들의 시선을 유도할 수 있고, 대담한 표제의 광고가 왜 사람들의 주의를 끌 가능성이 높은가는 선택적 주의를 통해 설명될 수 있다.

1-2. 선택적 왜곡

수신자들은 그들의 신념체계에 맞는 것을 듣게 된다. 결국, 수신자는 별다른 의미가 없는 메시지에 어떠한 의미를 추가하거나(확대), 또는 메시지에 있는 의미를 주지하지 않을 수도 있다(수준화, 범주화). 즉, 의사소통자의 직무는 청중들로 하여금 주요 요점을 파악하도록 메시지의 간결성, 명료성, 흥미 및 반복을 추구하는 것이다.

1-3. 선택적 보존

사람들에게 도달되는 메시지 중 극히 일부분만 장기적인 기억으로 보존한다. 만약 그 목적물에 대해 수신자의 최초 태도가 긍정적이고 지지적인 입장이라면, 그 메시지는 수용될 가능성이 커서 높게 상기될 것이다. 또한 수신자의 최초 태도가 부정적이고 반대적인 입장이라면, 그 메시지는 거절될 가능성이 높지만 장기적 기억 속에 저장될 가능성도 높다.

제2절 커뮤니케이션 전략 수립

효과적인 커뮤니케이션 프로그램을 개발하려면 커뮤니케이션 캠페인이 달성해야 할 목표를 설정하는 것부터 시작하여 캠페인의 결과를 평가하는 것으로 끝나는 체계적인 프로세스를 따라야 한다. 효과적인 커뮤니케이션을 개발하는 주요 단계는 [그림 14-2]에 설명되어 있다. 마케터는 커뮤니케이션 목표 설정, 표적청중 선정, 커뮤니케이션 메시지 설계, 커뮤니케이션 채널 선택(미디어 결정), 커뮤니케이션의 창의적인

그림 14-2 커뮤니케이션 전략 수립

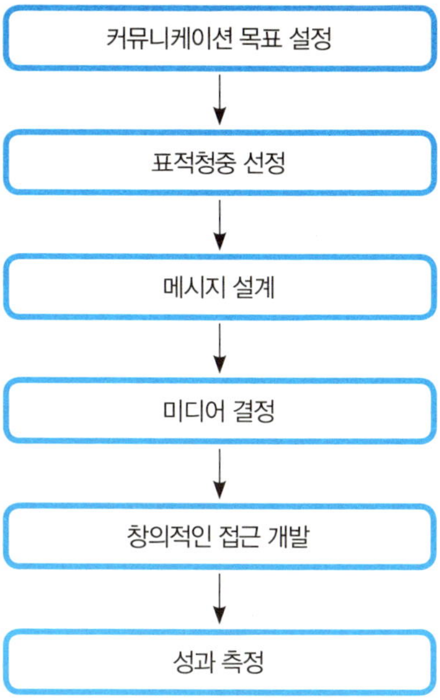

측면의 개발, 커뮤니케이션 효과성 측정 등을 관리하고 조정해야 한다.

2-1. 커뮤니케이션 목표 설정

커뮤니케이션 목표(communication objective)는 특정 기간 동안 특정 청중과 함께 달성해야 하는 특정 과제 및 성과 수준이다. 마케터는 표적청중들로부터 인지적 · 감정적(평가적) 및 행위적 반응을 추구할 수 있다. 즉, 마케터는 소비자의 마음속에 어떤 것을 주입하고, 소비자의 태도를 변화시키고, 소비자로 하여금 어떤 구체적인 행동을 하도록 하는 것을 커뮤니케이션 목표로 삼을 수 있다.

브랜드 및 제품 이미지 향상을 통한 가치 제고

마케팅 커뮤니케이션은 브랜드제품 · 서비스의 시장가치를 최대화함으로써 그들의 높은 판매신장을 촉진시키는데 궁극적인 목표를 두고 있다. 그러므로 마케팅 커뮤니케이션은 주로 브랜드 이미지와 제품 및 서비스의 이미지를 향상시키기 위한 목적의 브랜드 커뮤니케이션의 성격을 가져야 한다.

기업 이미지 제고

오늘날의 소비자들은 기업의 브랜드 커뮤니케이션에 의존해 제품 및 서비스를 구매하지는 않는다. 왜냐하면, 비록 특정 기업체가 생산 · 판매하는 제품 및 서비스의 품질이 우수하고 브랜드의 명성이 높다 하더라도, 비윤리적이고 사회적 책임에 소홀하다는 부정적인 이미지라면 해당 기업의 제품 및 서비스를 구매하지 않는 경향이 있기 때문이다. 따라서 브랜드 이미지와 기업 이미지가 상충되지 않고 상호 연계되어 시너지 효과를 얻기 위해서는 브랜드 커뮤니케이션과 기업 커뮤니케이션의 두 가지 활동을 상호 조정해야 한다.

기업 아이덴티티 확립

브랜드 커뮤니케이션과 기업 커뮤니케이션을 적절히 조정한 마케팅 커뮤니케이션은 소비자들과 대중들에게 기업 아이덴티티(corporate identity)를 심어 주고 필요한 정보를 전달함으로써, 사회로부터 좋은 기업이라는 인정을 받을 수 있게 된다. 결과적으로, 이러한 기업 아이덴티티는 해당 기업의 마케팅 성과를 포함한 전반적인 경영성과에 막대한 영향을 미치기 때문에 마케팅 커뮤니케이션 목표 중의 하나가 될 수 있다.

커뮤니케이션 예산 결정

커뮤니케이션 예산을 어느 정도 집행해야 하는가의 문제는 산업과 기업에 따라 상이하다. 화장품업계의 커뮤니케이션 비용은 매출액의 30~50%에 달하고, 산업기계류는 10~20%에 이른다. 특정 산업 내에서도 커뮤니케이션 비용은 기업마다 큰 차이가 있다. 기업들은 다음과 같은 네 가지 방법으로 커뮤니케이션 예산을 책정한다.

가용자원법

대부분의 기업들은 가용할 수 있다고 생각되는 금액만큼을 예산으로 책정한다. 모회사의 중역은 이 방법에 대해 다음과 같이 말한다. "예산 책정은 매우 단순하다. 우선 재무담당자를 방문하여 올해 촉진용으로 지출될 수 있는 금액이 얼마인가를 문의한 후 그 금액을 커뮤니케이션 예산으로 책정하는 것이다.

이 예산책정 방법은 판매액에 대한 커뮤니케이션의 단기적 영향 요소와 투자로서 커뮤니케이션의 역할을 완전히 무시하는 것이다. 이 방법을 사용하면, 매년 예산 책정액이 불명확하게 되어 시장에 대한 장기적인 커뮤니케이션 계획을 수립하는 데 어려움이 따르게 된다.

매출액 비율법

많은 기업들은 판매액 또는 판매가격에 대한 일정 비율에 따라 커뮤니케이션 예산을 책정한다. 한 철도회사의 중역은 "내년도의 커뮤니케이션 예산은 전년도 12월 1일에 결정한다. 이 날까지의 수익에 12월분 예상 수익을 가산한 금액의 2%를 신년도의 광고 비용으로 책정한다"고 말했다. 일반적으로 자동차회사들은 예상 판매가격의 일정비율로 촉진예산을 책정한다.

매출액 비율법의 장점은 다음과 같다. 첫째, 촉진비용이 자사의 자금사정에 따라 다르게 책정된다는 것이다. 이렇게 될 경우, 기업의 매출액은 경기변동에 따라 변하기 마련이고, 커뮤니케이션 예산은 경기변동과 매출액에 따라 결정된다. 둘째, 경영자들은 촉진비 용과 단위당 판매가격 및 단위당 이익 사이의 관계를 숙고할 수가 있다. 셋째, 경쟁기업들이 촉진에 동일한 판매액 비율로 책정하는 정도에 따라 경쟁적 안정을 가져올 수가 있다.

이러한 장점에도 불구하고 매출액 비율법의 단점은 다음과 같다. 첫째, 매출을 촉진의 결과로 보는 것이 아니라 원인으로 보는 논리상의 결함을 내포하고 있다. 따라서 이 매출액 비율법은 시장에서의 제품의 판매기회에 근거하기보다는 가용자금에 근거하여 예산책정을 하기 때문에 여러 촉진도구를 활용하기가 힘들어 적극적으로 촉진비용을 집행하기가 힘들어진다. 둘째, 촉진예산이 매년 변동하는 매출액을 근거로 책정되므로 장기계획 수립이 곤란하다. 예산책정의 비율선정에 논리적 기초가 결여되어 있으며, 자사가 과거에 실시했던 또는 경쟁사들이 현재 실시하고 있는 활동들만 고려될 뿐이다. 셋째, 이 방법으로는 각 제품별 및 지역별 예산을 책정하고, 이 예산들을 합계하여 총예산을 책정하는 것이 가능하지 않다.

경쟁사 기준법

몇몇 기업들은 경쟁사들의 촉진예산에 맞춰 자사의 촉진예산을 책정한다.

이 방법을 선호하는 측에서는 두 가지의 장점을 제시한다. 첫째, 경쟁사들의 촉진비용 지출과 예산은 그 산업의 현실과 수준이 반영된 것이라는 점이다. 둘째, 경쟁사간의 조화는 촉진전쟁을 방지해 준다는 점이다.

그러나 위의 두 가지 주장 모두가 타당성이 결여되어 있다. 즉, 촉진에 지출해야 할 금액에 대해 경쟁사가 자사 이상으로 잘 알고 있다는 것을 믿을 만한 어떤 근거도 없다. 또한 기업의 명성, 재원, 기회 및 목표는 기업마다 차이가 있으므로 경쟁사의 촉진 예산은 좋은 지침으로 사용될 수가 없다. 더욱이 경쟁사들의 평균수준에 맞춰 예산을 책정한다는 것이 촉진경쟁을 방지한다는 증거도 없다.

목표과업법

목표과업법이란 마케터가 자사의 특별한 목표를 정의하고, 이러한 목표를 달성하기 위하여 수행해야 할 과업을 결정한 후 이러한 과업을 수행하는데 소요되는 비용을 정함으로써 자사의 커뮤니케이션 예산을 책정하는 것이다. 목표과업법은 관리자가 촉진비용, 노출수준, 시용 구매율 및 정기적인 구매율의 관계에 대해 가정한 내용을 상세하게 검토해 볼 수 있는 장점이 있다.

주요 고려사항으로는 제품개선, 저가격 또는 더 양호한 서비스와 같은 대안적인 것에 관하여 촉진이 얼마나 많은 비중을 차지해야 하느냐이다. 따라서 제품이 제품수명주기상 어디에 위치하며, 그 제품이 동질적인 제품인가 또는 크게 상이한 제품인가, 그 제품이 정상적으로 필요한 제품인가 또는 고압적으로 판매되는 제품인가, 그리고 기타 다른 고려사항 등을 검토해야 한다.

2-2. 표적청중 선정

커뮤니케이션 과정은 표적청중(target audience)을 대상으로 해야 한다. 표적청중은 자사 제품의 잠재구매자, 현재의 사용자, 의사결정자, 또는 영향자일 수 있으며 개인, 집단, 특별한 공중, 또는 일반 대중이 될 수도 있다. 그 표적청중은 전달될 것, 전달되는 방법, 전달하는 시기, 전달되는 장소 및 전달하는 사람에 대한 의사전달자(기업)의 결정에 중대한 영향을 미치게 된다.

마케터는 표적청중으로 하여금 기업에 대한 호의적인 이미지를 갖도록 노력해야 한다. 이미지란 어떤 사람이 어떤 목직물에 대해 취하고 있는 신념, 아이디어 및 느낌의 일체이다. 어떤 목적물(제품 또는 기업)에 대한 사람들의 태도와 행동 조치는 그 목적물에 대한 청중들의 이미지에 따라 크게 좌우된다. 조직의 이미지를 개선하기 위해서는 많은 어려움이 따른다. 이미지는 조직체가 변화한 후에도 지속된다. 이렇게 이미지가 지속되는 이유는 어떤 목적물에 대해 사람들이 특정 이미지를 갖게 되면, 목적물과 이미지가 일관되고 일치된다고 지각하기 때문이다. 특히 사람들이 변화된 목적물을 계속해서 경험하지 않거나, 이전에 한번도 경험하지 않은 경우에, 이미 지의 지속성에 대한 의심을 가지게 되고, 또한 그들은 부정적인 정보를 쉽게 받아들이게 된다.

2-3. 메시지 설계

표적청중으로부터의 바람직한 반응을 결정한 후에 커뮤니케이션 담당자는 효과적인 메시지를 개발해야 한다. 이상적인 메시지는 우선 주의를 집중시키고 흥미를 자아내며, 욕망을 유발시키고, 행동으로 이끄는 것이다. 실제로 소비자를 인식으로부터 구매까지 유도하는 메시지는 거의 없다.

메시지를 조성하기 위해서는 네 가지 문제, 즉 ① 무엇을 전달할 것인가(메시지의 내용), ② 논리적으로 어떻게 전달할 것인가(메시지의 구조), ③ 상징적으로 그것을 어떻게 전달할 것인가(메시지의 양식), ④ 그것을 누가 전달할 것인가(메시지의 원천)를 해결해야 한다.

메시지의 내용

메시지 내용을 결정하는 경우, 경영자는 소구(어필), 주제 아이디어 또는 독특한 판매제안(unique selling proposition)을 탐색한다. 소구는 세 가지 유형, 즉 합리적 · 감정적 및 도덕적 소구로 구분될 수 있다.

첫째, 합리적 소구는 청중들의 자기 이익에 소구하는 것이다. 즉, 합리적 소구는 그 제품의 이점을 알려 주는 것이다. 예컨대 제품의 품질, 경제성, 가치, 성능 등을 강조하는 메시지가 이에 속한다.

둘째, 감정적 소구는 구매하도록 동기화하는 어떤 부정적 또는 긍정적 감정을 불러일으키는 것이다. 따라서 적절한 감정적 판매제안(emotional selling proposition)을 탐색해야 한다. 즉, 제품은 경쟁사의 것과 유사할 수 있지만, 촉진될 수 있는 독특한 연상 관계를 가질 수 있다. 커뮤니케이션 담당자들은 사람들로 하여금 해야 할 것(양치질, 정기 건강진단)과 하지 말아야 할 것(흡연, 과음, 약물남용, 과식)을 부각시키기 위하여 공포심, 죄의식, 수치심 등과 같은 부정적인 소구를 이용한다. 두려움 소구는 원천의 신뢰성이 높은 경우 그리고 그 커뮤니케이션이 그 메시지에 의해서 발생되는 두려움이 믿을 만하고, 또한 효율적인 방법으로 없앨 수 있다는 것을 약속하는 경우에 보다 효과적이다. 사랑, 유머, 긍지 및 기쁨과 같은 긍정적인 감정적 소구를 사용할 수도 있다. 유머스 러운 메시지에 대한 지지자들은 유머스러운 메시지가 더 많은 주의를 끌 수 있으며, 광고주들이 메시지에 대한 호의와 신념을 가질 수 있다고 주장한다. 그러나 유머스러운 메시지는 핵심적 내용이 잘 이해되지 않거나 유머로 인해 상쇄될 수 있고, 쉽게 식상할수 있으며, 제품의 격을 떨어뜨릴 수도 있다고 반대자들은 주장한다.

셋째, 도덕적 소구는 무엇이 옳고, 적절한 것인가를 청중들의 의식에 호소하는 것이다. 이러한 소구는 사회적 대의를 사람들로 하여금 지지하도록 하는 데 자주 사용된다.

어떤 광고주들은 메시지가 청중들이 믿고 있는 것과 적절하게 일치하지 않을 경우, 가장 설득적이라고 믿는다. 청중들이 믿고 있는 것만을 제시하는 메시지는 기껏해야 청중의 신념만을 강화하게 한다는 것이다. 그러나 메시지가 청중들의 신념과 너무나 차이가 있다면, 그 메시지는 그 청중들의 마음과 반대적 입장을 취하게 되어 믿지 않게 된다.

메시지의 구조

메시지의 효과성은 그 내용뿐만 아니라 구조와도 관련되어 있다. 예일 대학 교수인 Hovland의 연구는 결론 제시, 단면적 또는 양면적 주장 및 제시의 순서에 대한 관계와 메시지 내용에 대한 개념을 제시하였다.

첫째, 결론의 제시는 의사소통 담당자가 그 청중들에게 분명한 결론을 제시할 것인가, 또는 청중들에게 맡겨 둘 것인지에 관한 문제이다. 초기의 실험들은 청중들을 위해 결론을 제시하는 것이 청중들로 하여금 결론을 내리도록 하는 것보다 더 효과적임을 지지하였다. 결론 제시는 커뮤니케이션 담당자가 신뢰성이 없는 것처럼 보인다거나 또는 문제가 너무 간단하거나, 지나치게 개인적인 경우에 부정적인 반응을 일으킬 수 있다.

둘째, 단면적 주장 또는 양면적 주장은 의사소통 담당자가 자사의 제품을 단지 자랑해야만 하느냐, 아니면 제품의 단점도 알려 주어야 하느냐의 문제이다. 어떤 사람은 어떤 제품을 자랑하는 단면적 주장이 그 제품의 단점을 알려 주려는 양면적 주장보다 효과적이라고 생각한다. 그러나 어떤 특별한 상황, 특히 어떤 부정적인 연관성이 극복될 수 있는 경우에는 양면적 메시지가 보다 적절할 수도 있다.

셋째, 제시의 순서는 강조점을 초반부에 또는 후반부에 제시할 것이냐의 문제이다.

단면적인 메시지의 경우, 초반부에 강력한 주장을 제시하는 것은 주의와 관심을 끌 수있는 이점을 가지고 있다. 즉, 이러한 것은 청중들이 그 전체 메시지에 주의를 기울이지 않는 신문이나 다른 매체에 중요하다. 그러나 매혹된 청중의 경우, 분위기적인 제시가 보다 효과적이다. 양면적 메시지의 경우, 그 청중이 처음부터 반대한다면, 커뮤니케이션 담당자는 상대방측의 주장에 따라 시작하는 것이 현명하다. 이것은 그 청중을 진정 시켜서 스스로 자기의 강한 주장으로서 결론을 짓도록 하는 것이다.

메시지의 양식

메시지에 대한 어떤 강력한 양식을 개발하여야 한다. 인쇄광고의 경우, 커뮤니케이션 담당자는 표제어, 문안, 도안, 색상 등을 결정해야 한다. 만약에 그 메시지가 라디오를 통해서 전달되는 경우라면, 커뮤니케이션 담당자는 신중하게 단어, 음의 특성(속도, 리듬 고 · 저, 명료도), 발음(쉼, 한숨, 하품) 등에 주의를 해야 한다. 예컨대, 중고차를 광고하는 경우 출연자의 목소리는 새 차를 광고하는 경우의 그것과는 달라야 하는 것이다. 만일 메시지가 TV나 사람을 통해서 전달되는 경우 앞에서 제시한 모든 요소뿐만 아니라 출연자의 동작(비언어적 단서)도 사전에 계획되어야 한다. 즉 얼굴 표정, 제스처, 의복, 자세, 머리 모양 등에도 주의해야 한다. 그 메시지가 제품이나 제품포장에 의해서 노출되는 경우라면, 커뮤니케이션 담당자는 색상, 질감, 향기, 모양 및 크기 등에 세심한 주의를 기울여야 한다.

메시지의 원천

매력적이거나 인기 있는 원천에 의해서 전달되는 메시지는 표적청중들의 주의를 끌거나 상기될 수 있어야 한다. 때문에 유명인사, 연예인, 스포츠 선수 등을 자주 사용한다.

유명인사들은 그들이 중요한 제품속성을 의인화하는 경우에 효과적일 가능성이 있다.

중요한 것은 이들이 신뢰성이 있어야 한다는 것이다. 신뢰성이 아주 높은 원천에 의해서 전달되는 메시지는 보다 설득적이다. 제약회사들은 의사들이 높은 신뢰성을 가지고 있기 때문에 의사들이 자사 제품의 이점을 증명해 주기를 바란다.

자주 확인되는 세가지 요인은 전문지식, 신뢰성 그리고 호의성이다. 첫째, 전문지식이란 커뮤니케이션 담당자가 소유한 것처럼 보이는 전문적인 지식으로서 주장을 뒷받침하는 것이다. 둘째, 신뢰성은 그 원천이 얼마나 객관적이며, 정직하다고 지각되느냐에 관련되는 것이다. 타인 또는 판매원보다는 가족이나 친구를, 또한 제품을 보증 · 선전하는 데 돈을 받지 않은 사람이 돈을 받은 사람보다 더 신뢰적이라고 생각한다. 셋째, 호의성이란 청중들에 대한 그 원천의 매력성이다. 공정함, 유머, 자연스러움과 같은 특성은 그 원천을 보다 호의적 으로 만든다.

2-4. 커뮤니케이션 미디어 결정

기업은 마케팅 커뮤니케이션 예산을 광고, 온라인 및 소셜 미디어, 모바일 커뮤니케이션, 직접 마케팅, 이벤트 및 경험, 구전, 홍보 및 공중관계, 인적 판매 및 패키징 등 9가지 주요 커뮤니 케이션에 할당해야 한다. 같은 산업 내에서도 기업들은 미디어 및 채널 선택에서 상당한 차이 를 보일 수 있다. Avon은 커뮤니케이션 예산을 인적 판매에 집중한 반면, Rerlon은 예산을 주로 광고에 집중했다. Blectrolux는 몇 년 동안 방문 판매 인력에게 많은 돈을 썼지만, Hoover는 광고에 더 많이 의존했다.

기업은 항상 하나의 커뮤니케이션 도구를 다른 것으로 대체하여 효율성을 얻을 수 있는 방법을 모색한다. 예를 들면, 많은 사람들이 현장 판매 활동을 광고, 직접 우편, 텔레마케팅으 로 대체하고 있다. 이처럼 커뮤니케이션 도구 간의 대체성은 왜 마케팅 기능이 조정되어야 하 는지 설명해 준다.

커뮤니케이션 믹스의 정의

고객과의 커뮤니케이션은 광고에 국한되지 않는다. 고객은 온라인 클럽과 소비자 커뮤니티, 박람회, 이벤트 마케팅, 스폰서십, 공장 방문, P · R 및 보도 자료, 사회적 대의 마케팅 (social cause marketing) 등 다양한 접점을 통해 브랜드에 대해 알게 된다. 기업은 타켓 청중에게 가치 제안을 효과적으로 전달하기 위해 다양한 매체 및 접점에 걸친 통합적 마케팅 커 뮤니케이션(integrated marketing communication) 캠페인을 개발해야 한다.

커뮤니케이션 수단별 특성

통합된 마케팅 활동은 얼마나 효과적이고 효율적으로 브랜드 인지도에 영향을 미치고, 브 랜드 연상과 이미지를 창출하고, 유지하고, 강화했는지에 따라 평가받게 된다. 자동차 브랜드 Volvo의 경우 안전성이라는 브랜드 연상을 강화하기 위해 연구개발에 투자를 하고, 광고, 홍 보, 그리고 다른 여러 커뮤니케이션 전략을 활용함과 동시에 활동적이고, 현대적이며, 최신의 이미지를 형성하기 위해 여러 가지 이벤트를 후원했다.

커뮤니케이션 믹스 표적청중들에게 기업과 브랜드 및 제품을 알리기 위해 다양한 커뮤니케이션 방법을 활용한다. 가장 흔한 커뮤니케이션 방법으로는 광고, 온라인과 소셜 미디어 커뮤니케이션, 모바일 커뮤니케이션, 직접 마케팅, 이벤트와 경험, 구전, 홍보와 P · R, 인적 판매, 그리고 패키징이 있다. 이러한 커뮤니케이션 방법의 주요한 특징은 다음과 같다.

- **광고**(advertising)는 인쇄 매체(신문, 잡지, 브로슈어, 책, 전단, 디렉토리), 방송 매체(라디오, TV), 네트워크 매체, 디스플레이 매체(광고판, 간판, 포스터, 겉포장, 포장 부속품, 광고 전단지, 구매시점 홍보) 등을 통해 상품, 서비스, 아이디어를 유료로 비대면 홍보하는 것이다. 광고는 제품에 대해 장기적인 이미지를 구축하거나(ex. Coca-Cola 광고) 빠른 매출을 촉진하기도 한다(ex. Macy's 백화점의 주말 세일 광고). TV와 같은 매체의 경우 많은 예산이 필요한 반면, 온라인 타깃광고의 경우는 비교적 적은 예산이 소요되기도 한다. 대중매체에 광고를 한다는 것만으로도 매출에 긍정적인 영향을 미칠 수 있다. 왜냐하면 소비자는 광고가 많이 되는 제품은 좋은 품질을 가지고 있다고 믿는 경향이 있기 때문이다.
- **온라인과 소셜 미디어 커뮤니케이션**(online and social media communication)은 온라인 활동이나 프로그램에 소비자나 잠재 소비자를 참여시키고 직접 또는 간접적으로 제품이나 서비스의 인지도를 높이거나, 이미지를 향상하거나, 매출을 증대시킨다(웹사이트, 이메일, 검색 광고, 디스플레이 광고, 회사 블로그, 제3자 챗룸, 포럼, Facebook, Twitter, YouTube 등). 이처럼 온라인 마케팅과 온라인 메시지는 적극적으로 온라인에서 정보를 찾거나, 단순히 온라인에서 시간을 보내는 소비자들과 상호작용할 수 있는 다양한 형태를 가지고 있다.
- **모바일 커뮤니케이션**(mobile commucication)은 소비자들의 휴대폰, 스마트폰, 또는 태블릿에 메시지를 보내는 온라인 커뮤니케이션(문자메시지, 온라인 커뮤니케이션, 소셜 미디어 커뮤니케이션)의 특별한 형태다. 온라인 마케팅과 소셜 미디어 마케팅은 점점 더 스마트폰이나 태블릿과 같은 모바일 기기에 의존하고 있다. 이러한 모바일 커뮤니케이션은 소비자가 언제 어디에 있는지를 반영하고 시간에 민감하며, 메시지가 소비자들의 손 끝에 있다는 점이 중요한 특징이다.
- **직접 마케팅**(direct marketing)은 특정 소비자나 잠재 소비자와 직접적으로 커뮤니케이션하 거나 이들의 반응이나 대화를 이끌어내기 위해 우편, 전화, 이메일, 온라인 메시징 및 직접 대면을 활용하는 방법이다. 빅데이터 분석을 활용하여 마케터는 소비자에 대해 더 많이 알 수 있는 기회가 있으며, 이를 바탕으로 소비자에게 직접적이면서 적합한 커뮤니케이션을 할 수 있게 되었다.
- **이벤트와 경험**(event and experience)은 소비자와 브랜드 간의 상호작용을 이끌어내기 위해 마케터가 후원하는 활동이나 프로그램을 말한다. 스포츠, 예술, 엔터테인

먼트, 페스티벌, 공장 투어, 기업 박물관, 거리 이벤트뿐 아니라 대의를 위한 이벤트(event for causes)와 비 공식적인 행사를 모두 포함한다. 이벤트와 경험은 소비자를 많이 참여시키고, 마케터의 의도를 직접적으로 드러내지 않는다면, 간접적인 판매를 촉진한다는 점에서 장점이 많다.

- **구전**(word of mouth)은 정보가 사람들 간에 구두로 전달되는 것을 말한다. 소셜 미디어 역 시 구전의 일종인데, 온라인에서 일어나고, 당사자 외에 다른 사람들이 그 내용을 볼 수 있다는 점에서 다르다. 마케터는 자연스럽게 발생하는 입소문에 영향을 줄 수 있으며, 소비자를 참여시킬 만한 메시지를 만들어내어 기업의 제공물과 관련된 입소문을 생성하기도한다.
- **홍보와 P · R**(publicity and public relations)는 기업 내부적으로는 직원들, 대외적으로는 소비자, 다른 회사, 정부, 미디어에 기업의 이미지를 보호하거나 홍보하는 활동과 회사 제품과 관련된 다양한 커뮤니케이션[언론보도, 연설, 세미나, 연간보고서, 기부, 출판, 지역 사회와의 관계, 로비활동, 정체성 미디어(identity media), 사보 등]을 포함한다. 마케터는 홍보와 P · R을 과소평가하는 경향이 있지만, 소비자가 기업에 대해 가지고 있는 잘못된 인식을 바꾸려 할 때, 다른 커뮤니케이션 믹스와 잘 통합하여 고안한 홍보와 P · R 활동은 효과적일 수 있다. 홍보와 P · R 활동은 높은 신뢰도에 바탕을 두고 있다. 홍보 활동으로 생성된 뉴스 기사나 특집 기사는 소비자에게 광고보다 더 진정성과 신뢰도를 줄 수 있기 때문이다..
- **인적 판매**(personal selling)는 판매자가 구매자를 잘 설득하여 제품이나 서비스를 사도록 하는 과정이다. 인적 판매는 보통 면대면 커뮤니케이션을 통해 이루어지며, 판매자(영업 사원)의 설득 능력이나 기술이 중요한 경우가 많다. 인적 판매는 다음 두 가지 형태 중 하나로 진행된다. 소매점에서 제품에 대해 궁금해하는 잠재 소비자와 영업사원이 만나거나, 영업사원이 제품에 대해 알 수 있도록 직접 마케팅을 하는 경우다.
- **패키징**(packaging)은 구매시점(point-of-purchase)에 소비사가 의사결정을 내리는 경우에 매우 유효한 커뮤니케이션 방법이다. 제품 패키징의 스타일, 모양, 색깔, 매장 인테리어, 그리고 기업의 문구류(봉투 등) 등이 구매자에게 기업에 대한 이미지를 전달하며, 이들이 기업에 대한 인상을 더 강화할 수도 있고, 약화할 수도 있다.

2-5. 창의적 접근 개발

커뮤니케이션 캠페인의 영향력은 무엇을 말하고자 하는가 뿐만 아니라, 어떻게 말하느냐가 더 중요하다. 또한, 창의적인 실행이 결정적일 수 있다.

메시지 소구 결정

커뮤니케이션의 효과성은 메시지 콘텐츠뿐 아니라 메시지가 표현되는 방법에 달려 있다. 만약 커뮤니케이션이 효과적이지 않다면, 잘못된 메시지가 전달되었거나, 적절한 메시지이지만 부실하게 표현되어서 그럴 수 있다. 마케터는 전달하고자 하는 메시지를 효과적인 메시지로 바꾸기 위해 여러 가지 창의적인 전략을 활용한다.

- **정보적 소구**(informational appeal)는 제품이나 서비스의 특징, 장점을 자세히 설명하는 것이다. 예로는 문제 해결 광고, 제품 비교 광고, 유명인이나 전문가의 추천 광고가 있다. 정보적 소구는 소비자들이 이성적으로 메시지를 프로세싱한다는 가정을 하므로, 논리와 근거가 중요하다.
- **변형적 소구**(transformational appeal)는 제품과 상관없는 혜택이나 이미지를 설명하는 것이다. 특정 브랜드를 사용하는 소비자를 묘사하기도 하고, 제품 사용으로 나타나는 경험을 보여주기도 한다. 변형적 소구는 종종 소비자들의 구매하고자 하는 감정을 자극하기도 한다. 마케터는 공포, 죄책감, 수치심 등과 같은 부정적인 소구를 함으로써, 사람들이 양치질을 하거나, 정기적인 건강검진을 받는 등의 행동을 하게 만들기도 하며, 흡연, 알코올 남용, 과식 흥과 같이 행동을 멈추게 하기도 한다. 공포 소구(fear appeal)는 너무 강하지 않고, 원천이 신 뢰가 갈 때, 그리고 믿을 수 있고 효율적인 방법으로 제품이나 서비스가 그러한 공포를 없애줄 것이라고 약속하는 경우에 가장 효과적이다.

마케터는 유머, 사랑, 자부심, 기쁨과 같은 긍정적인 감정 소구(emotional appeal)를 하기도 한다. 귀여운 아기들, 활기찬 강아지들, 유명한 음악, 자극적인 섹스 어필과 같이 동기부 여하거나, 관심을 이끌어내는 장치가 청중들의 관심을 이끌고 광고에 대한 관여도를 높이기 위해 사용되기도 한다.

메시지 소스 선택

메시지 소스의 신뢰성은 메시지 수용에 중요한 요소이다. 신뢰성의 세가지 중요한 특징은 전문성, 믿음, 호감도이다. 전문성은 광고 메시지를 뒷받침할 수 있는 커뮤니케이터가 가지고 있는 전문적인 지식이다. 믿음은 원천이 얼마나 객관적이고 정직하게 보여지느냐를 반영한다. 친구는 제3자나 영업사원보다 더 믿음이 가며, 마케터로부터 수수료 등을 지불받은 사람보다 그렇지 않은 사람이 더 믿음이 간다. 호감도는 원천의 매력도인데, 주로 솔직함, 유머, 자연스러움으로 측정된다. 전문적이고, 믿음이 가며, 호감도가 높은 원천에 의해 전달된 메시지는 소비자들의 높은 주목과 기억을 끌어내며, 이것이 광고주들이 유명인을 커뮤니케이터로 활용하는 이유이기도 하다.

창의적 실행 개발

창의적인 결과물에 대해 논의하는 실용적인 도구는 Kellogg School of Management의 광고 전문가인 Derek Rucker에 의해 개발된 ADPLAN 프레임워크를 활용한다. ADPLAN의 첫 글자는 다음의 6가지 차원을 설명한다.

- **주목**(attention)은 광고가 표적청중에게 흥미를 얻을 것이냐를 나타낸다. 이것은 초기의 주목을 얻는 것뿐 아니라 지속적으로 흥미를 이끌어내느냐까지를 모두 포함한다. 예를 들면, 한 소비자가 YouTube의 광고 건너뛰기 버튼을 5초 후 누른다면, 그 광고는 충분한 주의를 끄는데 실패한 것이다. 여러 브랜드들은 소비자가 끝까지 볼 수 있도록 하는 창의적인 콘텐츠를 활용함으로써 이 문제를 해결하고자 한다.
- **구분**(distinction)은 광고가 일반적인 또는 광고하는 제품 카테고리 내 다른 광고들과 차별화된 주제, 콘텐츠, 또는 창의적인 기법을 활용하느냐를 평가하는 것이다. 예를 들면, 유명한 Apple의 1984년 슈퍼볼 광고는 비록 한 번만 방송되었지만, 차별화된 광고기법과 주목도로 엄청난 명성을 얻었다. 반면, 많은 자동차 광고들은 서로 겹치는 기법을 많이 활용하고 있다.
- **포지셔닝**(positioning)은 광고가 브랜드를 알맞은 범주에 위치시키고, 브랜드의 강력한 장점을 제공하며, 고객이 메시지를 믿을 수 있는 이유를 제공하는 브랜드의 장점을 고정화하는 것이다. 이 차원은 기업의 이상적인 포지셔닝이 잘 전달되는지를 확인하는 것이다. Old Spice는 캠페인을 통해 현재 살 수 있는 가장 남성적인 바디워시라는 점을 강조하며 포지셔닝에 성공했다
- **연결**(linkage)은 표적청중이 광고를 기억하느냐 하는 것이다. 종종 광고의 창의적 실

행은 표적청중이 그 광고를 보았다는 것을 기억해 낼 만큼 충분하지 않은 경우가 있다. 창의성과 메시지 사이의 강력한 연결은 목표 고객이 그 브랜드를 기억해 낼 수 있도록 한다. 예를 들면, 고객이 광고는 기억하지만, 메시지는 기억하지 못하는 경우가 있다. 오랫동안 Ameriquest Mortgage는 슈퍼볼에 광고를 했고 소비자들은 그 광고를 좋아했지만, 그 브랜드가 무엇인지는 정확하게 기억하지 못했다.

- 증폭(amplification)은 광고에 대해 긍정적이냐 부정적이냐를 나타낸다. 브랜드는 통상적으로 표적청중으로부터 긍정적인 생각을 끌어내기 위해 노력한다. 긍정적인 생각의 증폭은 매우 중요하다. 왜냐하면 긍정적인 생각은 호의적인 태도를 형성하고, 궁극적으로는 구매를 끌어내기 때문이다.
- 순자산(net equity)는 광고가 얼마나 브랜드 자산과 형성된 연상에 부합하는지와 관련이 있다. 예를 들면, BMW의 새로운 광고는 고성능이라는 브랜드 자산을 위협하거나 훼손하지 않는 것을 목표로 한다.

ADPLAN은 광고의 전략적인 가이드를 주지만, 각각의 차원은 실제로 측정이 가능하다. 따라서 이 ADPLAN 프레임은 광고와 관련된 더 심도있는 토론을 이끌어내야 하며, 동시에 측정하고 테스트할 수 있는 방향으로 가야 할 것이다.

2-6. 커뮤니케이션 성과 측정

대개의 광고주들은 캠페인에 대한 커뮤니케이션 효과, 즉 광고의 인지, 숙지 및 선호에 대한 잠재적 효과 및 판매 성과를 측정하고자 한다.

| 커뮤니케이션 효과 조사 |

커뮤니케이션 효과 조사란 광고가 효과적으로 커뮤니케이션되고 있느냐를 조사하는 것으로서 문구실험(copy testing)이라고 한다. 광고가 실제 매체에 시행되기 전에 시험할 수도 있고, 인쇄가 되거나 방송이 된 이후에 시험할 수도 있다. 사전광고 시험에는 [표 14-1]과 같이 세 가지 방법이 주로 사용된다.

| 판매효과 조사 |

기업들은 일반적으로 자사가 광고에 과다지출 또는 과소지출을 하는가를 파악하는 데

표 14-1 사전광고 시험

조사	내용
직접 등급법 (direct rating method)	소비자에게 대안적인 광고를 노출시키고, 그 광고를 평가하도록 요청하는 것이다. 이러한 직접 등급법은 광고의 주의, 구독, 인지, 감정적 및 행동적 강점을 평가하기 위해서 사용된다. 광고의 실제적인 효과에 대한 불완전한 측정법이기는 하지만, 잠재적으로 보다 효과적 광고인 경우에는 높은 등급점수가 나온다.
포트폴리오 시험	이 방법은 각 소비자에게 여러 가지 광고물을 나누어 주고 그가 필요한 만큼 보고 듣게 한다. 그 다음 보았던 것에 대해 응답자들에게 묻거나, 모든 광고 또는 그 내용을 상기하도록 하는 것이다. 이 때 면접자가 도와 줄 수 있고 도와 주지 않을 수도 있다. 응답자들의 상기수준은 어떤 광고물이 뚜렷하게 부각되는가, 또한 그 메시지가 어느 정도 이해되고 기억되는가의 광고능력을 나타낸다.
실험실 시험	소비자의 광고물에 대한 심리반응, 즉 맥박, 혈압, 안구 움직임, 긴장도 등을 측정하기 위해 장비를 사용하는 방법이다. 이 시험방법은 광고에 대한 주의집중능력을 측정하는 것으로 신념, 태도 또는 의도에 대한 광고의 효과에 대해서 어느 것도 밝힐 수가 없다.

관심이 많다. 광고의 판매효과는 커뮤니케이션 효과보다도 일반적으로 측정하기가 어렵다. 왜냐하면 판매는 광고 이외의 다른 많은 요소인 제품 특성, 가격, 구매 용이성, 경쟁사의 조치 등에 영향을 받기 때문이다. 이러한 영향요인들이 적거나, 통제 가능성이 높을수록, 광고의 판매에 대한 효과를 측정하기가 용이해진다. 판매영향은 직접 마케팅 상황에서 측정하기가 가장 쉽고 상표나 기업 이미지 제고 광고를 측정하기가 가장 어렵다.

조사자들은 과거자료 분석법이나 실험자료 분석법을 이용하여 판매에 대한 영향을 분석하려고 한다. 과거자료 분석법(historical approach)이란 고급 통계기법을 이용하여 과거의 매출액과 과거의 광고비를 연관시켜 해석하는 것이다. 실험자료 분석법은 광고예산을 지역적으로 할당하는 경우에 시장규모, 광고반응, 매체효율성, 경쟁상태, 이익률의 지역적 차이를 고려하는 방법이다.

일반적으로 커뮤니케이션 효과를 측정하기 위해서만 집착하지 않고, 광고비의 판매효과를 측정하려는 기업이 점차 증가하고 있다.

제3절 디지털 시대의 온라인 · 모바일 커뮤니케이션

디지털 미디어의 등장은 마케터가 소비자 및 잠재 소비자와 소통할 수 있는 다양한 방법을 제공한다. 이러한 다양한 커뮤니케이션 방법은 세 가지 범주로 분류할 수 있다. 첫째, 페이드 미디어(paid media)로 TV, 잡지, 디스플레이 광고, 검색 광고, 스폰서십과 같이 광고나 브랜드를 노출해 주는 대가로 기업이 비용을 지불하는 커뮤니케이션 방법이다. 둘째, 온드 미디어(owned media)는 기업이 실제로 소유하고 있는 커뮤니케이션 채널로 기업의 브로슈어, 제품 패키징, 기업의 웹사이트, 블로그, Facebook, Twitter와 같은 채널이다. 셋째, 언드 미디어 (earned media)는 소비자, 언론, 또는 다른 외부인들의 자발적인 입소문, 구전 마케팅을 통해 브랜드에 대해서 커뮤니케이션하는 방법이다. 특히 소셜 미디어가 이러한 언드 미디어에서 중요한 역할을 한다.

미국 소비자가 미디어를 사용하는 전체 시간 중 절반이 넘는 시간을 온라인에서 보내고 있다. 인터넷 사이트 방문자들은 얼마나 쉽게 쓸 수 있으며 얼마나 매력적인가로 사이트의 성능을 판단한다. 사용하기 쉽다는 것은 콘텐츠가 쉽게 이해되고, 사이트를 돌아다니기 쉽다는 것을 의미한다. 매력적이라는 것은 사이트의 심미적인 부분이 있는지, 즉 사이트의 전체적인 구성, 글자체, 그리고 컬러 조합이 어떠한지를 포함한다.

3-1. 소셜 미디어

디지털 마케팅의 중요한 부분은 소셜 미디어이다. 소셜 미디어는 소비자가 텍스트, 이미지, 오디 오, 비디오 정보를 다른 사람, 기업과 공유할 수 있는 수단이며, 그 반대의 경우도 마찬가지다. 소셜 미디어는 그 어느 때보다 소비자로 하여금 브랜드에 대해 더 깊고 넓게 참여하도록 한다. 마케터는 의욕적인 소비자들을 생산적으로 참여시키기 위한 모든 방법을 사용해야 한다.

| 온라인 커뮤니티와 포럼 |

온라인 커뮤니티와 포럼에는 여러 가지 형태와 규모가 있다. 대부분은 기업과 관련이 없으며 비상업적인 소비자나 소비자단체에 의해 만들어진다. 그 외 다른 것은 기업으로부터 후원을 받으며, 회원들이 회사의 제품이나 브랜드와 관련된 특별한 관심사에 대해 게시물, 문자메시지, 채팅 토론 등을 통해 회원들끼리 소통하거나 기업과 소통한다. 이러한 온라인 커뮤니티와 포럼은 중요한 정보를 수집하고 전달하는 여러 가지 기능을 하며 기업에게 매우 중요한 자원이 될 수 있다.

온라인 커뮤니티 성공의 핵심요인은 커뮤니티 회원들과의 유대를 형성하는 개인 또는 그룹의 활동을 만들어내는 것이다. Apple의 경우 제품라인이나 사용자 유형(일반 소비자 또는 전문가)에 따라 매우 많은 커뮤니티 그룹을 만들어 운영하고 있다. 이러한 커뮤니티는 소비자가 제품 보증 기간이 만료된 후에 제품에 대해 정보를 얻는 주된 원천이기도 하다.

온라인 커뮤니티와 포럼의 양방향 정보 흐름은 기업에게 매우 유용하고 얻기 어려운 소비자에 대한 정보와 통찰을 제공한다. LEGO는 팬들이 정식 제품으로 출시된 디자인을 만들어보고 투표할 수 있게 함으로써 제품 아이디어를 크라우드 소싱하기 시작했다. LEGO의 글로벌 크라우드 소싱 플랫폼은 매우 유명한 Minecraft 게임에 기반한 시리즈를 포함하여 성공적인 제품을 생산했다.

블로그

정기적으로 업데이트되는 온라인 저널이나 다이어리 형태의 블로그는 구전에 매우 중요한 도구다. 수백만 개가 넘는 블로그가 매우 다양한 형태로 존재한다. 어떤 블로그는 친한 친구와 가족을 위한 매우 개인적인 것이며,또다른 블로그는 많은 청중을 대상으로 영향을 미치기 위해 디자인된 것이다. 블로그의 한 가지 분명한 소구점은 공통된 관심사를 가진 사람들을 모은다는 것이다.

기업은 자사의 블로그를 개설하고 다른 사람들의 블로그를 주의 깊게 모니터링하기도 한 다. 많은 소비자들이 블로그를 통해 제품 정보와 리뷰를 얻기 때문에, 미연방통상위원회 (Federal Trade Commission)는 블로거를 후원하는 제품의 경우는 그 제품을 만든 마케터와 의 관계를 밝히도록 요구하고 있다 다른 쪽으로는 소비자가 블로그나 비디오를 기업의 부정 적인 서비스나 잘못된 제품에 대한 응징의 수단으로 사용하기도 한다.

소셜 네트워크

Facebook, Linkedin, Instagram, YouTube, Twitter, WeChat과 같은 소셜 네트워크는 B2C와 B2B 시장에 매우 중요한 역할을 하게 되었다. 네트워크의 비상업적인 성질, 즉 사용자는 보통 다른 소비자들과 연결되는 것을 원하기 때문에, 제품에 대한 주의를 끌고 설득하는 것이 쉽지 않다.

많은 온라인 콘텐츠가 반드시 공유되고 구전되는 것은 아니다. 콘텐츠 중 일부만이 원래의 수신자를 넘어서 더 많은 사람들에게 '폭포처럼 흐르는(cascading) 결과를 낳는다. 소비자가 소셜 미디어에 기여하느냐 마느냐는 소비자가 재미있거나 배울 것이 있는지와 같은 내적인 동기에 의해 영향을 받으며, 그보다 외적인 욕구, 즉 사회적인 면과 자신의 이미지에 의해 더 영향을 받는 경우가 많다.

기업의 온라인 커뮤니케이션에서 중요해지는 부분은 소셜 미디어 인플루언서의 활용이다. 인플루언서 마케팅(influencer marketing)이란 용어는 온라인에서 유명한 사람들의 소셜 미디어 피드를 통해 제품, 서비스, 브랜드를 홍보하는 것을 의미한다. 엄격히 말하면, 인플루언서 마케팅은 소셜 미디어상에서 홍보와 유료보증(paid endorsement)을 결합한 형태라고 할 수 있다. 이때 기업은 보증인에게 그들의 제공물을 홍보하는 대가를 지불할 수 있다. 인플루언서 마케팅은 최근 급성장하여 수십억 달러에 육박하는 산업이 되었다.

소비자 리뷰

소비자 리뷰는 소비자의 선호와 구매 결정에 매우 중요한 영향을 미칠 수 있다. Nielsen에서 실시한 조사에 따르면 소비자의 온라인 리뷰는 친구나 가족의 추천 다음으로 브랜드 정보에 대해 두 번째로 믿을 만한 원천으로 나타나기도 했다. 사회적 영향력은 불균형적으로 긍정적인 온라인 평가를 유도하며, 결국 평가자들은 그 이전의 부정적인 평가보다 긍정적인 평가에 의해 더 많이 영향을 받는 것으로 나타났다. 소비자는 또한 다른 소비자들의 추천이나 의견에도 영향을 많이 받는다. 소비자들 사이에서 만들어진 비공식적인 소셜 네트워크는 기업에서 만든 제품 네트워크의 보조적인 역할을 한다. 몇 되지 않는 혹은 한 사람일 수도 있는, 온라인에서 다른 소비자들에게 영향을 끼치는 사람들은 기업에 매우 중요하고 가치가 있는 사람일 수 있다.

3-2. 모바일 커뮤니케이션

미국 소비자들은 라디오, 잡지, 신문을 모두 합한 것보다 더 많은 시간을 모바일에서 보낸다. 스마트폰과 태블릿이 어디에나 존재하며, 마케터가 소비자의 행동 및 인구통계적 특성에 의해 개인화된 메시지를 보낼 능력이 있는 한, 커뮤니케이션 도구로서 모바일 마케팅의 소구는 매우 확실하다. Wharton의 David Bell 교수는 모바일 기기의 네 가지 분명한 특징에 대해 지적했다. (1) 모바일 기기는 한 소비자에게 고유하게 연결되어 있고, (2) 어디든지 가지고 다닐 수 있으므로 가상적으로 항상 'on'되어 있는 상태이며, (3) 실제로 지불시스템을 가진 유통채널이므로 즉각적인 소비를 가능하게 하며, (4) 위치추적과 사진 및 비디오 촬영이 가능하므로 매우 상호적이다.

15 광고 및 판매촉진 관리

학습목표

- 광고 프로그램 개발을 위해서 어떤 단계가 필요한가
- 판매촉진의 필요성과 주요 의사결정 내용은 무엇인가
- 기업의 공중관계 창출 및 유지를 위한 노력은 무엇인가

소비자들에게 제품 및 서비스에 대한 정보를 전달하고 판매를 권유하기 위한 광고는 소비재 마케팅에서 오늘날 가장 널리 사용되는 촉진수단이다. 이 장에서는 세 가지의 촉진수단인 광고, 판매촉진 및 공중관계의 본질과 사용에 대해서 살펴볼 것이다. 이들 촉진수단의 효과성을 정확하게 측정하기가 쉽지는 않지만, 이러한 수단들은 마케팅 성과에 긍정적인 기여를 할 것이다.

제1절 광고 프로그램의 개발과 관리

광고는 브랜드 선호도를 구축하거나 사람들을 교육하기 위해 메시지를 전파하는 비용 효율적 방법이 될 수 있다. 오늘날 도전적인 미디어 환경일지라도 좋은 광고는 성공할 수 있다. P&G는 최근에 노화방지 스킨 제품인 Olay Definity와 Head & Shoulders Intensive Treatment 샴푸의 효능을 홍보하는 광고로부터 두 자리 수 판매이익을 올리고 있다.

광고 프로그램을 개발하기 위해서 마케팅 관리자는 항상 표적시장과 구매자의 동기를 확인한 후 시도해야 한다. 다음으로 관리자들은 [그림 15-1]에서와 같이 5Ms라고 하는 광고 프로그램 개발을 위해 다섯 가지 중요한 의사결정을 수행할 수가 있다.

그림 15-1 광고 프로그램 개발을 위한 5Ms

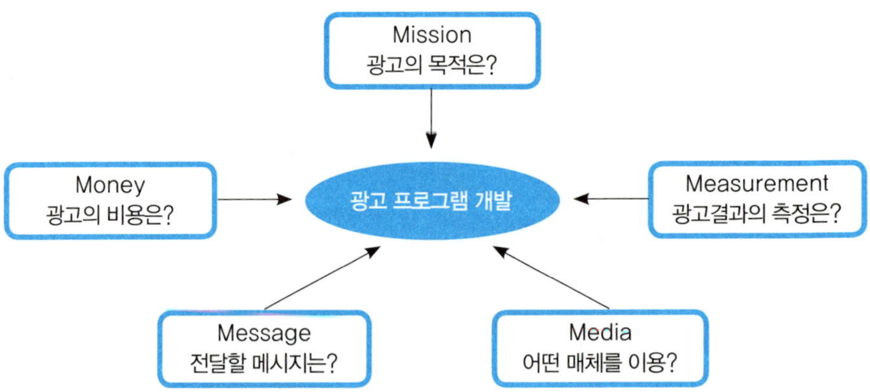

1-1. 광고목적 설정

광고목적은 현재의 마케팅 상황에 대한 세밀한 분석에 근거를 두어 결정해야 한다. 예를 들어, 그 제품계열이 성숙기에 있고, 기업이 시장선도자이고, 상표 사용률이 매우 낮은 경우라면, 그에 알맞은 목적은 상표를 보다 많이 사용하도록 자극 · 조장하는 것이다. 이와는 대조적으로 그 제품계층이 새롭고, 시장선도자는 아니지만, 자사의 상표가 선도기업의 제품보다 월등하다면 시장선도 기업의 제품보다 자사 상표의 월등함을 확신시키는 것이 적절한 목표가 된다.

정보제공적 광고

정보제공적 광고는 주로 제품범주의 초기단계에 이용되며, 이 광고의 목적은 1차 수요를 생성시키는 것이다. 예컨대, 요구르트 산업은 처음에 소비자들에게 요구르트의 영양적인 이점과 효능을 알리는 데 주력한다.

설득광고

경쟁적 단계에서 중요성을 가지는데, 이 때 기업의 목적은 어떤 특정 상표에 대한 선택적 수요를 자극하는 것이다. 예를 들어, Chivas Regal은 다른 어떤 스카치 위스키에서도 느낄 수 없는 좋은 맛과 높은 품위를 준다고 소비자들을 설득하려고 한다. 몇몇 설득적 광고는 비교광고의 범주가 되는데, 비교광고는 두 개 이상의 상표들의 속성을 명백하게 비교하는 것이다. Burger King Corporation은 McDonald's에 대한 공격으로 비교광고(Burger King의 버거는 불에 구운 것: McDonald's의 버거는 기름에 튀긴 것)를 사용하였다. 비교광고를 사용하는 기업은 그 비교광고가 자사 제품의 우수성을 증명할 수 있도록 해야 한다.

상기광고

상기광고는 제품의 성숙기에 특히 중요하다. 잡지에 게재된 Coca-Cola 광고물의 목적은 소비자들에게 Coca-Cola를 구매하도록 상기시키자는 것이다. 이와 비슷한 형태의 광고는 강화광고인데, 이것은 최근의 구매자들에게 올바른 선택을 했다는 확신을 주기 위한 광고이다. 이런 예로는, 자동차 광고에서 자신이 구입한 새 자동차의 특성에 만족해 하는 고객을 보여 주는 것이다.

강화광고

강화광고(reinforcement advertising)는 기존 구매자들이 올바른 선택을 하고 있다는 것을 확신시키는 것을 목표로 한다. 자동차 광고는 종종 신차의 특별한 특징을 즐기는 만족한 고객들을 묘사하고 있다.

광고의 목표는 기존 마케팅 상황의 빈틈없는 분석으로부터 나와야 한다. 만일 제품군(product class)이 성숙기이고, 기업이 시장의 선도자이며, 브랜드의 사용량이 낮다면, 광고의 목표는 더 많은 사용량을 자극하는 것이어야 한다. 만일 제품군이 신규이고, 기업이 시장선도자는 아니지만 브랜드가 선도자보다 뛰어나다면, 광고의 목표는 브랜드의 우수성을 시장에 확신시키는 것이어야 한다.

1-2. 광고예산 책정

기업이 너무 적은 광고지출을 한다면 큰 효과를 얻지 못하게 된다. 이와 반대로 그 기업이 광고에 너무 많은 지출을 한다면 그 자금 중 일부는 다른 용도에 더 효과적으로 사용될 수가 있었을 것이다. 광고는 현 시점을 초과하여 지속되는 이월효과(이전효과)를 가지고 있다. 즉, 광고는 현재의 비용으로 간주되어 처리되지만, 사실상 그 비용의 일부는 브랜드 자산(상표관리)이라고 하는 무형의 가치를 생성하는 투자라는 것이다. 광고예산을 책정할 때, 다음과 같은 다섯 가지 세부적인 요인을 고려해야 한다.

제품수명주기상의 단계

일반적으로 신제품에 있어서는 소비자 인식을 고취하고 소비자 시용을 유도하기 위한 광고에 많은 예산이 소요된다. 이에 반해, 기존 상표는 대개 판매액에 비해 낮은 비율의 광고예산으로 뒷받침되고 있다.

시장점유율과 소비자 기반

시장점유율이 높은 상표는 통상 시장점유율을 유지하기 위하여 판매액의 비율로서 적은 광고비가 소요된다. 그러나 시장 규모가 커짐에 따라 점유율을 구축하는 데는 더 많은 광고비가 요구된다. 이와 더불어 광고효과당 비용기준에 의하면, 시장점유율이 낮은 상표가 소비자들에게 도달하는 것보다는 널리 사용되는 상표가 소비자들에게 도달하는 데 더 적은 비용이 소요된다.

경쟁과 클러터(혼란)

경쟁사가 많고 광고비가 많이 소요되는 시장에서의 상표는 그 시장에서 광고의 정보 혼란을 극복할 수 있는 강력한 광고를 해야 한다. 그 상표와 직접적으로 경쟁하지 않는 광고의 단순한 혼란에도 대처할 수 있는 강력한 광고가 필요할 것이다.

광고빈도

소비자에게 자사 상표에 대한 메시지를 제시해야 할 때 필요한 반복의 횟수가 광고예산을 결정하는 데 중요하게 영향을 미친다.

제품의 대체 가능성

어떤 제품계층의 상표(담배, 맥주, 청량음료 등)들은 차별적인 이미지를 수립하기 위해서 강력한 광고를 해야 한다. 또한 상표가 독특한 실질적인 이점이나 특성을 제공하는 경우에 광고는 더욱 중요하다.

광고탄력성

광고에 대한 지배적인 반응의 함수는 종종 오목하지만 S 모형이 될 수 있다. 소비자 반응이 S 모형일 때, 광고의 일부 긍정적인 양이 매출 영향을 생성하기 위해 필요하지만, 매출 증가세는 결국 꺾이게 된다.

1995년 어느 고전 연구에서 TV 광고 예산을 증가시키는 것은 광고시간의 절반에만 매출에 영향을 미친다는 것이 확인되었다. TV 광고의 성공률은 구축된 브랜드보다는 신제품 혹은 제품라인 확대, 그리고 카피 혹은 미디어 전략에 변화(표적시장의 확대)가 있을 때보다 높았다. TV 광고가 매출을 증가시켰을 때, 광고의 영향은 광고비의 피크 지출 후 2년간 지속되었다. 게다가, 장기적 증가분의 매출은 광고비 지출 증가의 첫 해에서 관찰된 증가분의 매출보다 대략적으로 두 배였다.

다른 연구들은 이들 결과를 강화하였다. 23개 브랜드에 대한 2004년 IRI 연구에서 광고는 종종 성숙기 브랜드 혹은 쇠퇴기 카테고리에서 매출을 증가시키지 않았다는 것을 보여 주었다. 학술연구의 리뷰는 광고탄력성이 구축된 제품(0.1)보다 신제품(0.3)에서 보다 높게 평가된 것을 보여 주었다.

1-3. 광고 메시지 결정

창의적인 캠페인 효과는 사용된 금액보다 더 중요할 수 있다. 광고주는 창의적 전략을 수립하기 위해서 메시지 아이디어 발상, 메시지 평가와 선정, 메시지 집행 및 메시지의 사회적 책임에 대한 검토라는 네 단계의 과정을 거쳐야 한다.

| 메시지 아이디어 발상 |

제품의 '이점'에 대한 메시지는 제품 개념을 수립하는 부분으로써 결정되어야 한다. 제품 개념 내에서도 가능한 메시지가 많이 있을 수도 있다. 시간이 지남에 따라 소비자들이 그 제품으로부터 새로운 이점을 추구할 수도 있는데, 이럴 경우 그 제품을 변화하지 않고 메시지 변화만으로 가능할 수 있다.

하나의 광고 주제를 선택하기 전에 광고주는 얼마나 많은 대안적인 광고 주제를 창안해야만 하는가? 독자적인 방식으로 창안된 광고가 많으면 많을수록, 탁월한 광고를 개발할 수 있는 가능성은 더 높다. 그러나 대안적인 광고를 창안하는 데 시간이 많이 소요될수록 비용은 높아진다. 광고 대행사가 많은 광고를 창출하고, 실험하는데 소요되는 비용에 한계가 있기 마련이다.

| 메시지 평가와 선정 |

좋은 광고는 하나의 중심적인 판매제의에 집중한다. 메시지 평가기준으로서는 바람직성, 독특성 및 신뢰성 등이 있다. 예를 들어, 어떠한 광고소구 방법이 표적청중에 대해 가장 성공할 가능성이 있는가를 결정하기 위해 시장조사를 실시해야 한다.

| 메시지 집행 |

메시지의 효과는 내용뿐만 아니라 집행방법에 의해서도 영향을 받는다. 즉, 어떤 광고는 합리적 위치화에 목표를 두는 반면에, 다른 광고는 감정적 위치화를 목표로 한다. 미국의 광고는 전형적으로 합리적인 사고에 소구할 수 있도록 설계된 특성이나 이점을 명백하게 제시한다. 예를 들면, "옷을 더 깨끗하게 한다", "더 빨리 진통을 완화해 준다" 등이 그렇다. 이에 반해 일본의 광고는 감정적인 마음에 간접적으로 소구하는 경향이 있는데, 예를 들면 Nissan의 자동차 광고를 보면 자동차를 보여 주는 것이 아니라, 감정적인 연상과 반응을 유발하는 자연의 아름다운 전경을 보여 준다.

표제(headline), 문안(copy) 등의 선택도 광고의 효과를 다르게 한다. Lalita Manrai는 똑같은 자동차를 위해서 만들어진 두 가지의 광고에 대한 연구결과를 발표하였다. 첫 번째 광고는 “A New Car”라는 표제를 제시했고, 두 번째 광고는 “Is This Car For You”라는 표제를 제시했다. 첫 번째의 광고 카피가 자동차의 특성을 나타내는 반면에 두 번째의 카피는 자동차의 이점을 제시한다는 점에서 차이가 있다. 이 실험에서 두 번째 광고가 그 제품의 전반적인 인상이나 그 제품을 구입하는데 대한 독자들의 관심, 그리고 친구에게 추천할 수 있는 가능성의 관점에서 첫 번째 광고보다 더 많은 성과를 나타냈다.

다음으로 크리에이티브 담당자는 메시지를 집행하는 데 필요한 스타일, 어조, 단어, 양식 등을, 커뮤니케이션 담당자는 광고문의 적절한 어조를 선정해야 한다. P&G는 긍정적 어조를 지속적으로 사용해 왔다. 즉, 자사의 광고는 자사 제품에 대한 최상의 긍정적 측면만을 부각시켰고, 메시지로부터 관심이 이탈되는 것을 방지하기 위해서 유머 또한 피하였다. 기억하기 쉽고 관심을 잘 끄는 단어를 찾아야 한다. 창의적인 문구가 없이 표제어만으로는 영향을 미칠 수 없다. 예를 들어, “7-Up은 콜라가 아닙니다”라는 표제어보다 “The Un-Cola”라는 창의적인 문구가 더 영향을 미치게 된다.

표제어를 정할 때도 창의성이 요구된다. 표제어는 뉴스형(지금 상황이 좋지 않은데… 어떤 투자대안을 찾으시겠습니까?), 질문형(그것 사용해 보셨나요?), 대화형(제 남편이예요 능력있는 남자죠), 명령형(3 개월 간 사용해 보시고 구매하십시오), 나열형(전화를 싸게 거는 방법은…), 방법-내용-이유(카센터 사장님들에겐 죄가 없습니다. 에이. 아무거나 넣어주세요. 이런 소비자들이 문제입니다) 등 여섯 가지가 있다.

광고물 제작에 투입되는 비용뿐 아니라 광고의 크기, 색상, 도안과 같은 양식 요소도 광고효과에 영향을 미친다. 광고물에 약간의 기계적인 재배치만 하여도 주의 집중력이 상당히 높아지는 경우가 있다. 대형 광고물일수록 비용상의 차이 때문만은 아니지만, 주의 집중력이 높아진다. 도안의 경우, 흑백 대신에 네 가지 색상을 사용한 결과 비용이 증가했지만 효과 또한 커졌다. 광고물에 상이한 요소들이 제대로 결합되도록 계획을 해야 최적의 전달이 이루어질 수 있다.

사회적 책임 검토

광고주와 광고 대행사들은 그들의 창의적인 광고가 사회적 · 법률적 규범을 위반하지 않도록 해야 한다. 기업은 법률적으로 위배되는 지나친 과장광고나 거짓된 광고를 해서는 안되며, 일반적으로 속지 않을 수 있는 광고라도 속을 수 있는 가능성에 대비해서 광고를 만들어야 한다. 그리고 지역간 또는 특별한 이해집단과의 갈등이 유발되지 않도록 주의해야 한다.

제2절 매체선정 및 매체효과의 측정

광고 메시지를 선정한 후, 메시지를 전달할 광고매체를 선정해야 한다. 이 단계는 도달범위와 빈도 및 효과강도의 결정, 주요 매체유형의 선정, 구체적인 매체수단의 선정, 매체별 광고시기의 결정, 지리적 매체할당에 대한 결정 등을 해야 한다. 그 후 상기의 결정에 대한 결과가 평가되어야 한다.

2-1. 도달범위, 빈도 및 효과강도의 결정

매체계획자는 일정한 예산범위 내에서 가장 원가효율성이 높은 도달범위, 빈도, 효과강도의 조합을 파악해야 한다. 도달범위(R: reach)는 일정 기간 동안, 최소한 한 번의 특정 매체를 통한 광고에 노출된 사람 또는 가정의 수를 말한다. 노출빈도(F: frequency)는 평균적인 사람 또는 가정이 그 메시지에 노출되는 특정 기간 동안의 노출 횟수이다. 효과강도(I: impact)는 특정 매체를 통한 1회당 노출에 대한 질적 가치이다. 따라서 매체선정(media selection)이란 표적청중에게 바람직한 노출의 횟수를 전달하기 위해 가장 원가효과성이 높은 매체를 선택하는 것이다. 총 노출 횟수와 노출의 가중된 수는 다음과 같이 구할 수 있다.

총노출 횟수(E) = 도달범위(R) × 평균노출빈도(F)

이 측정치를 총평가점(gross rating points: GRP)이라고 한다. 어떤 특정 매체 계획이 평균노출빈도 3으로 그 가정 중 80%에 도달하고자 한다면, 매체계획은 240의 GRP라고 할 수 있다(= 80 × 3).

가중치 적용된 노출횟수(WE) = 도달범위(R) × 평균노출빈도(F) × 효과강도(I)

표 15-1 주요 광고매체 유형의 특성

매체	금액 (10억 달러)	백분율	비용의 예	장점	단점
신문	32.0	23.2	Times 誌, 페이지당 45,900 달러	신축성, 적시성, 광범위 수용성, 신뢰성	짧은 수명, 클러터, 낮은 주의력
TV	30.6	22.2	시카고 지역의 주요 시간대 30초당 1,900 달러	감각적 소구, 높은 관심도, 노출도달이 높음	짧은 메시지 수명, 고비용, 클러터, 청중 선별 불가
직접 우편	27.3	19.8	40,000명의 주소와 이름 제공에 1,520 달러	청중선별, 신축성, 개별화	상대적 높은 비용, 열악한 이미지(junk mail)
라디오	9.6	6.9	시카고 지역 통근시간에 1분당 400 달러	대량이용, 지역적 및 인구통계적 선별성, 저비용	청각에만 의존, 낮은 주의, 순간적 노출
잡지	7.4	5.3	Times 誌에 네 가지 색상 사용에 126,755 달러	지역적 및 인구통계적 선별성, 신뢰성과 권위, 긴수명	즉각적인 광고게재 어려움, 클러터, 일부 부수의 낭비
옥외 광고	1.1	0.8	시카고 중심가에서 71개 간판 1개월당 25,500 달러	긴축성, 반복노출도 높음, 저비용, 저경쟁	청중선별 불가, 창의성 제한, 법적 규제
기타	30.1	21.8			
총계	138.1	100%			

2-2. 핵심매체 유형의 선정

매체계획자는 도달범위, 빈도 및 효과강도를 전달하는 주요 매체유형의 능력을 파악해야 한다. 주요 광고매체별 비용, 장점 및 단점의 특성은 〈표 15-1〉과 같다.

매체계획자는 여러 가지 변수들을 고려하여 이들 매체범주 중에서 선택해야 하는데, 가장 중요한 변수들은 다음과 같다.

표적청중의 매체습관

표적청중들이 특정 매체를 접하는 경향을 면밀히 파악한 이후 매체를 선택해야 한다. 예를 들어, 10대 청중에 도달하기 위한 가장 효과적인 매체수단은 라디오와 TV가 될 수 있다.

제품

여성용 의복의 경우, 잡지의 화보면을 이용하는 것이 좋고, Polaroid 카메라는 TV에 보여 주는 것이 최고로 좋다. 매체유형에 따라서 전시나 시각화, 설명, 신뢰성 및 색채 등의 표현능력에 차이가 있다.

메시지

내일로 예정된 할인판매를 알리는 메시지라면 라디오나 신문이 적합할 것이다. 기술관련 자료가 많이 포함된 메시지는 전문잡지나 우편을 이용하는 것이 좋다.

비용

TV광고는 매우 비싸고, 신문광고는 비교적 저렴한 편이다. 이 때 비용은 총비용이 아니라, 1,000명 노출당 비용이 기준이 된다.

매체의 영향 효과 및 비용에 대한 사항들은 정기적으로 재검토되어야 한다. 과거 오랫동안 TV가 지배적 매체로 사용되어 왔지만 오늘날에는 상업광고의 클러터(혼란) 증가, 유선 TV, 비디오 레코더와 같은 다른 매체들의 광고 증가로 인하여 TV의 효과성이 감소되고 있다. 몇몇 연구에서, 인쇄 광고물과 TV 광고물을 혼합적으로 이용하는 것이 TV 광고만을 이용하는 것보다 더 효과적이라고 한다.

이와 같이 매체유형을 검토해야 하는 또 다른 이유는 새로운 매체, 즉 기사형식 광고 및 정보제공 광고가 끊임없이 생겨난다는 것이다. 기사형식 광고(advertorials)는 사설 내용을 제공하여 신문이나 잡지의 내용과 구별하기 어려운 인쇄광고이다. 그리고 정보제공 광고(informercials)는 30분짜리 TV 쇼와 같이 보이지만, 제품에 대한 광고물로서의 TV 상업광고이다. 광고주들은 과거 10년 전보다도 실질적으로 옥외 매체에 지출하는 예산을 증가시키고 있다. 옥외 광고는 중요한 지역 소비자 세분시장에 도달하기 위한 또 하나의 수단을 제공한다. 그리고 현재 유선 텔레비전은 대다수의 가정에 도달되고 있으며, 이러한 유선 시스템은 선정된 집단에 용이하게 도달할 수 있도록 한다.

광고는 판매량이 많은 문고본 서적, 경기장, 극장 및 영화 비디오 테이프에서도 나타나고 있다. 연간회계보고서, 자료책자, 카탈로그 및 시사통신문과 같이 문서로 된 자료 등도 점차 광고를 취급하고 있다. 다음과 같은 새로운 매체도 있다.

디지털 잡지

디지털 잡지(digital magazines 또는 디지털 변환 잡지: digizines)는 인쇄된 잡지보다 개시 및 운영비용이 무척 저렴하다. 예컨대, 오늘날 18~34세 남자들을 위한 광택지에 인쇄된 간행물을 출판하는데 최소한 1,000만 달러가 소요되지만, 디지털 잡지의 개시 비용은 20~50만 달러가 소요된다. 그러나 아직까지도 실행되어야 할 것은 잡지의 가격결정 또는 광고를 판매하여 얼마의 수입을 올려야 하는가이다.

상호작용 TV

컴퓨터, 전화 및 TV 중계를 결합함으로써 TV 수상기를 통해 프로그램이나 정보 서비스를 취급하는 2원 커뮤니케이션에 참여할 수 있다. 홈쇼핑 방송망을 통해 고객들이 TV 화면에 나타난 상품을 본 후 주문을 전화로 할 수 있지만 상호작용 TV는 한걸음 더 나아가 소비자들이 TV 화면을 통해 판매자와 직접 커뮤니케이션하기 위해 컴퓨터 키보드를 사용할 수 있다. 아직까지 상호작용 TV 기술이 시험단계에 있다.

팩스를 통한 요청

산업재 마케팅 관리자들은 팩스기술 프로그램을 통해 정보를 받을 수 있고, 또한 정보를 필요로 하는 고객들은 기업의 수신자부담 전화를 이용하면 팩스 프로그램이 자동적으로 5분 내에 고객들에게 정보를 팩스로 보내 준다. 고객들은 하루 24시간, 1주일 7일간 정보를 접할 수 있다. 서비스는 1,000달러 미만의 비용으로 설치될 수 있음으로 산업재 마케팅 관리자들은 우편만을 이용했을 때 절약되는 비용으로도 충분하게 투자할 만한 가치가 있다고 느끼고 있다.

2-3. 구체적 매체수단의 선정

이제부터 매체계획자는 원가면에서 가장 효과적이고 구체적인 매체수단을 각각의 선정된 매체유형 내에서 선택해야 한다. 매체계획자는 청중규모, 구성 및 매체비용 등에 대한 매체 측정 자료를 해당 서비스 기관을 통해 획득할 수 있다. 청중의 규모는 여러 방법으로 측정이 가능하다.

- 발행부수: 광고가 배부되는 실질적인 단위의 수
- 청중: 매체수단에 노출되는 사람의 수(매체수단이 반복해서 넘겨주는 독서물이라면 청중의 수는 실제 발행부수보다 더 크다)
- 유효한 청중: 매체수단에 노출되고 목표가 되는 청중의 특징을 가진 사람의 수
- 유효한 광고노출 청중: 실제로 그 광고를 보고 목표고객이 될 수 있는 사람의 수

매체계획자는 각 매체수단의 1,000명 노출당 비용(CPM: cost per thousand)을 계산해야 한다. Newsweek지 전체 페이지에 4색광고물의 비용이 84,000달러이고, 추정독자 수가 300만 명이라면, 1,000명 노출당 비용은 약 28달러이다. 같은 광고가 Business Week지에는 30,000달러에 775,000명에 노출된다면, 1,000명 노출당 비용은 39달러이다. 이와 같이 매체계획자는 1,000명 노출당 비용에 근거하여 여러 종류 잡지의 순위를 정하고 표적소비자에게 노출하는 데 비용이 가장 낮은 잡지를 선정하면 된다.

다음으로 이러한 최초의 1,000명 노출당 비용 측정치에 대해 몇 가지가 조정되어야 한다. 첫째, 그 측정치는 청중의 질에 맞도록 조정해야 한다. 어린이용 로션의 광고물의 경우, 100만 명의 젊은 어머니들이 구독하는 어떤 잡지는 100만 명의 노출가치가 있지만, 만일에 100만의 고령의 남자들이 구독하는 잡지라면 노출가치는 거의 없다. 둘째, 노출가치는 고객관심 유발확률에 맞도록 조절되어야 한다. 예를 들어, Vauge지 구독자는 Newsweek지 구독자에 비해 광고물에 훨씬 많은 관심을 가지고 있다. 셋째, 노출가치는 그 잡지가 가지는 편집가치(권위와 신뢰도)에 따라 조절되어야 한다. 넷째, 노출가치는 그 잡지의 광고위치 방침과 특별 추가 서비스에 따라 조절되어야 한다(지역적 또는 직업용, 준비시간 조건 등).

2-4. 매체시기의 결정

사용할 매체유형을 결정한 후, 광고주는 거시적 실행계획 문제와 미시적 실행계획 문제에 직면하게 된다.

거시적 실행계획 문제

거시적 실행계획의 문제란 광고주가 계절성과 예상되는 기업주기 추세를 고려하여 연중 광고실행계획을 수립하는 것이다. 예를 들어, 제품의 총판매 중 70%가 6월부터 9월의 따뜻한 계절에 이루어진다고 한다면, 기업은 계절적 유형에 따라, 계절적 유형과는 반대로, 1년 내내 동일하게 광고비를 지출할 수 있는 세 가지 선택방법이 있다. 대개의 기업들은 계절적 유형에 맞춘 광고비 정책을 추구한다.

미시적 실행계획 문제

광고시점 유형은 다음 세 가지 요소를 고려해야 한다.

첫째, 구매자 회전율(buyer turnover)은 새로운 구매자가 그 시장에 나타나는 비율을 의미하는 것으로서, 구매자 회전율이 높으면 높을수록 새로운 구매자에게 도달해야 하는 광고는 지속되어야 한다. 둘째, 구매빈도(purchase frequency)란 평균적인 구매자가 그 제품을 구입하는 기간 동안에의 구매 횟수이다. 구매빈도가 높으면 높을수록 광고는 더 계속되어야 한다. 셋째, 망각률(forgetting rate)이란 구매자가 그 상표를 망각하는 비율로서, 망각률이 높으면 높을수록 그 광고는 계속적으로 이루어져야 한다.

신제품이 출시될 때, 광고주는 연속형 광고, 집중 광고, 1회용 광고 및 간헐적 광고 중에서 선택해야 한다.

연속형(continuity) 광고란 어떤 특정 기간 전체에 걸쳐 균등하게 노출을 계획하는 것이다. 일반적으로 광고주들은 시장상황의 확장, 빈번하게 구입되는 제품 그리고 아주 정확하게 정의된 구매자 범주의 경우에만 연속형 광고를 사용한다. 집중적(concentration) 광고는 어떤 한 기간 동안에 광고비 전부를 지출하는 것이다. 이 광고방법은 어떤 계절이나 휴일날에만 판매되는 제품에 아주 적절하다. 1회용(flighting) 광고란 어느 기간 동안만 광고를 하는 것으로서 그 후 얼마가 지난 후 다시 순간적으로 광고를 하는 것이다. 이는 광고예산이 제한되어 있을 때나, 구매주기가 상대적으로 짧은 경우, 또는 계절적 품목에 사용된다. 간헐적(pulsing) 광고는 보다 강력하게 주기적으로 차등을 두어 계속해서 광고하는 것으로서, 연속형 광고와 1회형 광고의 장점을 결합한 복합적인 실행계획 전략이다. 간헐적 광고를 이용하는 기업들은 청중들이 그 메시지를 보다 완전하게 기억하고, 또한 비용이 절약된다고 생각한다([그림 15-2]).

그림 15-2 매체시기의 결정 방법

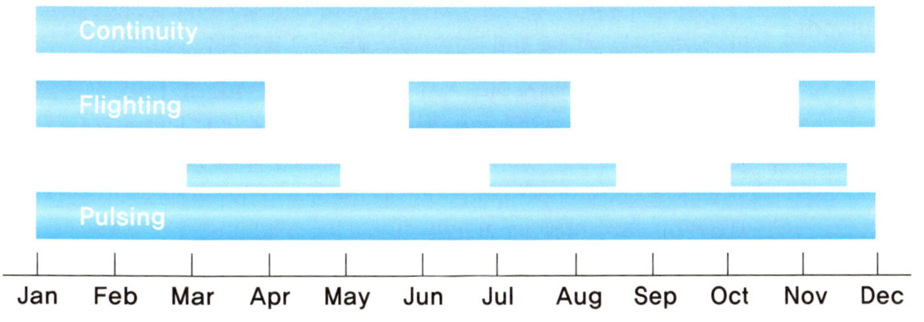

2-5. 지역별 매체할당 결정

기업은 시간뿐만 아니라 공간에 대해서도 자사의 광고예산을 할당하는 방법을 결정해야 한다. 전국적인 구매(national buys)를 위해서는 전국 TV망이나 전국적으로 발간되는 잡지에 광고를 해야 한다. 현지구매(spot buys)를 위해서는 지역 TV나 지역판 잡지를 통해 광고한다. 이런 시장을 지배적 지역(ADIs: area of dominant influence) 또는 디자인된 마케팅 지역(designated marketing areas)이라고 한다. 기업이 지역 신문, 라디오, 또는 옥외수단으로 광고하는 경우, 지역적인 구매(local buys)가 조성된다.

2-6. 광고 효과성 평가

대개의 광고주들은 광고에 대한 커뮤니케이션 효과, 즉 광고의 인지, 숙지 및 선호에 대한 잠재적 효과를 측정하고자 한다. 또한 광고주들은 광고의 판매효과를 측정하고자 한다.

커뮤니케이션 효과 조사

커뮤니케이션 효과 조사란 광고가 효과적으로 커뮤니케이션되고 있느냐를 조사하는 것으로서 문구실험(copy testing)이라고 한다. 광고가 실제 매체에 시행되기 전에 시험할

표 15-2 사전광고 시험

조사	내용
직접 등급법 (direct rating method)	소비자에게 대안적인 광고를 노출시키고, 그 광고를 평가하도록 요청하는 것이다. 이러한 직접 등급법은 광고의 주의, 구독, 인지, 감정적 및 행동적 강점을 평가하기 위해서 사용된다. 광고의 실제적인 효과에 대한 불완전한 측정법이기는 하지만, 잠재적으로 보다 효과적 광고인 경우에는 높은 등급점수가 나온다.
포트폴리오 시험	이 방법은 각 소비자에게 여러 가지 광고물을 나누어 주고 그가 필요한 만큼 보고 듣게 한다. 그 다음 보았던 것에 대해 응답자들에게 묻거나, 모든 광고 또는 그 내용을 상기하도록 하는 것이다. 이 때 면접자가 도와 줄 수 있고 도와 주지 않을 수도 있다. 응답자들의 상기수준은 어떤 광고물이 뚜렷하게 부각되는가, 또한 그 메시지가 어느 정도 이해되고 기억되는가의 광고능력을 나타낸다.
실험실 시험	소비자의 광고물에 대한 심리반응, 즉 맥박, 혈압, 안구 움직임, 긴장도 등을 측정하기 위해 장비를 사용하는 방법이다. 이 시험방법은 광고에 대한 주의집중능력을 측정하는 것으로 신념, 태도 또는 의도에 대한 광고의 효과에 대해서 어느 것도 밝힐 수가 없다.

수도 있고, 인쇄가 되거나 방송이 된 이후에 시험할 수도 있다. 사전광고 시험에는 〈표 15-2〉와 같이 세 가지 방법이 주로 사용된다.

판매효과 조사

기업들은 일반적으로 자사가 광고에 과다지출 또는 과소지출을 하는가를 파악하는 데 관심이 많다. 광고의 판매효과는 커뮤니케이션 효과보다도 일반적으로 측정하기가 어렵다. 왜냐하면 판매는 광고 이외의 다른 많은 요소인 제품특성, 가격, 구매 용이성, 경쟁사의 조치 등에 영향을 받기 때문이다. 이러한 영향요인들이 적거나, 통제 가능성이 높을수록, 광고의 판매에 대한 효과를 측정하기가 용이해진다. 판매영향은 직접 마케팅 상황에서 측정하기가 가장 쉽고 상표나 기업 이미지 제고 광고를 측정하기가 가장 어렵다.

조사자들은 과거자료 분석법이나 실험자료 분석법을 이용하여 판매에 대한 영향을 분석하려고 한다. 과거자료 분석법(historical approach)이란 고급 통계기법을 이용하여 과거의 매출액과 과거의 광고비를 연관시켜 해석하는 것이다. 실험자료 분석법은 광고예산을 지역적으로 할당하는 경우에 시장규모, 광고반응, 매체효율성, 경쟁상태, 이익률의 지역적 차이를 고려하는 방법이다.

일반적으로 커뮤니케이션 효과를 측정하기 위해서만 집착하지 않고, 광고비의 판매효과를 측정하려는 기업이 점차 증가하고 있다.

제3절 판매촉진

판매촉진(sales promotion)이란 소비자에게 또는 중간상에게 어떤 특정 제품이나 서비스를 조기 또는 다량으로 판매하기 위해서 대개 단기적 이용을 목적으로 사용되는 다양한 자극적 수단들로 구성된다.

광고가 구매하는 이유를 제시하는 반면에 판매촉진은 구매하도록 제시하는 것이다. 촉진은 첫째, 소비자 촉진(견본, 쿠폰, 환급, 소액할인, 프리미엄, 경품, 무료시용, 단골손님용 경품, 보증, 경연회, 교차판매, 구매시점 전시 및 시연), 둘째, 중간상 촉진(가격인하, 무료제품, 광고 및 전시공제), 셋째, 기업 및 판매원 촉진(전시회 및 회합, 판매원을 위한 경연회, 특별광고) 등으로 나누어진다.

소비자 시장에 있어서 판매촉진의 급격한 증가는 여러 가지 요인에 기인한다. 첫째, 내적 요인으로서 최고경영자들이 촉진을 효과적인 판매수단으로 인정하고 있다. 다수의 제품관리자들이 판매촉진의 사용권한을 부여받고 있으며, 동시에 제품관리자들은 매출액을 증가해야 한다는 압력을 받고 있다는 것이다. 둘째, 기업 외적 요인으로서는 경쟁상표의 수가 증가하고, 경쟁사들이 자주 촉진을 이용하며, 많은 경쟁상표들이 거의 유사하며, 소비자들이 더욱 가격지향적이며, 중간상인들이 제조업자에게 더 많은 특별할인가격을 구하며, 원가의 상승, 매체 클러터(clutter) 및 법적인 제약으로 인해 광고의 효율성은 점차 하락되고 있다는 것이다.

판매촉진 매체가 급격히 증가됨으로써 광고 클러터와 유사하게 촉진 클러터의 상황이 조성되고 있다. 소비자들이 점차 신경을 기울이지 않게 되는 위험에 처하게 되었는데, 이러한 경우는 쿠폰과 기타 다른 촉진매체가 구매하도록 유인하는 능력이 점차 약화되어 가고 있음을 나타낸다. 따라서 제조업자들은 이러한 클러터를 극복할 수 있는 방법들을 강구해야 한다. 예를 들어, 쿠폰을 제시함으로써 획득할 수 있는 가치를 더 크게 한다거나, 또는 보다 극적인 구매시점 전시나 제시를 이용하는 것 등을 탐색해야만 한다.

3-1. 판매촉진의 목표

판매촉진 도구는 구체적인 목표에 따라 매우 다양하다. 무료견본은 소비자의 시용을 조장하는 것이지만, 경영자문 무료서비스는 소매상과의 장기적인 관계 구축을 위한 것이다.

판매업자는 새로운 시용자 유인, 충성고객에 대한 보답, 시용자의 우연한 구매를 위해서 자극유형의 촉진을 사용한다. 새로운 시용자는 세 가지 유형으로 분류된다. 즉, 동일 제품범주의 다른 상표를 사용하는 자, 다른 제품범주의 다른 상표를 사용하는 자, 자주 상표를 변경하는 자로 분류된다. 다른 상표의 사용자와 다른 제품범주의 사용자들은 자사 제품의 촉진에 대해 반응하지 않기 때문에 판매촉진은 자주 상표를 변경하는 사람을 유인한다. 즉, 상표변경자는 기본적으로 저가격, 양호한 가치 또는 프리미엄을 추구하기 때문이다. 판매촉진을 통해 상표변경자들을 충성적 상표사용자로 전향시킬 수 있는 가능성은 거의 없다. 그래서 상표의 유사성이 높은 시장에서 사용되는 판매촉진은 단기적으로는 판매반응을 높게 하지만, 지속적으로 시장점유율을 확보하는 것은 어렵다.

판매촉진은 소비자뿐만 아니라 제조업자에게도 중요한 몇 가지 이점을 제공하기도 한다. 첫째, 판매촉진은 제조업자로 하여금 공급과 수요상의 차이를 단시간에 조절할 수 있도록 해준다. 둘째, 판매촉진은 제조업자로 하여금 항시 할인판매를 할 수 있도록 하므로 "최고가격이 어느 정도인가"를 시험할 수 있도록 한다. 셋째, 판매촉진은 소비자로 하여금 현재의 제품을 지속적으로 사용하면서도 신제품을 시용할 수 있도록 유도할 수 있다. 넷째, 판매촉진을 이용하여 소비자들에게 가격에 대한 인식을 촉진시킬 수 있다. 다섯째, 제조업자들은 판매촉진을 이용하여 정상적으로 정가로 판매하는 것보다 더 많이 판매할 수 있다. 여섯째, 제조업자들은 판매촉진을 이용함으로써 상이한 고객 세분시장에 알맞은 프로그램을 적용할 수가 있다. 마지막으로, 소비자들은 특별가격을 이용하였을 경우, 아주 센스 있는 구매자가 되었다는 만족감과 동시에 경제적인 소비자라고 인식되는 비밀스런 욕구도 충족될 수 있다.

3-2. 판매촉진의 주요 의사결정

판매촉진을 사용함에 있어서 기업은 목표수립과 수단 선정, 프로그램 개발과 사전 시험, 또한 실시 및 통제를 거쳐서 그 결과를 평가해야 한다.

판매촉진의 목적 수립

판매촉진의 목적은 광범위한 촉진목적에서부터 파생된 것으로서, 판매촉진의 구체적인 목적은 표적시장의 유형에 따라 달라진다. 첫째, 소비자 촉진의 경우, 그 목표에는 대량구매를 고무하며, 비사용자에게 시용의 계기를 마련해 주고, 경쟁상표의 사용자를 전환시키는 것 등이 포함된다. 둘째, 소매상 촉진의 목적에는 소매상들이 새로운 품목을 취급하도록 유도하거나 재고 수준을 더 높게 하도록 유도하는 데 있다. 또한 비성수기에 구매유도, 관련 품목들의 확대취급 권장, 경쟁적 촉진의 보완, 소매상의 상표충성도 고취 및 새로운 소매점망으로의 진출 등이 포함된다. 셋째, 판매원 촉진의 목적에는 신제품이나 신형모델의 지원 증진, 예상 잠재고객 탐색활동의 적극화, 비성수기의 판매 강화 등이 포함된다.

소비자 촉진수단의 선정

촉진계획자는 시장의 유형, 판매촉진의 목적, 경쟁적 조건 및 각 수단들의 비용효과성을 고려해야 한다.

소비자촉진은 제조업자 촉진과 소매상 촉진으로 구분되며 이 두 촉진의 대상은 모두 소비자이다. 전자인 제조업자의 촉진은 자동차 산업에서 주로 빈번하게 사용되는 환불과 시험운전 및 시험구매를 동기화하는 것 그리고 신용으로 고가품을 거래하는 것이 그 예가 된다. 후자인 소매상 촉진에는 가격인하, 특성 광고, 소매상 쿠폰, 소매상 시연/프리미엄 등이 있다. 또한, 이러한 판매촉진 도구는 소비자의 상표 이해를 강화하는 소비자 프랜차이즈 조성용 판매촉진과 그렇지 않은 판매촉진으로 구분될 수 있다. 전자인 소비자 프랜차이즈 조성용 판매촉진은 무료견본, 판매 메시지가 포함된 쿠폰 그리고 제품과 관련된 프리미엄 등이 있으며 소액할인과 더불어 판매 메시지를 제시한다. 이와는 달리 소비자 프랜차이즈 조성용이 아닌 판매촉진에는 소액 가격인하 묶음제품, 제품과 무관한 소비자용 프리미엄, 시연과 복권, 환불제공 및 거래공제 등이 있다.

판매촉진은 광고와 동시에 사용될 때 가장 효과적이다. 한 연구에서 가격촉진만을 사용하는 경우 판매량이 15% 증가하였다. 그러나 가격촉진과 특성광고를 결합하여 사용한 경우에는 판매량이 19% 증가하였으며, 특성광고 및 구매시점전시와 결합하여 가격촉진을 사용할 경우에는 판매고가 25%까지 증가하였다.

중간상 촉진수단

제조업자들은 여러 가지 중간상 촉진수단을 사용한다. 일반적으로 제조업자들은 소비자 촉진보다는 중간상 촉진에 보다 많은 판매촉진 예산을 할당하며, 나머지는 매체광고에 할당한다. 제조업자들은 다음의 네 가지 목적을 추구하기 위하여 중간상에게 현금으로 보상한다.

첫째, 제조업자들의 중간상 촉진은 도매상이나 소매상에게 자사의 상표를 취급하도록 권장할 수가 있다. 도 · 소매상의 선반면적이 한정되어 있으므로 제조업자들은 자사 제품이 진열될 선반을 확보하기 위해 가격인하, 공제, 반품 보증, 무료상품, 선지급(진열대를 확보하기 위해 지급하는 공제금: 입점료)을 제공해야 한다.

둘째, 중간상 촉진은 소매상이나 도매상으로 하여금 정상적인 수준 이상으로 자사 상품을 더 많이 취급하도록 권장할 수가 있다. 제조업자들은 중간상인들의 창고나 점포에서 자사 상표를 더 많이 취급하도록 수량공제를 제공한다. 제조업자들은 중간상들이 자사의 제품에 얽매이게 되면 더 열심히 할 것이라고 믿기 때문이다.

셋째, 중간상 촉진은 소매상으로 하여금 특성화, 전시, 가격인하 등을 통해 그 상표를 촉진하도록 유인할 수가 있다. 제조업자들은 계산대 전시를 원하거나, 선반 위치나 가격인하 표시가 더 잘 보이도록 원하며, 성과에 따라 소매상들에게 공제를 지급함으로써 상기의 조건들을 획득할 수가 있다.

넷째, 중간상 촉진은 소매상과 그 점원들에게 특정 제품을 판매하도록 조장할 수가 있다. 제조업자들은 현금공제(후원금), 판매보조, 인식 프로그램, 경품 및 판매시연회 등을 제공함으로써 소매상의 판매노력을 부추길 수가 있다.

제조업자들은 중간상 촉진에 보다 많은 예산을 지출한다. 대형 소매상들의 구매력이 증가함으로써 소매상들은 제조업자의 중간상 촉진을 보다 더 요구하고 있다. 사실상, 중간상들은 제조업자가 지불하는 촉진자금에 의존하게 되었다. 제조업자가 일방적으로 중간상 공제를 중단한다면, 중간상의 지원을 잃게 된다. 이러한 이유로 중간상 촉진에 대해서 기업의 판매원과 상표관리자 사이에 갈등이 발생한다. 판매원들은 지역 소매상들이 더 많은 중간상 촉진자금을 받지 않으면, 그 선반에 있는 제품을 그대로 두지 않을 것이라고 말하지만, 한편 상표관리자들은 소비자 촉진과 광고에 자금을 지출하고자 한다. 판매원들은 기업본부에 앉아 있는 상표관리자보다 지역 시장을 잘 알고 있기 때문에 몇몇 기업들은 판매촉진 예산의 상당 부분을 판매원들이 취급할 수 있도록 할당하고 있다.

판매촉진 프로그램의 개발

판매촉진 프로그램을 계획하는 데 있어 점차 마케팅 관리자들은 전체적인 캠페인 개념하에 여러 매체들을 조정하여 사용하고 있다. 특별한 인센티브를 사용하기 위한 결정을 하는 경우, 몇 가지 요인들이 고려되어야 한다.

첫째, 마케팅 관리자는 어느 정도의 유인을 제공할 것인가를 결정해야 한다. 촉진책을 통해 효과를 얻으려면, 일정 수준 이상의 유인이 제공되어야 한다. 많은 유인을 제공할수록 판매반응은 많아지겠지만, 그 증가율은 체감될 것이다.

둘째, 참여의 조건(유인책의 제공대상)이 수립되어야 한다. 인센티브는 모든 소비자에게 제공되거나 일부 선택된 집단에게 제공될 수 있다.

셋째, 마케팅 관리자는 촉진의 지속기간에 대해 결정해야 한다. 판매촉진 기간이 너무 짧으면, 많은 예상 잠재고객들이 혜택을 받을 수가 없다. 반면에 너무 장기간 계속되면 지금 당장 구매해야 한다는 시간적 제약이 사라지게 된다. 한 연구에 의하면, 최적 촉진빈도는 1/4분기당 3주 단위로 시행하는 것이고, 최적지속시간은 평균구매주기에 해당되는 기간이라고 한다. 물론 최적판매촉진 주기는 제품범주에 따라 다르며, 특정 제품에 따라서까지도 상이하다.

넷째, 마케팅 관리자는 촉진배포 수단을 선정해야 한다. 예컨대, 200원 할인쿠폰은 포장점포, 우편 또는 광고매체 등을 통해서 배포될 수 있다. 각각의 배포방법에 따라 도달의 수준, 비용 및 영향 등이 상이하게 달라진다.

다섯째, 촉진시기를 수립해야 한다. 예를 들어, 상표관리자는 1년 단위의 판매촉진 일정을 수립해야 하고 이 일정은 생산, 판매 및 유통 부서가 이용하게 된다.

마지막으로, 마케팅 관리자는 총 판매촉진 예산을 결정해야 한다. 판매촉진 예산은 두 가지 방법으로 책정된다. 첫째, 마케팅 관리자는 하위부서에서 책정되어 온 예산을 검토하여 개별 판매촉진 방법을 결정하고, 그에 따른 총비용을 산정한다. 어떤 판매촉진 비용에는 관리비(인쇄, 우편 및 특별가격 촉진), 인센티브 비용(경품비, 소액할인, 현금환불비) 등이 포함되는데, 이것은 특별할인가격으로 판매될 예상 판매수량과 곱하여 계산된다. 쿠폰 가격할인의 경우, 소비자들 중 극히 일부분만이 쿠폰을 청구한다는 사실을 비용계산시에 고려해야 한다. 포장 속에 넣은 경품의 경우도 역시 가격할인 비용에는 경품조달 비용, 경품포장 비용 그리고 포장에 따른 가격인상 등을 모두 포함해야 한다. 둘째, 총 촉진예산의 일정 비용을 판매촉진에 할당하는 방법이 있다. 예를 들어, 치약은 총 촉진예산의 30%를 판매촉진 예산으로 하며, 반면 샴푸는 50%로 할 수가 있다. 이러한 비율은 상이한 시장의 상이한 상표에 따라 차이가 있으며, 제품수명주기의 단계와 경쟁사들의 촉진비용에 따라 영향을 받는다.

판매촉진 프로그램의 사전시험

대부분의 판매촉진 프로그램이 경험을 바탕으로 수립되지만, 판매촉신 수단이 직절히고, 유인의 크기가 최적이며, 또한 제시방법이 효율적인가를 결정하기 위해 사전시험을 실시해야 한다. 이때 판매촉진은 항상 신속하고 저비용으로 시험될 수 있어야 하며, 개별 목표시장 지역에서 여러 대안적인 판촉전략을 시험해야 한다. 경우에 따라서, 소비자들에게 상이한 여러 가지 가격할인 방법을 평가하도록 요청하거나, 제한된 지역에서 시용시험이 수행될 수도 있다.

판매촉진 프로그램의 실시와 통제

마케팅 관리자는 개별 판매촉진에 대한 실시와 통제계획을 수립해야 한다. 실시계획에는 준비기간과 시행기간이 포함되어야 하는데, 준비기간(lead-time)이란 판매촉진이 실시되기 전 프로그램을 준비하는 데 소요되는 시간이다. 준비기간에는 최초의 계획, 설계, 포장변경의 승인, 가정에 우편으로 보내거나 또는 송부하기 위한 자료들, 광고와 판매시점 전시용 자재 준비, 현장 판매원의 공고, 개별 중간상에 대한 할당, 포장재나 특별 사은품의 구매와 인쇄, 특별한 날짜에 출고할 준비를 하기 위해 미리 재고량을 생산하고 소매상들에게 판매하는 것 등이 행해져야 한다. 시행기간(sell-in-time)은 판매촉진의 실시와 함께 시작하여 특별가격 상품의 약 95%가 소비자의 손에 넘겨졌을 때에 종료된다.

판매촉진 결과의 평가

제조업자는 판매촉진의 효과성을 측정하기 위해서 세 가지 방법, 즉 판매자료, 소비자 설문조사 및 실험을 이용할 수 있다.

첫째, 스캐너 판매 자료는 Information Researches Inc.와 Nielsen Media Research와 같은 서비스 기업을 이용하여 획득할 수 있는 자료이다. 마케팅 관리자는 그 촉진을 이용하는 사람들의 유형은 어떠한가, 촉진 전에 그들이 어떤 행동을 했는가, 촉진된 상표를 구입한 소비자들이 그 상표와 다른 상표에 대해 어떻게 행동을 취하는가를 분석할 수 있다.

둘째, 보다 많은 정보 수집을 위하여 소비자 조사를 하는 방법이다. 자사의 촉진활동을 얼마나 많은 소비자들이 상기하고 있으며, 어떻게 생각하는가, 그것을 얼마나 많이 이용하는가, 그 촉진이 어떻게 상표선택 행위에 계속적인 영향을 주었는가를 알 수가 있다.

셋째, 판매촉진은 실험을 통해서 평가할 수 있다. 이 방법을 이용하면 인센티브의 가치, 효과지속기간, 배포매체 등과 같은 속성을 변화시켜가면서 각 경우의 효과를 평가할 수가 있다. 예를 들어, 소비자 패널에 속한 가구들 중 일부에게 쿠폰을 제공할 수 있다. 스캐너 자료를 이용하여 쿠폰이 많은 사람들로 하여금 즉시 그리고 장래에 그 제품을 구입하도록 유도하는가를 추적할 수 있다. 그 후 이러한 정보는 그 촉진의 결과로 산출되는 수익의 증가를 계산하는 데 사용될 수 있다.

제4절 공중관계

기업은 고객, 공급업자 및 판매상들과 건설적인 관계를 맺고 있을 뿐만 아니라 상당수의 이해관계가 있는 공중들과 관계를 맺고 있다. 공중(public)이란 목적을 성취할 수 있는 기업의 능력에 대해 실제적 또는 잠재적으로 이해관계가 있거나 영향을 주는 집단이다. 공중관계(public relation)란 기업의 이미지나 기업의 개별 제품을 촉진하고 보호하기 위해 계획된 다양한 프로그램이다.

공중은 기업이 목표를 성취하는 데 있어 기업의 성취능력을 조장 또는 제약할 수도 있다. 일반적으로 공중관계는 중요한 촉진계획의 마지막 고려사항으로 취급되어 왔지만, 우수한 기업들은 중요한 공중들과의 성공적인 관계를 관리하기 위해서 구체적인 방법을 사용하고 있다. 이들 기업 내에 운영되고 있는 공중관계(PR) 부서는 조직에 대한 공중들의 태도를 조사하고, 또한 기업 이미지를 구축하기 위해 정보를 제공하고 커뮤니케이션을 수행한다. 부정적인 홍보가 유포되었을 경우, PR 부서는 분쟁 해결사의 역할을 한다. PR 부서는 다음과 같은 다섯 가지 기능을 수행한다.

- **신문사 관계**: 조직의 가장 긍정적인 면에 대한 뉴스와 정보를 제공한다.
- **제품 홍보**: 제품 홍보에는 특정 제품을 인지시키기 위한 제반 노력이 포함된다.
- **기업 커뮤니케이션**: 기업 자체의 이해를 촉진시키기 위한 내 · 외적 커뮤니케이션을 말한다.
- **로비 활동**: 입법기관 · 정부관료들과 우호적인 관계를 형성함으로써 기업에 유리한 법률을 추진시키고, 불리한 것을 회피하기 위한 설득활동이다.
- **상담**: 경영진들이 공익적 문제와 사회적 이슈에 대해서 자문하는 것을 말한다.

마케팅 PR의 옛 명칭은 홍보인데, 홍보(publicity)는 제품, 서비스, 아이디어, 장소, 사람 또는 조직을 촉진하거나 자극하기 위하여 대금의 지불 없이 인쇄매체와 방송매체에 기업과 관련한 기사가 게재 · 보도되도록 하는 촉진활동의 한 유형이다. 이것은 다른 촉진도구에 비해서 객관성과 신뢰성이 높기 때문에, 소비자들은 해당 기업에 대해서 호의적인 태도를 가질 수 있다.

참고문헌

1. Philip Kotler, "Marketing : The Underappreciated Workhorse," Market Leader Quarter 2 (2009).
2. Peter C. Verhoef and Peter S. H. Leeflang, "Understanding the Marketing Department's Influence within the Firm," Journal of Marketing 73 (March 2009).
3. Eric Newman, "To Boost the Bottom Line, Strengthen the Front Line," Brandweek, June 9, 2008.
4. Stephanie Clifford, "A Video Prank at Domino's Taints Brand," New York Times, April 15, 2009.
5. Thom Forbes, "Domino's Takes Cautious Approach to 'Prank' Video," Ad Age, April 15, 2009.
6. Jon Fine, "Marketing's Drift Away From Media," Business Week, August 17, 2009.
7. Irving J. Rein, Philip Kotler, Michael Hamlin, and Martin Stoller, High Visibility, 3rd ed. (New Yock : McGraw-Hill, 2006).
8. John R. Brandt, "Dare to Be Different," Chief Executive, May 2003.
9. Mohan Sawhney, Seven Steps to Nirvana (New Yock : McGraw-Hill, 2001).
10. Tom Szaky, "Revolution in a Bottle," Portfolio Trade, 2009.
11. Linda M. Castellito, "TerraCycle Founder's Journey Started with Worm Poop," USA Today, September 25, 2009.
12. Anya Kamenetz, "The Network Unbound," Fast6 Company, June 2006.
13. David Kiley, "Advertisers, Start Your Engines," Business Week, March 6, 2006.

14. Cameron Wykes, “Making Sense Out of Social Nets,” AdweekMedia, July 6, 2009.

15. “2005 Marketing Receptivity Survey,” Yankelovich Partners Inc., April 18, 2005.

16. Kate Brumbeck, “Alabama Flea Market Owner Turns Into YouTube Phenomenon,” Associated Press, June 30, 2007.

17. Martin Bosworth, “Loyalty Cards: Rewards or Threats” ConsumerAffairs.com, July 11. 2005.

18. Antonio Gonsalves, “Dell Makes $3 Million from Twitter-Related Sales,” Information Week, June 12, 2009.

19. Linda Tischler, “What's The Buzz?” Fast Company, May 2004.

20. Valerie Alderson, “Measuring the Value of a Managed WOM Program in Test & Control Markets,” BzzAgent Inc., 2007.

21. Bruce Horovitz, “In Trend Toward Vanity Food, It's Getting Personal,” USA Today, August 9, 2006.

22. Richard Rawlinson, “Beyond Brand Management,” Strategy + Business, Summer 2006.

23. Elisabeth Sullivan, “Solvint the CMO Puzzle,” Marketing News, March 30, 2009.

24. Constantine von Hoffman, “Armed with Intelligence,” Bradweek, May 29, 2006.

25. “China's Second Biggest PC Maker to Push Windows,” www.digitalworldtokyo.com, April 15, 2006.

26. Allison Fass, “Theirspace.com,” Forbes, May 8, 2006.

27. Jeffrey Hollender and Stephen Fenichell, What Matters Most (New York: Basic Books, 2004).

28. Sachi Izumi, “Sony to Halve Suppliers,” Reuters, May 21, 2009.

29. Pew Internet and American Life Project Survey, November-December 2000.

30. The Economist: Business Miscellany(London: PROFILE Books Ltd, 2005).

31. Jeffrey F. Rayprot and Bernard J. Jaworski, e-commerce (New York: McGraw-Hill, 2001).

32. Nespresso, www.nespresso.com/mediacenter/?pays=ch&lang=en, accessed December 7, 2010.

33. Jesse Eisinger, "The Marriage form Hell," Conde Nast Portfolio, February 2008.

34. Tim Goodman, "NBC Everywhere?" San Francisco Choronicle, September, 4, 2003.

35. Jena McGregor, "The World's Most Innovative Companies," BusineesWeek, April 24, 2006.

36. Philip Kotler and Kevin Lane Keller, Marketing Management, 14ed., 2012, Pearson, N.Y.

37. Michael R. Solomon, Grey W. Marshall, and Elnora W. Stuart, Marketing Real People Real Choices, 8ed., 2015, Prentice-Hall, N.Y.

38. Philip Kotler and Kevin Lane Keller, Marketing Management, 15ed., 2016, Pearson, N.Y.

39. Michael R. Solomon, Greg W. Marshall, and Elnora W. Stuart, Marketing: Real People, Real Choices, 8ed., 2015, Pearson, N.Y.

40. Dhruv Grewal and Michael Levy, Marketing 7th ed. (New York : McGraw-Hill Education, 2020).

41. Philip Kotler, Kevin Lane Keller, and Alexander Chernev, Marketing Management 16ed. (New York : Pearson, 2022).

42. Philip Kotler, Hermawan Kartajaya, Hooi Den Huan, and Jacky Mussry, Entrepreneurial Marketing: Beyond Professionalism to Creativity, Leadership, and Sustainability. (New York : John & Sons, 2023).

찾아보기

기타

[저자 약력]

정 기 한 경영학박사
경상국립대학교 경영대학 경영학부 명예교수

신 재 익 경영학박사
경상국립대학교 경영대학 스마트유통물류학과 교수

오 재 신 경영학박사
경상국립대학교 경영대학 산업경영학과 교수

김 원 종 경영학박사
경상국립대학교 경영대학 산업경영학과 교수

정 지 희 경영학박사
경북대학교 연구산학처 창업교육 외래교수

제 3 판
New 마케팅관리

초 판 발 행 2014년 2월 28일
제2판발행 2019년 1월 10일
제3판발행 2024년 7월 30일

지은이 정기한 · 신재익 · 오재신 · 김원종 · 정지희
펴낸이 박노일

총괄기획 최준규
편 집 이상민

펴낸곳 pnc publishing and culture 피앤씨미디어
경기도 고양시 일산동구 강송로 153 310-1501
등록 제396-2012-000203호
전 화 070)7550-3758 팩 스 02)6280-3758
홈페이지 www.pncmedia.co.kr 이메일 pnc@pncmedia.co.kr
ISBN 979-11-5730-942-9 93320

정 가 25,000원